高等院校公共管理系列教材

Public Relations
（2nd edition）

公共关系学
（第二版）

任正臣◎编著

图书在版编目(CIP)数据

公共关系学/任正臣编著. —2 版. —北京:北京大学出版社,2016.5
(高等院校公共管理系列教材)
ISBN 978-7-301-27095-0

Ⅰ. ①公… Ⅱ. ①任… Ⅲ. ①公共关系学—高等学校—教材 Ⅳ. ①C912.3

中国版本图书馆 CIP 数据核字(2016)第 099467 号

书　　　名	公共关系学(第二版)
	Gonggong Guanxixue
著作责任者	任正臣　编著
责任编辑	朱梅全　尹　璐
标准书号	ISBN 978-7-301-27095-0
出版发行	北京大学出版社
地　　　址	北京市海淀区成府路 205 号　100871
网　　　址	http://www.pup.cn
电子信箱	sdyy_2005@126.com
新浪微博	@北京大学出版社
电　　　话	邮购部 62752015　发行部 62750672　编辑部 021-62071998
印刷者	北京宏伟双华印刷有限公司
经销者	新华书店
	787 毫米×1092 毫米　16 开本　20 印张　415 千字
	2011 年 1 月第 1 版
	2016 年 5 月第 2 版　2023 年 1 月第 5 次印刷
定　　　价	45.00 元

未经许可,不得以任何方式复制或抄袭本书之部分或全部内容。
版权所有,侵权必究
举报电话:010-62752024　电子信箱:fd@pup.pku.edu.cn
图书如有印装质量问题,请与出版部联系,电话:010-62756370

第二版前言

本书自 2010 年初版后，已经过去五年的时间了。本书出版五年来，受到了读者的普遍好评，至今已多次重印。根据读者的建议和我们在教学过程中的一些体会，我们对教材中的部分章节进行了修改和补充，特别是对第一章、第四章、第六章、第十章等进行了修订和补充。为了使本书的内容和体系更加完整，我们在保持原有章节的基础上，增加了相关的章节，主要增加了第二章"公共关系的起源与发展"和第五章第五节"公共关系的传播效果"。另外，为了增加本书的可读性和实践性，我们在每章均增加了本章要点、引例、本章小结和案例分析。

本书的第二版仍由任正臣担任主编。本书各章的具体分工如下：第一章由贾鉴、刘春苓撰写；第二章由杨爽撰写；第三章和第四章由马晓雨、祁悦撰写；第五章由李瑾、刘春苓撰写；第六章和第七章由李瑾、钟新奇撰写；第八章由袁姝姝、王浩撰写；第九章由向嫄、王浩撰写；第十章和第十一章由柯翠、常晓丹撰写。在各位撰稿者完成各章初稿后，主编进行了大量的修改、统稿工作。

本书读者仍主要定位于高等院校管理类以及对本书感兴趣的各个层次的学生，当然也希望那些力图提高自己理论素养且从事公共关系工作的实践者能通过本书的阅读而有所收获。

在本书再版的过程中，仍然得到了北京大学出版社的领导和尹璐编辑给予的极大帮助。在此，我们表示衷心的感谢！

任正臣
2016 年 4 月 6 日于南京大学

目 录
Contents

第一篇 公共关系原理

第一章 总论   003
   第一节 公共关系的定义   003
   第二节 公共关系的构成要素   007
   第三节 公共关系的角色与功能定位   010
   第四节 公共关系的基本原则   016

第二章 公共关系的起源与发展   023
   第一节 现代公共关系的起源   024
   第二节 现代公共关系的发展   027
   第三节 公共关系在中国的兴起和发展   037
   第四节 当代公共关系的发展特点及趋势   042

第三章 公共关系的主体：社会组织   051
   第一节 社会组织的含义、特征与分类   052
   第二节 公共关系组织机构   055
   第三节 公共关系人员   069

第四章 公共关系的客体：公众   079
   第一节 公众的含义、特征与分类   079
   第二节 公众心理分析   087

第五章 公共关系传播   099
   第一节 公共关系传播的概念与特征   100
   第二节 传播的类型   103
   第三节 公共关系的主要传播媒介   108
   第四节 公共关系传播的主要手段   120

第五节 公共关系的传播效果　　129

第六章　组织形象　　134
第一节 组织形象及价值效应　　135
第二节 组织形象的内涵与外延　　139
第三节 组织形象塑造　　144

第七章　公共关系的运作程序　　159
第一节 公共关系调研　　159
第二节 公共关系策划　　167
第三节 公共关系实施　　174
第四节 公共关系评估　　180

第二篇　公共关系实务

第八章　公共关系的专题活动　　191
第一节 新闻性公共关系活动　　192
第二节 庆典活动的策划与组织　　200
第三节 人际沟通性公共关系活动　　205

第九章　危机公共关系　　220
第一节 危机与危机公关　　221
第二节 危机的类型　　226
第三节 危机公共关系管理　　229
第四节 组织形象的重塑　　246

第十章　企业公共关系　　253
第一节 企业公共关系概述　　254
第二节 企业内部公共关系　　261
第三节 企业外部公共关系　　271

第十一章　政府公共关系　　283
第一节 政府公共关系的含义、特点与意义　　284
第二节 政府公共关系的目标　　291
第三节 政府公共关系的内容　　294
第四节 政府公共关系的运作　　303

参考文献　　312

第一篇
公共关系原理

第一章 总 论

本章要点

1. 公共关系的定义。
2. 公共关系的四个构成要素。
3. 公共关系的角色定位与功能定位。
4. 公共关系的六项基本原则。

引例 请留心你家的"后窗"

20世纪50年代,好莱坞影片《后窗》风靡香港。该片讲述了一个脑部受伤的新闻记者,在家养伤时闲极无聊,便买来一架望远镜,每日坐在屋子里从对面楼层的后窗窥视住户的家庭隐私,从而卷入了一场谋杀案。影片上映后,香港人竞相观看,形成了"后窗热"。这时,香港的一家生产百叶窗的企业抓住这一热点,在报上连续刊登题为"请留心你家的后窗"的销售广告,生意一下子兴隆起来。该百叶窗企业是如何借助电影媒体获得成功的?这里体现了怎样的公共关系技术?这些公共关系技巧和手段又是怎样成功运用于现实的公共关系活动中的?

"公共关系"简称"公关"或"PR",这一词语最早出现于1807年美国《韦氏九版大学词典》,其英文是"public relations",在英文中有多种含义,主要有公共关系状态、公共关系活动和公共关系学三种含义。在英文著作中,这三种情况都可以使用"PR"一词。对"公共关系"一词作辞源上的界说,对于了解它的含义是必要的,但辞源学的界说代替不了科学的定义。为了准确把握"公共关系"的定义,必须对其进行科学的分析。本章主要介绍公共关系的定义、公共关系的构成要素、角色与功能定位及公共关系基本原则等内容。

第一节 公共关系的定义

公共关系学作为一门综合性的应用学科和一种正在发展中的管理功能,何为其科学定义一直众说纷纭。而其众说纷纭的原因涉及公共关系的历史发展、学科归属问题和公共关系的核心概念等一系列问题。

一、国外学者的定义

国外公共关系的观念转变经历了私利—互利—公利三个阶段。其中私利阶段的存在时间最长。这一时期的公共关系主要是一种劝说性报道活动,伯纳斯(Berners)在《说服工程学》中指出:公共关系就是为获得群众的了解和信誉而进行的诱导活动。大部分实践活动都是说服和操纵等不对称的宣传活动。第二次世界大战后,进入互利观念阶段。公共关系不再是单向的说服性活动,而是社会组织与公众之间的双向交流与沟通。互利观念认为,社会组织与公众之间存在共同利益,通过沟通与交流,不仅促进组织自身利益的实现,同时也能够满足公众的利益诉求,在此基础上实现二者的共赢。公利观念阶段则把公共关系的认识提高到一个更高的程度——社会组织进行各项公共关系活动不仅仅是在谋求自身与公众利益的实现,更要积极承担公共利益与社会责任。即只有社会组织与相关公众之间的互惠互利是不够的,应该促进组织利益、公众利益与社会利益三者之间的协调。

1967年出版的《韦伯斯特二十世纪新辞典》(第二版)对公共关系的定义如下:"公共关系:通过宣传与一般公众建立的关系,公司、组织或军事机构等向公众报告它的活动、政策等情况,企图建立有利的公众舆论的职能。"[①]早期公共关系的特点是一方面专注于社会组织的行为和利益,另一方面则强调传统联想主义心理学鼓吹的外界刺激与心理反应的单向关系。这是一种刺激—反应的单向思维,把接收外界信息看成是一种简单反应行为,一种单向的劝说性报道活动。

《大英百科全书》将公共关系定义为:"公共关系是旨在传递关于个人、公司、政府机关或者其他组织的信息,以改善公众对他们的态度的一种政策和活动。公共关系部或公共关系公司的主要任务是发布新闻,安排记者招待会,回答公众的投诉,规划对社区活动的参与,准备电影、宣传资料、雇员刊物、给股东的报告以及标准信件,规划广告项目,筹划展览会和参观访问,调查公共舆论。"[②]这种定义在本质上与《韦伯斯特二十世纪新辞典》(第二版)是一致的,说的也是一种单向的信息传播活动。可以说,《大英百科全书》对公共关系作了一种"百科全书"式的解释。

1978年,在墨西哥城召开的世界公共关系大会上,到会者一致同意将公共关系定义为:"公共关系实务是分析发展趋势,预测行动效果,向组织领导提出建议,执行一系列有计划的行动过程,是为组织及其公众的利益服务的艺术和科学。"这个定义的特点,一是强调了公共关系的咨询作用,二是强调公共关系乃是有计划的行动过程,三是强调公共关系是一门艺术和科学。

美国公共关系学研究权威斯科特·卡特李普(Scott M. Cutlip)、阿伦·森特

---

① Webster's New Twentieth Century Dictionary, unabridged, 2nd ed., William Collins and World Publishing Co., Inc., 1976, p.1456.
② 转引自居延安主著:《公共关系学》(第四版),复旦大学出版社2008年版,第5页。

(Allen H. Center)和格伦·布鲁姆(Glen M. Broom)在《有效公共关系》一书中指出,公共关系就是向公众传播和解释组织的思想和信息,同时又将公众对这些信息的观点和看法反馈给组织,以保持两者处于一种和谐的适应状态,并概括出理想的公共关系活动应具有的标准:(1)它是一个组织所进行的有计划的、持续的经营管理活动。(2)它研究一个组织与各种不同公众之间的相互关系。(3)控制组织内外各种意识、舆论、态度和行为。(4)分析一个组织的政策、行为及整个活动程序对各种公众的影响。(5)对处于组织的生存与公众利益相互矛盾中的各种政策、行为、活动程序进行调整。(6)协助经营管理人员建立组织与其公众之间互利的新的政策、活动程序和行为。(7)建立和保持组织与各种公众之间的双向沟通。(8)在组织内外,对公众的意见舆论、态度和行为方面制造一些特殊的变化。(9)建立一个组织与其公众的新的关系或保持原有的关系。他们根据这九个标准,提出了一个简洁、明确的公共关系定义:"公共关系是一种管理职能,它用以认定、建立和维持某个组织与各类公众之间的互利关系,而各类公众则是决定其成败的关键。"①

1975年,美国公共关系研究和教育基金会发起了历史上规模最大的一次探求公共关系定义的研究活动,共有65个公共关系领域的领军人物参与此项研究,在对472个定义进行分析后提出了如下定义:"公共关系是一项独特的管理职能,它帮助组织建立、保持与公众间的相互沟通、理解、接受和合作关系;参与对问题或议题的处理;帮助管理层了解公众意见,并及时做出响应;界定和强调管理层对公众利益所负有的责任;协助管理层紧跟形势的变化并充分利用这些变化;扮演早期的预警系统来协助对未来趋势做出预测;运用研究及正确且合乎伦理道德的沟通技巧作为主要工具。"1988年,美国公关协会采用了下面这一公共关系的定义:公共关系帮助与它所面对的公众互相适应。美国公关协会指出,上述定义反映了公共关系实务的所有关键职能——研究、计划、沟通对话和评估。②

二、国内学者的定义

由于各国的公共关系实践各不相同,强调重点不同,所下定义难免存在不同之处。国内公共关系学的研究者在参考国外资料文献和审视我国自身公共关系实践活动的基础上,针对我国公共关系学发展的实际需要先后提出了一些公共关系的定义。

我国台湾地区公共关系学研究者崔宝瑛指出,公共关系"是讨论怎样把个人、企业或者政府所决定的政策,利用报纸、电台、电视及其他各种传播媒介向大众报道,并且研究究竟怎样把大众的意见与行动寻求出来,以供给个人、企业、政府作为拟定或修正政策时的参考"。崔宝瑛先生的这个定义,涉及了利用大众传播媒介对于开展公共关系活动时的重要性,指出了公共关系在现代组织决策过程中的重要地位,但它忽略

---

① 〔美〕斯科特·卡特李普、阿伦·森特、格伦·布鲁姆:《有效公共关系》,汤滨等译,中国财政经济出版社1988年版,第9页。
② 参见〔美〕弗雷泽·P.西泰尔:《公共关系实务》,潘艳丽等译,清华大学出版社2008年版,第3页。

了公共关系是一种管理职能的这一本质特征。①

居延安在其2008年出版的《公共关系学》(第四版)一书中给出了公共关系的如下定义:"公共关系是一个社会组织或公众人物,在一定职业伦理规范的指引下,为谋取有关公众的理解和合作而从事的一种交流、沟通、劝说活动。"②居延安在此书中对这一定义分为四个部分进行解读:"一个社会组织或公众人物""在一定职业伦理规范的指引下""为谋取有关公众的理解和合作""而从事的一种交流、沟通、劝说活动"。他认为,公共关系的定义不仅应该是一个具有普遍应用范围的通适性定义,而且必须反映公共关系事业的未来发展路径,因而他将公共关系定义命名为"公共关系的工作定义"而非"公共关系科学定义"。

王乐夫等将公共关系定义为:"公共关系是一种内求团结、外求发展的经营管理艺术。它运用合理的原则和方法,通过有计划而持久的努力,协调和改善组织机构的对内外关系,使本组织机构的各项政策和活动符合广大公众的需求,在公众中树立起良好形象,以谋求公众对本组织机构的了解、信任、好感和合作,并获得共同利益。"③该定义充分突出了公共关系的典型特征——是一种内求团结、外求发展的经营管理艺术,通过与公众的良好交流促进共同利益的获得。

毛经权在1987年出版的《公共关系学》一书中将公共关系定义为:"公共关系是一个组织运用各种传播手段,在组织与社会公众之间建立相互了解和信赖的关系,并通过双向的信息交流,在社会公众中树立起良好的形象和声誉,以取得理解、支持和合作,从而有利于促进组织自身目标的实现。"④该定义强调通过与公众的双向交流来促进组织自身目标的实现,但未说明公共关系在共同利益获得上的作用。

三、本书的定义

归纳国内外学者的各种公共关系的定义,我们认为,公共关系是指各种社会组织运用科学的传播媒介和沟通手段,同公众建立起来的相互了解、信任和支持的依存关系。我们将这种关系和为建立这种关系而展开的活动统称为公共关系。就其本质而言,公共关系是一种管理功能,它通过执行一连串有计划的行动,在公众中塑造组织的良好形象和声誉,以取得公众的了解、信任和支持,促进组织目标的实现与公众利益的获得。

应该指出的是,现在人们使用"公共关系"一词时,在不同的情况下有不同含义。它有时是指公共关系状态,即一个组织与其相关的公众的关系状态;有时是指公共关系学;有时是指公共关系工作,即公共关系实务;有时是指公共关系思想,即一种现代管理的战略思想。为了叙述方便,有时对其含义并不作严格区分,具体内容需要按照当时的语境来理解。

---

① 参见周安华、苗晋平:《公共关系理论、技巧与实务》,中国人民大学出版社2007年版,第3页。
② 居延安主著:《公共关系学》(第四版),复旦大学出版社2008年版,第10页。
③ 王乐夫主编:《公共关系学》,辽宁大学出版社1986年版,第12页。
④ 毛经权主编:《公共关系学》,浙江教育出版社1987年版,第7页。

公共关系状态是指一种客观存在的状态,即一个组织与其公众环境之间客观上存在的关系状况和舆论状况——一个组织在公众中的现实形象。任何组织,不论是营利性组织还是非营利性组织,是政府组织还是非政府组织,在进行其活动时必然与社会上的其他组织或者个人发生关系,需要自觉或不自觉地对这些关系加以处理与应对。从这个角度看,可以发现公共关系是始终客观存在着的状态,公共关系状态既是组织公共关系活动的基础,也是组织公共关系活动的结果。

公共关系学是以公共关系的各种现象与活动规律为研究对象的一门综合性应用学科。它主要包括以下三个方面:一是公共关系的产生、发展过程,着重从历史动态角度研究公共关系产生的历史背景、发展的动力及其演化过程;二是公共关系的本质,着重研究公共关系的本质特征、基本功能等;三是公共关系的活动规律,着重研究公共关系活动的具体形式、方法和技巧、基本原则、操作规则、工作模式及其在各个领域的具体应用。这三个方面分别构成公共关系学中的公共关系史、公共关系原理和公共关系实务,三者共同构成公共关系学的理论体系。[①]

公共关系实务即运用传播沟通的方法去协调组织的社会关系,影响组织的公众舆论,塑造组织的良好形象,优化组织的运作环境的一系列公共关系工作。公共关系实务更多地涉及公共关系的操作层面,作为一种客观的社会实践,公共关系实务是公共关系的具体活动环节。

公共关系观念是指在组织运作与发展中形成的影响并指导组织行为、决策与政策的行为准则与价值观念,是深层次的管理哲学。公共关系观念主要有以下几种:

(1) 形象观念。社会组织在决策和行动中高度重视自身的声誉和形象,自觉地进行形象投资、形象管理、形象塑造,把树立和维护良好的组织形象提升到战略的高度。

(2) 公众观念。社会组织的管理者与领导者充分认识到公众利益的重要性,从而注重在组织运行的各个方面与各个层次上将公众意愿作为决策与行动的依据。

(3) 传播观念。社会组织具有强烈的传播意识与沟通欲望。通过现代大众媒介与各种沟通手段,实现与公众之间的双向沟通与交流,从而在公众中产生积极的影响。

(4) 协调观念。社会组织在运行中需要处理不同的公众关系与利益诉求,如何处理矛盾、保持平衡对于促进组织的发展是至关重要的。

(5) 互惠观念。社会组织在与个人或其他组织进行交往与合作中,应该不仅仅关注自身的利益诉求,还应以追求双赢为目的,关注对方的利益追求,通过双方的互相协助争取双方的共同利益。

第二节　公共关系的构成要素

公共关系包括四个基本构成要素:公共关系的主体,即社会组织;公共关系的客

---

① 参见周安华、苗晋平:《公共关系理论、技巧与实务》,中国人民大学出版社2007年版,第5—6页。

体,即公众;公共关系的目的,即塑造组织形象;公共关系的实现手段,即传播与沟通。

一、公共关系的主体:社会组织

社会组织是指在一定的社会环境中,人们通过相互交往而形成的具有共同心理意识,并为了实现某一特定的目标而按一定的方式联合起来的有机整体。在组织的若干特征中,组织目标与行为是组织的本质性特征。尤其是组织目标,往往被许多学者作为对组织进行系统研究的逻辑起点。[①] 目标是相对于过程而言的,社会组织只有通过运行才能完成目标。社会组织不能脱离具体环境而运行,因此在其运行过程中必然与其他组织或个人发生联系,在此基础上,公共关系成为现代社会组织必须具备的一项管理职能。进入工业社会后,生产力发展取得了巨大进步,社会分工日益细化,初级社会群体在很多方面无法适应社会发展和社会活动的需要,能够承担特定功能和完成特定目标的社会组织的发展成为近现代社会发展的必然趋势。事实上,大小不同、功能各异的社会组织构成了现代社会的基础。

各个学科对社会组织有各自的界定。组织行为学更多的是关注于社会组织的一般行为及其规律的研究;社会学主要研究社会组织的一般属性和一般类型等;公共关系学侧重于研究社会组织是如何围绕其目标,在运行过程中实行管理的。社会组织是公共关系的第一构成要素,是公共关系的主导性因素,在公共关系活动中起着决定性作用。

二、公共关系的客体:公众

公众是公共关系的对象、客体。公共关系是一种社会组织与公众之间的双向关系,公共关系中所指的公众不同于社会学、组织行为学、政治学等其他学科中所指的公众,也不同于日常生活中的"群众""人民""受众"等概念。

公共关系中的公众是指与公共关系主体发生联系及相互作用的组织和个人的总和,或者说是指与一个组织机构直接或间接相关的个人、群体、组织,是其所有公共关系对象的统称。公众对于社会组织的目标、生存与发展有着至关重要的影响力与利益关系。公众与社会组织相互影响、相互作用。

三、公共关系的目的:塑造组织形象

公共关系学中所讲的形象,特指组织形象,指的是公众对社会组织的整体印象和总体评价,是社会组织的特征与行为在公众心目中的反映,公共关系活动的目标即追求高知晓度与高美誉度。

良好的组织形象是组织"内求团结,外求发展"的根本保障。在现代社会中,拥有资金、技术、人才和信息优势已不再是一流组织的标志,组织和企业间竞争已上升为综

---

① 参见陈振明:《公共管理学》,中国人民大学出版社 2005 年版,第 41—42 页。

合实力的竞争,即组织形象的竞争。人们往往会依据对组织印象的好坏来选择商品,人们用手中的钞票作为选票,支持符合其愿望的组织,良好的组织形象就是组织发给顾客的信用卡,让其放心大胆地采取购买行为。良好的形象虽然不能给组织直接带来销量和利润,但却可以创造出一种消费信心、一种向心力和凝聚力,从而使组织保持长久良性的发展状态,可以说,组织形象是现代组织的生命线,是现代组织的无形财富和宝贵资本,也是成功的公共关系的主要目标。① 塑造组织形象,是公共关系的主要目标之一。

四、公共关系的实现手段:传播与沟通

公共关系的主体与客体——社会组织与公众,是通过传播的手段相互联结和相互沟通的。传播是公共关系的四大构成要素之一,是公共关系的主要职能,也是公共关系工作的主要内容。

在公共关系学中,所谓传播就是社会组织利用各种媒介和方式有计划地与公众进行双向交流与沟通的过程。② 这一传播定义包含两方面的含义:(1) 传播是双向性的传播,即一方运用一定的媒介与沟通手段,将信息传递给另一方,另一方在接受信息后进行分析并予以反馈的过程。双向性的交流与沟通使得双方得以加深了解,促进合作。(2) 传播具有计划性与目的性。计划性是指传播过程依据"5W 模式"展开,包括"Who(谁)""Say What(说什么)""Through Which Channel(通过什么渠道)""To Whom(对谁说)""With What Effect(产生什么效果)"五个要素。目的性是指传播活动必须符合组织的总体战略目标与特定阶段目标的需要。

传播的构成要素包括:信源、信宿、信息、媒介与信息通道。

1. 信源

信源又称传播者,即信息制造者、信息发送者。在传播过程中,传播者具有积极性与主动性,承担着对信息的筛选、制作与发送的责任。信源可以是个人、群体或者组织。在公共关系中,传播者一般是指某一个具体的社会组织。

2. 信宿

信宿是传播的对象,即接受者。在公共关系中,接受者一般是指公众。信宿在传播过程中同时具有被动性与主动性,其被动性是指信宿只能接受信源所提供的信息,其主动性是指信宿会对信源所给予的信息作出何种反应取决于信宿自身。当然,作为一种双向性的传播活动,信宿可以对所获取的信息加以反馈。传播效果在很大程度上取决于所选传播对象的社会生活背景、受教育程度与知识水平、心理性格特征等因素。信宿可以是个人、群体或者组织。

3. 信息

信息是传播的内容,是指在收到后能够减少或消除不确定性的消息。它是一种与

---

① 参见陈先红:《公共关系学原理》,武汉大学出版社 2007 年版,第 65 页。
② 参见方宪玗主编:《公共关系学教程》,浙江大学出版社 1999 年版,第 97 页。

管理紧密相连的消息,是人们传递的关于事务性质、状态的消息与报道。在传播活动中,任何信息内容都是以一定的符号形式传播出去的。符号为信息的载体,是现代社会运用最为广泛的一类传播媒介。

4. 媒介

媒介是信息的表现形式,是承载信息的物质形式。人们用各种媒介记录、保存、处理、传递、表现信息,如语言、文字媒介、实物媒介等。在不同的传播活动中,应根据需要选用不同媒介,既可以仅使用一种媒介,也可以几种并用。一般情况下,交叉使用媒介,传播效果会更好。①

5. 信息通道

信息通道是指信息在传播过程中必须经过的传播途径,它是连接信源与信宿的纽带,是信息交流的中介。传播信息通道主要有口头渠道、印刷渠道、电子渠道等。不同的传播过程应选用各自合适的信息通道,使信息得以准确、高效地传播给信宿。

现实公共关系活动中有多种传播方式,主要有人际传播、组织传播、大众传播及自身传播四种。

第三节 公共关系的角色与功能定位

一、公共关系的角色定位

公共关系的角色定位是指公共关系在组织活动中所处的位置。公共关系是客观的、普遍的、多样的、持续的、互利的,这是它的一些基本属性。不管人们是否意识到,公共关系在社会运转中拥有自己的位置。

公共关系的角色定位主要包括收集信息、咨询决策、传播沟通和教育引导四个方面。

(一) 收集信息

收集信息是公共关系工作人员在公共关系工作中的一项重要职能,所以有人说公共关系工作人员是组织的"信息调查员"。公共关系工作中所要收集的信息主要包括:

1. 产品形象信息

产品形象信息就是组织的产品或服务在公众心目中的印象以及公众对组织生产政策、行为的评价。具体内容包括产品的质量、价格、性能、包装、造型、售后服务等。对于一个生产性企业来讲,其组织形象的基础就是产品,产品出了问题,整个形象的"大厦"就会立即倒塌。

2. 组织形象信息

组织形象信息是指组织机构及人员的整体形象及公众对组织的评价。公共关系

---

① 参见李兴国:《公共关系学》,中国人民大学出版社2004年版,第234页。

工作人员要收集的组织形象信息包括公众对组织的机构设置、管理水平、服务水平、人员素质、企业领导能力、企业文化形象等等方面的评价。

3. 政府信息

政府信息主要指党和政府的各项方针、政策，有关经济活动的立法，国务院和当地政府的各种法令、条规。公关人员应当及时了解这些方针、政策，因其直接关系到企业发展战略的制定。

4. 媒介信息

媒介信息主要包括报纸、杂志、广播、电视、互联网上有关本组织的信息及这些媒介本身的相关信息。

5. 竞争对手信息

竞争对手信息主要包括对方的历史和现状、经营方针和发展战略、技术能力和设备状况、产品开发与销售状况、市场价格与占有情况、领导人的文化水平和能力、个人兴趣和爱好等等。

6. 市场信息

市场信息主要包括本企业的市场占有率，顾客及潜在顾客的分布，顾客的人数、性别、类型、收入、购买动机、消费特点、购买方式、对产品的期望等等。只有把握了顾客的需求，才能在下一步的新产品开发中有的放矢，占有市场的主动权。

7. 内部公众信息

内部公众信息包括职工对组织管理、劳资关系、福利待遇、职工教育、参与决策等方面的意见，组织内各部门的相互关系及运行情况，组织的财务状况和发展远景，以及股东的要求与看法等。

(二) 咨询决策

在新经济时代，组织面临的沟通对象也空前膨胀，它包括：投资者、顾客、雇员、政府机构、非政府机构、传统媒介、网络媒介、投资分析人员、网络分析人员、行业组织和猎头公司。在组织内部，公关人员会向组织决策层及各级主管部门提供有关公众的各种信息，这是平时的咨询建议功能。而当组织面临重大决策时，则应邀请公关部门负责人参加，从公众的角度对组织的决策进行评估，以免对公众的利益造成重大伤害，破坏组织形象。这就是公关部门的咨询决策职责，所以有人将公共关系部门称为组织的"决策参谋部"。

1. 对知名度和美誉度的评估与咨询

要做好任何类型的公关工作，必须以现有的知名度和美誉度为出发点。这就要求组织的公关部门应当经常进行相应的公关调查，掌握公众对本组织的实际评价，并向有关领导提供咨询。公关部门应当及时监测本地区、本行业的新闻机构，及时发现其中关于本组织的报道和评论，并向本组织的领导人提供真实的情况，供他们在进行组织决策时参考。

2. 公众心理的分析预测与咨询

公众构成了组织所面对的社会环境。时刻把握公众的变化,是一个组织适应社会的重要标志。除一般了解公众的任务外,公关人员还有一项重要的任务,即把握公众的心理,了解公众的态度和意向,为企业经营方针的制定及调整提供建议。

在一个比较发达的市场经济社会里,公众的消费行为越来越多地受到消费心理的支配,有时心理需求的作用甚至超过了对商品的物质需求。因此,公关人员应当熟悉消费心理学,能为组织提供公众的消费心理类型及不同类型消费者心理变化特征的咨询。这样,组织新产品的开发及销售战略的制定才能有据可依。

公关人员应熟悉公众的消费心理类型。大多数消费者的消费心理类型并不是单一的,一个人心中往往并存有多种消费心理类型。在某种特定情况下,某种消费心理类型就会对消费者的消费行为产生主导作用。公众的消费心理类型大致包括从俗心理、同步心理、求美心理、求名心理、求异心理、好奇心理、偏好心理、便利心理、选价心理等,公关人员应当能够分析不同类型消费者的心理特征及其变化规律,提供有关的咨询。

3. 从公众角度对企业决策进行评议

现代企业决策是一个复杂的系统工程,需要企业内部各个部门共同参与,从不同侧面进行考虑。但一般来讲,设计、生产、财务、销售等部门,主要是从企业自身的利益和能力方面对决策加以考虑,所关注的重点一般是企业的技术能力能否达到一定水平,生产是否能如期完成,经济上是否有利可图,但对公众利益则考虑较少。这样就会使组织的决策出现只顾组织自身利益,忽视公众利益的偏向。

在一个商品经济比较发达和法制比较健全的社会里,企业的短期行为一定会受到社会的谴责,政府也会出面来保护消费者的权益。如果发生了这样的事件,将对组织形象造成重大伤害。为了防止这类事件的发生,组织自身应当有一套自我约束机制,使可能伤害公众利益的行为在决策阶段就得到纠正。因此,企业每逢重大决策,都应当请公关部门的负责人参加,因为公关部门最了解公众,能够超越组织自身利益的束缚,自觉站在公众的立场上对组织的决策进行评论,找出一切可能伤害公众利益的问题,将其消灭在决策的过程中。

(三)传播沟通

公众之间双向的传播活动,既包括将公众的信息采集进来,用于组织的经营决策;又包括将组织的信息传播出去,在社会上形成有利组织的舆论,从而达到树立形象的目的。针对公共关系的传播职责,有人将公关人员称为组织的"形象宣传员"。这里重点介绍在组织发展的不同时期宣传策略的不同侧重。

在企业初创时期,宣传工作的重点是争取公众对本组织留下一个良好印象,以便吸引资金、招揽人才、稳定队伍、扩大声势、开拓市场。这一时期宣传工作的主要任务是设计一个具有独特风格的厂名和商标。在企业发展困难时期,企业要采取灵活机动的宣传战术,使产品为公众所接受,打开局面,渡过难关。在企业顺利发展时期,公关宣传应当致力于保持和维护组织形象,巩固既有成果,并力争提高知名度,扩大组织的影响。在企业形象受损时期,公关人员要迅速查明原因,寻找对策,修复受到伤害的形象。

(四)教育引导

组织内部的公共关系工作一个重要的方面,就是对全体员工进行教育引导,使他们认识到公共关系的重要性,明白树立组织的良好形象必须从每个人的具体工作做起。公关部门对员工的教育引导工作主要包括重视本组织的形象和声誉与在员工中开展公关知识培训两个方面。

首先,要重视本组织的形象和声誉。公关人员要教育全体员工,使每个人都懂得,企业的形象和声誉同大家的切身利益紧密相关,企业形象的好坏足以使企业兴旺发达或是破产倒闭。而良好企业形象的建立不仅仅是少数领导和公关人员的事,还必须通过大家的共同努力。

其次,在员工中开展公关知识培训。企业员工仅有为组织增光的良好愿望是远远不够的,还应该掌握一些基本的公关知识和技能,以便在公众面前树立一个美好的形象。在员工中进行公关知识讲座,提高员工的公关技能,应是内部公关工作中一项经常性的工作。

二、公共关系的功能定位

公共关系以塑造社会组织的良好形象为其工作目标,围绕这一目标而开展的各种具体活动和工作便形成它的职能范围。公共关系的功能也就是公共关系机构和公共关系人员的职责和作用。

公共关系功能是指公共关系对社会组织与公众甚至整个社会所具有的功能、作用与影响。公共关系的功能是全方位、多层次和综合性的,概括而言,其主要包括形象塑造、信息沟通、协调关系、咨询建议、危机处理等。

(一)形象塑造

在现代社会里,社会组织的生存与发展必须遵循优胜劣汰的竞争规律。这种竞争规律不仅仅是市场、价格、原材料等方面的竞争,更为明显地表现在组织整体形象的竞争。良好的组织形象对任何社会组织来说,都是一种无形财富和无价之宝。社会组织一旦在公众心目中树立起自身的良好形象,就能获得公众的支持与合作,取得事业的成功。[1]

公共关系中的组织形象是指社会公众和组织内员工对组织的印象与评价。组织形象不是凭空产生的,而是社会公众与内部员工基于组织的长期表现而形成的,是主体与客体、主观与客观的统一。社会组织的形象是组织内外公众综合认知的结果,是其总体风格特征的反映。

---

[1] 参见李健荣、王克智:《现代公关理论与实践》,高等教育出版社1998年版,第81页。

组织形象是一个完整的整体,包括外显特征与内在特征两个组成部分。外显特征是内在特征的直接表现,比较容易被人们所观察与认识;内在特征是外显特征的内因和根据,决定了外显特征的本质取向。内在特征有以下几个组成部分:

(1) 内在精神理念——社会观、价值观、创新与进取精神。组织的精神理念指引组织前进的道路。组织在运行中都应有正确的价值观与社会观,不仅仅应关注于组织自身的目标,还应考虑造福于公众与社会。在激烈的环境中生存,组织需有锐意进取的精神与创新理念,才能在竞争中立于不败之地。

(2) 管理特色与水平。科学、规范、有序、高效的管理模式是组织效益的重要保证,也是组织精神理念、员工素质、创新能力、工作质量的具体体现。

(3) 工作质量。公众对一个社会组织进行评价,其中最重要的一个依据是组织的工作质量。组织工作质量的高低既是组织形象的重要因素,也是组织的效率和成果的体现。

(4) 环境形象。环境形象即社会公众对组织的工作环境的净化、美化程度的评价,也包括对组织设施、设备的先进性的感知与印象。

(5) 员工形象与素质。员工形象指组织员工的科学技术水平、工作能力、服务态度与方式给社会公众留下的直接感受与整体印象。

知名度与美誉度是组织形象评价的两个基本指标。知名度即社会组织被公众认知、了解的程度;美誉度即社会组织被公众信任、赞誉的程度。知名度表现的是公众舆论评价的"量"的大小,而美誉度体现公众舆论评价的"质"的好坏。知名度与美誉度密切相关,但两者并不是必然对等的,高知名度不一定意味着高美誉度,低知名度不等价于低美誉度。好的组织形象是高知名度与高美誉度的有机结合。

(二) 信息沟通

现代社会中,公共关系的信息是社会性、经济性的信息。公共关系的本质即进行信息沟通。信息是提高组织竞争力的关键性因素,是组织重要的战略资源。公共关系工作所需要的信息主要分为内部信息和外部信息两类。内部信息指组织的人流、物流、财务状况,组织经营管理状况,员工状况,组织的凝聚力等情况;外部信息指与组织密切相关的国家经济、政治、科学、文化等信息,公众对组织的评价信息,投资者、竞争对手、新闻媒体对组织的态度信息。

公共关系信息沟通具有以下几方面的特点:

(1) 信息沟通的双向性。公共关系信息沟通是双向性的、全面性的,社会组织不仅向外界公众发布信息,而且要注意经常收集外界公众的信息并及时加以反馈,从而及时地了解公众情况、监测外部环境,为组织决策提供参考信息。

(2) 信息沟通的即时性。公共关系信息具有很强的时效性。社会组织必须随时注意观察获取外部信息并加以反馈,及时把握信息可以使组织抓住发展与竞争的有利时机。

(3) 信息沟通的真实性。组织在进行信息沟通时,不应发布片面的、虚假的、夸大的信息,这样会引起公众猜疑,不利于组织的发展。作为组织与公众联系的桥梁和纽带,信息沟通必须完整、真实并且全面。

(三) 协调关系

公共关系的协调关系职能是指公共关系在组织与公共关系方面排除纠纷、减少摩擦,促使组织内外所有关系和谐化,达到组织与公众及社会同步发展的目的的一种职能。它是公共关系的一个突出职能。

协调关系职能的主要内容包括:第一,协调组织内领导与领导、领导与职工、职工与职工之间的关系;第二,协调组织内部各职能部门之间的关系;第三,协调组织与外部公众和社会环境之间的关系;第四,协调组织与国际相关公众间的关系。总之,协调关系包括协调与组织生存发展相关的方方面面的关系。[①]

公共关系在协调关系方面应遵循以下几方面的原则:

(1) 及时性原则。及时性原则即公关人员需及时发现组织内外部存在的问题并立即采取相应措施予以解决;视而不见只会使矛盾与问题扩大化,不利于组织的顺利运行与组织目标的实现。

(2) 互利性原则。互利性原则即组织在处理问题时应坚持公众利益与组织利益的一致性,不能损害公众利益来保护组织利益,也不能盲目地以牺牲组织利益为代价来满足公众利益,而要理性地进行分析,在化解矛盾的基础上使得双方可以共同受益。

(3) 公开性原则。组织应该增加与公众关系的透明度,主动接受社会公众的监督。

(四) 咨询建议

公共关系的咨询建议功能是指公共关系部门向组织管理者与领导者提供有关组织生存发展的信息,以保证使决策科学化和民主化。公共关系的咨询建议功能包括两个方面的内容:一是在组织的管理者与决策者进行决策时提供咨询建议,二是在组织实施方案时随时对实施过程进行监控,发现异常情况时及时采取措施予以解决。

公共关系的咨询建议对组织发展具有至关重要的作用。首先,现代社会信息量大、节奏快,组织的管理者有其自身职责,当无法及时准确地掌握不断变化的信息时,公共关系的参谋咨询功能的发挥可减少决策中的不确定因素的存在;其次,领导者智力、体力、精力是有限的,不可能完全亲力亲为,也不可能样样精通,公共关系人员为其决策提供咨询建议,使领导者得以将主要精力放在全局性的、战略性的问题上;再次,促进组织决策的科学化、民主化,避免组织决策的随意性、盲目性和个人主观专断造成的重大失误;最后,对组织生存环境的有关发展变化以及危机进行预测和咨询,使组织决策者拥有几套可供选择的方案以适应这些变化与危机。

---

① 参见王伟:《新公共关系学》,青岛海洋大学出版社 1994 年版,第 20—21 页。

(五) 危机处理

危机是指社会组织与周围环境发生纠纷，或因自然灾害、重大事故、商业风险，使组织在运行过程中经历的一段不稳定的时间和状态。危机一般可分为四个阶段：第一阶段是潜伏期，导致危机发生的因素已经产生但并未被人们发现或重视；第二阶段是爆发期，危机明显化；第三阶段为后遗症期，危机出现后组织受到一定程度的损害，在进行弥补和修复时会遭遇许多困难；第四阶段为解决期，危机处理完毕，组织形象得以修复，进入正常运行状态。

组织危机包括一系列的事件与问题，如重大工伤事故、火灾、爆炸等恶性事件，或因经营决策失误而造成的商业危机，或因地震、泥石流等自然灾害而造成的危机，或因组织行为与政策损害公众利益而引发的信誉危机。处理危机事件是公共关系的一项很重要的职能。

危机发生后需采取措施予以应对，即危机处理方略：(1) 控制事态、安抚公众。危机事件爆发后组织应用应急方案或临时方案及时投入到事态的控制和处理中去。诚恳听取事主的投诉意见和要求，主动承担责任，尽快平息事件。(2) 查明事件原委，了解真相。组织领导者、管理者与公共关系人员应保持客观、公正的态度，了解真相，查明原委，而不是一味地站在组织立场上激化矛盾。(3) 表明态度、引导舆论。组织领导与公关部门一方面应认真听取内外公众及各方意见，形成组织的基本态度，争取新闻媒介的配合支持，及时向公众讲清事件发生的原因及组织对事件处理的态度、方针、措施，使公众了解真实情况，以便消除误解、引导舆论。(4) 善后处理、消除影响。组织应妥善处理公众损失，做好对事故当事者即遇难者亲属的安抚救助工作，消除不良影响，赢得公众的信任、支持和赞誉。①

第四节　公共关系的基本原则

公共关系工作复杂而繁琐，要使其更加科学有效，取得事半功倍的效果，必须在开展公共关系活动时遵循公共关系的基本原则。所谓公共关系原则，就是在开展公共关系活动中处理关系、进行传播活动所依循的根本法则和价值标准取向。公共关系原则制约着公关活动的出发点、目的、方法等，是使公关活动更具自觉意识的理性依据。公共关系的基本原则包括求真务实原则、公众利益至上原则、全员公共关系原则、效率原则、科学性与艺术性相结合原则和创新原则。

一、求真务实原则

(一) 求真务实原则的内涵

求真务实是公共关系的首要原则。其内涵包括两个方面：一方面，进行深入细致

---

① 参见李健荣、王克智：《现代公关理论与实践》，高等教育出版社1998年版，第98—99页。

的调查研究以把握事实,这是公共关系工作的起点。通过调查,查明事件的真相,公关人员才能制订有效的计划与方案以解决问题,做到有的放矢。另一方面即据实向内外部公众公布事情真相,做到客观、全面和公正。所谓客观,即组织应该按事情的本来面貌说话,不仅仅传播有利于组织和公众的信息,即使某一信息的传播会对有关方面利益有所损害,也应实事求是地予以传播。所谓全面,即组织应提供事件的全部方面和全部过程。任何一个事实都具备其基本要素:谁(Who),即事件的主体、客体及其相互关系;什么(What),即事件的过程原貌与事件性质;什么时候(When),即事件发生的具体时间;什么地方(Where),即事件发生的地点;为什么(Why),即事件发生的原因与导火线;怎么样(How),即事件的具体情况与活动方式。所谓公正,即组织要站在客观、中立的立场上处理组织与公众间的关系与问题,应该由组织承担的责任要主动承担,而不是以欺骗手段掩饰失误,推卸责任。

(二) 求真务实原则的内容

1. 向公众说真话

向公众说真话是公关活动首先必须遵守的原则。一个组织说一次谎话可能不会被公众抓住,一个虚假的广告宣传也可能会为组织带来暂时的巨大的经济效益。但我们须知:公众的眼睛是雪亮的,在公众社会地位不断提高,新闻媒介社会监督作用日益加强的今天,想长久隐瞒事件的真相是不可能的。

2. 用行动来证明

在对公共关系的特征进行描述的时候,有人说:"公共关系就是少说多做",还有人说:"公共关系是90%靠自己做得对,10%靠宣传。"这些说法都是在说明一个道理,即公共关系的好坏,主要通过行动而不是单纯依赖宣传来证明。

3. 公关活动应当从事实出发

公关人员必须树立先有事实,后有公关活动的思想。在每一次公关活动之前,公关人员要进行实事求是的调查研究,掌握组织与公众各方面的状况,这样才能设计出优秀的公关方案,并且在实际运行中取得预期的效果。所以,任何形式的公关活动,都必须以调查研究为出发点。把求真务实的原则贯彻到调查工作中,公关人员要努力做到客观、真实、全面、公正。

二、公众利益至上原则

以公众利益为出发点是公共关系最基本的原则。组织的公共关系活动在很大程度上是处理公众关系的活动,公众对组织的看法、态度对组织的生存发展具有至关重要的作用。组织通过各种方式来表明组织目标与公众利益的一致性有利于组织赢得公众的理解、支持与合作,促进组织事业的成功。

著名公关专家阿瑟·佩奇(Arthur W. Page)曾在1938年指出:"不论何时,只要公众认为应该改变一个大企业并使之按照特定轨道运行,他们就首先指控这个企业没有按要求的方向发展。对于大公司的领导来讲,唯一有效的办法就是这些企业领袖们要小心翼翼地观察公众的思想活动状态,觉察公众的情绪和公众可能要采取的行动,然后自愿地真诚地去接受。我们必须努力的避免被指控为冒犯和背叛公众利益。我们应该一丝不苟地遵循公众利益准则,甚至要在它们没有正式通知或制定之前。"[①] 只有实现了公众的利益,取得了公众的支持,组织的根本利益才有可能实现。

组织要对公众利益负责主要指两个方面:一是指组织都有其特定的任务与目标,由于组织目标设定一般是与公众期待相符合的,从这个角度而言,完成组织目标就是对公众的负责;二是指组织应尽力解决因组织原因而产生的问题,积极承担责任,保护公众利益与组织自身利益。

三、全员公共关系原则

(一) 全员公共关系原则的内涵

全员公共关系原则即组织的全体成员都要有公共关系观念,按照公共关系的规范来约束自己的行为,维护组织声誉,积极主动参与组织的公共关系活动。

公共关系工作的开展不仅要依靠公共关系部门及公共关系人员的努力,还依赖于组织其他部门和全体员工的配合。若组织的公关活动只是少数人的专属工作,其他成员没有配合意识或行动,不仅无法有效发挥公共关系工作的作用,还可能导致事倍功半的结果。

(二) 全员公共关系原则的要求

1. 树立全员公关意识

通过公关教育和培训,在组织内部营造出一种全体员工热心公共关系工作的良好氛围,使组织成员提高对公共关系重要性的认识——成员个人的言行举止与组织形象是密切相关的,员工应具备基本的公关概念,承担公关责任,以自身的努力为提升组织形象做贡献。树立全员公关意识,要做好两个方面的工作:

(1) 领导人要具有超前的公关意识。具体应当做到:第一,领导人应当对公关投资有正确的认识,认识到良好的公共关系就是组织巨大的无形资产,敢于并乐于为本组织的无形资产投资。第二,努力使组织的各职能部门认识公共关系的意义,全力配合公关部门的工作。第三,在日常工作中重视公关部门的忠告,在组织进行重大决策时主动邀请公关人员参与。

(2) 全体员工积极配合公关工作。全员公关包括通过全员的公关教育和公关培训,提高全体员工的公关意识,使他们能够认识到公共关系的意义,在自己的工作岗位上自觉配合公共关系工作的开展。要使每一名员工认识到:组织的良好形象并不是靠少数几个公关人员吹出来的,也不仅仅是用金钱堆出来的,良好的公共关系有赖于组织全体员工的协力配合。要使全体员工懂得,在组织内部,员工处于生产第一线,他们生产出的每一件产品,都是组织形象的基石。还要使全体员工懂得,他们实际也处于

---

① 王兴富主编:《公共关系实务》,中国经济出版社 2002 年版,第 11 页。

公共关系的第一线,在外部公众的眼中,他们就代表着组织,无论是接待顾客时的每一个行为,还是与亲戚朋友的每一句言谈,都与组织形象密切相关。

2. 将公关思想、目标、策略与内容渗透到组织的各部门

例如,生产部门、人事部门、销售部门等各环节在组织的战略计划与年度、季度工作计划中制定公关目标。各部门除了完成特定的公关配合任务,还需在日常运行中自觉承担公关责任,使全体员工成为组织公关活动的有力支持者。

3. 全员公关应从组织的高层做起

首先,组织高层经常在媒体上出现,其言行举止对于组织形象有非常大的影响,如果他们具备较好的公关意识,一定可以提升组织的知名度与美誉度。其次,高层提高公关意识有助于产生表率作用,起到带头的效果,有助于全员公关工作的落实。

四、效率原则

所谓效率原则,即组织在处理公共关系事务时应做到尽可能的高效、及时。现代社会是一个高速变化发展的社会,组织要在激烈的竞争环境中生存发展,需对外界变化具有灵敏的反应。

在公共关系活动中坚持效率原则,主要是基于以下几方面的原因:首先,特定的社会组织一般有其特定的公众群体,公众对组织行为决策的态度与看法对于组织能否实现其目标具有非常重要的作用。当公众利益与组织利益一致时,组织的决策与行为会得到支持;当两者不一致甚至相背离时,组织会丧失公众支持。在某些情况下,尽管组织的决策行为没有发生明显的变化,但公众的偏好却可能发生变化,这时组织应尽快高效地采取行动,重新获取公众的支持。其次,组织因自身原因而出现失误行为时应迅速采取事先准备的适用方案或采取相应的临时措施予以应对。迅速消除不良影响,安抚事主,使组织重新取得社会公众的信任,回到正常运行状态之中。最后,社会环境本身是不断变化的,组织的经营方针、政策、行动方案如不及时进行调整,便会与经营环境不相适应,进而影响组织的运行与业绩。组织公共关系活动需遵循效率性原则,及时向组织管理层提出建议与方案,对组织决策与行动进行调整。

五、科学性与艺术性相结合原则

公共关系学是分析趋势、预测结果、为组织领导提供决策咨询,以执行既有利于组织又有利于公众的行动计划的艺术和科学。公共关系的科学性是公共关系工作的前提与基础;公共关系的艺术性是公共关系工作取得成功的重要保证。只有将科学性与艺术性紧密结合起来才能使公共关系工作卓有成效。

公共关系学是建立在管理学、社会学、心理学、组织学、统计学等众多学科基础上的一门边缘学科。因此,作为一项专业化程度很高的工作,公共关系工作是在众多学科的理论指导下进行的。公共关系人员只有贯彻科学性原则才能正确处理公共关系工作中遇到的各种问题。

公共关系又是一门艺术，是缓解矛盾与树立形象的艺术，是联络感情的艺术。公共关系活动的过程是传播。传播需要很强的艺术性。公共关系活动的每次策划都充满了想象力和创造性，制造新闻更是艺术水准十分高超的活动。[①] 在公共关系活动的每个环节，都可以使用艺术性原则，使公共关系工作取得事半功倍的效果。

六、创新原则

公共关系工作必须研究公众心理，满足公众求新、求异、求变的心理特征，这样才能取得预期的宣传效果。一味重复教科书上的经典战略，或者长期运用一种公关方法，必然会引起公众的感觉疲劳，事倍功半，甚至会引起公众的反感，产生负面效果。因此，公关人员要使自己的公关策划永远保持新意，不断推出新的形式、新的方法、新的手段。

为了使公关策划富有新意，以下思路可供参考：(1) 大胆设计，敢于开创前人没有发现的新形式。(2) 移植与再造相结合。(3) 角度转换，逆向思维，寻求突破。(4) 排列组合，以旧翻新。

本章小结

本章主要介绍公共关系的定义，公共关系的构成要素、角色与功能定位，以及公共关系基本原则等内容。首先总结了国内外学者有关公共关系的各种定义，进而提出了本书的公共关系定义。公共关系是指各种社会组织运用科学的传播媒介和沟通手段，同公众建立起来的相互了解、信任和支持的依存关系。我们将这种关系和为建立这种关系而展开的活动称为公共关系。就其本质而言，公共关系是一种管理功能，它通过执行一连串有计划的行动，在公众中塑造组织的良好形象和声誉，以取得公众的了解、信任和支持，促进组织目标的实现与公众利益的获得。

公共关系包括四个基本构成要素，即公共关系的主体，即社会组织；公共关系的客体，即公众；公共关系的目的，即塑造组织形象；公共关系的实现手段，即传播与沟通。社会组织是指在一定的社会环境中，人们通过相互交往而形成的具有共同心理意识，并为了实现某一特定的目标而按一定的方式联合起来的有机整体。公共关系中的公众是指与公共关系主体发生联系及相互作用的组织和个人的总和，或者说是指与一个组织机构直接或间接相关的个人、群体、组织，是其所有公共关系对象的统称。公众对于社会组织的目标、生存与发展有着至关重要的影响力与利益关系。公众与社会组织相互影响、相互作用。公共关系的目的是塑造组织形象。公共关系的实现手段是信息传播。

公共关系的角色定位是指公共关系在组织活动中所处的位置。公共关系的角色定位主要包括收集信息、咨询决策、传播沟通和教育引导四个方面。公共关系功能是

---

① 参见杨家栋：《现代公共关系》，中国商业出版社2001年版，第40—41页。

指公共关系对社会组织及其公众甚至整个社会所具有的功能、作用与影响。公共关系的功能是全方位、多层次和综合性的,概括而言,其功能主要包括形象塑造、信息沟通、关系协调、咨询建议、危机处理等。

最后本章还介绍了公共关系的基本原则,包括求真务实原则、公众利益至上原则、全员公共关系原则、效率原则、科学性与艺术性相结合原则和创新原则。

案例分析

海尔集团的真诚服务

海尔集团是我国家电行业的龙头老大,海尔不仅因其产品质量高而畅销世界,而且还因其所提倡的"海尔国际星级服务"而享誉全球。

"满足用户的潜在需求"是"海尔国际星级服务"的宗旨所在。在这一宗旨的指导下,海尔集团于1990年投资800万元建立海尔售后服务中心。售后服务中心制订了一套详尽、严格的服务原则,包括:(1)售前、售后提供详尽的咨询;(2)任何时候都为顾客送货到家;(3)根据用户指定的时间、地址给予最方便的安装;(4)上门调试,示范性指导使用;(5)售后跟踪,终身上门服务;(6)出现问题24小时之内答复,使用户绝无后顾之忧。

为了遵循这些原则,海尔人付出了很多。1995年3月,青岛一位老人买了一台海尔空调,搭乘出租车回家。当老人回家找人搬运时,出租车司机却将空调拉跑了。海尔空调总公司闻讯后,决定免费赠送老人一台空调,并派人上门安装。老人空调被盗事件本来与生产厂家无关,但海尔人却认为是自己的销售环节还不够完善。为此,海尔总公司在海尔星级服务中增添了"无搬动"的内容。用户在购买海尔空调以后,一切事情均由销售人员代办,消费者所需的只是等待开机试用空调,使消费者真正变成"上帝"。

为了实现"海尔国际星级服务",海尔集团制定了著名的售后服务"一二三四"模式。即一个结果——服务满意;二条理念——带走用户的烦恼,留下海尔的真诚;三个控制——服务投诉率小于10%,服务遗漏率小于10%,服务不满意率小于10%;四个不漏——一个不漏地记录用户反映的问题,一个不漏地处理用户反映的问题,一个不漏地复查处理结果,一个不漏地将结果反映到设计、生产、经营部门。

为了落实"一二三四"服务模式,海尔公司规定上门维修人员在顾客家中洁净的地板上铺上一条专用布,完工后自带抹布将维修时留下的污渍擦拭干净;如果客户的冰箱需要拉回中心修理,那么顾客马上会得到一台周转冰箱使用。与此同时,海尔对所有服务人员的规定却是如此"不近人情":上门维修不许抽烟、喝酒、吃饭、接受礼品,后来干脆规定连用户的水也不准喝。于是有了海尔人自带矿泉水上门维修的情景。①

案例思考题:
1. "海尔国际星级服务"遵循了公共关系的哪项原则?
2. 结合实际谈谈海尔公司开展"海尔国际星级服务"活动的主要内容。

---

① 资料来源:http://media.openedu.com.cn/media-file/netcourse/asx/gggxx/public/02_ckzl/02_alk/28.htm,2016年1月12日访问。

第二章 公共关系的起源与发展

本章要点

1. 现代公共关系的历史起源。
2. 现代公共关系发展的原因和发展阶段。
3. 公共关系在中国的兴起和发展过程。
4. 当代公共关系的发展特点和新时期公共关系的发展趋势。

引例 巴纳姆事件

费尼斯·巴纳姆(Phineas T. Barnum)是19世纪美国一家马戏团的团长,因宣传、推动马戏演出闻名于世。他曾在19世纪50年代编造了一个"神话":马戏团有位名叫海斯的黑人女奴,曾在100年前养育过美国首任总统华盛顿。报纸披露这一消息后,立即引起轩然大波。巴纳姆借机以不同的笔名向报社寄去"读者来信",人为地开展争论。巴纳姆认为,只要报纸没有把他的名字拼错,随便怎么说也无妨。他的信条是"凡宣传皆是好事"。"神话"给巴纳姆带来的是每周从那些希望一睹海斯风采的纽约人那里获得1500美元的收入。海斯死后,经解剖发现,海斯不过80岁左右,与他吹嘘的160岁相距甚远。对此,巴纳姆厚颜无耻地说:"深感震惊",他还说自己也"受了骗"。其实,这一切都是他刻意策划的。

从巴纳姆事件可以看出,在报刊宣传运动时代,每个报刊宣传员在争取顾客的关注时,都是不择手段地制造神话,甚至不惜愚弄公众。他们只顾为企业赚钱,完全不顾公众的利益,甚至公开嘲笑、谩骂公众。所以,报刊宣传运动还不是真正意义上的公共关系,从思想实质上看,这一时期实际上是一个反公众、反公关的时期。

不过,当时巴纳姆等人运用报刊等大众传播媒介为组织进行宣传,已经具有现代公关活动的萌芽。

公共关系的理念和活动古已有之。无论是在古代中国还是古希腊、古罗马等西方国家,在政治、经济等领域都出现了公共关系的萌芽。现代公共关系经过百年的发展,其理论体系逐步完善并与实践密切结合。公共关系在中国自改革开放以来也取得了长足的发展和进步,无论是公共部门还是私人部门,都越来越重视公共关系对于组织的重要性。当下,随着民主化程度进一步提高,信息传播的途径增加、传播速度加快,当代公共关系也具有新的特点和发展趋势。

第一节 现代公共关系的起源

公共关系是一种客观存在的社会关系形态,是一个社会组织运用科学的传播媒介和沟通手段,同公众建立起相互依存的关系。公共关系活动则是为建立起这种相互依存的关系而开展的活动。作为一门系统的学科和专门化的社会职业,公共关系是近几十年发展起来的;而作为一种历史现象、一种沟通和活动的方式,公共关系由来已久。可以说当社会组织和人际交往出现时,公共关系即作为客观存在随之发源。人类最基本的生存方式就是群体活动,每个人在各自的群体中生活和劳动。出于生存的需要,各个群体之间需要相互联系和交往。这种协作关系既是人类各种社会关系赖以产生和发展的社会基础,又是公共关系得以进一步发展的社会条件。

在古代,公共关系活动主要集中于政治领域和经济领域。在政治方面,统治者为了控制人民,运用类似于公共关系的方法来保证公众对政权的拥护,维护自身的统治地位。这一现象不论是在古代中国还是西方国家都有所出现:中国古代有纵横家张仪游说六国促进秦统一天下,古希腊和古罗马也有著书立说,通过语言和修辞来感染群众,提高统治者威望的传统。在经济方面,虽然古代社会由于生产力低下,经济形式以自给自足的小农经济为主,商品经营者为数不多。但为了招徕顾客,经营者也打出了"童叟无欺""百年老店"等诚信广告标语,以获得顾客的认同,从而提高产品声誉、扩大产品销量。这一时期是公共关系的萌芽时期。

一、早期西方的公共关系活动

古埃及和古巴比伦的文明分别产生于公元前4000年与公元前3000年左右,距今已经有几千年的历史。这些古老的国家在留下文字、书写工具等璀璨的文化遗产的同时,也留下了丰富的公共关系的理念与活动。这些古代国家的统治者都曾使用大量人力和物力去修建华丽的雕像、寺庙、石碑、陵墓,编纂各种法典、诗歌,用精湛的艺术形式描绘自己的英雄勋绩,以树立声誉,宣扬自身伟大、神圣的身份。同时,统治者也试图通过语言的方式制造舆论、控制公众的思想,达到维护自身统治地位的目的。例如,公元前2000年左右,在古埃及建立的众多精巧绝伦的金字塔便是王权神秘、宏伟的象征。在古埃及,祭司作为公共舆论和宣传的专家,通过各种方法极力推崇国王、贵族高大显要的形象。考古学家发现,在公元前1800年前的古伊拉克地区即出现了告知农民如何耕种、灌溉、除虫的通告,类似于农业机构发布的农业公告。

公元前4世纪,在古希腊的城邦雅典,形成了以公民大会和陪审团制度为代表的民主制度。这一强调平民政体、权力制约的民主制度最基本的特征就是全体公民都拥有参与政治活动的权利,由全体公民管理国家。这一制度的出现为近现代民主政治制度的建立奠定了最初的基础,同时也为公众提供了交流对话的制度平台,公共关系的理念和活动随即出现。在这个时期,以苏格拉底、柏拉图和亚里士多德为代表,一批从事法律、道德、宗教、哲学研究与宣传的教师和演说家在社会上开展了十分活跃的公共活动。其中,亚里士多德在《修辞学》一书中,强调语言修辞在人际交往和宣讲中的重要性。他把修辞看作争取和影响听众思想和行为的艺术,并提出要使用带有感情的呼吁来影响听众。《修辞学》一书也因此被一些西方公共关系学者视为人类历史上最古老的公共关系经典作品。柏拉图在《理想国》一书中提出要禁止除了政府主编的诗歌以外的其他诗歌的主张,即通过控制传播媒介,操控社会舆论。

　　古罗马经历了君主制、贵族共和制与帝制几个不同政治制度的转变。其中,在共和制时期,古罗马采取了执政官、元老院、公民大会的政治形式来协调统治者与平民的利益。在这个时代,人们对民主有了更深刻的认识,并提出"公众的声音就是上帝的声音"。同时,古罗马人注重发展各种影响人的传播技术,他们改进诗歌形式,使其更加精炼,并巧妙地将宣传与艺术表现形式紧密结合。在帝国时代,手抄小册在社会中十分流行,作为皇帝的恺撒发行了世界上最早的日报《每日记闻》,作为自己与臣民沟通的工具。恺撒还写作了《高卢战记》,记录自己的历次战绩、政治业绩与功德。这本书语言平实、简洁,通过平铺直叙的方式来描写战斗的经过,实现了他为自己宣传、辩护的目的,并作为一部纪实性的经典之作广为流传。很多公共关系的研究者也将《高卢战记》看作一部宣传公共关系实务的出色作品。

二、中国古代的公共关系活动

　　公共关系的思想和活动并不仅仅在早期西方国家出现,自春秋战国时期开始,中国就产生了公共关系思想的萌芽和早期的公共关系实践行动。尽管在古代,没有太多的大众传媒技术,公共关系的思想和认识也没有形成完善的理论体系,但是,公共关系活动依然出现在了以统治者和民众为主体的政治活动以及人际交往活动中。这些理念与活动十分丰富,与现代公共关系理论和实践也有许多相通之处。

　　中国古代的公共关系活动主要体现在政治方面。在中国历史上,作为主导思想的儒家思想在很大程度上影响了统治者的观念和行为。古代统治者多遵循儒家的"民本"思想,在政治方针上多施行仁政,以民为本,通过安抚政策使民众安居乐业。纵观中国历史上的各个朝代,许多统治者将政权建立在取信于民、争取民众支持的基础上,获得了显著成效。自上古时代,统治者即设立"纳言"这一职位,作为信息收集与发布的官员。在周王朝时期,周王派官员深入民间,采集民谣以了解民情,形成了"王官采诗"制度。《诗经》便是大多收集于西周年间的中国最早的诗歌总集,它分为《风》《雅》《颂》三个部分,其中《风》便是各地的歌谣。作为《诗经》中文学成就最高的一部分,《风》中的大部分诗歌是由官府任命的采诗官到各地采集而来,体现了当时的统治者深入民间、体察民情的行动。而《雅》《颂》是对统治者的歌功颂德,通过宣扬君主承天受命的思想以影响民意。在盘庚迁都事件中,盘庚在他的三次演说词中提到了"朕及笃敬,恭诚民命",意在向民众说明实行政策的原因和目的。

进入春秋时期,孔子提出了"仁"的思想,强调"仁者爱人",成为儒家思想的开端。孟子将孔子的思想继承并发展,形成了"仁政"学说。在这一时期,统治者已经能够认识到人民的支持是政权赖以生存并发展的重要社会力量。孟子在《仁得天下,不仁则失》一文中,提出了"天子不仁,不保四海;诸侯不仁,不保社稷;卿大夫不仁,不保宗庙;士庶人不仁,不保四体"①的观念,认为如果统治者不施行仁政,则难以获得百姓的支持和拥护。孟子在劝诫梁惠王时也提出:"施仁政于民,省刑罚,薄税敛,深耕易耨;壮者以暇日修其孝悌忠信,入以事其父兄,出以事其长上,可使制梃以挞秦楚之坚甲利兵矣。彼夺其民时,使不得耕耨以养其父母,父母冻饿,兄弟妻子离散。彼陷溺其民,王往而征之,夫谁与王敌?"②孟子通过举例,劝说梁惠王对百姓实行仁政,减轻刑罚、赋税,不妨碍百姓的生产时间,使百姓有安定的生产和生活环境。这样才能获得百姓的支持,使国家变得强大。由此可见,在中国古代的政治生活中已经有了原始的公共关系意识。统治者在制定各项政策时能够充分考虑公众利益、满足公众的基本需求,塑造良好的统治者形象。只有这样,才能取信于民,进而实现统治的目标。否则,失去了群众的信赖与支持,统治地位就会被动摇。

中国古代的统治者遵循儒家思想,在执政方针和政治活动中也体现了公共关系的重要性。春秋时期,郑国国力薄弱、形势紧急,国相子产实行了"不毁乡校"的政策。他认为,"其所善者,吾则行之;其所恶者,吾则改之,是吾师也",从而为民众创造能够发表意见的合法场所,鼓励民众议论国政。合理的政策使得郑国这一小国转危为安,不仅实现了国家安定,政治地位也有所提高。战国时期,商鞅在实行变法时在城外竖立木桩,下令将木桩搬入城内者有重赏。这一行为有效地在公众面前树立起了统治者可被信赖的形象。同时,为了听取民意,维护和谐的公共关系,历代统治机构中大多设有御史大夫一类的谏议者职位。自孟子提出"民为贵,社稷次之,君为轻""得道多助,失道寡助"的理念后,唐太宗也将政权看作舟、民众看作水,提出"水能载舟,亦能覆舟""兼听则明,偏信则暗"的观念,愿意听取不同的意见来作为调整政策的依据。中国古代还有一项惯例,即当一个政权占领一城一地时会张贴"安民告示",向人民宣传其政策法令,呼吁人们拥护新政权,以达到缓和社会矛盾、安定民心、巩固政权的目的。即使是农民起义首领李自成,也通过"迎闯王,不纳粮"之类的标语来博取群众的信任,通过重视民众、取信于民,争取广大人民的支持。

在统治者的对内政治活动之外,中国古代在人际关系与对外交往等方面,也出现了公共关系的萌芽。在人际关系方面,中国古代思想家提出了许多有价值的观点。在中华文明中,"和"的观念由来已久。《论语》中有"礼之用,和为贵"的语句,《中庸》中也提到"和也者,天下之达道也"的观点。"和"的概念不仅包括了天时地利,很大程度上还在于"人和",即强调和谐、互益的人际关系。如孔子提出"己所不欲,勿施于

---

① 《孟子·离娄章句上》。
② 《孟子·梁惠王上》。

人""己欲立而立人,己欲达而达人",认为自己不喜欢的事情,也不应强加到别人身上,应该在帮助别人有所实现的基础上,达到自我实现的目的。孔子还认为,"有朋自远方来,不亦乐乎",鼓励人以交友为乐,在与朋友的交往中获得信息和知识;孟子提出了"天时不如地利,地利不如人和";墨子提出"兼相爱,交相利"的观点等。同时,重义轻利也是中华民族的传统美德。如儒家思想主张"言而有信""民无信不立""言必信,行必果",道家思想主张"轻诺必寡信"等,均体现了在人际交往中重承诺、讲信义的观念。这些观点与现代公共关系思想有许多相通之处,符合现代公共关系中协调、互利的原则。

同时,中国古代列国众多,统治者在对内实行仁政、协调与民众的关系的同时,还需要开展对外交往,处理国与国之间的关系。在开展外交活动时,武力的强大虽十分重要,但良好的外交辞令与公共关系活动也不可忽视。如春秋时期,郑国、宋国等小国地处强国之间,武力薄弱,不能抵抗大国的攻势。但依靠其出色的外交技术,巧妙地化干戈为玉帛,避免了战争局面的出现。春秋战国时期,各个统治集团为了巩固政权、争当霸主,纷纷派遣专职人员四处演说,宣传各自的主张。这些负责游说宣传的人被称为"士",主要职责就是协调各诸侯国之间的关系,树立各国君主的形象,谋求本国军事和政治上的发展壮大。

总体来看,无论是古代的西方国家还是古代中国,都产生了与现代公共关系相通的理论与实践活动。但是,这些活动具有一定的局限性:首先,古代的公共关系活动者缺乏现代公共关系的主体意识,没有明确、科学的理论指导,具有自发性和盲目性;其次,古代的公共关系本质上是为统治阶级服务的,这些活动主要集中在政治领域,带有强烈的政治色彩,并不是为了维护公众的根本利益;最后,没有专业化的部门和人员,所施行的政策和方针是短期的、临时的,表现形式比较单一,传播的范围也比较小。但是,这些古代公共关系的思想和活动依然对现代公共关系有重要的启蒙作用,为现代公共关系事业的发展创造了必要的社会历史条件,是现代公共关系的起源。

第二节 现代公共关系的发展

回顾公共关系的起源可以发现,与生产力的发展程度相关联,古代的公共关系多集中在政治领域,无论是活动范围还是方法都相对较为单一,也没有形成完整的公共关系理论体系。随着生产力的快速进步、商品市场经济的发展以及现代化传播媒介的产生,现代意义上的公共关系开始兴起。现代意义上的公共关系的发展始于20世纪,首先产生于美国。

一、现代公共关系产生的条件

总体来说,现代公共关系是现代社会发展的产物。民主政治、市场经济、社会公众、科学技术等众多因素共同促进了现代公共关系的产生与发展。具体来看,现代公共关系产生的历史条件包括以下几个方面：

(一) 政治基础

随着现代化过程的推进，传统社会的专制制度逐步被民主政治制度所取代。在专制制度下，统治者与公众是统治与被统治的关系。对于统治者发号的施令，公众更大程度上只能服从，而不能参与管理。由于社会化程度低，缺乏统一的组织，公众的力量分散，共同意识薄弱，政治参与程度很低。民主政治的进步为公共关系的发展奠定了政治基础。民主政治体制更加强调平等和公平，在提高公众的地位、作用和自主意识的同时，也提出了公共关系的需要。日益增强的公民意识与民主意识使得社会公众越来越强烈地要求了解和参与政治生活，公众成为不可忽视的政治力量，公众舆论对政治的影响力也越来越大。

政治民主化的发展为公共关系提供了政治前提。公共关系活动最初的发展即出于政治上的需要，最先运用公共关系方法的是一些政治家。在民主制度下，政治家想要获得执政地位、树立自身形象，需要向公众开展一系列公共关系宣传活动，以得到公众的支持。因此，在各种民主活动中，政治家通过演说、广播等各种手段广泛宣传自身的良好形象，以获取更多支持者的认同。美国作为联邦制国家，实行总统制，一个政党要想成为执政党需要在总统竞选中获得胜利。因此，在美国的总统竞选活动中，无论是共和党还是民主党，双方为了获得更多的选票，均以亲民姿态出现，通过开展一系列活动在民众中树立良好形象。这些候选人通过在全国各地发表演说、召开记者招待会、访问选民区等方式，宣传政党政绩，以期获得公众的理解和支持。

在公众群体中，随着资产阶级革命的进行，民主观念逐步深入人心。越来越多的社会公众意识到只有行动起来、团结起来，才能真正争取到自己的民主权利，保护自身的经济利益。同时，选举活动的进行为普通民众参与政治活动、表达政治诉求提供了一个通道。公众在投票选举的过程中也提高了自身的民主意识和参政意识。

(二) 经济基础

商品经济的发展为公共关系的产生奠定了经济基础。现代社会在政治制度发生转变的同时，生产力和生产方式也在发生着变化。工业化大生产、商品经济和市场体制取代了自给自足的小农经济。封建社会的小农经济一般以一家一户为基本单位，商品交换与社会联系比较少。在工业社会，社会化大生产的开展需要广泛的社会分工，要求各个生产部门、服务部门、管理部门相互合作，建立起密切的联系。各个部门的专业化程度越来越高，过去单纯靠一个企业就可以生产所有产品的时代不复存在。不同组织需要在相互合作、相互促进中求得共同发展与繁荣。

公共关系的发展也离不开市场经济体制的发展。商品经济的繁荣使得物质资源不再缺乏，商品市场也由卖方市场变为买方市场，市场竞争日渐激烈。在供不应求的卖方市场中，销售者占据市场优势，对于产品的价格和质量，公众只有被迫接受，没有进行选择的权利。在这个时期，卖方完全不必考虑公众的需要。随着生产力的提高，供求关系也发生了很大的变化，转而形成了以消费者为中心的买方市场。作为买方的社会公众拥有了更多选择的权利,能够自由选择自己需要的产品,甚至买方的选择能够决定一个组织的发展。在这样的背景下,以往的极端利己主义无法继续实行,组织为了在竞争中求得生存,需要充分考虑买方的需求,采取各种措施改善经营,提高生产率,击败竞争对手。同时,企业在生产适销对路的高质量产品外,还应当在社会上形成自身的良好形象,取得公众的信任。组织在作出决策时,需要更多地以公众作为主导来进行判断,树立并维护组织自身良好的形象和声誉,以赢得公众的支持,在市场竞争中占据有利地位。如果一个组织不能够有效加强与市场和社会的联系,建立和发展良好的公共关系,就不会获得公众的信任和支持,也无法在市场经济的竞争环境中生存和发展下去。

(三)社会基础

社会公众力量的强大为公共关系的产生奠定了社会基础。在传统社会中,无论是交通还是信息都相对闭塞。公民接受教育的机会较少,相关的民主、权利意识也比较淡薄。进入现代社会,越来越多的公众享有接受教育的机会,知识和眼界也得到了进一步开阔。由此带来的独立自主的平等意识、人权意识等意识有所觉醒。这使得组织不能再像过去一样,采用对立、辩护、遮掩的方式来处理公共关系,而是必须要采取科学合理的方式来调节和维护良好的公共关系。美国的社会文化推崇推陈出新、积极进取的精神,敢于冒险和创新,这种精神在社会生活中也得到了体现。

在工业化大生产时代,资本家往往将人看作生产的机器,在管理中忽略人性。这种管理方法虽然获得了较高的效率,但造成了激烈的劳资矛盾。随着公众社会地位的提高,公众不再是无法发表意见的零散力量,而是形成了自己的队伍,拥有了话语权和维护自身合法权益的可能。19世纪末20世纪初,资本主义的发展由自由主义时期进入垄断时期,在铁路、银行、石油等行业中出现了众多垄断企业。由于资本家一味追求高额利润,无视劳工利益,大肆榨取劳动者的血汗,引起社会公众对垄断组织的强烈不满,爆发了激烈的劳资冲突。工人的罢工运动声势浩大,愈演愈烈,给资本家以沉重打击。

日益尖锐的劳资矛盾迫使资本家采取措施以缓和矛盾,改善同工人和社会公众的关系。以往,泰勒(Frederick Winslow Taylor)的科学管理理论将工人看作机器的附属品,旨在用标准化的工具和操作方法来提高劳动生产率。而新的人际关系理论将工人看作"社会人",在关注生产效率之外,还关注工人的人格尊严和个人价值,满足他们更加广泛的物质和精神需求。这种以人为本、注重人性的管理方法给予工人更多的信赖感与归属感,迅速获得社会的认同。同时,资本家逐步认识到了开展公共关系活动的重要性,认识到维护良好的公共关系比以往的对抗和压制更为有效,开始关注并致力于重塑自身形象。

(四)科学技术基础

科学技术是第一生产力,也是推动现代化发展的根本动力。传播媒介的进步为公共关系的发展奠定了科学基础。传统社会的信息传播途径较少,公众之间更多通过口耳相传的方式传播信息,一个事件、一条新闻可能需要花费很长一段时间才能在小范围内传播,这很容易造成信息的失真。同时,在狭小的农业社会生产模式中,人们也没有太多相互沟通联系的需求。现代科学技术尤其是通讯技术的发展使人们之间的距离大大缩短。19世纪,西方科学技术迅速发展,印刷技术和无线电技术开始逐渐更新。1814年,英国《泰晤士报》首次利用高速印刷机进行印刷;1906年,美国官方无线电台首次播音。由电话、电报到印刷、广播、电视,再到计算机、互联网等传播手段,借助先进的传播工具,信息传播的速度日益加快,传播费用也日渐低廉。

现代化的传播工具为公共关系的发展提供了技术支持,一条消息可以在很短的时间内实现在全世界范围的传播。它打破了传统社会地域和国家间的封闭状态,为国家之间、组织之间以及人与人之间的联系提供了更加便利的途径。同时,先进的传播媒介使得新闻舆论更加有力量。通过媒体的报道,一则消息可以在短时间内集聚强大的社会舆论力量,迫使组织充分考虑公众的选择和要求,将自身行动与社会公众利益相结合。信息传播速度的加快还要求社会组织面对各种情况的变化,能迅速进行应对以协调自身与公众之间的关系。科学技术的进步客观上促进了现代公共关系的产生。

二、现代公共关系的发展历程

现代公共关系的发展是社会发展到一定历史阶段的必然产物,至今已有超过100年的历史。公共关系在这百年间,在理论和实践两个方面都得到了规范化、系统化的发展。现代公共关系始于美国。美国社会中民主政治制度的发展和市场经济体系的发育为公共关系的产生提供了充分的条件。19世纪中叶,美国新闻界出现了"报刊代理活动";1903年,《纽约时报》的新闻记者艾维·李(Evy Lee)开办了首家公共关系咨询公司;1923年,爱德华·伯尼斯(Edward L. Bernays)将公共关系带入理论发展阶段;到20世纪后期,公共关系在发展过程中逐步形成了系统化的公共关系理论和丰富的实践成果。现代公共关系的发展历程包括以下几个阶段:

(一)孕育阶段

在美国独立之前,被称为"美国革命之父"的塞缪尔·亚当斯(Samuel Adams)带领群众开始了反对英国殖民统治的路程。他积极策划了众多反英宣传,通过报纸、传单等形式大力宣传独立的主张。他利用出版物,公布英国殖民者的傲慢自大和压迫北美人民的罪行;建立了十三个殖民地的通信网络——通信委员会,以此通报英国统治者的胡作非为;策动了"波士顿惨案""波士顿倾茶事件"等公众事件,引导公众舆论和公众的注意力,加强双方冲突的激烈程度,推动了美国独立的进程。在整个事件过程中,亚当斯成功运用了公共关系技术激发了民众的反英情绪,获得了巨大成效。可以说北美殖民地人民反对君主专制、争取独立的斗争一定程度上推动了公共关系在美国的诞生。

现代公共关系的孕育阶段是19世纪初期到中期。这一阶段最有代表性的公共关系活动是盛行美国的报刊代理活动。19世纪初,美国新闻界开展了一种"免费宣传"

活动。到了19世纪中叶,这项活动已经发展成有一定规模的"报刊宣传活动",也叫"报刊代理"(press agent)。当时的各种组织为了扩大影响,实现自身的目的和利益,雇用报刊宣传员在报刊上炮制各种煽情性新闻的宣传活动,以此制造舆论,宣传组织形象。它所依赖的即类似《纽约太阳报》这样的价格低廉(通常为一便士)、内容通俗有趣、发行量很大的报纸。为了吸引大众注意,不断扩大销量,这些报纸往往不惜刊登甚至是编造的奇闻轶事。因此,报刊代理活动蓬勃展开,涉及的范围主要是娱乐界和政治界。

在这一时期,宣传大师巴纳姆是主要代表人物,他奉行"凡宣传皆好事"的理念,通过编造离奇的故事来引起公众的好奇和对自己的注意。最有代表性的例子是,巴纳姆为了宣传自己经营的马戏节目,编造了这样一个故事:在他的马戏团中,有一个黑人女奴海斯已经160岁了,她曾经养育了美国第一任总统乔治·华盛顿。这一新闻引起了社会轰动和公众的关注。人们抱着好奇的心态,纷纷到巴纳姆经营的马戏团一探究竟,带动了马戏团门票的销售。虽然这个故事事后被证实是一场骗局,但作为骗局的策划者,巴纳姆达到了从中牟利的目的。

这一时期的报刊代理活动有其积极的一面。它展示了有计划的报刊宣传活动在影响、引导公众意识和行为中的显著力量,使得整个社会开始关注并利用大众媒介来改变公众的态度。但是,这一理念和活动在具有进步意义的同时,也具有明显的消极意义。在报刊代理活动中,每个组织皆是竭尽宣传、诱导之能事,完全没有职业道德规范的约束。宣传活动的目的就是宣传组织的名声,而置公众利益与不顾,任意夸大事实、编造谎言,使得很多公众受到蒙骗,社会利益受到损害。在骗局被揭穿之后,这种宣传方式也受到了公众的怀疑。但总体来看,报刊代理活动依然推动了现代公共关系的产生和发展,它促使公共关系发生变化,为最终确立强调传播手段来协调公众关系的现代公共关系起到了直接的推进作用。

在饱受批判的报刊代理活动之后,美国的新闻领域在1900年开始了声势浩大的"揭丑运动"。19世纪后期,美国的寡头垄断导致财富高度集中于大财阀手中。资本家不择手段地榨取剩余价值,为获取利润最大化,不顾广大人民群众的利益和道德准则。这导致整个社会的阶级矛盾被激化,各个阶层和集团之间的利益冲突日益尖锐。至此,一些喜爱搜集新闻的记者开始愤而揭露这些垄断企业腐败、欺诈等行为。其中,《麦克卢尔》杂志成为揭丑运动的第一个进攻者。它从1902年至1904年连续刊登有关美孚石油公司发迹史的报道,揭露了美孚石油公司如何通过不正当手段击垮竞争对手的真面目。最初,垄断资本家试图采取高压手段平息运动,对新闻界进行威胁。继而又变化手法,采用贿赂的方式试图掩盖企业中出现的问题。但这种方法适得其反,资本家很快受到了公众的攻击。揭丑运动给企业家们带来了很大的压力,甚至使一些企业和资本家声名狼藉。随即,他们认识到了与公众沟通,将真实情况公之于众的重要性。于是,他们主动邀请宣传人员进行帮助,通过一定的公共关系活动来扭转不利局势。例如,生产经营炸药的杜邦公司发生了爆炸事件,对于这一突发事件,杜邦公司最初采用了封锁消息的方式,一律禁止记者采访报道。但这导致的结果是社会上对杜邦公司的谣言越来越多,甚至将杜邦公司等同于杀人公司。公司的经营者在意识到问题所在后,一改原来的做法,不仅对事故的真实情况进行报道,还注意引导社会舆论,逐步改变了爆炸事件在公众之间的坏印象。

（二）职业化阶段

1900年,在美国波士顿出现了第一家"宣传事务所"。该事务所主要的业务是代理企业的新闻宣传业务,并成功实施了电报电话公司的宣传工作。1902年,威廉·沃尔夫·史密斯(William Wolff Smith)创办了"公共事务公司"。作为美国第二家宣传性企业,它的主要业务是为任何人办理新闻代理业务。1903年,美国新闻记者艾维·李在纽约开办了首家正式的公共关系咨询公司。这是一家宣传顾问事务所,向客户提供新闻咨询并收取劳务费。1908年,美国电话电报公司第一个在其公司内设立公共关系部,同时开始有人专门以从事公共关系活动为职业。自此,公共关系拥有了专门机构,成为一种专门的职业和行业,进入职业化阶段。

艾维·李被看作这一阶段最有影响力的代表人物,他为公共关系的创立和发展做出了显著贡献。在作为记者的职业经历中,他感受到了企业、媒体和大众之间关系的不协调严重影响了新闻报道的真实性。因此,他提出了"说真话"和"公众必须被告知"的理念。他认为,凡是有益于公众的事业,最终必将有利于企业和组织。他主张把真实情况告诉公众,以此来争取公众的理解和同情,赢得组织的良好声誉。他反对向公众封锁消息或者欺骗、愚弄公众,若披露真相对组织自身不利,则应该及时地调整或改变组织的作为,而不是去掩盖事实真相。1906年,艾维·李公开发表了《原则宣言》,宣称"这不是一个秘密的新闻机构,我们所做的一切都是公开的,我们旨在提供新闻,但不是一个广告事务所。简而言之,我们的计划是坦白和公开地提供大众及时而准确的消息"。

同时,艾维·李的公共关系理念也得到了实践。他呼吁企业不应唯利是图,应推行人性化的管理方式,倡导公共关系进入企业的最高管理层。当时,被人们称为"强盗大王"的洛克菲勒财团正处于煤矿工人大罢工的浪潮中,为摆脱困境,他们聘请艾维·李来进行调解。为了解决这场劳资纠纷,艾维·李充分运用了公共关系的方法:首先,他聘请了资深专家调查、核实罢工的起因并公之于众,制作报道事件事实的宣传单进行发放;其次,他邀请工会领导人参与解决劳资纠纷;再次,采取善后措施如增加工资、救贫济困、开办医院和学校等,以解决工人生活中面临的具体问题;最后,为记者提供一切可能的帮助,让记者了解事情的全过程及公司为解决事情所作的种种努力。这样的公共关系措施得到了立竿见影的效果,罢工很快被平息,洛克菲勒公司也得到了有史以来最公正、善意的报道。在这之后,艾维·李又运用公共关系方法成功地解决了多起劳资纠纷案。成功的实践十分具有说服力,公共关系的影响力迅速扩大,推动了一大批企业开始改变对待公众的态度,转而采取更为开明的经营方针。

艾维·李的公共关系理念和实践活动确立了公共关系独立的职业地位,揭示了公共关系的基本原则就是真实。他主张考虑公众利益,强调企业人性化管理的重要性。在艾维·李的推动下,企业家逐渐意识到,与公众关系的好坏直接影响到企业的兴衰成败,应改变传统观念,采取开明的经营态度和经营方式。但美中不足的是,艾维·李的理论也具有一定的局限性。他的思想更多是经验性、艺术性的,缺乏科学的理论概括与研究;他的工作更多是凭借经验和直觉进行,没有对公共关系进行科学的调查和分析。不过,总体来看,由于艾维·李进行的一系列创造性的公共关系实践活动,现代意义上的公共关系得以诞生,他也因此被尊称为"现代公共关系之父""公共关系职业化的奠基人"。

在这一阶段,公共关系的理念在企业、政府部门等领域也得到了快速发展。很多企业开始推行公共关系建设。早在1897年,美国的铁路部门即开始使用"公共关系"这一概念。1908年,美国哈德逊与曼哈顿铁路公司提出了处理公共关系的信条:"我们认为,取悦公众的政策和诅咒工会总的政策是完全相反的。最好的铁路是为公众提供最佳服务的铁路;公司对公众友好相待,公众也会对公司友好相待;要使人公正待我,我必先公正待人,二者是相辅相成的。"这个理念比艾维·李的观点进一步加深了对公众利益的重视,更具有现代公共关系的意味。亨利·福特(Herny Ford)在他的汽车公司中也实践了两个观点:一是"占领市场",即获取公众的信任,进行舆论宣传;二是"随时接近新闻界",乐于接受新闻界的采访。福特公司积极寻求企业与公众之间良好关系的活动为公司带来了巨大成功,并在众多行业竞争者中获得了领先地位。

公共关系在政治领域也有了长足发展。在第一次世界大战期间,时任美国总统的威尔逊(Thomas Woodrow Wilson)组织成立了公共信息委员会,为政府出谋划策,执行各种计划,影响公众舆论。其中比较成功的案例是公共信息委员会设立的"四分钟人"组织。在没有太多信息传播媒介的当时,这个由志愿者组成的组织一收到电报,就迅速将信息传递到附近的学校、教会等人群聚集的地方,构建了高效率的信息传播网络。同时,该委员会还成功传播了第一次世界大战的目的是为了民主与世界的安全这一信息,加强了公众对政府的忠诚和信任。美国总统罗斯福也十分注重运用公共关系的力量。他善于利用新闻,通过新闻媒介来吸引公众的注意力。在他看来,作为总统,应当取得新闻界的理解与认识。在第二次世界大战期间,美国政府部门通过有计划的活动,传播爱国主义思想来引导舆论,达到鼓舞士气、促进生产、征召新兵、募集捐款、发行战争债券和增加民众支持等目的。在英国,第一个官方公共关系机构"皇家营销部"于1926年成立。在经济危机时期,皇家营销部全力支持英国政府"买英国货"的号召,充分调动各个传播媒介的力量,开展全方位的公共关系活动。这一公共关系机构的显著成效使英国人开始对公共关系的作用刮目相看。

(三) 理论发展阶段

随着公共关系职业化的发展,与公共关系相关的职业在社会上广泛出现。这客观上对公共关系的理论发展提出了要求,即需要从理论上将公共关系实践活动规范化、完善化、系统化。作为一个学说,公共关系理论在发展中经历了不断探索、丰富并完善的过程。艾维·李作为现代公共关系的创始人,他虽然有丰富的公共关系实践经验,但没有提出系统科学的公共关系理论。现代公共关系的理论发展阶段以美国人爱德华·伯尼斯的"投公众所好"观点为先驱。

爱德华·伯尼斯是美国第一批从事公共关系学研究的学者。他的核心观点即"投公众所好"的公共关系原则。他认为,组织在作出决策之前应当充分了解公众的喜好和需求、确定公众的价值观和态度,从而根据公众的心理需要投其所好,有针对性、计划性地举办科学宣传活动,以迎合公众的需求。只有这样,才能取得公众及社会舆论的真正理解。伯尼斯的最大贡献在于把公共关系学理论从新闻传播领域中分离出来,并对公共关系的原理与方法进行比较系统的研究,使之系统化、完整化,最终成为一门独立完整的学科。

1919年,伯尼斯夫妇创办了第一家公共关系公司。1923年,伯尼斯出版了《舆论的结晶》一书,被西方社会视为历史上第一部公共关系著作。书中对美国的公共关系实践进行了总结,使公共关系学有了完整的学科体系,成为公共关系理论正式诞生的标志。爱德华·伯尼斯也因此被公认为公共关系学的创始人,被称为"公共关系理论之父"。同时,伯尼斯也是一位公共关系实践家。1913年,他作为福特汽车公司公关部经理,为公司执行了一系列职工和社会服务与福利计划,开创了企业承担社会责任的先河。第一次世界大战爆发后,他参加了威尔逊总统成立的公共信息委员会,卓有成效地完成了向国外新闻媒介提供美国参战的背景和相关材料的任务。1923年,伯尼斯在纽约大学开设公共关系课程,第一次把公共关系理论引入了大学课堂。自此,公共关系教育和公共关系理论研究开始兴起。1924年,《芝加哥论坛报》发表社论称:"公共关系已经成为一项专门职业、一种管理艺术和一门科学",倡导企业主管和社会各界重视公共关系。这标志着公共关系学作为一门学科已经得到了社会的认可。1952年,伯尼斯编写了《公共关系学》一书,从理论上对20世纪美国的公共关系实践进行了概括与总结并使之成果化。他从理论上阐述了公众和舆论对于一个组织而言的重要作用,并提出公共关系思想的核心是"投公众所好"。这既是公共关系传播规律的科学总结,也是公共关系实务的操作依据,为公共关系学的建立奠定了理论基础。

另一位对公共关系理论做出重要贡献的是乔治·盖洛普(George Gallup)。他首创了民意测验的方法并用这种方法来评估公众舆论。这种方法在美国总统竞选中得到了应用并大受好评。民意测验法的出现,使公共关系学有了自身独到的研究方法,增强了学说的科学性。

与此同时,继伯尼斯的创作之后,社会上出现了越来越多与公共关系相关的书籍,高等院校中与公共关系相关的专业和课程也纷纷设立。早在1899年,耶鲁大学即设立了公共关系室。1904年,宾夕法尼亚大学建立了公共关系部并制订公共关系计划。1937年,美国斯坦福大学开设公共关系学专业,公共关系首次成为大学中的一个专业,"公共关系学"作为一个学科正式诞生。1947年,美国波士顿大学开办了世界上第一所公共关系学院,开始了公共关系学硕士、博士研究生教育。耶鲁、哈佛、哥伦比亚大学等也成立公共关系学院,开设相关课程,培养公共关系专业人才。到1949年,在美国全国已有百余家高等院校开设了公共关系学课程。这在适应公共关系工作兴起需求的同时,从教育和理论方面推动了公共关系向学科化发展,公共关系逐渐成为科学系统的理论和完整的学科。

(四)完善阶段

在这一阶段,公共关系步入了科学、系统的发展道路。一系列重要的公共关系理论出现并日益完善,形成了完整的公共关系学科理论体系,标志着公共关系在理论建构上的成熟。公共关系的理论研究与实践的结合也日益紧密,公共关系活动日益普及。1947年,美国公共关系协会成立并制定了"公共关系人员职业守则",将公共关系活动纳入了制度化、规范化的轨道。1955年,国际公共关系协会在英国伦敦成立,这标志着公共关系已经在世界范围内得到了认可。这一时期具有代表性的理论包括斯科特·卡特李普、阿伦·森特和格伦·布鲁姆的"双向对称模式",弗兰克·杰夫金斯(F. Jefkins)的"公共关系工作六部曲",马斯顿(J. Marston)的"RACE公式",詹姆士·格鲁尼格(James E. Grunig)和托德·亨特(T. Hunt)的"公共关系职能模式"等。

现代公共关系理论的成熟以卡特李普、森特和布鲁姆三人编写的《有效公共关系》一书的出版作为标志。在这本著作中,作者认为公共关系的最终目的是使得组织与公众在双向沟通和传播活动之间形成一种和谐的关系。公共关系不仅不能"愚弄公众",也不能一味"投公众所好",而应该强调组织与公众之间通过双向传播来相互影响、相互调整。一方面,组织通过公共关系活动将信息传播给公众;另一方面,公众也能够将信息反馈给组织。只有这样,才能达到真正意义上的有效公共关系,实现双向沟通。这就是著名的"双向对称模式"。这一模式改变了过去"单向沟通"的公共关系方式,强调"双向沟通、双向平衡、公众参与"。作者在书中还提出了"公关四步法",认为公共关系的实务操作应包括界定问题、制订计划、采取行动和评估结果四个步骤的完整的系统程序。双向对称的公共关系是当代公共关系发展的高级阶段,它适应了当代社会进步与发展的需要,因而一经提出便为人们所接受,成为现代公共关系的重要标志。《有效公共关系》一书自1952年第一次出版后,多次修订再版。在新版《有效公共关系》一书中,作者将双向对称的理论模式更新为调整与适应的理论模式,认为公共关系作为一个开放系统,需要对外界环境的变化作出反应,在与外界环境的交换过程中得到生存与发展,并对外界环境的作用进行调整与适应。这种系统理论影响和规范了在这之后几乎所有的公共关系实践,《有效公共关系》一书也因此被誉为"公共关系的圣经""现代公共关系思想的基础"。

英国著名公共关系学专家、公共关系教育家弗兰克·杰夫金斯于1968年在英国开办了第一家公共关系学校,讲授公共关系学、广告学和市场营销学等方面的课程。他的著作有《广告学》《现代市场学》《公共关系与成功的企业管理》等,丰富并发展了公共关系学理论。他提出了"公共关系工作六部曲",将公共关系的工作流程分为估计形势、确定目标、确认公众、选择传播媒介与技巧、编制预算方案、评价结果六个步骤,为公共关系事务运作提供了理论参考。"公共关系工作六部曲"理论在公共关系实践中的应用,推动了公共关系活动向程式化、层次化、规范化发展,在公共关系理论发展史上具有重要意义。

杰夫金斯的"公共关系工作六部曲"从公共关系活动的过程对公共关系进行了分析,而马斯顿则是选取另一个角度,从公共关系决策的过程剖析了公共关系活动。他将公共关系活动的过程概括为一个著名的公式,即"RACE 公式"。"RACE"即公共关系活动的四个主要环节:研究(Research);行动(Action);传播(Communication);评估(Evaluation)。马斯顿认为,公共关系活动是由研究、行动、传播、评估四个环节构成的完整过程,公共关系活动的起点即"研究",只有在进行了详细而周密的调查研究的基础之上,才能作出符合实际的公共关系活动的决策;"行动"是指寻找和确定公共关系活动的目标的行动;"传播"是指组织在确认公共关系目标之后,必须把有关信息及时向公众传递,在传播信息的过程中实现预期目标;"评估"则是完整的公共关系过程的最后一环,是对公共关系工作的总结和评价。

马里兰大学公共关系学教授格鲁尼格和亨特于 1984 年出版了《公共关系管理》一书,提出了公共关系实践的四种模式:第一种是新闻代理型模式,旨在通过新闻宣传制造轰动效应,以吸引公众的注意力,为单向传播;第二种是公共信息型模式,旨在经常对外发布信息,传播组织的真实情况,以便公众了解组织,为单向传播;第三种是双向非对称模式,通过科学方法,劝服公众接受组织的有关观点;第四种是双向对称型模式,强调对话,注重坦诚、完整、准确的双向交流。这四种模式也与公共关系实践发展的方向相符合。

格鲁尼格和亨特还提出了"公众分类理论"和"公共关系职能模式"。公众分类理论将公众分为四种类型:非公众,即不受组织影响,也不对组织产生影响的团体或个人;潜在公众,即组织的行为已经对他们产生影响,但是他们本身还未意识到的团体或个人;知晓公众,即组织的行为已经对他们产生了影响,他们自己也意识到这一影响存在的团体或个人;行动公众,即那些已经开始讨论组织面临的影响,并准备采取某种行动来作出反应的团体或个人。上述四种类型是一个由非公众到潜在公众、知晓公众再到行动公众的连续发展的过程。这一理论对公众进行了详细的分析,对于组织如何把握塑造形象的时机、改变公众的态度提供了有效的理论支持。公共关系职能模式的意义在于通过职能模式研究,揭示出公共关系对于组织的价值和作用。作者认为,组织与公众的双向影响是通过公共关系部门的传播来实现的。公共关系部门处于组织与公众的中介地位,能够掌握双方的信息,向组织管理层提供客观、全面、系统的建议。

格鲁尼格于 1992 年出版了《卓越公共关系与传播管理》一书,提出了"卓越公共关系"的新见解。他认为,公共关系工作应成为组织战略计划的一部分,公共关系人员应在组织的决策层中享有发言权,公共关系部门具有将组织营销整合的协调职能,公共关系部门应具有独立性并由专门的管理人员来承担。此外,公共关系工作应建立在调查的基础上,社会组织要与公众平等沟通,不断增进彼此了解。同时,格鲁尼格还研究了卓越公共关系和传播管理理论的全球化问题,提出了"普遍原则,特殊运用"的公共关系全球化理论,认为各种公共关系实践既有相同之处,也有相异之处。卓越公共关系的主要原则具有普遍性,适用于各种文化、政治和经济体制。《卓越公共关系与传播管理》一书是公共关系研究领域的集大成之作,这一思想的提出将公共关系学提升到了一个新的高度。

在这一阶段,公共关系突破了以往的发展模式。最大的特点就是它能够从公众利益出发,使得社会组织与公众能够在平等的地位上进行交流,是公共关系发展的一大进步。公共关系在理论观点、内容体系以及研究方法上更加系统、完善,真正成为一门独立的科学。

第三节 公共关系在中国的兴起和发展

伴随着改革开放的进程,公共关系在中国大陆地区逐步兴起并发展。改革开放之前,中国大陆地区并没有理论化、系统化的现代公共关系活动。但是,早在20世纪60年代,现代公共关系便已经传入中国的台湾和香港地区并得到了较快发展。公共关系之所以在这些地区流行开来,是因为一些跨国公司在其设立的分公司内成立公共关系机构,聘用受过专业训练的人员从事公共关系工作,使得公共关系的理念和实践在当地得到了一定的发展。公共关系的概念于80年代传入大陆地区并得以快速传播,至今已经历三十多年。作为一种现代的管理观念和管理方式,公共关系已经被人们广泛地认同和接受,并在企事业单位、政府部门等组织中普及。

公共关系在中国的发展可以分为三个时期:以模仿、探索为主题的兴起时期;迅速扩张并成长的快速发展时期;调整与进步并存的稳步发展时期。在三十多年中,中国公共关系的发展与中国的社会变革和时代变迁相互交织,是综合国力与国际地位提高、政治经济体制改革、社会思想演变等因素共同作用的结果。

一、兴起时期

1978年改革开放至1985年前后是公共关系在中国的兴起时期,也是公共关系在中国的探索阶段。改革开放以前,"公共关系"这一概念在中国少有人知。80年代初,随着对内改革、对外开放政策的推广实施,经济建设成为中国特色社会主义建设的核心。中国在引进国外资金、先进技术的同时也引入了先进的管理经验,带来了公共关系的观念和工作方法,公共关系作为一种理论和职业逐步进入公众的视线。

公共关系的观念最早是在80年代初在深圳、广州等地出现的。随着改革开放政策的实行,由沿海城市到内陆地区的对外开放逐步开展。1980年,深圳、珠海、汕头、厦门被定为经济特区,公共关系作为一种经营管理方式,首先在这些开放城市的中外合资企业和外商独资企业中出现。在这一阶段,公共关系观念只是在东南沿海城市如深圳、广州等地逐步被公众了解,而在距离较远的内陆地区,公共关系观念并没有流行开来。1982年,中国第一家中外合资酒店深圳竹园宾馆成立公共关系部。1983年,中外合资的北京长城饭店成立了公共关系部。这些企业作为子公司,在经营管理的过程中,按照海外母公司的管理模式设立公共关系部,其部门经理多数由在海外受过公共关系专业训练的人员担任,开始运作中国最早的公共关系业务。1984年9月,国有企业广州白云山制药厂率先设立公共关系部,以总产值的1%作为经费用于信誉投资。这是中国企业的第一家公共关系部门,这一举措也通常被看作中国公共关系产生的标志。新设立的公共关系部虽然对真正意义上的公共关系运作还一知半解,但之所以将其作为中国公共关系产生的标志,原因在于它不仅使公共关系活动进入到中国的产业组织中,而且不再是对于国外公共关系模式的照搬照抄。它成功将公共关系与中国的国情相结合,在公共关系实务方面作出了大胆有益的尝试。对此,《经济日报》还专门刊发了题为《如虎添翼——记广州白云山制药厂的公共关系工作》的通讯和题为《认真研究社会主义公共关系》的社论,对白云山制药厂开展公共关系工作的成功经验加以宣传和评价,阐述了公共关系在当代中国兴起与发展的重要性和紧迫性,对公众正确认识、了解和接受公共关系以及公共关系在中国的传播起到了积极的作用。自此,许多企业均开始尝试设置公共关系部门。

20世纪80年代中期,改革开放的步伐进一步加快,除了在外资企业中设立公共关系部门之外,许多外资公关公司开始进驻中国。1984年,伟达公关公司率先在北京设立办事处,成为第一家进入中国的公关公司,为中国打开了新视野。同一时期,排名世界前列的雅博公关公司也以设立办事处、与中方合作等方式落户中国。1985年8月,雅博公司与中国新华社所属的中国新闻发展公司签订协议,共同为在中国从事贸易的外国机构提供公共关系服务。为此,中国新闻发展公司成立了中国环球公共关系公司,这是中国第一家公共关系公司。但是,由于当时的国内市场是以生产者为主体的卖方市场,企业更重视生产,而不是通过公共关系活动提高自身的知名度。因此,企业向外部环境寻求公关服务的需求非常有限,公关公司在中国的发育十分缓慢。另外,两三家具有外资背景的公关公司长期占据国内同行业的垄断地位,本土公关公司几乎处于空白状态。

公共关系理论在这一阶段也得到了一定的发展。1984年起,一些年轻学者敏锐地了解到公共关系工作的意义,着手从国外的书籍中系统学习公共关系方面的知识。他们在报纸、杂志上发表文章,介绍公共关系的相关理念。与此同时,社会上也出现了一系列专题介绍公共关系的培训班。1985年1月,深圳市总工会率先创办了公共关系培训班,首开中国公共关系教育之先河。同年6月,北京大学研究生院举办了公共关系讲座。随后,全国各地的大专院校、企业和社会团体,也相继在不同的地区和范围内开办了各种形式的公共关系培训班。1985年9月,深圳大学首先增设了公共关系课程,公共关系作为必修或选修课程进入大学课堂。公共关系课程在高校中的开设使得公共关系这种全新的思想观念和理论知识开始在学界传播和普及。总体来看,在这一阶段,虽然公共关系的概念开始传播,但绝大多数社会公众对公共关系是不了解的。

对于普通人来说，人们大多以开阔眼界为目的来了解有关公共关系的知识，并没有真正地理解公共关系的意义和作用，也没有将公共关系实务当成管理中的一环而采取具体的行动。

二、快速发展时期

公共关系在中国的快速发展时期是1986年前后到90年代初期。中国的公共关系事业虽然起步较晚，但其发展却十分迅速。随着改革开放的逐渐深入和社会主义市场经济体制的建立，公共关系在中国呈现出蓬勃发展的局面。公共关系逐渐受到人们的普遍关注与重视，掀起了一股学习、研究并从事公共关系的热潮。在这一阶段，公共关系协会和机构大量建立，公共关系理论著作出现，公共关系教育培训增多，公共关系呈现出迅速发展的盛况，在理论和实践层面都得到了长足的发展。

公共关系迅速发展的重要标志是各省市纷纷成立公共关系协会或学会。1986年1月，中山大学在广州成立了中国第一个公共关系研究会；同年11月，上海市公共关系协会成立，这是中国第一个省级公共关系协会，也是中国第一家公共关系专业组织；1987年6月，中国公共关系协会在北京成立，这是第一个全国性的公共关系社团组织，标志着公共关系在中国得到了认可。此后，全国各省、直辖市、自治区以及大中城市相继成立地方性的公共关系社团和学术组织。这些学术团体在成立之后，积极开展公共关系的研究活动，带动了公共关系的教育发展。1988年5月，首届国际公共关系专业研讨会在北京举行，来自美国、日本、英国、新加坡等国的公关专家围绕国际公共关系的发展、中国公共关系的展望、公关与市场营销的关系等课题进行了演讲和讨论。在广泛开展的公共关系实践活动之外，公共关系在理论方面也得到了充分的发展。在这一阶段，中国第一批介绍公共关系的译著、教材和专业报刊开始面市，受到公众的热烈欢迎。1986年11月，中国社会科学院新闻研究所公共关系课题组编著的《塑造形象的艺术：公共关系学概论》率先问世；1988年1月，中国第一家公共关系专业报纸《公共关系报》在杭州创刊；1989年1月，中国第一份公共关系杂志《公共关系》在西安创刊并向国内外公开发行。中国理论界掀起了一股研究公共关系的热潮。

1986年起，中国的经济发展呈现出新的形势，中小企业和乡镇企业迅速崛起，公共关系活动成为这些企业占领市场的重要方式。一时间，公共关系开始在企业中流行起来。不仅大型企业设立了公共关系部门，一些中小企业也纷纷设立了公共关系机构，安排专人专职从事公共关系这项工作。1989年，第二届公共关系组织联席会议在西安举行，会议通过了《中国公共关系职业道德准则（草案）》。这是中国公关业走向职业化和规范化的关键一步，对促进中国公共关系走向更为健康、成熟、制度化的道路有着积极作用。从1992年开始，以奥美、凯旋先驱、万博宣伟等公司为代表的一批外资公关公司瞄准了中国市场，纷纷以各种合作方式抢滩中国，迅速改变了国内持续多年只有两三家公关公司的状况。这些外资公司不仅开拓了中国市场，还通过有意识地举办研讨会、研修班和新闻发布会等方式向社会传播公关理论，引进职业操作规范。

在众多外资公司的引导下,中国的公共关系市场上也出现了一批颇具实力的本土公司,如蓝色光标、海天网联等。其中蓝色光标作为当时中国本土最大的公关公司,也是中国公关业第一家上市公司。

但是,公共关系在中国迅速发展的同时,也存在一些问题。与外资公关公司相比,中国的本土公关公司所能提供的新闻宣传服务只是外资公司业务中最基础和最简单的部分,在运作理念和业务水平上与专业化公司有较大距离。由于经济和市场环境的不成熟,对于普通公众来说,很多人以极其实用主义的态度去认识公共关系,将公共关系庸俗化,看作人际交往的一般方法,甚至与"拉关系""走后门"混为一谈。在公共关系最热门的时期,许多不具备公共关系知识的人打着发展公共关系的旗号大肆宣传。由于缺乏系统的职业培训和相应的法律法规控制,种种不良现象难于制止,阻碍了公共关系的健康发展。因此,许多专业人士开始呼吁整顿公共关系业,主张重新学习公共关系的相关知识,推广专门化的公共关系方法,提高公共关系从业人员的素质和专业化程度。

三、稳步发展时期

进入20世纪90年代初,中国的公共关系进入了稳步发展的时期。在这一时期,公共关系的发展主要表现在公共关系学术化程度提高、公共关系专业教育逐步体系化、公共关系实践活动取得明显成效、公共关系职业化程度增强等几个方面。

(一)公共关系学术化程度提高

1990年7月,中国公共关系协会学术委员会在河北省新城县召开了第一届全国公共关系理论研讨会。会议以"公共关系与社会发展"为主题,明确提出要建立符合中国国情的公共关系模式。自此,探讨研究建立中国特色社会主义公共关系成为这一阶段公关理论与实践的中心课题。1991年1月,中国公共关系公司成立。同年4月,中国国际公共关系协会在北京成立。这两大全国性公关组织的出现,推动了中国公共关系进一步走向国际化。其中,中国国际公共关系协会成立之后积极联络国际性、地区性、全国性的公关组织以及学术团体,通过学术交流增进彼此间的相互沟通、了解与合作,为推进中国公关事业的发展做出了重要贡献。同年,第四届全国省市公共关系组织联席会议在武汉举行,会议正式通过《中国公共关系职业道德准则》,标志着中国公共关系已步入了稳步发展、良性循环的轨道。

公共关系的日益快速发展需要相应的公共关系理论加以指导。公共关系学作为引进的交叉性学科,在引进和构建初期,大多都是完全复制、搬运外国的模式,并不适合中国的现实情况。经过一段时间的发展,中国的公共关系学术研究在借鉴国外公共关系理论与成果的基础上,开始探索具有中国特色的公共关系理论。1993年,由崔义中主编的《中国公共关系学》正式出版,这是第一部完全立足于中国国情的公共关系著作,标志着中国特色社会主义公共关系理论已经开始形成。

(二) 公共关系专业教育逐步体系化

在公共关系的专业教育和人才培养方面,中国已经形成了正式、系统、多层次的基本格局。当前,中国的公共关系培训不仅有针对在职人员进行系统教育的短期的培训班、培训讲座,还通过普通教育和成人教育两种方式培养公共关系专业人才。普通教育包括专科、本科、研究生(包括硕士和博士)三个层次。1994年,经国家教委批准,以中山大学公共关系专业为本科试点,授予公共关系学士学位。经过几年试办,相关专业的毕业生颇受社会欢迎,充分得到了社会的认可,由试办转为正式招生。在成人教育方面,国家教委将公共关系专业列为全国统一计划、统一命题的专业,充分说明了教育部门对公共关系专业的重视。多层次的公共关系专业教育有利于培养专业的公共关系人才,推进中国公共关系事业的发展进步。

在教材建设方面,公共关系专业的教材建设已经由起步阶段简单的翻译、照抄过渡到创新、开拓,并结合国情,赋予其丰富的中国特色内涵。在师资队伍上,由于公共关系专业发展时间较短,从事相关领域研究的任课教师较少,在最初的专业设置时,多是由其他专业的教师改行而来;随着公共关系教育进入稳步发展时期,越来越多的教师进入到公共关系领域,在专业知识、公关实践等方面有了丰富的经验,发展为正式的专业化教师队伍。在课程设置上,也由最初的根据学校已有的师资力量临时拼凑课程变为能够体现公共关系专业培养目标的系统性课程。

(三) 公共关系实践活动取得明显成效

进入稳步发展时期,中国的公共关系实践活动并不仅仅局限于最早出现的宾馆、商场等服务业组织和生产性的企业,而是已经扩大到政府机关、事业单位、慈善机构等各种形式的社会组织。这些社会组织在内部成立公共关系相关部门,运用公共关系的手段加强与公众的联系与沟通,保障和促进自身发展。在具体的公共关系活动方式上,也由过去的重视眼前效应和表面工作变为注重长期效果,按科学程序办事。这些公共关系活动充分体现了中国特色,在科学理论的指导下,经受住了实践的检验,获得了良好的效果。

最有代表性的例子是中国的政府公共关系建设。在此之前,中国政府的公共关系意识并不强烈,与公众的沟通往往并不顺畅。随着对内改革和对外开放的推进,中国与世界的交流不断增多,国际化程度提高,政府也随之认识到了公共关系的重要性。对于政府来说,良好的公共关系有利于提升自身形象,在增进国际交流的同时,也能更加得到人民的支持和拥护。因此,中国的政府公共关系建设在这一阶段全面启动,在政府形象建设、执政理念建构等多个方面运用了公共关系的理念和方式。当前,中国政府越来越重视国家机关工作人员的公共关系知识普及,多次邀请著名高校和公关公司的高级顾问为中央及各省市党政机关人员进行讲座,并把公共关系培训课程设立为公务员培训的常规项目。

(四) 公共关系职业化程度增强

这一阶段,公共关系的职业化在中国取得了突破性的进展。到20世纪90年代中期，中国的公共关系行业相关从业人员的数量已经十分可观，他们的职业身份亟须得到认定。1997年11月，国家劳动和社会保障部成立了中国公共关系职业审定委员会，正式确定"公共关系员"作为中国公共关系的职业命名。在职业审定委员会成立后，还制定了公共关系职业标准，编写了《公关员职业培训与鉴定教材》，建立了公共关系员职业鉴定试题库。1999年1月，国家劳动和社会保障部正式批准成立国家职业资格工作委员会公共关系专业委员会。同年5月，国家劳动和社会保障部出版了《中华人民共和国职业分类大典》，并将公共关系列入其中。这标志着中国的公共关系正式进入了职业化阶段。2000年，中国第一次公共关系员职业考试举行，公共关系从业人员的职业地位进一步得到了确认。2003年，中国国际公共关系协会宣布将每年的12月20日定为"中国公关节"。2004年，中国颁布了《中国公共关系顾问服务规范》。自此，中国的公共关系行业规范日益加强，公共关系职业化程度不断提高。

总体来看，当前中国基本形成了比较完整的公共关系理论体系和公共关系实务运作规范，中国的公共关系事业无论在实践活动方面、理论研究方面还是培训教育方面，都取得了重大进步。公共关系开始在中国的政治、经济和社会生活中发挥着越来越大的作用，成为推动中国现代化发展的动力。

第四节　当代公共关系的发展特点及趋势

进入21世纪，现代化程度的提高和网络时代的到来给当代公共关系带来了新的发展契机。国家、社会组织、社会公众之间需要开展广泛的交流合作，以寻求新的机遇，实现发展的共赢，由此也带来了当代公共关系不同于以往的发展特点以及全新的发展趋势。

一、当代公共关系的发展特点

与以往不同，当代公共关系在组织中的地位由边缘变得越来越重要，公共关系的主体逐步由企业发展到政府、社会团体等组织部门，公共关系活动所借助的传播工具日益现代化，公共关系的国际化程度日渐提高。具体来看，当代公共关系的发展特点包括以下几个方面：

（一）公共关系地位战略化

在刚刚起步的很长一段时间内，公共关系活动在组织行为中处于边缘地位，是可有可无的，更多的则被看作在出现紧急情况时拿来应对的一种工具。对于公共关系的效果，人们也是抱有半信半疑的态度。当前，随着经济和社会的发展，公共关系在组织中的地位越来越重要，已经得到组织的认同，作为常规制度进入到组织管理的战略层面。

公共关系地位的提高在企业等以经营利润为目的的组织中体现得尤为明显。在市场经济的大环境下，随着人们物质和文化生活水平的不断提高，企业之间的市场竞争也日益激烈。消费者更倾向于选择品牌优质、口碑良好、知名度较高的产品。良好的组织形象对于企业来说,相当于一笔巨大的无形资产,既可以使消费者在选择产品和服务时增强消费信心,也可以增强投资者的信心,为企业吸引优秀的人才和丰富的资源,创造企业良性生存和可持续发展的条件。因此,组织形象对组织的重要性逐步增加。其中,品牌形象是组织形象的重要组成部分,成功的品牌有利于良好企业形象的树立和企业经营的成功。如可口可乐、耐克、富士、松下等世界知名企业,这些企业的成功经营均与品牌的战略化发展密切相关。公共关系作为一种重要的传播手段,能够为组织塑造良好的自身形象,为企业寻求良好合作与和谐发展的机会。

良好的公共关系运作也能够为组织带来新的机遇,从而获得经营的成功。通过企业公共关系活动,能够有效地将企业的相关信息真实、有效、准确地向公众传达,从而扩大社会影响,提升企业的社会知名度,在竞争中获得优于对手的地位,这也是企业公共关系活动的主要目的,因此,公共关系战略地位显得日益重要。例如,阿里巴巴集团抓住 11 月 11 日"光棍节"这一特别的时间点,于 2007 年开始在这一天进行大规模宣传推广,举办商家让利回馈消费者的活动。经过几年时间,这一最初旨在推广品牌、回馈顾客的活动已经变为中国互联网最大规模的商业盛事——"双十一"购物节,阿里巴巴旗下天猫的当天销售额也由 2009 年的 0.5 亿元上升到 2015 年的 912 亿元,在同行业中牢牢占据了领先地位。

(二) 公共关系主体多样化

随着公共关系理论和实践的进一步发展,整个社会的公共关系意识趋于增强,公共关系的主体也更加多样化。当代公共关系的主体不仅包括了企业、公关公司等营利性组织,但凡与公众有着密切联系的组织部门,都加入了公关主体的行列,包括政府、学校、医院、慈善机构、军事组织和各种社会团体等,甚至还涉及某些组织的个人代表。人们认识到发展公共关系并不再仅仅是单纯获取经济利益,而是需要通过公共关系,在更广泛的层面上协调组织与公众的关系。

在众多公共关系主体中,政府公共关系成为亮点。不仅在中国,在世界各个国家,越来越多的政府正在改变其角色和职能,从原来的统治者、控制者向协调者、服务者转变。公共关系的作用无论是在对外交流还是对内发展方面,都获得了政府部门的重视。在对外交流方面,随着经济全球化的发展,各国之间的联系更加密切,政府的形象直接影响着一个国家的发展。纵观当今世界,各国政府首脑及主要官员都在开展积极的外交公关活动,在树立本国良好形象的同时,扩大对外贸易,为本国发展寻求更多的合作伙伴。2007 年,中国引入了旨在提升国家形象、传播中国文化的"国家软实力"新概念。此后,北京奥运会和上海世博会的顺利举办,向世界展示了中国发展的新气象,也是中国政府在运用公共关系提升国家力量方面的成功探索,为公共关系在中国的发展拓展了空间。在国家管理方面,政府通过开展公共关系活动,能够争取民众的支持,稳定社会政治局面。同时,如果一个政府具有良好的形象,则会吸引更多的人才和投资资金。在中国的市场经济发展的过程中,很多城市的政府部门已开始利用公共关系理论和技能提升政府形象、塑造城市形象,提高城市的知名度和美誉度。例如,在中央电视台播放的广告中,不仅有品牌、产品的宣传广告,还出现了许多宣传城市形象的广告。如浙江义乌市的"小商品的海洋,购物者的天堂";山东淄博市的"齐国故都,聊斋故里,足球故乡,陶瓷名城";江苏吴江市的"江南何处好,乐居在吴江",等等。生动简练的宣传语搭配城市的特色美景,给电视机前的观众留下了深刻的印象,是成功的公共关系实践形式。

(三)公共关系活动现代化

传统的公共关系活动借助的往往是纸质媒介、广播媒体、演说、发布会等传播工具,更多是以人际传播为主要手段,传播技术与功能具有一定的局限性。随着计算机技术和互联网技术在20世纪末21世纪初的广泛应用,现代公共关系活动开始借助新的传播媒体,呈现出更加现代化的色彩。公共关系活动现代化的最明显标志即基于网络的公共关系活动。美国公共关系学家唐·米德伯格(Don Middleburg)在《成功的公共关系》一书中提出,"公共关系最深层次的本质已经因为互联网的出现而发生了根本性的变化",公共关系"从本质上看,受互联网增长而催化产生了重要的商业沟通趋势,即:速度、途径、交互作用的新规则、品牌的重新界定以及作为沟通的商业伙伴"。同时他认为,新的公共关系人员群体已经出现,即混合了传统的公共关系与网上沟通的"电子沟通者"。他将互联网时代的公共关系看作一场全新的竞赛,"公共关系已经彻底地变革了"。

与传统的大众传媒相比,网络传播能够提高信息传播的效率,打破空间障碍,使传播的能力和服务方式更为自由、现实与大众化。一条消息通过网络可以迅速地传递到世界的各个角落。同时,智能终端设备如智能手机、平板电脑等的普及更使得一般公众接触的信息数量增加,接受信息的速度实时化。通过互联网,人与人、组织与组织之间可以更加简便地进行实时交流与探讨,信息传播的双方成为真正意义上的平等交流伙伴,这使得公共关系传播在更大程度上实现了理想的双向互动。同时,网络传播低廉性的特点也一定程度上降低了组织的传播成本。

当前,借助网络的公共关系活动日益增多。例如,当前十分热门的微博、微信等通讯工具,面向更大的客户群体,通过关注与分享的方式来传播信息,是组织进行公共关系活动的良好渠道。在这些平台上,组织发布的消息可以迅速得到扩散与关注。因此,公共关系主体在进行公共关系活动时需要与时俱进,运用更多现代化手段、思维和创意以宣传自身形象,达到引导公众舆论、提升组织知名度与竞争力等目的。

(四)公共关系国际化

经济全球化使得组织不仅需要面对来自国内的市场竞争,更需要融入世界,在全球市场上进行交互与竞争。良好的公共关系能够帮助组织加强国际沟通,在全球性、跨文化的传播沟通基础上,通力合作以迎接挑战和机遇。当前,公共关系正在逐渐打破地域的局限,走向国际化与全球化。

从1995年国际公共关系协会在伦敦成立起,公共关系便逐步进入了国际化的轨道。从政府角度来看,全球化使得各国在经济、政治等各方面的联系十分密切,由于各国历史、文化价值观、社会制度等的不同,在发生交往时更加容易发生冲突。同时,现代社会的发展使各国都面临着一些共同的全球性问题,如环境恶化、人口膨胀、战争与恐怖主义等。这些问题的解决单独靠某一个国家是无法完成的,而是需要加强国际沟通与交流,在达成共识的基础上制定国际性的协调政策,形成国际化的规范和准则,靠各国的相互协调与通力合作来解决。因此,公共关系在协调国际贸易组织之间及与政府之间的作用显得尤为重要。目前,世界各国无论是发展中国家还是发达国家,都十分重视公共关系在国际政治、经济、艺术、文化交往中的重要作用。中国在加入世贸组织之后,政府及各行各业与国际的合作交流日益频繁,中国国际公共关系协会自2000年开始多次组织中外代表团进行交流,并在2008年成功举办第十六届世界公共关系大会。

从生产性企业角度来说,经济全球化意味着需要在全球范围内进行资源的优化配置,世界各国在生产、流通、消费等领域的联系日益加强,呈现相互依赖、相互渗透、相互制约的关系。全球化打破了传统企业孤立的生产格局,靠单一的生产或者规模经营已经难以获得长期利益,经营者逐渐认识到,只有协作经营、互惠互利才能在竞争中占据优势。因此,企业应具备公共关系意识尤其是公共关系国际化的观念,既要立足企业本身,又应当将企业的经营面向全世界,顺应国际趋势,在综合把握公众需求和市场流向的基础上,塑造并传播企业形象,形成自身的特色与优势。

二、当代公共关系的发展趋势

在21世纪的前十几年中,当代公共关系借助更先进、快速的传播手段,在科学理论的指导下,面对更具有参与意识的社会公众,已经展现出崭新的特点。在可以预见的未来,当代公共关系必将顺应生产力的发展与社会进步的潮流,呈现出以下发展趋势:

（一）公共关系专业化程度提高

从实践方面来看,公共关系行业逐步走向成熟,行业集中的趋势开始进一步凸显,公关公司的服务层次将进一步得到提升,其工作范围将从日常公关简单项目的执行发展到向高层次整合策划、顾问咨询和品牌管理等方面,业务操作规范也更加专门化和标准化。在行业中占据强势的公司将依靠资金优势和规模优势,进一步扩大市场份额,体现出强者恒强的竞争格局。同时,中国从事公共关系工作的人员也逐步实现职业化。自2000年以来在全国范围内推广的公关员资格考试使中国公关职业迈入了持证上岗的职业化新时代,公关人员正式列入了中国的职业分类,其职责与思想行为也在逐步明确规范。从公共关系教育方面来看,当前公共关系教育和理论研究发展迅速,许多高校建立了专门培养公共关系专门人才的院系,课程体系日趋合理,招收的学生数量不断增长,研究公共关系方面的著作、论文数量增长迅速。与此同时,公共关系理论在吸收其他各学科成果的基础上,逐渐实现了自身的科学化,形成了日趋完善的理论体系,对公共关系活动的范围、对象、原则、程序及职业道德都作出了具体规范的要求。

随着公共关系专业化程度的提高,要求公共关系公司不仅需要继续向专业化发展,还需要积极培养和引进公共关系的专门人才,造就一支高学历、高层次的公关顾问、咨询、策划专业队伍。优秀的公共关系人员能够帮助组织充分利用资源,通过有效的公关活动为组织获得效益。当前,虽然我国从事公关工作的人员众多,但大多数是从事礼仪接待和宣传的人员,而且流动频繁,大部分不理解公共关系的真实内涵,而有经验、高水平的专家、学者、顾问、策划等数量很少,能力也十分有限,这在一定程度上阻碍了公共关系的效能发挥。因此,应当对没有经过专业训练的人员进行职业培训,提升其业务能力。同时,政府部门也应当重视公共关系的作用,支持公共关系公司的规范化、专业化、精细化建设,鼓励其承担更多的行业责任和社会责任;还应当加大推广力度,改变社会对公共关系行业的负面认知,提升行业的社会影响与行业地位。

(二) 公共关系网络化程度加深

网络改变了人们的生活与工作方式。网络传播无论在传播速度、传播范围、传输成本、实时互动、即时反馈等方面均胜于传统传播媒介,如报纸、杂志、广播等。借助网络,组织可以将内部信息在短时间内公之于众,公众也可以快速获取相关信息,及时进行反馈甚至直接与组织进行对话。组织和公众间的这种交流是一种双向传播,不仅跨越了企业内部管理层的阻隔,而且跨越国界,面向全球,使公共关系的公开性原则得到了最大限度的发挥和实现。

随着传播工具和传播媒介进一步数字化,公共关系的方式也将会进一步网络化。随着新媒体时代的来临,传统公关业务增速放缓,而新兴公关业务诸如数字化传播、新媒体营销等出现了迅猛发展的势头。这要求组织需要对网络时代的公共关系活动作出应对。当前,企业借助互联网平台进行营销的案例屡见不鲜。几乎每家企业都拥有自己的网络宣传平台,并通过这个平台进行新闻发布、新品推广、市场调查,向公众介绍组织信息等活动。例如,全球最大的日用消费品公司宝洁公司在新浪微博这一平台上分别开设了"宝洁中国""宝洁招聘""宝洁生活家""宝洁精彩每一天"等公众账号,分别旨在关注品牌概念宣传、人员招聘、产品推广、生活体验互动等不同方面,吸引了几十万微博用户的关注。

同时,随着论坛、微博等网络交流平台逐步被大家熟知和认可,不仅企业选择通过网络进行公共关系活动,中国政府部门也开始了建设电子政务的过程。2006年,中央政府门户网站正式开通,标志着中国政府网站的框架体系基本完成。当前,许多政务部门设立了自己的官方网站,并在微博、微信等平台设立实名账号,在第一时间向公众发布新闻和信息的同时,也可以与公众进行实时交流,听取民声民意,把握网络舆情的走向。政府的网络公共关系活动一方面可以提高政府的工作效率,简化工作程序,更好地服务公众。例如,公众可以借助网络平台完成如证件申请、资格审批等业务办理。另一方面,及时的消息通报保障了公民的知情权,加强了政府与公众的联系。公众也可以通过网络对政府行为进行监督,曝光违法违规行为,使公众对政府行为的满意程度得到提高。当前,中国政府应当树立正确的公共关系意识,增强国家基础信息系统建设和信息资源的开发,充分利用网络媒体与民众进行主动、平等的对话。为公众参政议政、行使政治权利提供互动性和便捷性的交流渠道,改善和树立政府的良好形象。

(三)应急公关活动日益重要

在全球化的今天,借助网络以及各种通讯设备,信息传播的速度加快,许多事件往往在短时间内发生,又借助传播媒介迅速在公众间传播扩散。突发事件影响范围大、传播速度快等特点要求包括企业和政府部门的每个组织在进行公共关系活动时应当做到反应迅速、灵活有效,需要有应对突发事件尤其是危机事件的公共关系能力。政府部门在遇到紧急事件时需要快速有力地作出应对,尽快对公众作出答复;企业在面对激烈的行业竞争时,也需要抓住时机,有效树立自身的良好形象,争取公众的支持。

对企业来说,全球化在给企业发展带来更多机会的同时,也使得企业越来越受到外部环境的影响和制约。加之现代传播技术的发展、严酷的市场竞争,企业的经营随时都可能面临危机。如在跨国公司的经营中,当一个分公司或连锁分部出现问题后,会马上波及整个组织,直接导致组织的知名度和美誉度下降,严重时可危及组织的生存。当危机发生时,企业如果能临危不惧,处理得当,便可化险为夷,甚至可以使危机转化为契机,让企业借此得到公众更多的关注和了解;如果惊慌失措,举棋不定或举措失当,被动应付,则往往会使危机进一步蔓延,使企业苦心经营多年的企业形象毁于一旦。因此,企业应当加强公共关系工作,进行积极的危机管理:在危机出现之前应注意防患于未然,通过调查和预测,分析潜在风险,制定种种预防危机的对策;在危机出现后,则需要保持镇定,尽快作出反应,妥善、客观、公正地处理危机,控制事态发展,使企业减少或避免危机造成的损失。同时,还要通过媒体及时向公众提供真实、客观的信息,避免各种不利的传闻与流言。危机公关理论认为,72小时是危机公关的黄金时期。然而在网络时代,这一时间将会大大缩短。突发事件的特征就是突然、不可控、周期短、无法预期。对于这一类事件,只有第一时间的迅速反应才可以制胜。如果一个很好的公关方案,从讨论到执行花费了几天的时间,当方案开始运行的时候,可能就已经没有人关注了。例如,在2014年的"两会"期间,有代表提出了"流量用不完即清零的规定是否合理"的话题,中国移动通信集团广东有限公司董事长回应称:"流量清零是国际惯例。流量套餐就像肯德基套餐一样,套餐一定比单买要便宜。不能套餐里薯条吃完了,把鸡腿还回去吧?"这一消极回应引起了巨大反响,肯德基也无辜中枪。对此,肯德基迅速作出了回应:"肯德基的鸡腿肯定不会清零。吃不完可以打包、外带、与他人分享,总之是你的,想咋用咋用!"这一机智幽默的回答很快得到了网友的认可,在微博上被迅速转发。

而对于政府部门来说,互联网快捷、透明、开放、自由等特点,让突发事件能够在第一时间在公众间传播。如果政府处理得不科学或者不及时,则会使公众对政府产生不满情绪,并又通过网络,将众多意见汇集成强大的舆论压力在社会上扩散。因此,对于突发事件，政府应第一时间在官方网站或者其他官方的媒体中进行发布，对事件的原因、过程都应当如实向公众公布，而不是一味隐瞒和逃避。在对突发事件进行信息发布的同时，也要通过相应的交流平台听取公众的意见，进行互动交流，对公众提出的意见和问题进行及时的反馈。最后，政府应积极承担应负的责任，对突发事件进行善后，用实际行动将承诺落到实处。2003年春，由广东开始的"非典"疫情爆发并迅速向全国其他地区传播。由于当时没有及时向公众发布真相，导致谣言四起，在社会上引起了恐慌。直到当年4月，政府才通过卫生部召开新闻发布会向公众发布最新疫情，但已经延误了处理危机的最好时机。此后，中国政府开始重视建立突发事件应急机制，加强危机公关建设。有了这些经验，在2014年5月MERS（中东呼吸综合征）病毒在中国首次被发现后，广东省卫生计生委根据世界卫生组织的通报信息和国家卫生计生委的指示迅速作出反应，立即核查并派出专家组赶到现场，连夜开展流行病学调查、采样等相关工作，并及时对病毒感染者进行了隔离措施，有效防止了病情的扩散。

（四）公众在公共关系中的地位逐渐上升

随着民主政治和新媒体的发展，原本在公共关系中处于被动的社会公众的地位得到了提高。公共关系变成了一种平等、双向并且具有反馈性的互动活动，公共关系活动的双方成为真正意义上的交流伙伴。

传统社会中，社会的主流思想多被统治者所控制，公众处于服从于被统治的地位，较少有参与政治的机会。在民主开放的社会中，公众对政治生活的参与意识提高，也可以通过各种途径发出声音并且使自己的声音被听到。因此，无论是政府还是其他社会组织，都应当重视与公众的双向沟通，听取公众的意见。政府部门应当积极提高政府管理的民主化程度和工作效率，丰富各种沟通渠道如咨询对话、定期开放等吸引更多的公众参政议政。同时，政府部门还应当利用电视、网络、报纸等大众传媒，围绕公众关心的热点问题进行宣传报道，动员公众献计献策。

在传统媒体时代，大众传媒通常掌握在社会主流和精英人群手中，信息传播具有较大的可控性、选择性与倾向性。在新媒体时代，信息通过社交媒体，可以迅速地在公众间进行传播。这些信息的来源和内容均不是社会主流和精英人群所能够控制的，而是由公众掌握了平等的话语权，反映了公众的观点和意见。这要求组织在进行公共关系活动时，应当顺应并且尊重公众的呼声，接受公众的监督，真正将公共关系活动看作组织与公众的双向传播交流，做到及时、充分的应对。

本章小结

作为一种客观存在的社会关系和社会现象，公共关系的历史由来已久。几千年前，古代西方和古代中国的政治、经济以及文化生活中即产生了朴素的公共关系思想意识和社会活动，是公共关系的萌芽时期。现代公共关系最早产生于美国，是在民主政治深入、市场经济体制建立、人文社会思想进步以及传播技术发展的基础上兴起的。

现代公共关系在百余年的发展历程中，经历了以巴纳姆的"凡宣传皆好事"为代表的孕育阶段、以艾维·李"公众必须被告知"的职业化阶段、以伯尼斯"投公众所好"为代表的理论化阶段以及众多理论和实践成果出现的完善阶段。随着改革开放的推进，公共关系进入中国。中国公共关系在经历了1978年至80年代中期这一兴起探索时期之后，经过快速扩张，到90年代初期，进入了稳步发展的新时期，在理论和实践方面都经历了从无到有、逐步完善的过程。当代公共关系发展的特点在于公共关系在组织中的地位战略化、公共关系的主体多样化、公共关系活动更加现代化和国际化。进入21世纪，当代公共关系呈现出全新的发展趋势，包括公共关系专业化程度提高、网络化程度加深、应急公共关系活动日益重要以及公众在公共关系中的地位逐渐上升。

案例分析

"抢红包"大战——互联网时代的公共关系活动

春节走亲访友、互送红包拜年是中国的传统习俗。互联网的发展使得这一年俗活动开始发生新的变化。一种全新的支付方式——电子支付的推广，使得在网络上"收发拜年红包"流行开来。

互联网红包兴起于2014年，产品设计的灵感来自腾讯公司每年春节期间向员工分发节日红包的传统。作为一个社交软件，"为什么不能将收发红包的过程借助网络，通过手机来完成呢？"据此，腾讯公司在其主要通讯产品微信平台上开发了微信红包功能，这一功能迅速走红并得到了不错的反响。到2015年，随着春节的来临，"抢红包"活动迅速在各大社交媒体上开展，参与的主体也不再只是腾讯公司。各大企业纷纷参与和提供资金支持，将这场红包大战迅速推向了高潮。其中，腾讯公司表示将联合微信和手机QQ在春节期间发放总价值超过30亿元的红包，并在原有功能的基础上，开发出了微信群红包、摇一摇抢红包等新功能。阿里巴巴集团下属的支付平台支付宝公司则表示要联合商家，在除夕前后发放总额超过10亿元的红包，并开发了"捉猫猫""支付宝口令"的抢红包方法。新浪微博则是借助微博这一焦点人物与普通公众互动的平台，通过"明星给粉丝发红包"的方法为用户发送新年红包。这些企业所发放的红包可以说是十分实惠，可以提现或者直接用于网购消费。这一年，几乎每个智能手机用户都有过通过社交软件收发红包的体验。

各大企业纷纷加入红包大战的行列，不惜投入高额资金来进行宣传与运作，原因何在？仔细分析可以发现，公众想要参与到收发红包的活动中来，需要按照一定的步骤来操作。这些步骤简单方便，使网络用户无须花费太多时间就可以参与互动。例如，参与微信红包活动的前提是用户需要下载并注册微信软件，将微信与自己的银行卡关联，开通微信支付功能。支付宝红包则是用户在注册支付宝账户并实名认证之后，在规定的时间点内打开"支付宝钱包"这一软件来领取红包。新浪微博则是要求用户注册新浪微博，定时关注明星动态并领取红包。可以说，互联网红包大战是一次成功的公共关系活动。它为企业带来的效益是显而易见的。一方面，这次公共关系活动的最大价值就在于培育市场、争夺用户群体。在这场营销活动中，企业付出了补贴、宣传的费用，但是通过设置活动门槛，为企业吸引了大量的活跃用户。在互联网时代，用户的数量对企业犹如制胜法宝一样重要。微信红包的流行促使微信用户增加的同时，也使得原本仅仅以聊天软件著称的微信一下变成了活跃的支付软件。即使在活动结束之后，很多用户依然保存了使用微信支付、转账的习惯，对产品的粘性增加。"让红包飞"这一新浪微博活动使得原本热度开始降低的微博功能重新活跃起来，激活了大量的休眠用户。另一方面，"红包大战"一定程度上实现了企业和用户的双赢。对于用户来说，通过网络互动，可以选择适合自己的支付、沟通方式，增加了生活的便利化程度，还有机会得到企业回馈的礼物。对于企业来说，这次活动在吸引用户的同时，也是一种有效的宣传活动。它能够向社会传达企业本身关心公众、服务公众、愿意与公众沟通的一个信号，提高企业的信誉度、知名度和影响力。

　　基于网络的公共活动不止"红包大战"一个。当前，越来越多的组织选择通过网络互动平台来进行产品与服务推广，加强与公众的联系。我们仍然以微信这一社交软件为例。微信作为一种双向传播的沟通方式，具有语音、文字、视频、图片等各种呈现功能，富有亲切感和友善性。组织可以通过公众服务号、订阅号等向公众传播组织想要让公众知晓的信息，同时公众也可以对组织的有关信息提出看法或质疑，增强公众对企业的信任感。双方的沟通既直接，又人性化。通过微信，每个人都可以根据自己的喜好与人际关系，建立自己与众不同的"朋友圈"。在这个圈子中，每个人既是组织公共关系的对象，又可以作为主体，与不同层面的人或者组织进行沟通交流，甚至可以直接参与到企业的公共关系活动中。由于这一平台发布的信息具有强大的即时性，相关信息一旦通过微信发出，所发布的信息便立刻显示在微信公众圈中，并通过微信圈公众的浏览、转发等，将信息传播给更多的公众。许多组织利用微信，在定期推送宣传、广告之外，在组织遇到风险时，也会利用微信及时发布问题原因、解决方案、解决结果，并针对有关信息作出回应，使公众能够在第一时间了解企业的态度和事件的真相。例如，我们可以通过关注某一商家的公众号定期获得企业推送的折扣优惠信息，通过关注交通广播的公众号随时获取路况信息。在出现问题时，公众也可以通过企业公众号的反馈功能向组织提出问题，缩短问题的解决时间。

案例思考题：

1. "抢红包"大战中，企业通过公共关系的运作，获得了哪些收益？
2. 从案例中可以看出哪些当代公共关系发展的新趋势？

第三章 公共关系的主体：社会组织

本章要点

1. 社会组织的特征与分类。
2. 公共关系的组织机构。
3. 公共关系部的特征、职能作用、组织类型和设置原则。
4. 公共关系公司的类型、机构设置、工作原则以及工作程序。
5. 公关关系人员的类型、素质要求以及能力要求。

引例 可口可乐的"中国情结"

2002年8月8日，全球品牌管理咨询公司与美国《商业周刊》合作，公布了全球100个最有价值的品牌。可口可乐战胜微软和IBM，又一次登上榜首，成为名副其实的全球第一品牌。在中国，可口可乐公司系列产品在软饮料市场的占有率达33%，81%的中国消费者知道可口可乐品牌。在整个中国地区，可口可乐雇用了大约1.5万名员工，从董事长到工人都是中国人。

2003年2月18日，可口可乐(中国)饮料公司对外界宣布：正式更换包装，启用新标识。这是可口可乐公司自1979年进入中国市场以来首次改用中文新标识，目的是使它更贴近中国消费者的生活。

可口可乐非常重视对社会的回馈，在教育方面作了很多捐赠。截至2003年，可口可乐在中国各地兴建了50所希望小学，为贫困地区的100所农村小学捐赠了一套希望书库。1998年洪灾，可口可乐还捐赠了帐篷希望小学。1998年3月，可口可乐公司前董事长格拉斯·艾华士访华，宣布向"希望工程"捐赠人民币500万元，专门用于资助失学儿童。1999年在中国青年基金会的发起下，可口可乐(中国)饮料公司设立了"可口可乐第一代乡村大学生奖学金"，资助包括北京大学、清华大学等55所大学在内的近700名大学生完成学业。这些大学生都来自偏僻的乡村，并且是第一代在村里考取大学的青年。奖学金金额为8000元，分四年提供。①

---

① 参见戴世富、徐艳：《可口可乐的"中国情结"》，载《公关世界》2003年第6期。

社会组织是公共关系的基本构成要素,是公共关系活动的行为主体,在公共关系中起着主导作用,决定着公共关系活动目标的实现、功能的发挥、活动的状态及发展的方向。社会组织也是公共关系活动的出发点和归宿,在公共关系活动中,始终起着决定性作用。

第一节　社会组织的含义、特征与分类

一、社会组织的含义

"社会组织"这一概念多应用于社会学、管理学、组织行为学中,不同的学科从不同的角度进行考察。社会学主要探讨社会组织的一般属性和一般类型等,组织行为学主要探讨社会组织的一般行为及其规律等。在现代管理学中,巴纳德(C. I. Barnard)曾定义组织为"有意识地加以协调的两个或两个以上的人的活动或力量的协作系统"。对于"社会组织"这一概念,社会学家各自有不同的定义。法国社会学家孔德将社会组织定义为"个人的共同社会契约";美国社会学家埃齐奥尼将社会组织定义为"人们有意识地建立起来的追求实现特定目标的社会单位";英国社会学家穆勒认为社会组织是"社会中经济、政治或其他部分的相互关系"。

公共关系学侧重于研究社会组织如何围绕其目标,在运行过程中实行对公众关系的管理。目标是相对于过程而言的,社会组织完成工作目标的过程就是通常所说的社会组织的运行,社会组织只有通过运行才能达到工作目标。而在公共关系中所要讨论的"社会组织"含义的界定兼有社会学和组织行为学的定义特征,包括社会组织的运行及其关系因素,社会组织的形象以及社会组织的公共关系目标等问题。

本书认为,社会组织是指人们在社会分工的基础上,为合理有度地达到自己的目标,有计划、有目的地按照一定的任务和形式建立起来的一种社会机构。这种机构,成员之间有明确的社会分工、联系范围和内部控制体系,有明确的工作制度和奋斗目标,如学校、党派、政府、宗教团体等。

公共关系中的组织是指按共同目标和系统方式结合起来与公众发生相互联系的社会团体。组织的构建需要一定的条件,主要包括目标、成员、方式、对象:[①](1)明确的目标和使命。每个组织都有自己的若干特定目标,而这些特定目标集中体现了一个组织的灵魂和存在理由。(2)维持组织存在和发展的规章、制度,如组织通过自己建立的奖惩制度,制约组织成员的活动,维护组织活动的统一性。(3)人员和物质条件。每个组织都有一定数量的固定成员,最小的组织系统也至少由两人或两个以上的人组成。此外,组织的存在和发展还需要一些物质支撑。(4)健全的组织活动。组织的存在和社会价值必将通过一定的社会活动体现出来,公共关系活动本身也是组织的一项

---

① 参见朱力、任正臣、张海波编著:《公共关系新论:理论与实务》,南京大学出版社2006年版,第23页。

活动内容,而在参与其活动的同时,组织自然就对公共关系提出了各项要求。

可见,公共关系的产生本身就是社会组织发展和变化的产物。社会组织为了适应社会的发展,也在不断变化和调整,在这一过程中随着社会的发展可能会不断出现新的社会组织,一些社会组织会与社会同步发展,当然也有一些社会组织由于不适应社会发展的需要而渐渐消亡了。所以,社会组织的生存和发展必须与外部环境相适应,得到组织间和公众的支持,亲善、和谐的公共关系应运而生,成为社会组织与公众间的桥梁。

二、社会组织的特征

(一) 社会组织有一定数量的固定成员

社会组织是由至少两个人或两个以上的人组成的系统。社会组织的成员是相对固定的,成员明确地意识到自己属于某一组织,社会组织如无固定的成员就失去了自身存在的实体基础;进入或退出一个组织必须按照一定的程序进行,特别是组织成员资格的取得一般都要经过组织的考核与审查。任何组织都是以人为核心的,社会组织首先是人际关系的体现而不是物质关系的体现。巴纳德甚至主张将物质手段从组织概念中剔除。

(二) 社会组织有自身特定的目标

每个社会组织的建立和发展都是以具体的目标作为前提的,任何组织的发展过程实际上就是通过自身努力追求目标的过程。在组织总体目标确立的同时,要求组织内部依据这个目标组织人员、确立计划、执行行动,最终使目标与外部环境达成一致,这个过程就需要公共关系活动的参与。

在公共关系活动中,必须确保与组织的目标保持一致,有些目标通过努力可以实现,但有些目标最后以失败告终,即组织在确立目标时,要根据组织的内部和外部的具体状况而制定,保证组织目标得以实现。美国学者戴维·R.汉普顿(David R. Hampton)在《当代管理学》中指出:"每当人们联合起来去实现某一目标时,他们就创造了一个组织,或者说一个社会机器,它有潜力完成任何个人独立所不能完成的工作。"① 此外,组织的目标也是区分不同社会组织性质、类别和职能的基本标志,不同组织需要不同的公关策略。可见,社会组织的目标对组织生存和发展有导向作用,而公共关系是保证组织实现目标的有效途径。

(三) 制度化的组织结构

为了实现特定的目标并提高活动效益,组织一般都具有根据功能和分工而制度化的职位分层与部门分工结构。只有通过不同职位的权力结构体系,协调各个职能部门或个人的活动,才能顺利开展组织活动并达到组织目标。

---

① 转引自彭向刚主编:《公共关系学》,吉林大学出版社2000年版,第61页。

（四）普遍化的行动规范

社会组织需要运用一定的制度与规范加以整合，使之成为一个紧密联系的整体，实现组织活动的统一性，最终促成组织目标的达成。它一般是以章程的形式出现，并作为组织成员活动的依据。组织的行动规范是每个成员必须遵守的，它通过辅助的奖惩制度制约组织成员的活动。

（五）社会组织是一个开放的系统

就每一个社会组织来说，它不仅自身要与周围环境进行物质、人员、信息的交换，而且还根据与其他组织的关系，组成不同的组织体系，在更大的范围内和更高的水平上与外界环境进行各种形式的交换。一个组织如果绝对地自我封闭，组织的生命也就停止了。社会生活中实际存在的工厂、机关、医院、学校、商店等都是社会组织的具体形式。

组织的发展依赖外部环境，同时也影响着环境的变化。组织的开放性也决定了组织的公关需求。组织以公关作为手段来获得外部环境中有利于自身目标的丰富且准确的信息资料，同时组织也要通过公关这个方式将自己的意愿传达到环境中，最终实现组织的目标和自身的发展。

（六）社会组织具有多样性

由于社会分工的发展，导致社会组织类型的多样化，社会组织在社会中承担着不同的责任、扮演着不同的角色。所以，组织的多样性就要求开展公共关系活动时要实施分类公关的策略，根据不同组织的需要、不同的公众对象来开展有特色的公共关系活动。

（七）社会组织具有动态发展性

社会组织的形成是社会发展的产物，它也必将随着社会的不断发展而更新自己，根据客观环境的变化不断调整，以便更好地适应社会。因此，无论是组织的形式，还是组织目标都是一个动态的过程。同时，由于经历不同的发展阶段，组织在公众中所呈现的形象也不同。主体的发展性，决定了组织的公共关系也应是一个动态的过程，应随着组织目标的不断调整而调整。

三、社会组织的分类

社会组织在社会中所处的地位不同，具有各自不同的目标。根据社会组织的目标、性质、功能、内容、关系等要素的不同，可以将社会组织划分为不同的类型。例如，从社会组织的规模来讲，可分为小型组织、中型组织和大型组织；从形式上讲，可划分为正式组织和非正式组织；按照组织的功能和目标，可分为生产性组织、政治性组织和整合性组织。组织类型的划分是相对的，我们要从研究和分析的需要出发，选择恰当的分类标准。在此对社会组织进行分类的目的是更好地开展公共关系活动，所以从公共关系的角度对社会组织进行划分。

（一）营利性组织

这类组织以营利为目的，即以其所有者、经营者的利益为目标，通过公关活动加强与其所有者以及对其经营成败有决定性影响的公众建立起良好关系来塑造良好的组织形象，增强竞争实力，增加经济效益。如工商企业、金融机构、旅游服务行业等组织。

（二）非营利性组织

1. 公益性组织

这类组织是以国家和社会整体利益为目标的社会组织，其公众对象是社会各界。如政府部门、军队、公共安全机关、检察机关、消防队等。

2. 互益性组织

这类组织重视内部成员的利益和共同目标，重视内部成员对本组织自身的凝聚力和归属感，重视组织系统内部的沟通。如各种党派团体、职业团体、群众性组织、宗教组织等。

（三）第三类组织

一般是指各类服务性组织。这类组织以其特定的服务对象的需要为目标，追求社会效益，必须与其资助者、协助者保持稳定的良好关系。如学校、医院、慈善机构、社会福利机构等非营利性组织。

第二节　公共关系组织机构

公共关系的组织机构是指从事公共关系工作，开展公共关系活动，达到预定公关目标的专业部门或组织。本书以组织作为划分标准，设立在组织内部的为公共关系部，设立在组织外部的为各类公共关系公司。

一、组织内部：公共关系部

（一）公共关系部的含义

公共关系部是社会组织为组织发展、便于与外界沟通交流，在组织中通过设置专职人员，贯彻社会组织的公共关系思想，开展公共关系活动的管理职能部门。一般规模较大的组织，会有自设的公共关系职能部门，这样的机构设置能够保证解决繁多的公共关系事务。公共关系部在组织中通常被设置为公关策划部、公共信息部、公关广告部、新闻界关系部等。世界上第一个在公司内部成立公共关系部门的是乔治·威斯汀豪斯（George Westinghouse），他在1889年聘请了两个人宣传推广交流电计划，最后终于打败爱迪生的直流电系统，使交流电成为美国的标准电力系统。1984年广州白云山制药厂在组织内设立了公共关系部，成为第一个设立公共关系部门的国内企业。

（二）公共关系部的特征

社会组织内部通常划分为众多部门，各司其职。作为组织的职能部门，公共关系部有着自己的特点。从上面所总结的公共关系部的职能中我们可以看出,公共关系部不同于其他的职能部门,它为组织管理决策部门提供必要的咨询建议,因此可以定义为高层次的服务部门。从机构性质上看,公共关系部具有不同于其他职能部门的显著特征。

1. 专业性

公共关系部的专业性主要体现在两个方面:一是人员队伍的专业化。即要求全体公共关系人员应具有明确的公关意识,富有开拓进取的精神,受过一定的公关专业训练并具有一定的专业水准与能力。一支具有专业素质的公关队伍是公共关系部门运行及工作完成的重要前提。二是工作内容的专业化。这就要求公共关系部的工作必须围绕着公共关系目标来进行,也就是说,必须集中精力去做与实现组织公共关系目标相关的事务,而不能把公共关系部作为单纯的联络处和接待处。美国著名的公共关系学者斯科特·卡特李普、阿伦·森特和格伦·布鲁姆在他们所著的经典著作《有效公共关系》一书中,曾将公共关系工作分为十大类,即写作、编辑、与新闻媒介联系、特殊事件的组织与筹备、演讲、制作、调研、策划与咨询、培训、管理。可见,在公共关系部的工作中,除了收集信息、策划咨询、沟通宣传、接待服务外,还需担负一些技术性很强的工作,如新闻写作、演讲宣传、广告设计、市场调查、编辑制作等工作。所以,在此更要强调公共关系部的专业性,以保证公共关系活功高质量、高效率地开展和组织目标的顺利实现。

2. 服务性

在社会组织内部,公共关系部是一个具有服务性、较高层次的间接管理部门,虽然它不是领导者和管理者,但由于公共关系部拥有着与组织内部、外部相关的、丰富的信息,所以它的职能作用体现在为社会组织内部各职能机构和最高决策层所提供的意见、建议、方案的相关服务。这种服务工作是高级的经营管理工作,是为实现公共关系目标而提供的服务工作。它可以通过建议与咨询的形式为其他部门服务,可以通过专项公共关系活动为组织服务,也可以通过日常公共关系活动为员工及社会公众服务。因此,应该认识到公共关系部是服务部门,它直接接受社会组织的最高领导层的领导,并为其决策提供服务。

3. 协调性

在社会组织内部,公共关系部只是社会组织中的一个部分,所以在实现公共关系计划所确定的目标时,不能只靠公共关系部孤军作战,需要依靠组织中各部门的相互配合及全体成员的共同努力。公共关系部在组织各部门相互配合的过程中,发挥沟通、协调和组织的作用,创造良好的人际环境,达到相互信任,真诚合作,调动各方面的力量塑造社会组织良好的形象,最终实现组织的目标。为保证机构的协调性,公共关系部的负责人和工作人员应熟悉各部门的基本情况和基本任务,从而使公共关系部的协调性在组织上得到保证。

（三）公共关系部的职能与作用

在现代企业中，公共关系部所承担的职能越来越多样化，起的作用也越来越重要。

1. 采集信息，监测组织环境

这是公共关系部的一项基本职能。任何关系到组织生存发展的内部、外部信息都是公共关系部所关注的对象，因此公共关系部又被人们称为"情报部"。所以，作为从事公共关系活动的专业部门，它通过民意测验、市场调查、报刊剪辑、文件汇集等途径，收集与组织生存和发展相关的各种信息，同时进行筛选、归类、综合，根据已知的信息进行跟踪来了解公众的舆论动向，观察环境的变化，以此预测发展趋势。其具体内容包括：第一，收集、调查民意和舆论；第二，监测、预报社会公众心理的发展趋向和外部的政治经济形势的变化；第三，了解组织员工们的思想动态等。① 在此，组织中的公共关系部发挥着"耳目"的作用。

2. 提供咨询建议，做决策参谋

这一职能对于组织和整个公共关系活动至关重要。当代美国著名的管理学家、决策理论学派代表人物、1978年诺贝尔经济学奖的获得者赫伯特·西蒙（Herbert A. Simon，1916—2001）教授说过：管理的重心在于经营，经营的重心在于正确的决策。公共关系部在收集到各种相关信息进行综合分析、处理后，将信息及时地反映给组织决策层和各个责任管理部门，与此同时提出相应的建议和对策。具体的工作包括：为协调组织与环境的关系而制订出可供选择的行动方案；协助决策者分析和权衡各种方案的利弊；预测组织的政策和行为将产生的影响与结果；敦促和提醒决策者及时修正将导致不良结果的政策与行为等。公共关系部的这些工作对组织决策的形成是不可缺少的，它是组织中的智囊团，在组织中起到"参谋"的作用，是其他职能部门所无法替代的。

3. 通过传播宣传，树立组织形象

公共关系部担负着向组织的公众传播宣传和解释本组织的有关政策和行动的重要职能。公共关系部通过新闻宣传、信息传递等方式，为组织创造出良好的舆论环境，协调社会组织与内、外部公众的关系，使组织的政策和行动能得到公众的理解、信任和支持，减少社会组织与内外部环境之间的摩擦和矛盾，为社会组织的生存与发展营造一种"人和"的环境。在这里，公共关系部就理所当然地担负起了宣传部和外交部的职责。

通常的传播宣传途径有：编辑制作组织的刊物、宣传画册、标语、传单等材料；向报社、电台、电视台等新闻媒介提供有关资料或发布有关信息；制作公共关系广告等。具体活动包括：举办展览活动、举行新闻发布会、进行社会赞助活动、举行记者招待会、组织接待与参观访问、举办联谊会、举办经验交流会及其他专题活动等。通过这些活动来塑造组织的形象，使组织的形象更加典型化，传播效果更为明显和深刻。同时，根据组织外部环境的变化来不断调整公关手段和方法，并及时地通过传播和沟通使公众认

---

① 参见彭向刚主编：《公共关系学》，吉林大学出版社2000年版，第75页。

识、了解、接受这种调整,继续保持高度的信任和良好的合作。同时,也要不间断地定期对组织形象作出评估,以便不断地完善组织形象。可见,公共关系部同时发挥着组织、宣传作用,是社会组织的"新闻部"和"发言人"。

4. 加强沟通协调,促进社会交往

组织在生存和发展过程中,要通过一些正常的途径,创造融洽和谐的内外部关系。就组织而言,面对内外两方面的公众,公共关系部首先要采取有力的措施加强组织内部的人、事关系协调与沟通,融合组织内领导与员工、领导与领导、部门与部门、员工与员工之间的关系,做到上情下达、下情上呈,培养职工的认同感,激发其工作热情,增强机构凝聚力。对外,组织要疏通社会、政府、顾客等公众关系,创造良好的"人和"环境。公关部门可以有针对性地开展活动,特别是危机事件发生后,公共关系部要积极协助组织查清事情原因,积极与新闻界接触,报道事实真相,加强与有关方面的沟通协调,促进彼此间的了解与谅解,尽量把事故所造成的消极影响降到最低限度。公共关系部一般通过策划举办专题活动达到社会交往的目的。在此,组织中的公共关系部门又扮演着"协调者"和"外交官"的角色。

5. 加强教育引导,提升组织形象

组织形象的好坏在很大程度上取决于员工素质的高低。员工的言谈举止、文化素质、思想意识等对组织的形象都有着很深刻的影响。公共关系部作为组织专门从事公共关系工作的专职机构,具有对组织全体员工进行公共关系意识、公共关系目标、公共关系知识技能等教育引导的职能。通过公共关系部的教育引导,让全体员工普及公共关系知识,树立强烈的公共关系意识,自觉接纳具体的公共关系规范,日常工作中形成公关礼仪,参与组织的各项公共关系活动,为提高组织的知名度和美誉度打下良好的基础。另外,公共关系部也不要忽视对社会公众需求的引导。北京亚都人工环境科技公司在亚都加湿器投入市场以前,大力宣传湿度与人们健康、生活、美容的关系,让公众接受"湿度"这一概念,为后来亚都加湿器的畅销局面奠定了基础。公共关系部是社会组织形象的塑造部,发挥着"美容"的作用。

社会组织的公共关系部根据组织的不同情况、组织目标和发展阶段的需要,确定不同的侧重点和开展不同形式的公关活动。但在公共关系的思想中,最重要的就是重视良好形象的思想。众多职能最终归结为一点,便是塑造良好的组织形象,这不仅仅是公共关系活动的目的,也是社会组织追求的长期目标。

(四) 公共关系部的类型

由于组织的规模大小不同,其公共关系部的设置也具有不同的模式。从公共关系部在组织中的地位和自身的结构来看,可将公共关系部的设置模式按隶属关系和结构类型来划分。

1. 按隶属关系划分

(1) 直属型

直属型是指公共关系部的负责人直接由组织的最高决策层的负责人兼任,如图

3-1 所示。这种类型的突出特点是公共关系部的负责人处于组织的最高决策层,公共关系部可将各种意见迅速反馈到最高决策层,直接参与决策,便于公共关系部全面地、有针对性地开展公共关系工作,又具有一定的权威性,有利于开展组织内部各部门之间的信息沟通与协调工作,及时了解组织内外的各种意见和正确处理各种事务。这类模式多用于职能部门分工细、层次多的大中型企业。

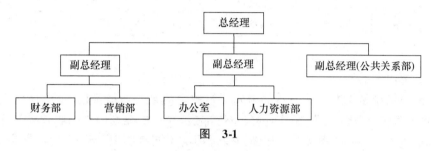

图 3-1

（2）独立型

独立型的公共关系部又称公共关系科,由组织三级机构的基层干部担任公共关系部(科)的负责人。这种模式的主要特点在于,公共关系部(科)虽然处于组织的第三层级上,但它并不归属于某个二级机构管辖,而是一个独立的职能部门;公共关系部(科)的领导虽只是三级机构的管理者,但却对组织的最高领导层直接负责,并能经常参与组织的有关决策活动。一些职能部门分工较细、层次较多的中型企业的公共关系部(科)经常采用这种模式,如图 3-2 所示。

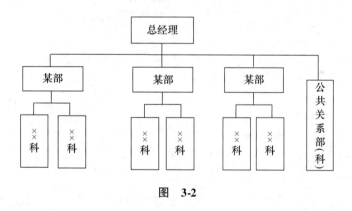

图 3-2

（3）部门并列型

部门并列型是指公共关系部与企业内部的二级机构处于平行地位,公共关系部的负责人与其他职能部门负责人地位平等,享有相应的权力,对组织的最高领导层直接负责,参与有关的决策活动,对企业的经营决策可以发挥一定的影响。在对外关系中,亦可充当最高决策者的全权代表。一些层次结构较为单一的中小型企业的公共关系部常采用这种模式,如图 3-3 所示。

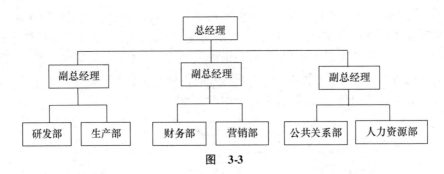

图 3-3

(4) 部门隶属型

部门隶属型是指把公共关系部附属于组织中的某一职能部门,是组织的三级机构,如隶属宣传、广告、经营、销售、办公室等部门,并由所在部门正副职领导兼任公共关系部负责人。公共关系部的工作因附属部门的不同有所偏重。一些职能部门分工较细、层次较多的中小型企业也常采用这种模式。公共关系部有不同的归属,常见的有:(1) 归属于经营部门,以强调公共关系在整个经营活动中的特定管理的功能。(2) 归属于销售部门,以偏重公共关系的促销功能。(3) 归属于广告宣传部门,强调公共关系的传播功能。(4) 归属于外事接待部门,以强调公共关系的社会交往功能。(5) 归属于办公室,以便于对公共关系进行灵活掌握和管理。[①] 如图3-4 所示。

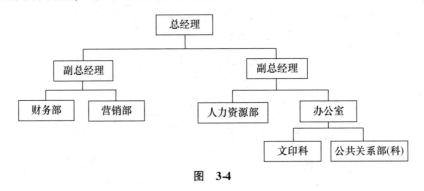

图 3-4

2. 按结构类型划分

(1) 公众型

这种类型的公共关系部是按公共关系工作中对应的不同公众来设置其内部的组织结构。其优点是各个职能科室能熟悉自己的工作对象,了解公众的需要和反映,便于有针对性地开展公共关系活动,如图3-5 所示。

(2) 职能型

职能型结构的公共关系部是按照公共关系职能分类设置其内部的机构。这种结构的特点是各职能部门(科室)都配有通晓某项专门业务的人员,运用专门的知识处

---

① 参见陈先红:《公共关系学原理》,武汉大学出版社2007年版,第123页。

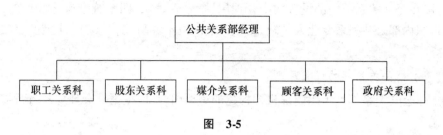

图 3-5

理公共关系活动中所遇到的各类问题,为领导的决策提供咨询,从而适应复杂的环境和大型组织管理的需要,如图 3-6 所示。

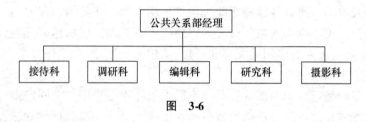

图 3-6

(3) 过程型

过程型结构是按照公共关系工作的过程来设置其组织内部机构的,如图 3-7 所示。公共关系部下设部门的名称分别以公共关系工作过程的名称来命名。其特点是公共关系部下属部门(科)的工作内容专业较强,工作范围集中,任务明确,易于积累经验,提高公共关系活动的效果。但这种类型的公共关系部结构设置整体性较差,若协调配合不好,容易造成相互扯皮、相互推诿,从而影响公共关系工作的效果。

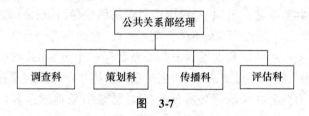

图 3-7

(4) 综合型

综合型结构是根据实际工作需要把几种类型合而为一,如图 3-8 所示。

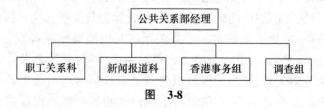

图 3-8

总之,公共关系部自身结构设置没有固定的模式,应以适应组织自身特点,便于开展公关工作,实现公关目标为依据。另外,根据组织规模的大小和实际公关工作的需要，可以在公共关系部内部设置两个管理层、三个管理层、四个管理层等。目前，我国大多组织内部公共关系专业人员缺乏，业务水准也不够高，以设置中、小型的公共关系部为好。

（五）公共关系部的设置原则

组建公共关系部是组织内部机构构建的重要内容，应根据社会环境和自身需要统筹考虑。

1. 规模合理原则

规模合理包括两个方面：(1) 人员配备要精干。结合组织的具体情况配备公关人员，可以根据组织规模的大小来决定公关人员的多少。以企业为例，一般说来，企业公共关系部的人数不能超过各管理职能机构的平均人数。在美国，有些企业以经营额为标准来确定公共关系机构人数。(2) 内设层次不宜过多。层次越多，信息流通也就越慢，不利于密切公关人员之间的关系和思想、情感的交流，影响工作效率。

2. 针对性原则

针对性原则是指组织内部的公共关系部的组建不必采用一个固定模式，而要依据组织自身的性质和面对的公众来设置机构和安排人员，不能盲目照搬或效仿别人的做法，应遵守针对性原则来设置。这样的机构才能富有特色，做到人尽其才，保持活力，工作有实效，发挥其在组织中应有的作用。

3. 专业权威原则

公共关系部是组织中专门开展公关工作的组织机构，它的每一项工作都直接关系到组织的声誉，这就要求公关机构工作内容的专业化和成员素质的专业化，即公共关系部的成员都必须有强烈的公关意识，受过一定的专业训练。同时，它应具有一定的权威性，因为，公共关系部在组织中，对内担负着协助领导组织、协调员工、部门等各种关系的职责，对外它代表组织形象面对公众。因此，它的一言一行、一举一动都关系到组织的形象和整个事业的顺利发展。公共关系部是一个重要的、高层次管理部门，所以，其负责人应进入组织的最高决策层，至少应该有直接向决策层汇报、提出建议或参与决策讨论的权力。公共关系部必须有责有权，才能有效地发挥其职能，获得最佳的公关效果。

4. 整体协调原则

公共关系部在工作中，为实现组织的公共关系目标，不仅要靠本部门成员的积极努力，还要依靠其他部门的密切配合。所以，在设置公共关系部这一机构时，应与组织内部各部门相协调，避免造成冲突。公共关系部对内能够维系各职能部门关系的平衡，以增强组织的凝聚力，创造一个团结合作的内部环境；对外要做好联系沟通，即要协调好多方面的复杂关系，这是确保组织公共关系目标实现的必要条件。所以，设置公共关系部时要注意两点：一是要使它与组织内部的各个部门相互协调，并能起到协调各部门关系的作用；二是要对组织内部与组织外部社会关系的协调起积极的作用。只有具备多方面、多层次的整体协调功能，公共关系部才能最大限度地发挥其组织、沟通和协调的管理职能。

5. 权责一致原则

责任是权力的基础,权力是责任的保障。权责一致是组织设立公共关系部和管理公共关系部的一条重要原则。公共关系部从组建之日起,应该明确自己必须承担的责任,同时应具有在规定的范围内从事各项工作的权力。责任与权力相适应,工作才能正常进行。权力太小,会使下级在职责范围内作某些决策时不得不请示上级,直接影响了公共关系工作的效率;权力大于责任同样会产生障碍。为了减轻高层领导负担,发挥公共关系人员的专业特长,激励士气,改善上下级之间的关系,必须把一定权力下放。因此,在设置公共关系部时就必须授权,要赋予其一定的权力,保证它的权威性,使其能够完成自身的任务。同时,公共关系部要能有效地行使职能,还必须建立责任制度,以此来明确公关人员的职责,奖勤罚懒,充分调动每个公共关系人员的积极性,使他们尽职尽责,高效完成各自承担的公共关系工作。

6. 效率原则

效率是衡量一个组织管理水平的重要标准。一个组织效率越高,说明它内部的机构越合理、越完善。公共关系部的效率具体指:(1) 能否在必要的时间内完成所规定的各项工作;(2) 能否以最少的工作量换取最大的成果;(3) 能否很好地吸取过去的经验教训,并不断在业务上有所创新;(4) 能否维护内部的协调,并及时适应外部的变化。

(六) 公共关系部的人员配置

公共关系部应该是一个小团队,其中成员应各有所长,相互补充,他们组合在一起才能全面承担起公共关系部的工作内容,这就涉及公共关系部的人员配置问题。公共关系部的人员配置应视社会组织的规模和公共关系部的工作量而定,当然也要本着机构精简、人员精干的原则来考虑。公共关系部的工作人员是完成公共关系目标的关键,人员配置合理才能保证工作的实际效果与预期目标的一致性。

1. 人员配置的因素

(1) 知识结构。由于公共关系工作任务涉及范围广泛,这就要求从事公共关系工作的人员应具有较广的知识面。但客观上每个公共关系人员不可能都博学多才,因此,公共关系部的人员需要具备必要的专业知识,在此基础上形成知识优势的互补。

(2) 智能结构。公共关系部门的成员应是各种智能突出者,有的擅长人际交往,有的擅长动笔写作,有的擅长动脑策划,有的擅长实际操作,这样可以互相辅助、团结合作,使每个人的优势都有用武之地。

(3) 素质结构。这里强调的是综合素质。一个人如具备很出色的能力、很全面的知识,但缺乏团队精神,就很难适应公关工作的要求。公共关系部应该是一个完整而和谐的集体,人尽其才,使这个集体发挥出个体无法单独发挥的作用。

(4) 性别结构。公共关系部工作人员的性别也应合理组合。不同性别适合与不同类型的人打交道,因为人的心理有许多微妙的因素。有些工作适合男性去做,有些工作可能女性去做效果会更好。所以,应实行男女搭配,根据人才本身具有的素质选择成员。

(5) 年龄结构。公共关系工作既需要朝气蓬勃的年轻人,也需要有一定经验的中年人,同时还可以由经验丰富的老同志作后盾,所以形成合理比例的梯形年龄结构为宜。公共关系工作需要热情朝气,但并不是吃"青春饭"的行业。国外许多成功人士并不"青春",但他们的工作成绩却令人瞩目。

2. 公共关系部门的人员组成

(1) 策划人员。公共关系部为实现社会组织的某种目的,必须进行一系列的公共关系活动。要想使这些活动取得良好的效果,就需要有高水平的策划人员。所以,在选择这类人员时,要极为慎重。

(2) 调查分析人员。调查分析工作的好坏,往往是策划成功与否的前提和基础。调查分析人员应具有统计学、市场学、社会学、社会心理学等方面的知识和各种社会调查的经验。

(3) 编辑、撰稿人员。这类人员的主要任务是采写新闻,撰写各种报告、请示,编辑各种刊物、年度报告、年鉴等。这类人员需要有新闻写作的知识和经验。

(4) 组织人员。其任务主要是具体准备、组织、管理公共关系活动。他们一方面要充分了解公共关系实务的工作原则、方法和技巧;另一方面,还要有组织管理能力以及应付日常事务的能力。

(5) 其他专门技术人员。如摄影师、印刷设计师、法律顾问等。

二、组织外部:各类公共关系公司

公共关系公司在世界范围内的涌现是市场经济发展的必然结果。在激烈的市场竞争中,一个社会组织要想在竞争中不断取胜,只靠组织者自己的头脑已经不够了,必须借助于"外脑"来为组织提供智能服务。

世界上第一家公共关系公司诞生于美国,艾维·李1903年创办的"宣传顾问事务所"成为现代公共关系公司的雏形,后来他被称为"公共关系之父"。1920年,美国人N.W.艾尔正式开办了第一家公共关系公司,"公关公司"这个名词也随之诞生。① 目前,美国已有近七千家公关公司,博雅公共关系公司是全球最大的公关公司,第二大公关公司是尚德威克公司。许多企业在已有自己公共关系部的情况下,仍然出巨资聘请公共关系公司为其服务。公共关系公司在我国起步较晚,1986年,美国伟达公关公司在北京设立了第一家外资公关咨询公司。1986年7月,我国第一家公共关系公司——中国环球公共关系公司在北京成立,随后,广东珠海公共关系公司、上海大沪公共关系公司等相继成立。之后,公共关系公司在我国得到了迅猛发展。

---

① 参见刘彦、任丹婷主编:《公共关系学》,东北林业大学出版社2005年版,第87—88页。

(一) 公共关系公司的概念

公共关系公司又被称为公共关系顾问公司或公共关系咨询公司,是指由具有一定专业特长的公共关系专家及专业人员所组成,专门从事公共关系咨询或接受客户委托为其提供公关设计方案、决策参考,以营利为目的的社会服务性机构。

(二) 公共关系公司的类型

我们可以从不同的角度对公共关系公司的类型进行划分。按经营方式划分,可分为合作型公关公司、独立型公关公司;按公司性质划分,可分为股份制公关公司、私营公关公司、民间组织或社会团体主办的公关公司;按公共关系公司人员多少来划分,可分为大型、中型、小型公共关系公司;按服务范围来划分,可分为区域性公关公司、全国性公关公司和国际性公关公司。本书只将公共关系公司分为以下三种类型:

1. 行业性公关公司

这类公共关系公司是专门针对特定行业提供公共关系服务的公司。如专门为财经行业服务的公共关系公司;专门为工商企业推广业务、促进经营、维护合法权益和树立良好形象的公共关系公司。具体的像罗德公关公司中国医药部是专门从事医药行业公共关系服务的,其成员具有医药背景,他们从非处方药公关活动到药品顾问委员会的设立以及医生培训和政府项目策划等多个项目和领域向客户提供服务。

2. 专项业务类公司

专项业务公共关系公司是专门针对某一特殊的公共关系业务开展服务的,即以各种专业人才、技术和设备为客户专门提供各种公共关系技术服务的公司。如公关礼仪公司,专门为各种社会组织机构提供礼仪、庆典方面的服务,服务内容包含一些常规的项目,但也有策划、舞台、灯光舞美设计、司仪等一些技术性工作。专项业务公共关系公司和行业性公共关系公司的区别在于,行业性公共关系公司往往只为某一固定行业的组织机构提供公共关系服务,服务内容涉及该行业公共关系业务的各个方面;而专项业务公共关系公司服务的对象是跨行业的,但服务内容则是单一的、专门性的。

3. 综合服务咨询公司

这类公共关系公司是前面两类公共关系公司的结合,它通常具有一定的规模。因为它拥有分类公共关系专家(如媒介关系专家、消费者关系专家、社区关系专家、员工关系专家等)和公共关系技术专家(如演说专家、出版物专家、民意测验专家、宣传资料专家等)双重主体,所以能够为客户提供各种公共关系服务,为客户决策提供参谋,同时又能为客户提供各种公共关系的技术服务。综合服务咨询公司的经济实力较为雄厚,业务范围广泛,能为客户提供多方面的综合性服务。例如,"2004年度最佳国际公共关系公司"的获得者安可顾问公司,是一家全球性传播咨询公司,在北美、欧洲、亚洲和非洲设有23家办事机构。《财富》全球500强企业前10名中有7家企业是安可顾问公司的客户。

(三) 公共关系公司的机构设置与工作原则

公共关系公司的内部机构一般由四个部分构成。

1. 行政部门

行政部门是负责行政管理和行政指挥工作的决策部门,包括总经理、副总经理和一定数量的业务经理人员。其中总经理全面负责公司的决策工作和检查实施情况;副总经理协助总经理分管几个具体部门,负责公共关系工作的实施和评估;业务经理人员的主要工作是具体组织、制定和实施为客户服务的公共关系项目。

2. 审计部门

审计部门一般由业务经理人员、业务部门负责人和公共关系专家组成,是专门对承接的公共关系项目进行审计工作的部门。其任务是在公司承办的各项业务开始时或实施过程中,审查项目计划的可行性、效益程度,监督实施情况并撰写财务计划,负责统筹安排人力、物力、财力,及时为各个项目提供指导和咨询,避免事故,保证质量,以最少的经费投入获取最大的经济利益,保证公司财政收入。

3. 专业部门

专业部门是根据公司的业务范围和专业特色设置的具体公关项目的业务部门,每个部门都配有一定数量的精通本部门业务的公共关系专家。它一般包含以下部门:财政关系部、形象服务部、调研预测部、公共事务部、产品宣传部、项目研究部、美术影像部、顾客服务部、外事联络部、教育培训部等。业务部一般不对外承揽业务,只是听从业务经理的安排。

4. 国际业务部

国际业务部一般是大型国际公共关系公司内部设置的,指专为外国和外地区提供公共关系服务的业务部门,目的是为特定地区或国家提供公共关系咨询和技术服务。该部门要求其专业人员必须全面掌握该国、该地区的风土人情、民族风情、宗教信仰、国情民情、礼仪礼节等方面的知识,一般为特定地区和国家的组织提供公关服务。

公共关系公司的工作原则主要有:

(1) 遵守国家法律法规,遵守职业道德和社会公德;

(2) 保护委托客户组织和个人的利益;

(3) 尽最大努力为委托客户着想,不干涉委托单位和个人的内部事务,不能试图控制他人;

(4) 不得以任何借口泄露委托组织或个人的秘密;

(5) 不随意浪费委托组织或个人的开支。

(四) 公共关系公司的服务内容

公共关系公司的业务内容可分为具体业务和专项业务。

1. 具体业务

(1) 通过协助客户开展调查研究,分析原因,提出解决问题的办法,进而确立公共关系目标。

(2) 根据已确定的公共关系目标,找出客户存在的实际问题,帮助客户制订出切实可行的公共关系计划,并协助客户实施公共关系计划。

(3) 接受客户委托对公共关系人员进行培训,提高他们的业务水平和工作能力。
(4) 帮助客户编制公共关系预算。
(5) 协助客户开展内部公共关系工作。
(6) 协助客户处理突发事件,消除不良影响。
(7) 帮助客户进行公共关系计划实施效果的评估。

2. 专项业务

(1) 咨询服务。由于公共关系公司的专业性,可充分利用专业化程度高、职业水准高、社会联系广泛、信息占有量大、判断客观准确等优势,为客户提供公共关系咨询服务,充当和发挥客户的"外脑"作用,为客户的正确决策提供依据。主要包括:① 知名度和美誉度的咨询;② 公众意向情况的咨询;③ 有关决策及其实施情况的咨询;④ 大众传播媒介选择的咨询。

(2) 技术服务。一些组织的公共关系部受财力和物力的限制,往往没有齐全的技术设备和专长的公共关系人员,需要借助外来力量完成目标,这时,公共关系公司就利用专业技术强的优势,受客户委托,代理策划公共关系实务。如为客户设计和制作公共关系广告;为客户策划新闻传播;组织新闻发布会;为客户策划组织大型展览会及社会赞助;为客户策划处理危机事件及公关谈判等等。技术服务一般适合为客户提供短期服务。

(3) 培训服务。这项服务一般在一个组织刚刚开展公共关系工作或建立公共关系部初期,由于缺乏公共关系专门人员或其专门人员经验不足、水平不高,而求助于公共关系公司。这时,公共关系公司利用专业人员素质高的优势,通过举办公共关系人员和传播人员的技术培训班、专家指导、安排实习等形式,为客户培养自己的公共关系人员和特定的传播人员。

(五) 公共关系公司的业务程序

公共关系公司的业务程序一般分为以下几个步骤:

(1) 接受客户委托并签订协议书。协议书的签订表明委托关系的正式形成。这种委托关系的形成既可以由客户主动提出,也可以由公共关系公司主动联系。

(2) 调查研究与分析。针对客户的公共关系目标,对客户的公共关系现状和影响公众关系目标实现的因素进行调查分析。

(3) 撰写委托报告书。根据调查研究的结果,向客户提交开展委托公共关系事务的详细方案的报告。

(4) 进行可行性论证。主要是对委托报告书中的方案是否能够达到公共关系目标,以及是否具备实施的条件进行论证。可行性论证要有客户代表参加,若被通过,可进行下一步骤;若未能通过,则要重新进行调查研究与分析。

(5) 实施工作计划。在这个过程中,公共关系公司接受客户的检查和监督,发现问题及时采取措施解决。

(6) 效果检测与评估。评估的结果将作为公共关系公司此次业务业绩优劣的衡量标准。

（六）公共关系公司的收费方式

公共关系公司作为一个经济实体,是按一定收费标准为客户提供有偿服务的。公共关系公司的收费方式一般主要有以下几种：

1. 项目收费

将项目工作过程进行分解,分成各个方面的内容和开支情况单独计费,最后再进行汇总。具体的收费项目主要包括：

（1）项目劳务费。即委托项目期间工作人员的工资以及公关高级管理人员、专家和文秘人员、会计人员的工资。

（2）行政管理费。按项目总费用的一定比例提取,用于公司行政管理和办公经费。如公共关系公司在承担项目期间所需的房租、税款、水电费、电话费、交通费等。

（3）咨询服务费。即由于委托项目的需要,由公关专家为委托人提供咨询、给予指导的费用。

（4）公共关系活动费。在委托项目完成的整个过程中,需开展一系列的公共关系活动,按活动计划和实际需要,确定费用金额。其优点是专款专用,便于管理与考核,保证公共关系活动项目的质量。

（5）项目利润。这是在扣除各种税款后,公共关系公司应得到的纯利润。一般根据项目所需人员、工作量大小和所需时间长短,由公司和客户双方协商确定。

2. 计时收费

计时收费即按参加此项目工作人员的工作水平、服务项目难易程度等,确定单位时间的开支标准,以项目完成所需时间计算费用。它通常按小时计算收费,包括工资成本、行政管理费、专业管理费以及适当的利润。一般来说,收取的费用是工作人员每小时基本工资的2—3倍。至于每一个公共关系人员每小时应收取多少费用,需要看他的声望和资历,他所从事工作的复杂和难易程度,以及其他公共关系公司的收费标准。也有公司为了方便起见,采用每小时收取固定费用的方法。

3. 综合收费

综合收费是指根据业务的需要,双方协商确定费用的总金额,一般在业务开始时一次性付清,有利于公司根据有限的资金统筹安排,合理使用,也利于客户进行成本核算,但难以对资金使用进行监督。也可以按项目需要分次付清,这是综合收费的变通形式。公司可将这种项目看成项目收费,而客户则可以监督公司代理业务的质量,若不满意可停止付费或中止合作。

4. 项目成果分成

项目成果分成是公共关系公司与项目委托人共同承担项目风险,共同受益,项目最终取得收益时,双方按一定比例分成。这种方式对公司而言,可能获取更大利润,对客户而言,也可能获得高质量服务。

(七) 公共关系部与公共关系公司利弊比较

表 3-1

名称	优势	劣势
公共关系公司	职业水准较强，建议容易被接受	不够熟悉客户的情况
	观察分析问题比较客观，机动性强	远离客户
	社会关系广泛，信息较灵通	工作缺乏连续性和持久性
	节约经费	
公共关系部	熟悉组织情况	专业性不够强
	能及时提供公共关系服务	看问题不够客观
	能够保持公共关系工作的连续性和稳定性	由于长期性，总费用多

通过分析两种公共关系组织机构的优势与劣势，我们很容易看出，公共关系部的优势往往就是公共关系公司的不足之处，反之亦然。当然，这两种机构的利与弊不能一概而论，要根据一些具体情况而定，如公共关系顾问的素质较高，有较高水平和能力制订公共关系计划，并且能够避免一些不足之处，取得良好的工作效果。所以，某些弊端也不是绝对的。

对此，组织在自己设置公共关系部外，可以聘请公共关系顾问，使二者密切配合，扬长避短，趋利避害，以达到组织公共关系的最佳效果。国内外的许多组织虽然都设立了公共关系部，但仍然利用公共关系公司开展公共关系活动。在美国的一些企业不论内部公共关系部的规模有多大，通常都与公共关系公司签订合同，与其保持密切的合作关系，在必要时，双方携手合作，就有可能使两种公共关系机构最大限度地发挥它们的作用，将公共关系工作做得有声有色。

第三节 公共关系人员

一、公共关系人员的概念与类型

(一) 公共关系人员的概念

狭义的公共关系人员可定义为从事公共关系工作的职业人员，广义的公共关系人员则可定义为从事公共关系理论研究、教学活动和实践工作的人员。

(二) 公共关系人员的类型

公共关系工作需要一大批公共关系工作人员去从事，这些人由于其工作性质、范围、职能的不同，因此在公共关系工作中充当不同的角色，承担不同的义务，享受不同的权利与待遇。公共关系人员从角色上可以分为四种类型：专家型、领导型、技术型和事务型。①

1. 专家型人员

专家型人员包括公共关系顾问与公共关系学者。公共关系顾问是以其专业的理论与实践能力为客户提供公共关系方面服务的专家。公共关系顾问以公共关系服务为专职,具备其他人员所没有的专业优势。所谓"旁观者清,当局者迷",作为局外人,公共关系顾问可以从客观中立的角度来看待组织的一切,从而协助客户分析组织问题,明确组织目标;公共关系顾问长期从事此行业,具有优越的关系网络,关键时刻这些关系可以发挥作用。公共关系学者即公共关系研究与教育方面的专家。

2. 领导型人员

领导型人员是指在各公共关系组织或相关组织中担任领导职务者,即公共关系部门的经理、部长或主任。领导型人员具有以下四项主要职责:(1) 制订组织的公共关系工作目标与实施计划,完成财务预算。(2) 参与组织的高层决策,在决策过程中提出意见、进行讨论、协助组织领导从公共关系角度处理组织问题。(3) 充当组织发言人,负责向社会各界人士解释说明组织的有关政策和行动。(4) 处理公共关系部的各项工作,进行人力、物力和财力的安排使本部门正常运转。

3. 技术型人员

技术型人员即公共关系计划与目标的具体执行者和业务技术的具体实施者,他们以各自的专业技术专长进入公共关系角色,主要包括记者、编辑、摄影师、设计师、广告师等工作人员。其主要特点为:(1) 经过专门的技术训练,具有特定专长,能在公共关系的某些环节运用自身的专业优势解决问题;(2) 使公共关系公司顺利完成所承揽的任务,保证工作质量;(3) 其工作水平是公共关系公司服务质量的体现与标志。

4. 事务型人员

事务型人员是指公司(部)中专门负责行政事务的人员,如公关助理、秘书、办公人员等。公关事务型人员是公共关系公司或部门中不可忽视的一类人员。他们的主要任务是迎来送往、采购接待、传递文件等等,如接待内外宾,安排会议,办公室的电话接听,购买礼品及车、船、机票,项目催账等等,任务琐碎而繁重。这类人员是公共关系公司(部门)的"门面"和"枢纽",直接反映公共关系公司(部门)的形象。因此,对公关事务型人员的要求主要包括:懂得公关知识,善于运用一般公关技巧,具有娴熟的公关礼仪,思维敏捷,善解人意,工作勤恳,任劳任怨。②

二、公共关系人员的基本素质

素质在心理学上指人的神经系统和感觉器官上的先天特性,是个人生理结构、心理结构及技能特点的综合表现,也是完成各类活动必须具备的基本条件。素质包含先天因素和后天因素,一般包括身体条件、气质、性格、能力、智慧、经验、品德等要素。公

---

① 参见周安华、苗晋平:《公共关系理论、技巧与实务》,中国人民大学出版社2007年版,第104—105页。
② 参见王伟:《新公共关系学》,青岛海洋大学出版社1994年版,第78—79页。

共关系人员作为公共关系主体形象的代表,其素质的高低直接影响公共关系的效果。所谓公共关系人员的素质,是指公共关系人员所具有的先天禀赋及后天通过学习与实践所形成的思维方式、观念意识、道德品质、学识才能等,其主要包括基本素质、心理素质和公共关系意识。

(一) 公共关系人员的基本素质

1. 职业道德修养

公共关系从业人员代表组织和公众进行信息的沟通和传播,工作过程中言行举止的好坏和公共关系从业人员的职业道德修养密切相关。一个素质良好的公共关系人员,应具备以下职业道德修养:

(1) 实事求是,正确传播。真实是公共关系工作的生命所在,实事求是是对公共关系人员的基本素质要求;传播中的"正确",体现在信息来源的可靠性、信息内容的真实性、传播意图的明确性以及传播的公开性。

(2) 客观公正,正直无私。公共关系从业人员必须客观地分析、评论问题,所提建议也必须合理、合法,同时正直无私,不能为了迎合某些人而专门报喜不报忧,或者为了达到个人目的,违背公正的原则。

(3) 平等待人,真诚信用。公共关系从业人员在面对公众时,不管对方是什么人,不管他所从事的是什么职业,都应该一律平等对待,真诚地面对每个公众,尊重他人意愿,讲求信用。

在严格遵守职业道德的同时,还要有较强的事业心和责任感,克己奉公,不谋私利,抵制不正之风和错误思想的影响,我国的《公共关系人员国家职业标准》在"职业道德"方面也提出了相应的具体要求。

2. 知识文化素养

公共关系从业人员要熟练掌握公共关系专业的基础理论知识及实务方法,加以科学、灵活地运用才能更好地发现和解决问题。由于公共关系从业人员日常所面对的事情是错综复杂的,因此,在掌握了专业理论和技能的同时,还应多学习相关学科领域的知识,如政治学、经济学、社会学、新闻传播学、心理学等。公共关系人员只有精通专业、知识广博、多才多艺,才能在从事公共关系活动时做到得心应手。

3. 外形素质

身体健康是事业成功的保证。作为公共关系人员首先要有个健康的身体,保持身材适中,体形匀称;在相貌方面虽然不强调如何突出,但起码要端正庄重,风度优雅,在与外界交往时,给人以舒服的感觉;言谈恰当、举止大方,能够代表组织的形象。

(二) 公共关系人员的心理素质

美国著名心理学家特尔曼和西尔斯经过长达半个世纪的追踪研究证明,人的个性心理素质与人才的成功关系非常密切。近些年的公共关系研究者也发现,同样的公共策略或任务,由不同心理特征的人来执行,结果也会出现差异。公共关系人员的心理素质要求是由公共关系工作的特殊性决定的,主要是指公共关系人员的气质、性格方面应具备的特点。

1. 气质

气质是指人的相当稳定的个性特点,表现在人的情感和活动发生的速度、强度、稳定性和灵活性等方面,是比较稳定的动力方面的心理特征。

古希腊医学专家希波克拉底(Hippocrates)把人的气质分为胆汁质、多血质、黏稠质和抑郁质四种类型;巴甫洛夫的"神经活动说"则为气质提供了科学的解释。气质本身并无好坏之分,不同的气质在工作中也表现出各自不同的优缺点:胆汁质的人直率、热情、精力旺盛,但情绪容易兴奋冲动,脾气暴躁;多血质的人活泼好动,思维、动作敏捷灵活,喜欢交际,一般认为多血质类型的人更适合从事公共关系工作;黏稠质的人镇静踏实,稳重沉着,善于忍耐,沉默寡言,情绪不易外露,观察细致,这些对处理组织危机是有帮助的,而反应迟钝、缺乏朝气则对公共关系工作起消极影响;抑郁质的人感情细腻,办事谨慎,体验深刻,但孤僻忧郁,行动迟缓,疑虑重重。

事实上,在实际工作中,具有典型气质类型的人并不多见,大多数人的气质属于各种类型的中间型。在社会实践中的生活条件和教育条件也可能影响甚至改变人的气质类型,所以在现实工作中应注重克服自身性格上的弱点,不断地完善自我,才能胜任公共关系工作。

2. 性格

性格是人的态度和习惯化的行为方面较稳定的心理特征。世界上没有完全相同的性格,也没有绝对完美的性格,不同的性格在同一工作中可表现出不同的优缺点。例如,在人际交往中,外向型性格的人活泼、开朗、善结人缘,对公共关系活动的开展大有好处,但感情外露、易激动、易与他人发生冲突,对公共关系活动的开展又非常不利。优秀的公共关系人员在性格上应具备以下特征:

(1) 开朗、耐心、宽容。开朗的性格在与公众接触、沟通过程中一方面表现得让人容易接近,另一方面又能不断地接受新观念、新知识和新事物,使公共关系工作不断创新。公共关系人员在向他人表达自己的思想和意愿的同时,要能耐心地听取、吸收他人的意见和建议。此外,公共关系人员还应具有宽宏大量的胸怀,能够接受性格、气质不同的人,能善解人意,处处为公众着想,提供方便,在各种活动中能与他人"求同存异",以利于缓解矛盾,协调好各种关系。

(2) 热情,又不失冷静。没有热情,做不好公共关系工作。公共关系人员不主动热情地去和公众交流、沟通,就不能与其建立良好的关系。在充满热情地全身心地投入工作时,由于公共关系人员面对的公众和事情是非常复杂的,各种矛盾相互交错,如果不谨慎,就会铸就大错。这就要求公共关系人员遇事要沉着冷静,慎重思考,不能感情用事,被表面现象所迷惑。

(3) 自信而勇敢。公共关系是一种富有创造性、挑战性和竞争性的工作,甚至有时有一定的风险性,这就需要公共关系人员具有一定的自信心。这种自信是建立在调查研究和慎重而科学的决策基础之上的,对于那些经过深思熟虑的事,要大胆去干,在出现错误时也要承担责任,勇于面对和改正。

（4）灵活而坚毅。公共关系工作没有固定的模式,它所面临的情况千变万化,这需要公共关系人员对外界的变化要有敏锐的感知力,并能灵活地处理复杂的问题。工作中,一旦遇到困难和挫折,便心灰意冷,丧失信心,将一事无成。公共关系人员的顽强毅力是公共关系事业成功的保证。

（5）富有幽默感。幽默是公关语言的重要特点之一。幽默的语言能使交谈变得有趣,给人以启迪。幽默可以通过影射、讽喻、双关等词语,在善意的微笑中揭露生活中的不合理现象和化解尴尬的境遇。幽默是一门艺术,现代公共关系学认为,幽默是人与人交往的"润滑剂"。作为公共关系人员要学会幽默,掌握幽默技巧。

（三）公共关系人员的公共关系意识

公共关系人员在具备基本能力的同时,还应具备强烈的公共关系意识,只有这样,才能成为一名真正合格的公共关系人员。因为公共关系意识能使公共关系人员的公共关系行为总处在自觉的状态,使公共关系人员能适应环境的变化,协调各种关系,创造性地完成各种公共关系任务,否则,即使公共关系人员具有再好的生理、心理条件以及公共关系专业知识和能力,也会因缺乏公共关系意识而走弯路。这样,他就无法创造性地完成公共关系工作,也不能成为一名合格的公共关系人员。因此,公共关系人员的公共关系意识是其所具备素质的核心。公共关系工作人员应具备的公共关系意识主要有以下几个方面：

1. 塑造形象的意识

塑造形象的意识是公共关系意识的核心。良好的组织形象是组织的无形资产,是组织生存、发展的条件和基础。公共关系人员应时刻注意塑造和传播组织的形象,注意检查、规范和约束自己的行为举止,及时发现和抓住一切有利时机,在公众中树立良好的组织形象。具有塑造形象意识的人,能够清醒地认识到知名度、信誉、荣誉对组织的价值,他们会时刻维护组织的形象,甚至视其为组织的生命。

2. 服务公众的意识

组织的生存、发展离不开公众的信赖、支持、合作。组织如果能赢得公众的信任,获得公众的支持,得到公众的合作,就能不断地发展壮大;如果失去了公众,其形象就变得毫无意义,其生存就会受到威胁。因此,任何组织的公共关系工作都必须着眼于公众,处处为公众着想,创造条件为公众服务,努力满足公众的各种需要,用自己的行动去赢得公众对企业的信任、合作与支持。美国企业公关专家加瑞特（Paul Garrett）说,无论大小企业都永远必须按照"企业要为消费者所有,为消费者所治,为消费者所享"信念来计划自己的方向。

3. 沟通交流的意识

组织与公众关系的建立和发展实际上依赖于各种信息的交流。信息沟通渠道不畅,信息传递失真往往是组织与公众之间产生误解、导致关系紧张的重要原因。因此,组织为了塑造良好的形象,赢得公众的支持、信任,就要把组织制定的政策、采取的措施和行为通过各种渠道向公众传播,使公众了解有关组织的真实情况,减少公众对组织的误解,同时组织还应及时收集公众的反馈信息,如公众对组织传出信息的态度、意见和建议。这将有助于组织与公众良好关系的建立,有利于组织的发展。

4. 创新审美的意识

公共关系活动是一个创新审美的过程。组织的形象要给公众留下新意和美感,并在发展过程中不断完善。此外,公共关系活动没有固定的模式,它是一种极富创造性的活动。因此,只有创造性的活动,才能吸引更多的公众参与和注意;只有良好的组织形象,才能为公众所欣赏和接受。

5. 立足长远的意识

组织良好形象的树立不是一朝一夕的事,需要通过长期不懈的努力,才能取得成功。急功近利、只关注眼前的利益是公共关系的大忌。因此,公共关系人员必须树立立足长远、着眼未来的意识,更注重组织的长远效益。

6. 防止和处理危机的意识

在激烈的市场竞争中,危机是不可避免的。企业的公共关系人员必须面对现实,树立强烈的危机意识;在危机出现之前,密切监视环境的变化,注意发现潜伏的可能造成危机的因素,把危机解决在萌芽之中;在危机发生之后,能及时、果断、准确地判断危机的性质,采取灵活多样的对应策略。

三、公共关系人员的基本能力

公共关系是一项复杂的、综合性的工作,公共关系人员要以整个社会作为自己的活动舞台,要和社会上的各行各业和各式各样的公众打交道。人们常说,公共关系人员应当有企业家的头脑、宣传家的技巧、艺术家的气质、外交家的风度。这是人们对公共关系工作的高度重视和对公共关系人员的高要求。公共关系人员光有理论上的知识是远远不够的,还应具备开展公共关系活动的能力。公共关系人员应具备的能力包括:组织能力、策划能力、写作能力、论辩能力、宣传能力、交际能力、应变能力、协调能力、创新能力等。但人的能力毕竟有限,即使公共关系人员也不可能具备所有的能力,但应具备从事公共关系工作所需要的一些基本能力。

(一)信息处理能力

公共关系人员必须善于发现和挖掘与本组织有关的一切信息,并加以处理,以此作为组织决策的依据。公共关系人员应该学会运用现代科学技术所提供的各种传播工具,及时准确地向公众传播组织的信息。

(二)组织协调能力

公共关系人员所需要的组织协调能力是指完成各种特定任务的策划、指挥、安排、调度及协调一系列活动的能力,这是公共关系人员从事公共关系活动的重要保证。这些能力主要包括:收集、整理信息的能力;组织人员制订公共关系计划的能力;组织实施公共关系方案的能力,如各种纪念活动、重大的庆典活动、记者招待会、展览会等。只有公共关系人员具备了组织能力和协调内外关系的能力,才能完成既定的目标和任务。

（三）宣传能力

宣传能力是指公共关系人员将组织的有关信息通过自己或新闻媒介向公众进行有效传递的能力。宣传是组织与公众建立联系的手段和桥梁,是塑造组织形象的重要渠道。公共关系人员的宣传能力主要包括语言表达能力和非语言表达能力。

1. 语言表达能力

语言是人类最重要的交流工具,是信息传递最有力的手段。实验证明,借助语言表达的信息,在意义上的损失最小。因此,较强的语言表达能力是公共关系工作对公共关系人员的最基本要求,语言表达能力分为文字语言表达能力和口头语言表达能力。

（1）文字语言表达能力,也称写作能力。这是公共关系人员所具备的基本条件,主要表现为公共关系人员能熟练地从事与公共关系有关的应用文写作,如新闻稿、演讲稿、调查报告、宣传资料、说明书、年度报告或工作总结、各种公文等,这类文体要求行文简洁、规范,内容充实、生动,文笔清新、流畅,给他人以较温和的说服力、号召力和感染力。

（2）口头语言表达能力。公共关系人员与他人交流思想、沟通信息时多数情况要通过口头交谈、讨论进行,这就要求公共关系人员具有较强的口头表达能力,主要包括演讲、交谈、谈判和说服他人的能力。要求公关人员做到:一是言能尽意,能准确地将自己的思想告诉对方;二是口齿清楚,感染力强、吸引公众;三是现场控制,巧妙回答,驾驭谈话方向,营造良好的交谈氛围。此外,公共关系人员还要了解音质、音幅、声调、语速、节奏等辅助语言的功能,以表达言语本身所不能表达的意思,因为即使在同一条件下,同一句话用不同的辅助语言表达,其意义也是不同的。公共关系人员只有加强学习和训练,语言表达能力才能提高,才能做到思维敏捷、反应迅速、能言善辩。

2. 非语言表达能力

非语言表达能力也称形体表达能力。人们可以利用姿势如面部表情、手势、身体的姿态和目光来表达感情和交流信息。例如,伸出大拇指,表示对他人的称赞;目不转睛,表示认真听取或对此事感兴趣。非语言表达能够起到语言表达所起不到的作用,可以把一些不便口头和文字表达的信息传递给对方。所以,公共关系人员在与公众交往的过程中要注意对方用手势和表情所传递的信息,自己也要善于在不同场合下用手势和表情传递信息。

（四）社会交际能力

社会交际能力是指公共关系人员与他人交往的能力,这是公共关系中最基本的技能。公共关系人员与他人交往是在组织与公众之间建立良好的人际关系,为组织的生存和发展创造良好的环境的过程。一个缺乏社交能力的人往往人为地在自己与社会、自己与环境、自己与他人之间设置一道心理屏障,从而不能获得公众的了解和信任,也就难以胜任公共关系工作。所以,公共关系人员必须具备较强的社交能力,要善于建立亲密的人际关系,懂得各种社交礼仪和礼节。在此基础上,还要适时地推销自己,在获取信息的同时,在公众面前建立和推广组织形象,成为组织的"形象大使"。人际交往是公关的基础,而交际能力是公关人员的基础能力。

(五)应变能力

应变能力是指公共关系人员在面对各种情况时,能够随机应变,见机行事,使组织形象不至于受到损害的能力。在组织发展过程中,外界环境也在不断地发生着变化,有些变化是出人意料的。这时如不采取相应的措施,组织的发展就会受到影响,组织的形象就会受到损害。当不利于组织的突发事件发生时,公共关系人员就应有技高一筹的应变能力。公共关系人员要做到遇事不慌,从容镇定,正所谓"泰山崩于前而色不变";在处理紧急情况时要沉着应对,忍耐克制,正所谓"小不忍则乱大谋";同时要灵活反应,果断处理,力争将问题消灭在萌芽状态,把损失减少到最低。作为公共关系人员在日常工作中还要有防范意识,平时就要考虑到各种可能性,并尽可能地对各种可能出现的意外情况预先制定出相应的措施。

此外,公共关系人员在分析处理问题时,要有灵活的工作方法,协调好各种关系,化解各种矛盾。在解决各种矛盾冲突时,要善于用自然、轻松、幽默的方式来解除尴尬,缓解气氛。这种应变能力对公共关系人员来说是非常重要的。

(六)创新能力

创新能力,是指公共关系人员具有独特、变通、创新以及超越平常思考与活动的能力。公共关系工作是一项极富挑战性和创造性的工作,公共关系人员的创新能力是公共关系活动的生命力和吸引力所在。在当代充满竞争的社会中,开展公共关系活动没有现成的固定模式可遵循。无论是开展宣传性的公关,还是发展维护性的公关;无论是采用防御性的公关,还是采取矫正性的公关;无论是提供建设性的公关,还是举办兴趣性的公关;无论是从事征询性的公关,还是提供服务性的公关,公共关系人员都必须具备丰富的想象力和创造力。公共关系人员在公共关系活动中只有不断求新、求异,才能领先一步,引起公众的兴趣,才能达到扩大组织影响,塑造组织形象的目的。创新能力是公共关系人员开拓事业的重要条件之一。公共关系人员要提高自己的创新能力,就要博览群书,勤于思索,要敢于想别人所没有想的,做别人所没有做的,打破常规,大胆设想,刻意求新,在实际工作中要有丰富的想象力,善于运用复合思维。实践证明,成功的公共关系活动是公共关系人员的创造能力和智慧的结晶。

公共关系是一门专业化程度较高的职业。上述信息处理能力、组织协调能力、宣传能力、社会交际能力、应变能力和创新能力是公共关系人员应该具备的能力。当然,这并不意味着公共关系人员要同时具备以上所有能力才能从事公共关系工作,对于公关人员不能过于苛刻,因为能力可以通过学习、培训、实践得到形成和提高。我们只是说具有这些能力的公共关系人员可能会在公共关系活动中更好地施展自己的才华。

本章小结

公共关系主体是指公共关系中主动影响客体的一方。在公共关系学中,一般指社会组织。此外,本章也把公共关系的组织机构、公共关系人员纳入公共关系主体进行研究分析。

公共关系中的组织,是指按共同目标和系统方式结合起来与公众发生相互联系的社会团体,它是公共关系的基本构成要素,是公共关系活动的行为主体,在公共关系中起着主导作用,决定着公共关系活动目标的实现、功能的发挥、活动的状态及发展的方向。社会组织也是公共关系活动的出发点和归宿,在公共关系活动中,始终起着决定性作用。社会组织一般由目标、成员、方式、对象这四个方面的条件构成,具有目的性、整体与协调性、动态发展性、开放性和多样性特征。依据不同的标准,可以把社会组织划分为不同的类型。一定的社会组织会对其成员乃至社会有目的地施加影响。

公共关系的组织机构是从事公共关系工作,开展公共关系活动,达到预定公共关系目标的专业部门或组织,主要包括公共关系部和各类公共关系公司。公共关系部是组织内部设立的公共关系职能部门,具有专业性、服务性和协调性等特性以及包括采集信息、监测环境、咨询建议和参谋决策等多项职能,按照不同的分类标准可划分为不同的类型。公共关系公司是指由具有一定专业特长的公共关系专家及专业人员所组成,专门从事公共关系咨询或接受客户委托为其提供公关设计方案、决策参考,以营利为目的的社会服务性机构。

公共关系人员是对从事公共关系工作的职业人员的常见称呼。一切公共关系工作的成败得失,在很大程度上取决于公共关系人员的素质条件。公共关系人员需要具备一定的素质和相关的能力,公共关系人员可以通过学习、培训、实践形成和提高相关的能力,能力素质和配置能使得公共关系人员在公共关系工作中发挥重要作用。

案例分析

以儿童的名义……

联合国粮农组织曾发表了一些触目惊心的数字:全世界有8.4亿人吃不饱饭,每天有2.5万人直接或间接死于饥饿,其中2/3是儿童。联合国儿童基金会的一份报告也显示,经济合作与发展组织成员国中,1/6的儿童即4700万生活在贫困中。对于联合国而言,资金短缺、项目无法运作是现实问题,联合国急需寻求赞助。为此,时任联合国秘书长的安南在2002年5月就呼吁各国私营企业更多参与联合国帮助儿童的活动。

麦当劳作为一个长期致力于支持全球儿童公益事业的企业,在听到安南的呼吁后,觉得是一个"回报社会,提升形象"的好机会,便作出积极响应。从2002年起,麦当劳成为联合国"世界儿童日"主题活动在全球的主要执行者和推动者,带动国际社会对需要帮助的儿童做出更多更实际的贡献。

2002年11月20日,麦当劳公司与联合国儿童基金会举办了首届"麦当劳世界儿童日"活动,主旨是改善儿童健康,唤起人们对儿童事业的关心。这一活动在澳大利亚、巴西、中国、法国、日本、美国等全球121个国家近3万家麦当劳餐厅同时举行,规模浩大,形式多样,取得了良好的公关效果。[①]

案例思考题:

从这个案例中你得到哪些启示?

---

① 资料来源:http://mzfile.openedu.com.cn/3/public/alk/alw25.html,2016年1月12日访问。

第四章 公共关系的客体：公众

本章要点

1. 公众的含义和特征。
2. 公众的主要分类。
3. 现代公众的心理特征。
4. 公众心理形成的机制。
5. 个体和群体的心理定势。

引例 留意隐藏的上帝

日本的麦当劳汉堡店记载了约六十万小朋友的"生日档案"。小朋友生日的前几天，会收到该店寄来的贺卡；生日当天，小朋友应邀持卡到该店做客。按一般惯例，小朋友得到一份节日礼物也就心满意足了，可这家汉堡店却特别郑重其事，每天都要让一部分客户在心中产生一种"忠诚"的"感情"，这样就"可以赚他们下一辈子的钱"。商家的这种眼光是够势利的了，但是在市场竞争十分激烈的今天，这些见解不能说没有道理。哲学家说：是人创造了上帝，我们则说是企业和员工制造了"上帝"。把潜在的客户变成现实的客户，"上帝"也就被创造出来了。

第一节 公众的含义、特征与分类

公共关系是影响和获得公众的艺术，没有公众的支持和信任，任何一个社会组织都不可能生存和发展。因此，协调好各种公众关系，得到公众的广泛支持，赢得良好的社会舆论，是公共关系活动的重要内容。公共关系活动效果的好坏最终是由公众的态度和行为决定的，因此对公众的基本含义、行为特征的了解，有利于针对性地开展公共关系活动，有利于公共关系效果的及时评估，有利于组织公共关系目标的顺利完成。

一、公众的含义

在公共关系学中，"公众"是"Public"一词翻译而来的。Public 泛指公众、民众，但公共关系学中所讨论的公众，并不是广泛意义上的公众、民众或群众，而是组织的公众。公共关系中的公众是指与某一特定组织机构相联系的，所处地位相似或相同，具有共同的目的、共同面临的问题、共同的利益、共同的兴趣、共同的意识、共同的文化心态等并相互影响、相互作用的"合群意识"的社会群体，是公共关系工作对象的总称。

从公共关系中的公众定义可以看出，首先，公众是一个集合概念，公众不是单一的群体，它包括个人、群体或组织，它是与某一组织运行有关的整体环境，但限于具体组织的资源的有限性，活动对象具有针对性；其次，表现为与组织有相互联系。

公众与环境的关系是息息相关、互相包容的。任何组织的生存和发展都离不开一定的公众环境。公众环境是指组织运行过程中必须面对的社会关系和社会舆论的总和。公众构成组织的环境，而公众又是可变的，他们要受自己所处的环境的影响和制约，这种影响和制约表现在公众的意向中，或多或少地影响该社会组织的发展。公共关系工作者在公共关系活动中，应努力把握公众的特征，处理好与公众的关系，充分适应环境，并积极改变环境、创造环境，以实现组织的目标。

二、公众的特征

任何组织的生存和发展都是在一定的公众环境中进行的。社会组织在开展公共关系时，应该把组织面对的公众视为一个完整的环境，要用全面、系统的观点去分析组织的所有公众，决不可忽略其中一部分公众，因为疏忽其中某一种公众，可能导致整个组织公众环境的恶化，从而影响组织的生存和发展。作为公共关系对象的公众具有以下特性：

（一）公众的整体性

公众是由各种不同性质的组织和不同个性的个人组成的。公众不是指单一的公众对象，而是指与某一社会组织运行具有紧密联系的整个公众群体。在这个群体中各部分有机结合，相互发生作用。整体性是公众的总体性特征。在公共关系工作中，公共关系主体不应忽略其他公众而只关注于一部分公众。应该将公众看成一个统一的、完整的有机整体，用系统的、全面的观点来看待公众，从而保持组织与各类公众之间的利益和关系的平衡与协调。

（二）公众的同质性

社会组织在公共关系工作中会面临不同的公众，但公众并不是互不关联的个人，公众总是由于某一特定的共同点联系在一起的。同一类的公众或有共同的目标，或有共同的问题，或有共同的需要，或有共同的意识，或有共同的背景，或有共同的利益，这些共同点的存在使得不同的个人或团体组成一个公众群体，并决定公众的性质。公共关系主体在进行公共关系活动时需要对自己的公众加以分析，找出其共同性与联系点所在，从而明确自己的工作目标，正确选择自己的对策和行动方案。

（三）公众的相关性

公众的相关性是指因共同问题而聚集的公众与该问题有牵连的特定组织机构之

间相互影响、相互制约的关系。公众总是相对于一定的公共关系行为的主体而存在的。公众因一定的问题而聚集，这种问题直接、间接地与该组织机构的目标和发展相联系，从而使组织与公众之间产生利益相关性。一个组织的公众是具体的也是有限的。公众的意见、观点、态度和行动对组织的目标实现和发展具有影响力、制约力，制约着它们利益的实现、需求的满足等。公共关系是一种组织与公众间的利益互动关系。相关性是组织与公众形成公众关系的关键。公共关系活动的一项重要内容就是寻找、确定和发展这种相关性。

（四）公众的多样性

"公众"是对公共关系的客体的一个统称概念，具体的公众形式包括个人、群体、团体或组织。其中，个人是公众构成的最基本的细胞，是最为常见的存在形式；群体是公众构成的中间层次，包括初级群体和人群集合体；组织相对而言比较稳定，两个同类组织之间可以互称为公众。作为一种社会群体，公众具有层次性和多样性。公共关系主体在处理公共关系时应该对不同层次、不同类型的公众进行划分，找出其各自特点，从而选择不同的沟通渠道和不同的沟通手段。公共关系是一种立体的、多维的、全范围的社会关系。

（五）公众的变化性

变化性是公众的动态特征。社会公众不是固定封闭、一成不变的对象。作为一个社会群体，公众所处的社会环境处于不断变化的过程中，所以公众的构成、数量、观念、态度、行为和作用都是在不断变化的。公众群体随着问题的产生而形成，随着问题的解决而消散。例如，营利性的企业所面对的公众，对企业产品的要求在某一段时间是以产品质量为主，当产品进入成熟期后，会转向更高层次的要求，如追求产品的款式要新颖、售后服务要及时等。公众环境的变化，也必将导致公共关系目标、方针、策略、手段的变化。针对不断变化的公众展开相应的公共关系活动是一个基本原则，所以公共关系要处理的公众群体，始终处于变化之中。社会组织必须以发展的、动态的眼光来看待自己的公众群体。

（六）公众的心理性

公众的心理状态经常影响着公众的判断与行为。良好、愉快的心理状态可以使公众产生与组织的合作行为，使组织尽快达到目标；而愤怒的心理将会拖延，甚至破坏组织目标的实现。公众的心理性方面表现出的特点，使得组织在开展公共关系活动时，要注意对公众心理的把握、分析公众心理，有针对性地开展公共关系活动。

（七）公众的可诱导性

社会组织经常借助于对环境因素的改变来达到逐渐影响公众的态度和行为的目的，引导有利于组织的公众行为的发生，预防和消除不利于组织的行为。公众的态度、动机和行为可能受到个体和环境两个因素的影响而发生改变。如果没有公众的可诱导性，公共关系工作就失去了存在的前提。公关策划、新闻传播、危机处理、举办各种公关专题活动等公关工作和公关技巧都是利用了公众的可诱导性这一特点。

三、公众的分类

作为公共关系客体的公众,是由各种各样的人或社会组织构成的,具有广泛性和复杂性,公众之间的差异性对组织的作用、影响和重要性也是有差异的。一个社会组织要开展公共关系工作,就必须认清本组织所面对的公众。所以,对公众的分类是公共关系理论中的重要部分。公共关系政策的制定和公共关系方法的运用,都有赖于科学地区别不同的公众。只有在明确地确定公众的前提下,组织才能有针对性地做好公共关系工作,有效地编制公共关系计划,正确地与各种公众建立联系,确立对应的媒介向公众传递信息,利用有限的公共关系资源开展公共关系活动等,这些与组织生存和发展密切相关的问题,都和公众的分类有关。因此,对公众科学地进行分类才能正确把握公众的属性,有的放矢地做好公众工作,也是展开公共关系调查的基础。按照不同的划分标准,公众可以划分为不同的类型。

(一)按公众的组织结构划分

根据公众的组织结构来分,可以把公众分为个体公众和组织公众。

1. 个体公众

个体公众是指形式上分散,以个人作为意见、态度和行为的表达者,以个体形式与公共关系主体发生联系的公众对象。如在酒店或商场中出现问题的具体某个客人。

2. 组织公众

组织公众是指以一定的组织或团体形式出现,以组织团体作为意见、态度和行为的表达者,并与公共关系主体交往的公众对象集团。如竞选过程中面对的各种助选团体。

组织在公共关系传播过程中,要根据个体公众和组织公众的不同特点采取不同的传播方式,如对个体公众可以采取直接的、面对面的个体传播方式,对组织公众可以采取间接的传播幅度较大的大众传播方式或采取组织沟通的方式。

(二)按公众在社会组织中所处的位置划分

按公众在社会组织中所处的位置划分,可将公众划分为内部公众和外部公众。

1. 内部公众

内部公众即组织的全体成员,包括组织的员工、组织的股东(投资者)。内部公众是组织生存和发展的核心力量,与组织的关系最为密切,是组织运行和发展必不可少的中坚群体。组织针对内部公众开展的公共关系活动,是全部公共关系活动的基础。很难想象,一个组织在内部公共关系活动都无法取得成功的情况下,组织对外的公共关系活动能获得成功。维持组织内部公众的良好的氛围,促进内部公众对组织发展战略和目标的了解,是公共关系活动的首要任务。例如,美国迪士尼公司非常注意处理员工关系,他们的宗旨是:使员工有高度的满足感。公司把每一位员工都称为"主人",如"饮食主人""保安主人""市容主人"等,为的是增强员工的使命感,让游客有宾至如归感。该公司不像许多大企业那样日常称呼先生、小姐,而是彼此称呼名字,不分等级,令游乐场充满友善和无拘无束的气氛。对顾客而言,公司员工就是公司的化身,如果员工心境不佳,终日板着面孔,无疑是自绝客路,受损害的是公司自己。相反,员工对身为迪士尼一分子感到骄傲,热爱工作,善待游客,迪士尼公司的业务就会发展。①

2. 外部公众

外部公众是指组织内部公众之外的与组织潜在或现实发生相互影响、相互作用的个人、群体或社会组织。作为组织的外部环境力量,外部公众是社会组织依靠的伙伴,也是制约社会组织发展的极其重要的因素。外部公众的数量比内部公众要大得多,而且范围广,可以说它是由相互依赖、功能互补的各类社会组织或群体共同组成的一个庞大的环境系统,社会组织在这个系统中生存和发展。这类公众是组织公共关系的重点工作方向,组织的声誉和良好的组织形象最终需要由外部公众来加以确定。因此,对组织外部公众要保持长期的、畅通的信息传递通道,尽可能地获得外部公众的理解和支持。外部公众主要包括以下几类:

(1) 消费者(顾客)公众。这里所说的消费者是个总体概念,既包括物质产品的消费者,也包括精神产品的消费者,可以是指组织的一切服务对象。消费者公众是组织公众中最大的群体,如何通过公共关系活动争取潜在顾客就成了组织公关部门的重要任务。

(2) 政府公众。政府即国家权力的行政机关。具体地讲,它是指组织所在地区各级人民政府及其派出机构。政府通过各项法律、法令和政策对整个社会进行宏观调控和管理,对企业的发展具有至关重要的作用,因此政府是组织的一个重要公众。

(3) 媒介公众。媒介公众是指非人格化的报纸、广播、电视等大众传播媒介机构,及其从业的记者、编辑等相关工作人员。在现代社会里,新闻传播媒介对社会的各个方面发挥着监督、导向、表扬、批评、授予地位、提高知名度等重要作用。新闻传播媒介是一种特殊的公众,有着双重作用:一是新闻传播媒介是一种工具,一个组织可以通过这一工具与各种各样的公众取得联系,它是公共关系人员赖以实现公共关系目标的重要渠道;二是新闻传播媒介本身也是一种公众,只有与这一公众搞好关系,才能充分发挥新闻传播媒介作为工具的作用。

(4) 社区公众。社区公众是指组织所在地区与之有相互关系的其他社会组织或居民。对于一个组织来说,社区公众构成了其发展的重要"地利环境"。

(5) 国际公众。对于从事涉外工作的组织,在境外与其发生关系的各类组织与群众,便构成了它的国际公众。随着我国对外开放的不断深化,提高我国产品的国际地位,争取国际贸易中的最佳效益,这都是组织开展国际公共关系的目标。

---

① 参见时莉编著:《公关经理手册》,企业管理出版社 2000 年版,第 113—114 页。

(三) 按对组织的重要性进行分类

由于不同类型的公众对组织的重要性各不相同，按照公众对组织的重要性程度可将公众分为首要公众、次要公众和边缘公众。

1. 首要公众

首要公众是指与组织关系最密切，联系最频繁，对组织有重要的制约力和影响力，甚至关系到组织的生死存亡，决定组织成败的那部分公众。首要公众包括两部分：一是组织的工作人员即内部员工；二是决定组织生存和发展的公众，即顾客、股东等，如酒店、宾馆宾客关系中的VIP。此类公众关系到组织的兴衰，是组织开展公共关系活动的最主要的对象。

2. 次要公众

次要公众是指对组织的生存和发展虽有影响，但并不起决定性作用的公众。对于一个组织来说，多数公众属于次要公众。一个组织在从事公共关系工作时，必须善于区分主次，将较多的时间、资金、人力用于基本的、主要的公众对象。当然，并不是说次要公众可以忽略，因为在某些情况下，次要公众会转化为首要公众。各类公众对组织的影响力不是一成不变的，在组织发展的不同时期，处理不同问题时，公众的作用和地位也会发生相应的变化，所以也要重视次要公众的公共关系活动。

3. 边缘公众

边缘公众是指和组织没有发生直接的联系，但可以施加影响的公众。边缘公众是公共关系人员应争取的对象。例如，在企业组织中，一些学校、医院的社会服务组织等就属于边缘公众。它们和组织的经济活动不会发生直接的联系，但却对组织的发展具有潜在的影响。在公共关系活动的作用下，边缘公众可能会转化为次要公众甚至是首要公众。

(四) 按公众的发展过程分类

公共关系的发展一般有一个过程，公众在这个过程中其性质、态度、行为都会有一些变化。根据公众与组织之间相互关系的发展阶段，可以把公众分为非公众、潜在公众、知晓公众和行动公众。

1. 非公众

非公众是指在社会组织所处的环境中、公共关系工作的范围内，并在一定时空条件下与社会组织之间不存在任何关联也不存在相互作用和相互影响的社会群体。非公众不是组织公共关系的对象，所以在公共关系工作中认识非公众也非常重要，这样可以减少公共关系工作的盲目性，提高公共关系工作的准确性和针对性。但非公众也不是一成不变的，随着组织自身和外部环境的变化，非公众也会成为组织的潜在公众或行动公众，所以在公共关系工作中还要注意观察其变化。

2. 潜在公众

潜在公众也称为隐蔽公众、未来公众，是指组织活动中，可能在未来对组织发生影响的个人、群体或组织，是未来组织公共关系活动要加以考虑的对象。由于某一事件的出现,使得某些人群和组织形成了某种利益关系,而其自身尚未认识到这种利益关系,暂时还没有对组织形成影响。随着时间的推移,问题最终会出现。针对潜在的公众,需要制订未来的公共关系方案,积极引导事件向好的方向转化。发现和关注潜在公众的能力,也是体现组织公共关系活动水平的一个方面。例如,据美国一家百货公司调查,进入该商店的顾客,有明确购买欲望的只占28%,其余都是潜在顾客。所以,组织要密切注意潜在公众的态度和意向,通过有效沟通使得潜在公众引起注意、诱发兴趣、激发动机、促成行动。[1]

3. 知晓公众

知晓公众是由潜在公众发展而来的,是指公众已经知道有关组织的信息,且知晓自己的处境,明确意识到自己面临的问题,他们对组织感兴趣并迫切地想了解有关信息和解决的方法。一旦知晓公众形成,就成为组织公关活动不可回避的对象。面对这一情况,社会组织的公关人员应采取主动的态度,积极地与公众进行沟通,尽量满足公众的需求。

4. 行动公众

行动公众是由知晓公众进一步发展而来的。这类公众已经明确知道问题的存在,也对组织的相关信息进行了了解,开始表达意见,并准备或已经采取行动求得问题的解决。行动公众是组织已无法回避的公共关系工作对象,会对组织的声誉造成严重的威胁,也就是说发生了公关危机。社会组织必须迅速采取应对的措施,全力以赴地开展补救工作,使问题得到妥善解决。如果组织继续保持回避或置之不理的态度,行动公众可能会采取行动对组织造成不可估量的损失。

组织应对不同公众类型的发展阶段进行分析和了解,把握公众发展变化的动态,及时采取相应的公共关系应对方案和措施,使组织准确自如地面对各阶段的公众,以顺利完成组织的目标。

(五) 按公众对组织的态度分类

在组织所处的环境中,必然有各种各样的公众,他们对组织的行为和政策所持态度肯定会有所不同。按公众对组织的态度的不同,可将公众相应地分为顺意公众、逆意公众和中立公众。

1. 顺意公众

顺意公众是指组织与公众在互惠互利的基础上,双方互相理解、互相支持,公众对组织政策、行动持认同、赞赏态度,他们是推动组织发展的基本工作对象,同时组织也会尽量满足这类公众的要求,双方处于良好、友善的状态。

2. 逆意公众

逆意公众是指不理解、不支持组织,对组织的政策、行动持批评、反对态度的公众。这部分公众是公共关系工作中的重要对象,组织的公共关系人员要通过公共关系活动

---

[1] 参见王兴富主编:《公共关系实务》,中国经济出版社2002年版,第89页。

设法改变他们的态度,并主动进行适时有效的沟通以消除误解,得到他们的理解和支持,同时尽量满足他们的要求,使双方逐渐走向和谐的状态。

3. 中立公众

中立公众是指尚未表明对组织的态度,对组织的行为和政策持中间立场或观望态度的公众。这类公众如果组织对其开展一定的公共关系活动就可以成为顺意公众,如对其忽略可能就失掉这部分公众,所以,中立公众是公共关系人员应该努力争取的对象。

(六) 按组织对公众的态度分类

按照组织对公众的态度,可将公众分为受欢迎的公众、不受欢迎的公众和被追求的公众三类。

1. 受欢迎的公众

受欢迎的公众是指与组织目标、利益一致,愿意与组织合作,并且能给组织带来利益和促进组织发展的公众。如投资者、企业股东、对组织做正面报道的新闻工作者等。他们都受到组织的重视。

2. 不受欢迎的公众

不受欢迎的公众是指违背组织的利益或意愿,对组织构成潜在威胁或阻碍组织发展的公众。对不受欢迎的公众,组织应慎重对待,讲究策略,以免树敌。

3. 被追求的公众

被追求的公众是指能符合组织的利益和需要,但对组织很陌生或不感兴趣、缺乏交往的公众。这类公众可能会对组织的发展有益,是组织求之难得的公众。组织要制定较为特殊的传播对策,通过切实有效的公共关系活动同他们建立起联系。

(七) 按照公众对组织的稳定性程度分类

按照公众对组织的稳定性程度,可以将公众分为临时性公众、周期性公众和稳定性公众三种类型。

1. 临时性公众

临时性公众是指因为某一事件而临时聚集起来的公众。在大多数情况下,临时性公众的组织性程度较差,因为是临时聚集的,很多公众互相之间并不认识和熟悉,容易发生群体性的冲动,特别是在媒体较为发达的情况下,临时公众聚集的地方,很容易引起媒体记者的注意。因此,在临时性公众出现以后,组织一定要考虑到各种可能出现的情况,做好宣传、组织和协调工作。

2. 周期性公众

周期性公众是指那些按照一定的时间和周期,定期出现的、聚集在一起的公众。周期性公众出现的时间具有一定的规律性,对组织而言相对比较容易预测和掌握,开展公共关系活动的时候,也比较容易进行活动的计划和安排。有条件的情况下,应该了解分析周期性公众的需求和目的,有针对性地开展公共关系活动,将其发展成为组织的长期支持者。

3. 稳定性公众

稳定性公众是指和组织具有长期的稳定联系的公众。稳定性公众对组织的情况比较了解,是组织公众的主要构成基础。例如,企业的老顾客、组织所在的社区公众等等。组织的稳定性公众相对其他公众而言,对组织的信任度较高,比较能够容忍组织的一些缺陷或者不足的地方,是组织的一笔宝贵的资源。就组织的公共关系活动来说,和稳定性公众保持定期的信息交流和沟通是非常有必要的,特别是对组织的一些意见和建议,从稳定性公众那里获取时,对方的参与性更高,信息的内容也更加可信。

对各类公众的划分,还有许多不同的方法。例如,格鲁尼格(James Grunig)发现的四类公众:爱管闲事的公众(对于所有的问题都很积极)、漠然的公众(对于任何问题都不在意和不积极)、单一问题公众(只对一个或者有限数目的相关问题积极)和热门问题公众(经媒体披露,该问题变成了社会热点后,才予以关注)。① 在具体的公共关系实践中,公共关系人员应该在了解和掌握基本公共关系公众分类的基础上,总结出适合本组织特点的公众分类,以使公共关系活动更加具有针对性,公共关系活动的效率和效果达到优化,使组织形象的树立和维护得到健康发展。

总体而言,如何对公众进行分类完全由组织的实际工作而定,几种方法可以单独使用,也可以交叉使用。其间遵循的原则就是具体问题具体分析。

第二节 公众心理分析

公众心理也称大众心理,是日常社会生活普遍存在的一种团体心理现象。公众心理是由千差万别的个体心理现象组成的,非常复杂,人们共同的心理行为倾向不是天生就有的,它是在一定的社会条件和外部环境下逐渐形成的。公共关系是由社会组织与公众之间的互动关系构成的,公众心理是在此过程中根据其需要与评价所形成的关于组织态度的系统。所以,只有掌握了公共关系过程中公众心理的发生与变化的规律,才能使社会组织的公共活动顺利进行,通过影响和改变公众心理,引导和促进组织与公众之间的关系朝着有利的方向发展。

一、现代公众的心理特征

公众心理是社会现实的反映,同时也受社会环境的影响。在一个社会团体中,每个人对于某一现象的看法、体验与意向是相互影响的,最后会自发地趋向集中,构成某种相近的看法和一致性的行为。作为社会群体成员的公众具有以下的心理特征:

(一) 同质性

公众心理的同质性是指当群体面临某一共同问题或社会事件时,必然会形成共同

---

① 参见沈国玲、武霞编著:《公共关系学导引》,同济大学出版社2004年版,第82页。

的社会心理，并会作出较为一致的反应。由于他们在面临某一种共同利益时，才导致其心理状态达成一致，在事件完成或问题解决后，在利益趋向变化时，同质心理也将出现变换，所以这种特性是临时的。例如，在超市，在看到某商品原价50元，特价35元后，不少人会产生购买欲望，继而促成购买倾向。这时图便宜的心理普遍存在于消费者之中，便形成了此时的同质性心理。

（二）变动性

公众的变动性不仅表现在结构上，也表现在心理状态上。公众心理的变动性也称不确定性，主要是现代社会生活动荡不安的反映，同时也是每个个体或群体在社会生活中角色变化的结果。这种变动性最突出的表现就是流行或时尚的此起彼伏，如流行观点、流行时装、流行的行为模式等。流行现象的增多反映出公众的心理变动性，也反映出每一种流行方式本身寿命的缩短。从另一个角度来看，由于公众在社会中所扮演的角色不是单一的，如公众同时承担着性别、年龄、职业等角色，在不同条件下，它显示的是该类角色和他类角色在心理上是有差异的，具有变换性和伸缩性。例如，企业家在逛菜市场时，会因价格上涨而怨声不断，但当他坐在办公室时却又在为自己的产品提价策划。这种生产者和消费者的角色行为冲突，就反映了这种心理变动性。

（三）从众性

从众作为一种长期存在的心理现象在现代社会被赋予了更丰富的形式和内容。尽管现代社会强调个性，但是大多数公众面对社会自身的多元化和不确定性，并不能有效地鉴别和把握其个性所在，再加之大众传播媒介所提供的各种信息，也模糊了公众的思维和心理，于是纷纷效仿那些传播媒介所提供的"形象"，成为公众追求"个性"和"流行"的模板。时尚的发展过程可以分为三个阶段：个别人创新（追求个性）——大多数人效仿（众从）——最后剩下的那部分人也紧追而上（从众）。从众行为的基本机制主要有两个方面：一是比较，由于面临众多的选择无所适从，为求得心理的平衡，最好的办法是模仿大多数；二是规范，怕如果不这样做就会被人讥笑为不合群或不合潮流。

（四）攀比性

人是生活在一个社会群体中的，由于社会发展的差异性和每个人自身的差异性，所以每个个体不可能相同，这时人们往往会通过与他人的比较来选择、确定自己的观点和行为。攀比是一种与自己心目中的强者或现实中比自己条件优越的人的比较。人们常常把与之比较的对象分为两类：一类是与自己一样的人，这些人构成自己的"隶属群体"；另一类是自己心目中向往成为的人，这些人构成他的"参照群体"。① 由于公众这一特殊的群体是未经组织的，没有严格的规范性，所以公众更多的是与参照群体而不是隶属群体进行比较，并由此产生行为上的攀比。我们认为攀比现象既有积

---

① 参见袁传荣、宋林飞主编：《公共关系学新论——组织形象管理》，南京大学出版社1990年版，第46页。

极意义,也有消极意义。心理与行为攀比,是人往高处走的象征。但在消费领域中,攀比心理是导致冲动购买的主要动机之一。

二、公众心理形成的机制

个体在群体中的活动与行为,受到他人行为的作用和影响,其表现形式是多种多样的。人不仅具有在相同情境下作出相同心理反应的能力,而且有使自己与他人在认知、行为上保持一致的心理需要,这种心理倾向不一定就是天生的、自然的本性,它可以是人在接受文化的影响,在个体社会化过程中所形成的。在现代社会中,公众所具有的共同社会心态(包括观念、行为和情绪),主要是通过凭借大众传播和人际沟通而发生的相互间的暗示、模仿和感染而形成的,从某种意义上讲,暗示、模仿和感染是形成社会生活中人的心理,从而也是形成公众心理的三大机制。

(一) 暗示

1. 暗示的概念

暗示是指人或环境在有意或无意的、非对抗性的条件下,以含蓄、间接的方式向他人发出某种信息,由此对他人的心理和行为产生影响的过程。这种影响具体表现为使人不自觉地接受暗示者的观念或意见,并进一步由此来规划自己的行为。在公共关系活动中,运用暗示所产生的积极作用,往往能够获得事半功倍的效果。

事实上,暗示是一种极为普遍的心理现象。在社会生活中人们的许多活动都是自觉或不自觉地对来自环境中的各种暗示作出反应。环境可以是自然环境,也可以是社会环境。我们这里研究的,主要是公共关系活动中社会环境(即公共关系工作环境)对公众的暗示,是一种社会暗示。在公众与社会组织的交流过程中,如果能够创设一定的暗示环境,就能在一定程度上左右公众的观念,并且控制公众的行为和活动。暗示是一种观念的不自觉的传播。因此,受暗示实际上是人们对某种社会刺激发生的一种反应。由此可见,社会暗示的特点在于,它是一个自然而隐秘的、潜移默化的心理影响过程,其结果是导致个体观念与群体观念的趋同。

2. 暗示的分类

根据不同的标准,可以将暗示分为以下几类:

(1) 直接暗示。直接暗示是指暗示者有意识地把某一事物的意义直接提供给受暗示者,使受暗示者迅速而无须思索地加以接受,以达到预期的反应为目的的一种暗示。由于它的直接性,一般采取直陈式的说明。

(2) 间接暗示。这是最主要的暗示手法。间接暗示是暗示者发出比较含蓄的刺激信息,既不显露意图,也不表明动机,而是让人从暗示的内容去理解,从而接受其暗示。这种暗示委婉自然,容易被人接受,产生的体验也比较深刻。由于受暗示者并未意识到自己的观念是受暗示形成的,故间接暗示一般不会使受暗示者产生抗拒心理或逆反心理。正因如此,间接暗示往往具有较强的影响力。

(3) 自我暗示。自我暗示也称自动暗示,这是从暗示的来源角度进行的划分。自我暗示是个人通过自己的认知、言语、思维等心理活动,对自身施加影响的心理过程。与之相对应的称作"自他暗示",这种暗示是来自外在的环境(包括群体或他人)。自我暗示常常会在不知不觉中对自己的意志甚至生理状态产生影响。如"草木皆兵""杯弓蛇影"等。

(4) 反暗示。凡外界刺激物的结果引起了受暗示者相反的心理或行为反应的,称之为"反暗示"。"此地无银三百两,隔壁阿二未曾偷"等都是反暗示的例证。当然,公共关系广告利用反暗示并非是引起相反反应,实质是"醉翁之意不在酒",暗示目的最终在于销售其产品。例如,1985年可口可乐在广告中宣称要改变沿用了99年的配方,采用新配方。广告一出立即引起消费者的强烈反应。于是可口可乐在之后的广告中宣布,为了尊重老顾客的意见,决定恢复老配方生产,同时改称"古典可口可乐";考虑到新一代消费者的需要,新配方同时生产供应市场。结果老顾客又见老牌可乐,新顾客争购新牌可乐。新老可口可乐的销售量比上年同期显著上升。

3. 暗示的影响因素

暗示作用的大小,主要受以下几个因素的影响:

(1) 暗示者的权威身份。要充分发挥暗示的作用,暗示者必须具有一定的权威性,人们会不自觉地接受自己喜欢、钦佩、信任和崇拜的人的影响和暗示。暗示信息一旦打上权威的烙印,就容易引起崇拜者的敏感反应,从而有利于增强暗示信息的穿透力和有效性。

(2) 暗示范围越广、分量越重、重复次数越多,暗示作用也越大。例如,电视广告的轮番"轰炸"。

(3) 受暗示者的人格和心境。敏感、多疑、依赖性强、没有主见的人容易接受暗示;暗示还与人的心境密切相关,如果身心疲惫或者处于应激状态时,容易接受暗示。

(4) 受暗示者的知识和经验。知识和经验越多的人越不易接受欺骗性的暗示,缺乏知识和经验的人则容易接受欺骗性的暗示。

(5) 受暗示者的年龄和性别。一般来说,年龄大的特别是老年人和女性更易接受某些暗示。

(6) 暗示者与受暗示者的关系。受暗示者尊重信任暗示者,并且与暗示者关系和谐融洽,受暗示者就容易接受暗示,而不会引起心理抗拒。

(二) 模仿

1. 模仿的概念

模仿是指个人在非外界控制下,有意或无意地对某种刺激作出类似反应的行为方式,这种行为以自觉或不自觉地模仿他人行为为特征,全盘接受他人一定行为特点或规范的影响而产生相同行动的过程。

法国著名的哲学家、心理学家、社会学家加布里埃尔·塔尔德(Gabriel Tarde)是早期研究模仿行为的代表人物之一。在塔尔德看来,模仿是社会发展和社会存在的基本原则,由于模仿的结果而产生了群体的规范和价值。模仿是社会进步的根源,这种进步主要体现在两个方面：一方面是个人的创造，即发明；另一方面是社会的同化，即模仿。社会现象存在着反复性和一致性，要达到一致性，就必须依赖模仿。

塔尔德在其《模仿律》一书中为模仿行为制定了三条亚定律：(1) 下降律，即下层阶级具有"模仿上层阶级的倾向"。比方说，像时尚这种社会现象其基本的传播形式就是一种自上而下的越来越广泛的瀑布式传播。(2) 几何级数律，即在没有干扰的理想状态下，模仿一旦开始，模仿行为将以几何级数的速度增长。像时尚、谣言无一不是以这种滚雪球的方式扩散的。(3) 先内后外律，即个体对本土文化及其行为方式的模仿与选择一般总是优先于外域文化及其行为方式。①

模仿可分为自发的模仿和自觉的模仿。自发的模仿是无意识地模仿他人。根据其产生的原因，自发的模仿又可以分为两种形式：一是突发事件发生时，为了迅速应付事件而不知不觉跟着别人去做；二是在群体长期生活中受到潜移默化的影响而不知不觉形成的行为方式。自觉的模仿则是有意识地模仿他人。根据人们模仿意识的程度，自觉的模仿存在三种情形：一是对他人或群体的行动本身的意义缺乏了解或虽了解但不作为模仿的目的，不过，自觉模仿对其社会效果是感兴趣的，通常表现为对流行与时尚的追从，如"东施效颦"；二是了解他人或群体行为的意义，并将此意义作为模仿的动机与目标，这种模仿较为持久，不易中途停止；三是选择性模仿，即当性质相似或若干不同的行动方式同时发生时，对模仿对象进行过滤与筛选，有目的地选择某种刺激源而发生模仿行动。

单就公众而言，其行为的一致性虽然来源于他们面临着共同关心的事件，但实现这种一致性的心理机制却是模仿。在此，我们将模仿称为行为的传播。

2. 模仿行为产生的原因

为公众所模仿的行为一般都是公众的内心所企盼的行为，起码在他们看来对自己无害。模仿者能够通过对他人行为的模仿，或得到一种自在感，或得到一种满足感，或可去除内心的卑劣感。在国外的企业里，公共关系部门及广告部门都十分注重顺应公众的心理需求，"制造"社会时尚，并促使公众感到"这是大家都追求的"而加以模仿，结果往往十分理想。模仿行为的产生主要基于以下两方面的原因：

(1) 好奇心理。人们在现实生活中对新鲜事物总是怀有浓厚的兴趣，如果有条件去亲自尝试一下，就会得到心理上的满足。这种好奇心及由此而来的尝试，是模仿行为产生的一个重要的动机。从模仿者的特征来看，因为好奇而模仿的人大多数是一些年龄偏低或不甚成熟的人，他们因为好奇心而进行模仿的时候，不一定对行为的意义有清晰明确的了解，所以他们有可能会模仿一些虽新奇但确是消极或错误的行为。

(2) 求取认同。尽管模仿只是对外在行为的模仿，但大多数模仿者往往希望由外在的模仿而达到对自己所崇拜者的内在认同。虽然他人的内在精神气质（如性格、态度、涵养）是无法直接模仿的，但可以通过模仿他人的外在行为举止和生活方式而体

---

① 参见朱力、任正臣、张海波编著：《公共关系新论：理论与实务》，南京大学出版社2006年版，第101页。

验到与他人类似的内在心理状态。从这点来看,每个社会组织都应该为自己的公众提供符合社会利益的形象,使公众从对这些形象的外在模仿入手到内在认同,以使全体公民形成有利于社会进步的共同价值观和行为规范。

模仿是社会发展和社会存在的基本原则,由于模仿的结果而产生了群体的规范和价值。尽管这样说可能过分夸大了模仿的社会功能,事实是人们的行为及其规范大量的是通过模仿而获得的。因此,在公共关系活动中,要想了解和掌握公众的心理与行为的规律就需要对模仿的规律及其机制进行深入细致的研究。

(三) 感染

1. 感染的概念

感染是指通过语言、动作、表情及其他方式而引起他人相同的情绪反应,从而使被感染者对感染者的某种心理状态产生无意识的、不自主的遵从。感染的最基本表现,是相似的情绪在群体成员中进行传播。

2. 感染的特征

发生在公众之间的相互感染具有以下特征:

(1) 突发性。感染是在无压力的条件下产生的。强迫只能产生外在行为的相似,却无法实现内在的情绪状态的一致。所以,在公众感染相似的情绪时,他们作出的是无意识的和不自主的遵从。

(2) 传导性。公众中的感染会在公众的间接交往中多次地相互强化,从而实现公众对一般心理状态的共同感受。但由于发生在公众中的感染是在间接交往的基础上实现的,故而随着传播途径的愈加广泛,情绪的"走样"程度也就越来越大。

(3) 双向性。在公众的相互感染过程中,感染者与被感染者是可以相互转换的,即你感染我,我感染你。

3. 制约感染的因素

感染这种情绪的传播现象受下述因素的制约:

(1) 受感染者与感染者的相似程度。受感染者与感染者的相似程度越高,感染就越易发生。这里的相似,主要包括所处情境的相似、态度和价值观的相似、社会地位的相似以及性格、心境、消遣方式的相似等。

① 情境相似。情境既包括自然的和社会的环境,也包括个体的心理状态。与朋友到塞外观光,面对茫茫草原,同伴放声高歌,即使平时很少唱歌,此时由于置身于同一情境,也会随声附和以抒情怀。如果看到一个路人哭泣,恐怕很难产生相同的情绪,但是假如与他置身同一个追悼会上,那么,相似的社会情景会使自己很快受到感染。我们常说的同病相怜,就表明个体的心理状态相像,易于相互感染。健康者很难理解病人的情绪,新婚者很难被他人丧子之痛所感染。总之,相似的自然和社会环境,以及个体的心理状态,是感染的一个重要条件,没有相似之处,就难以产生感染。

② 态度、价值观相似。感染是受人们的理智水平制约的,这种理智水平包括人的态度和价值观。经常可以见到这样的情景:球迷们在观看足球比赛时,情绪随着比赛

的进程波动极大,或摇旗呐喊,或热泪盈眶;而非球迷的普通公众,很可能对他们的这种行为不太理解,或者对比赛不是很关心。这种区别与他们的价值观不同有着极大的关系。

③ 社会地位相似。社会地位相同或相似,容易产生相同的态度,彼此较少戒备和反感,心理距离很近,容易相互感染。社会地位差距很大,在情绪和行为相互感染方面就有一定的难度。

(2) 感染受个体理智水平的制约。个体理智水平高低,决定了其是否会受他人的感染以及在何种程度上受到他人感染。研究表明,社会发展的水平越高,个体以及影响他的某些心境或行为就越具有独立的批判态度,相应产生的钳制力也越强,因而感染机制所可能发挥的作用也就越弱。当然,应该指出的是,无论理智的发展水平如何高,个人的自控能力如何强,一个人完全不受他人的情绪感染而保持其独立性几乎是不可能的。一个正常的人,其自我意识的任何提高,都不能消除如在体育比赛时"加油"一类心理感染形式。

对于公共关系工作人员和具体的社会组织来说,研究公众心理相互感染的规律,不仅在于如何掌握这种规律,以避免公众心理的互感可能带来的消极影响,还在于如何掌握、运用这种规律,去引导公众,使公众心理上的互感能够产生积极的效果。在社会生活中,感染这一心理机制对个体可以起调整心理状态、适应环境气氛的作用,对群体则可以起到一定的整合作用。因此,善于运用合理的感染手段,将有助于社会组织树立良好的公众形象,形成有利于组织生存、发展的社会心理氛围。

三、公众的心理定式分析

公众的心理定式揭示的是公众在对象相同或相似的认知过程、情感过程和一致过程中所表现出来的共同的心理特点,揭示这种心理特点如何反复地影响和推动人的行为。公众心理定式的特征决定了公众心理定式不只是一种个体心理现象,同时也是一种群体心理现象;它不仅表现为人的社会认知,而且还表现为人的认知、情感、意志、行为的综合统一。

(一) 个体心理定式

公众的个体心理定式是指个体在长期活动过程中,从具体事件中表现出来的综合反映固定的心理特征和心理趋势的总称。它普遍存在于人们的心理活动中,因个人心理素质和修养情况的不同而产生差异,因此,公共关系首先要了解和把握个体的心理定式。公众的个体心理定式主要包括首因效应、近因效应、晕轮效应、经验效应和移情效应。

1. 首因效应

首因效应又称第一印象。它是指个体第一次接触某事物后留下的深刻印象而形成的看法,并且影响以后对这个事物的看法,而且难以改变的一种心理定式造成的效应。由于第一次接触的新鲜感,会造成较强的刺激,又因个体往往按照已有的定式去理解,所以产生这种心理效应。

在社会生活中,首因效应对人的认知具有极其重要的影响。一般来说,陌生的人与我们初次见面所留给我们的印象往往非常深刻,会长时间地、深刻地左右我们对此人的认识,这就是首因效应。事物给人最先留下的印象往往有强烈的作用,左右着人们对事物的整体判断,影响着人们对事物以后发展的长期看法。由于首因效应的存在,人们对他人的社会认知往往出现以点概面、以偏概全的倾向,而第一印象一旦形成就比较难以消除。因此,在公共关系工作中要十分注意传播中的首因效应;无论是人、产品、环境,还是织织行为,都要尽可能给公众留下良好的第一印象,避免因为不良的第一印象而造成知觉的片面性。

2. 近因效应

近因即最后的印象。近因效应是指最后的印象对人的认知所具有的重要影响,它通常发生在熟人之间。事物给人留下的最后印象往往是非常深刻的,难以消失。对一件事物或对一个人接触的时日延长以后,该事物或人的最近的信息会对认识和看法产生新的影响,甚至会改变原来的第一印象。公共关系传播工作也要注意这种近因效应,注意用新信息去巩固、刷新公众心目中原有的良好印象或尽力改变原来的不良印象。

在社会知觉判断中同时存在首因效应和近因效应两种矛盾的现象。究竟在何种情况下首因效应起作用,何种情况下近因效应起作用呢? 社会心理学家的研究表明,两种现象在不同情况下分别起作用。在关于某人的两种信息连续被人感知时,人们往往对前一种印象较深,即此时起作用的是首因效应;而在关于某人的两种信息断续被人感知时,人们则往往相信后一种,并对之印象深刻,即在此起作用的是近因效应。认知者在与陌生人交往时,首因效应起较大作用;而认知者与熟人交往时,近因效应则起较大作用。

3. 晕轮效应

"晕轮"一词是指光环笼罩月亮时,月亮周围产生的模糊不清的现象。晕轮效应最早由美国心理学家爱德华·桑戴克(Edward Lee Thorndike)于20世纪20年代提出。他认为,人们对他人的认知和判断往往只从局部出发,扩散而得出整体印象,也即常常以偏概全。美国心理学家凯利(H. Kelly)、戴恩·伯恩斯坦(D. Berstein)及阿希(S. E. Asch)等人在印象形成的试验中相继证实了晕轮效应的存在。

晕轮效应也称光环效应,是指公众具有一种从对象的某种特征形成好或坏的印象后,还倾向于据此推测该对象的其他特征,甚至推及对象的整体,以偏概全,从而产生美化或丑化对象的心理现象。晕轮效应实质上是建立在思维定式上以偏概全、具有片面性缺陷的认识。在对人的认知中,由于晕轮效应的存在,一个人的优点一旦被夸大,其缺点也就隐退到光环背后了。

晕轮效应最典型的例证是当我们看到自己喜欢的某个电影明星爆出丑闻时会感到相当惊讶,事实上,我们心中的这个明星的形象是他在银幕上呈现给我们的那圈

"月晕",他本人真实的人格我们不得而知,仅仅是个人主观推断的。① 有时晕轮效应也会对人际关系产生积极效应,如你待人诚恳,即便你能力较差,别人对你也会非常信任,因为对方可能只看见了你诚恳的一面,便将你的这一特质加以放大。

公共关系活动可以适当利用这种晕轮效应来扩大组织或产品的影响,美化组织或产品的形象,如"名人广告""名流公关"。同时,也要避免因为滥用这种晕轮效应使公众产生反感甚至厌恶,更要反对利用晕轮效应来欺骗公众。

4. 经验效应

经验效应也称定型效应。经验是指个体依据以往的认识和实践经验进行认识、判断、决策和行动。经验效应是指个体往往依据自己以往形成的固定的僵化印象或经验进行新的认知活动的知觉定式。人们往往会自觉或不自觉地凭借自己以往形成的固有经验和固定的看法去判断评价某类人或事物的特征,并对该类人或事物中的个体加以类推,它直接影响新的认知的结果。如认为教师是文质彬彬的,商人是唯利是图的等。这种看法一旦在人的头脑中定了型,造成"先入为主"的成见,就容易在新的认知中产生偏差,妨碍人与人之间的正常交往或对事物的正常判断。公共关系工作一方面要研究和把握公众的定型经验,并顺应公众经验的积极效应,使自己的形象与公众的经验相吻合;另一方面也要努力传播新观点、新知识、新经验,努力沟通事件的整个过程,以改变公众某些狭隘的成见和偏见,消除由此形成的误解。

5. 移情效应

移情效应也称为情感效应,就是人们习惯于将对某一特定对象的情感迁移到与该对象相关的人或事物上去的一种心理倾向,也就是所谓的"爱屋及乌"。由此可见,无论是肯定性的或否定性的情感,都会产生移情效应。移情效应是一种心理定式,所以不能从道德上来评价它的是与非。但是,移情效应有时候确实涉及了道德领域,和一切心理定式一样,它也会产生道德问题。

在现代广告中,利用歌星、影星、体坛名将及政界、文化界要人等社会名人作商品广告的"名人效应",就是一种移情效应。设法把公众对名人的情感迁移到自己的产品上来或者迁移到自己组织的知名度上来,是公共关系活动常用的手段。消费者对于商品广告的认知常常有"移情效应"的心理定式,不少消费者对广告产品的好恶,取决于他们对于广告形象的好恶。因此,利用消费者的移情效应创造好的广告形象,以树立良好的产品和企业形象是非常必要的。

(二) 群体心理定式

公共关系活动所面对的有时虽然是单个人,但往往反映出一群人、一类人、一个社会阶层,甚至一个民族的某些共同心理定式。对群体心理定式的研究,有助于公共关系主体更深刻地理解和分析公众的欲望、态度和言行的实质所在、社会根源来由。同时,在很多的时候,公共关系主体面对的是群体性公关对象。他们共有的心理定式,会

---

① 参见王琳、牛文浩:《人际交往中的偏差行为——晕轮效应》,载《世纪桥》2009年第3期。

对公共关系主体的生存发展,构成至关重要的群体性态度和行为,影响范围和力度都很大。

群体心理定式是指公众处在某一实际的社会群体中而在外部行为上表现出来的经常的和稳定的心理特点。群体的组成一般是基于共同的生存条件和共同的心理需要,因而群体成员就有可能形成共同的心理倾向。这些心理倾向不可能完全一致地表现在每一位成员身上,但对全体成员来说都具有一定的典型意义。群体的心理定式主要包括社会刻板印象、传统文化和社会习俗心理以及流行心理定式等形式。

1. 社会刻板印象

社会刻板印象是指人们对于某个社会群体或某类事物产生一种比较概括的、固定的、一致的看法或印象。一般来说,如果社会生活、地理环境、经济条件、政治地位、文化水准等方面大致相同,人们就会在思想、心理与行为上具有很多相似性。它直接影响甚至决定了人们对某些认识和行为的评价,而且由于它反映的是一定群体的共识,其影响和作用就更大,可以渗透人的经验、意识和行为。在日常生活中有些刻板印象与职业、地区、性别、年龄等方面有关。例如,一般认为老人总是思维不清晰的,山东人总是直爽而能吃苦的等。这些相似的人格特点被概括地反映到人们的认知当中,并被固定化,便产生社会刻板印象。可以说,社会刻板印象普遍地存在于人们的意识之中。

社会刻板印象一般是经过两条途径形成的:其一是直接与某些人或某个群体接触,然后将其某些人格特点加以概括化和固定化;其二是依据间接的资料形成,即通过他人的介绍、大众传播媒介的描述而获得的。大多数社会刻板印象是通过后一条途径形成的。

现实生活中,刻板印象容易导致偏见,地域歧视、性别歧视和种族主义,就是从地域刻板印象、性别角色刻板印象和国民刻板印象发展而来的。

社会刻板印象的作用具有两面性。从公共关系活动来说,必须了解这种刻板印象的特点、作用和性质,并采取正确的态度对待它:一方面,要把社会刻板印象作为我们正确看人、识事、辨物的手段和工具,顺应人们的刻板印象,并在可能的情况下培养人们好的印象;另一方面,要看到社会刻板印象的消极作用,尽量采取积极有效的方式去改变人们的不良印象,并设法消除不良印象给人们造成的误解,从而保证组织与公众之间的正常交往和沟通。

2. 传统文化和社会习俗心理

传统文化和社会习俗心理是指在一定地域上生活的人们的文化积淀和长期逐渐形成的各种日常生活的行为方式和规范在心理上的反映。作为传统,它体现了深厚的文化积淀,既是民族的,又带有一定的地域性。作为心理定式,它可以表现为共同的稳定的观念意识,体现一致的习俗、礼仪等行为方式和规范。所以,大到民族意识、感情、思维方式等,小到习俗、习惯、具体生活方式等,都是难以逾越的传统文化心理定式。试图以一种文化去取代、消灭另一种文化是错误的,也是不可能做到的。它会直接影响公众的心理状态和行为方式,因此是公众心理定式的又一具体表现形式。

社会习俗是人类社会最早出现的社会行为规范,是人类在生产劳动活动中世代沿袭与传承的习惯性行为模式。风俗习惯是社会文化的一项基本内容,它对人的行为具有深刻而又明显的约束作用,人们的一举一动、一言一行都要受到其所在社会的风俗习惯的熏陶和影响。所以说,"习俗移人,圣贤难免"。

传统文化和社会习俗是普遍性、地域性和特定性的统一,了解和把握这些特征及其表现,对于成功地运用公共关系心理策略,增强公共关系工作的针对性有着重要作用。在公共关系工作中,首先要尊重公众的习俗和礼仪,并采取相应的服务措施去满足公众的这种心理定式和心理需求。其次还要注意社会习俗和礼仪的可变性,特别是现代化的城市生活中,传统的社会习俗和礼仪毕竟已不像过去那样起巨大作用——完全支配人们的生活,所以就应想方设法去引导人们的社会风俗和习惯,并用时间来改变人们的传统观念。

3. 流行心理定式

流行心理定式是在一定时期(一般是短期)内社会成员(个体或群体)由于相互影响、相互感染形成的一种心理和行为定式。它在一定程度上反映了社会成员对整个社会的认同感、凝聚力和整体感,也体现成员间的互动作用。这种心理定式存在时间较短,具有较大的可变性。但它能在一定时期内迅速轰动,对人们的心理活动和行为活动具有较大的冲击力。它主要包括时尚的流行、流行语言的广泛传播和社会舆论等,无论是哪种流行心理定式都有巨大的评价、指导、调节公众行为的作用。由于流行心理定式具有影响大、范围广、速度快等特性,因而公共关系实务中常常利用流行心理定式来开展组织的宣传工作,利用传播手段制造时尚,引发公众舆论来控制流言。

总之,公众的心理定式无论是个体的还是群体的,都是客观存在的公众心理现象。漠视公众的这些心理定式将影响组织公共关系目标的实现,因此,分析、把握公众心理定式意义十分重大。公众的心理定式在实际公共关系活动中的作用是双重的,既可以是沟通的障碍,导致消极影响,又可以成为公共关系的契机、手段,发挥出积极的作用。

本章小结

公众是公共关系的客体,它既形成组织赖以生存与发展的社会环境,又是公共关系主体开展公共关系工作的对象。公众是与一个社会组织发生直接或间接关系,对这个组织的生存和发展具有重要影响力的个人、群体和社会组织,这是与公共关系主体利益相关并相互影响和相互作用的个人、群体或组织,是公共关系对象的总称,具有整体性、同质性、相关性、多样性、变化性、心理性以及可诱导性。按照不同的分类标准,可以将公众分为不同的类型。

公共关系是影响和获得公众的艺术,没有公众的支持和信任,任何一个社会组织都不可能生存和发展。社会组织在运行中必须面对的公众类型、特点、对社会组织的反应都与社会组织的形象能否按预期设想建立起来有直接关系。因此,协调好各种公众关系,得到公众的广泛支持,赢得良好的社会舆论,是公共关系活动的重要内容。想要获得公众的广泛支持，必须要了解公众的心理特征并且能够分析公众心理形成的机制。最重要的是要了解几种主要的公众心理定式，主要包括首因效应、近因效应、晕轮效应、经验效应和移情效应的个体心理定式，包括社会刻板印象、传统文化和社会习俗心理以及流行心理定式等形式在内的群众心理定式。分析、把握公众心理意义重大。它们在实际公共关系活动中的作用是双重的，既可以是沟通的障碍，导致消极影响，又可以成为公共关系的契机、手段，发挥出积极的作用。

案例分析

惠普的经营之道

惠普公司的创始人比尔·休利特（Bill Hewlett）说过："惠普之道就是那种关心和尊重每个人和承认他们个人成就的传统。个人的价值和尊严是惠普之道的一个极重要的因素，所以多年以前我们就废除了考勤钟，近来我们又搞了弹性工作时间制，这不但是为了员工能按自己个人生活需要调整工作时间，也是为了对他们表示信任。我们的另一做法就是那种随随便便、不拘礼仪的方式，彼此直呼其名，不冠头衔，不带姓氏。"

惠普公司这种重视人的宗旨不但源远流长，而且还不断地自我更新。公司的目标为"组织之成就乃系每位同仁共同努力之结果"，"本公司全体同仁均须为干练而富有创新精神者……身居显要管理职位者，不仅本人应满怀热情，而且应甄选具有激励其部属积极性能力者充任"。

惠普公司对员工的信任，在它的"开放实验设备仓库"的政策里表现得最为清楚。实验设备仓库是存放电器和机器零件的地方，开放政策规定工程师们不仅在工作中可以随意取用，而且实际上还鼓励他们拿回家里供个人使用。他们认为，不管拿这些设备所做的事是否跟工程师手头的工作有关，不管是在岗位上还是在家里，反正摆弄这些玩意总会拿出一些东西，这其实也表现了公司对革新的赞助。

"周游式"管理方法也是惠普之道的一个信条。公司让管理人员走出办公室到第一线与生产者、用户、销售人员直接面谈，这种管理方法促成了非正式沟通的渠道。惠普的交流是多层次、多形式的，"饮咖啡聊天"就是颇受员工欢迎的一种方式。这种聊天每星期都有，人人参加，而问题也就这样不拘形式地以非正规方式解决了。①

案例思考题：
    1. 这个案例给你什么启示？
    2. 惠普公司在协调员工关系方面有何经验可为我国企业借鉴？

---

① 资料来源：http://media.openedu.com.cn/media_file/netcourse/asx/gggxx/public/02_ckzl/02_alk/25.htm，2016年1月15日访问。

第五章　公共关系传播

本章要点

1. 公共关系传播的概念与特征。
2. 公共关系传播的类型。
3. 公共关系传播的主要媒介。
4. 公共关系传播的主要手段。
5. 公共关系传播的技巧与效果。

引例　云南马帮驮茶进京

　　马帮是云南一种古老的运输方式。云南马帮自1839年开始驮茶进京,至今已有一百多年。在交通运输工具高度发达的今天,一队古老原始的马帮浩浩荡荡走进城市,进入现代人的视野,马铃叮当,马蹄声声,加上独特的少数民族服饰,其吸引力之大是可想而知的。

　　历史上,云南大叶种茶在马帮外运途中,沐风栉雨,自然发酵成为功效独特的普洱茶,并成为皇室贡茶。"我们组织这次马帮驮茶进京活动,就是想再现当年的一段历史,让世人认识到真正的、原生态的、自然发酵的普洱茶。"云南省茶叶协会会长邹家驹这样说。

　　2005年5月1日,40多位赶马人、100多匹骡马组成的马帮从云南的普洱县启程赴京,至10月抵京。赶马人年长者53岁,年少者19岁,来自云南省的11个民族。马帮驮载着5吨多普洱茶,穿越六个省市,行程四千多公里,成为一种独特的文化形态,冲击着人们的视线。马帮的成功进京,拉近了普洱茶与主流消费市场的距离。邹家驹甚至乐观地预测,北方历来是绿茶和花茶的天下,由于云南马帮千里进京,云南普洱茶在北方市场进行了一次成功的渗透,北京将掀起一股云南普洱茶的热潮。一种古老的运输方式,一次市场化的运作,就能将马帮转化为云南民族文化新"名片",并将其打造成云南茶产业发展的新载体。由云南茶叶协会主办、云南六大茶山茶业有限公司赞助的"云南马帮驮茶进京"活动掀起的热潮带给人们许多启示。

　　首先,普洱茶在云南非常有名,但是全国其他地区的公众并不了解它。通过这次公关活动,引起了沿途公众的极大兴趣,引发了全国媒介的广泛报道,在全国范围内出现了马帮热、普洱茶热。

其次，这次活动的形式新颖，因而引起媒体的广泛报道和各地公众的积极参与。在现代交通十分发达的今天，仍然用马帮来运输云南茶叶，有很强的戏剧性，容易吸引公众的眼球。

最后，普洱茶进京活动，以企业赞助的形式出现，运到北京的茶叶，全部"义卖"，且所得的款项全部用于援建"希望小学"。这次活动不仅引来很多社会名人的参与、关注，而且也淡化了活动的商业色彩，具有浓郁的公关意义。[①]

公共关系传播是实现公共关系职能的重要手段与机制，是组织联系公众的桥梁与纽带。现代传播媒介和传播方式的发展，使公共关系的信息传播内容更加丰富、形式更加多样，范围更加广阔。本章主要讨论公共关系传播的概念与特征、传播的类型、传播的主要媒介和手段以及公共关系传播的技巧与效果。

第一节　公共关系传播的概念与特征

公共关系的过程是组织与其公众之间进行信息传递、信息交流的过程。这是公共关系的本质特征之一，是区别于组织的其他社会关系如经济关系、法律关系等的主要特征。探讨公共关系问题就必须研究传播，研究传播的方式、过程及一切公共关系传播的手段。从这个意义上看，不懂得传播的人就不可能真正懂得公共关系。不了解媒介、不掌握媒介运用方法和技术的人，就不能胜任公共关系工作。因此，一切想从事公共关系研究和实践的人都必须对传播有一个基本的认识。

一、传播的概念

传播（communication）源于拉丁语"communis"，其中文含义有"沟通""交流""传""通讯"等。综观国内外对"传播"概念的理解和定义，概括起来主要有以下三种典型说法：

1. "共享"说。强调传播是信息的共享，即通过传播能使传播者和接受者共同分享彼此的思想和态度，共同拥有相同的信息，依此来建立双方的共同性。美国传播学者威尔伯·施拉姆（Wilbur Schramm）说，传播是对一组告知符号采取同一意向。

2. "影响"说。强调传播是有意识地施加影响，即通过（传播者）传递刺激（通常是语言）以影响另一些人（接受者）行为的过程。沃伦·韦弗（Warren Weaver）说：传播是一个心灵影响另一个心灵的全部程序，这一观点突出了传播之传递信息的目的性和影响性。

[①] 参见李自良、殷丽娟：《云南马帮的魅力何在》，http://www.yn.xinhuanet.com/topic/2005-10/20/content_5397363.htm，2016年1月15日访问。

3. "反应"说。强调传播包括了任何一种影响和反应。其理论来源于心理学中的"刺激—反应"论。美国学者史蒂文斯（S. S. Stevens）认为,传播是一个有机体对于某种刺激的各不相同的反应,强调了传播的社会性和接受者的能动性。①

由此我们可以认为,现代"传播"一词其含义至少包括以下三方面:

1. 信息传递。即某一信息源将信息传递给某一目的地的活动。
2. 双向交流。即在传播中的双方都是信息传递的参与者,他们之间是相互影响,构成信息上的相互交流关系。
3. 信息共享。即在传播中,双方通过分享信息,在某种程度上取得一致的了解、认识、理解或意向。

基于上述分析,我们认为,传播是指社会信息的传递或社会信息系统的运行,是人与人之间、人与社会之间,通过有意义的符号进行信息传递、信息接受或信息反馈活动的总称。

二、公共关系传播及特征

（一）公共关系传播的概念

公共关系传播,就是组织在一定的社会环境里,围绕建立和维护社会公众的公共关系而通过媒介进行的一系列信息传递和信息交流,以实现信息共享的活动。

（二）传播的一般特征

1. 社会性

传播是人类为维持社会生活而进行的一种社会行为。人类传播的重要意义就是建立社会联系,任何传播行为都不能离开社会,人类社会也离不开传播行为。

2. 普遍性

传播行为是无处不在,无所不有的。公共关系人员就要善于运用传播的普遍特性,运用各种方式,巧妙地传递社会组织的信息,去影响公众的态度,打动公众的心。

3. 工具性

人类的传播行为是利用传播作为工具来监测环境、适应环境,进而改造环境。对于公共关系工作人员来说,一切传播原理、传播方式、传播手段都可以拿来为我所用,充分利用传播,在社会公众中树立社会组织的良好形象和信誉。

4. 互动性

传播活动是在人与人之间进行的。它本来就应该是一种双向的、相互的行动。完全单向的信息传播是不可想象的。公共关系人员就是要根据这一特征,努力做到公共关系工作中的科学的、双向的信息交流。

5. 符号性

人与人之间的信息传播是依靠"符号"交流来进行的。这里所谓的符号,是信息

---

① 参见单振运主编:《新编公共关系学》,中国审计出版社、中国社会出版社2001年版,第365—366页。

的表现形式,包括语言、文字、声音、图画、形象、表情、动作等。在传播过程中,传播的一方制作、传递符号,另一方接收、还原符号。公共关系工作人员就要根据各种符号的特性,小至一举手一投足,大至新闻报道、综合性公共关系活动,来传递特定的信息。

6. 共享性

传播的目的就是要与传播对象一起共同分享信息内容。最有效的传播就是与人共享信息、立场、观念,并成功地建立某种共同性。公共关系就是力图通过科学的、有效的双向信息交流,同公众和社会达到相互了解、相互理解、相互谅解,乃至互相支持的效果。

(三) 公共关系传播的特征

公共关系传播除了具有传播所具有的一般特征外,还具有自己的独特特征。

1. 文化性

文化性是指组织自身的文化与外在的文化氛围。一个社会组织的内外公众与组织的沟通行为,主要表现在文化这一层次上。如果组织的公共关系活动商业气息太浓,买卖关系太重,就会让公众感觉不舒服,组织与公众之间的沟通就会出现障碍。人有生理、安全、社交、尊重和自我实现的需要,这些需要是呈阶梯型的,满足了初级层次的需要,人们就会有高级层次的需要。随着社会物质生活水平的提高,人们的生活追求越来越重要,"文化搭台、经济唱戏"已经成为自然的现象。因此,社会组织的公共关系传播不但要有市场意识,还要有文化意识。

2. 情感性

随着生活节奏的加快和生活水平的提高,人们越来越强调情感的交流,强调精神生活的愉悦。人们不仅从生理上,而且从情感上来把握和体验生活。例如,顾客作为"上帝"的享受已经不仅仅是物质上的满足,而且是一种心理上的满足与体验。公共关系传播往往是以情感人,达到理性方法所不能达到的效果。

3. 道德性

道德是人们应当遵循的行业准则和行为规范。在社会关系中,必然会表现为道德认识、道德情感、道德意志、道德信念和道德行为,表现为社会义务、良心、荣誉和幸福观念等,把对于社会的义务视为自身的使命、职责、任务和理想,是一种自觉的道德追求。为了他人的利益、为了将来的利益,需要做出有利于他人,有利于社会的行为。当履行自己的道德义务的时候,同时也可能得到社会舆论的赞扬,甚至得到社会给予的权利和他人给予的报答。

但是,对于组织来说,它并不以这些作为行为的动机和目的。社会组织在社会生活中对社会履行道德义务,负有道德责任;同时也把应负的道德责任变为内心的道德感和行为的准则,这就组成了组织的良心,是组织自觉地调整自己的行为。如果义务是自觉认识到的道德责任,那么良心就是对于道德责任的自觉意识。由于良心,要考虑"如果我是消费者会怎么样""如果我这样做可能会有什么样的效果";严肃地思考、权衡和慎重地选择,就不会以不正当的手段进行竞争,就会做到自尊、自爱和自律,有正确的荣誉感。在不断创造的过程中与公众分享幸福。成功的公共关系传播,往往会以道德的目的实现功利的效果。

4. 新奇性

人们对于新奇事物总是比较敏感的,会引起兴趣,加以关注,它也给人们的生活增添了新的情趣。不断创新的社会组织,由于活力,由于其新招迭出,将不断地赢得公众的青睐。所谓新奇,即首创之举。例如,成功的企业无论是对于其产品还是其他举措,往往是"嘴里吃着一个,手里拿着一个,眼里看着一个,脑子里还想着一个",总是领先一步。成功的公共关系传播不仅能给公众带来意外的惊喜,而且还有一定的新闻价值。

第二节　传播的类型

传播的普遍性决定了传播类型的多样性。从传播者的角度可将传播分为个体自身传播、人际传播、小团体传播、组织传播、大众传播、公众传播和国际传播;从信宿角度可将传播分为对内传播和对外传播;从信息内容角度可将传播分为认识层次的传播、情感层次的传播和行为层次的传播;从传播渠道角度可将传播分为直接传播和间接传播;从传播效果角度可将传播分为无效传播和有效传播;从信息反馈角度又可将传播分为单向传播和双向传播。公共关系的活动过程广泛涉及各种不同的传播方式,是综合运用多种传播方式的一种组织行为。①

根据以上分类,再结合具体的公共关系活动,我们把公共关系的传播活动分为人际传播、组织传播和大众传播三种类型。

一、人际传播

(一) 人际传播的概念

人际传播是人与人之间直接的交谈、沟通等传播活动,是个体与个体之间的沟通交流,或者说是确定的个人之间的信息相互作用。作为最广泛存在的一种传播方式,人际传播是人类赖以生存和发展的最基本的沟通方式。人们之间的日常对话、电话通话、授课、微信聊天等均属于人际传播。

人际传播有两种类型:一是面对面进行的直接人际传播,它一般通过语言、动作和表情等媒介进行交流;二是通过中介进行的间接人际传播,通常通过电话、电报、QQ、微信以及书信等媒介进行交流。随着现代科学技术的发展,通讯技术的不断更新,正在对人际传播的方式产生深远的影响,其突出地表现为不断更新与扩大第二种人际传播方式。可以说,现代社会里,人们日益面临人际传播方式的革新而带来的机遇和挑战。

---

① 参见陶应虎、顾晓燕主编:《公共关系原理与实务》,清华大学出版社2006年版,第105页。

良好的人际关系通常表现为交际双方的互相认同、情感相容和行为近似。而建立良好的人际关系有赖于有效的人际传播和沟通。公共关系人员在很多场合下需要个别地与职工、领导、顾客、记者等人交往,并与他们建立良好的人际关系,为社会组织营造良好的社会舆论。因此,人际传播是公共关系人员最为直接而具体的工作方式。①

人际传播的表现形式可以分为面对面的传播和非面对面的传播两种。所谓面对面的传播,即参与传播活动的双方均在同一时间和空间沟通交流,彼此能够看见对方的表情、动作,听到对方的声音。如两人交谈、多人就某一问题座谈讨论、发表演讲、召开会议传达某种信息、协商某一议题等。而非面对面的传播则是参与传播活动的双方并不在同一空间或时间内进行交流沟通,而是采用通信、打电话、发电报、寄送录音录像带或照片等方式来交流信息。

(二)人际传播的特征

人际传播作为一种普遍的、渗透于人类生活的各个方面的最基本的传播方式,具有如下特征:

1. 个体性和对象的明确性

人际传播是在个体之间进行的,如朋友、同事、夫妻、兄弟、师生等,从传播行为上看是属于两个个体之间的私人行为。同时,人际传播中的信宿一般是数量有限的,传播者对接受者的身份特征、社会背景状况、知识水平等情况都有较好的了解。

2. 信息传播的双向性

传播者将信息传递给接受者,从而对接受者产生一定的作用;接受者接受信息后作出相应的反应,对传播者产生反作用。两者的角色是不断转化的。

3. 双方参与度高

在人际传播中,参与的双方是处于互为主客体的传播关系状态。良好的人际传播,应该是双方平等的沟通。在交流沟通中,双方可根据需要不断地调整传播角色,既可以是传播者又可以是受众者,既可以发表自己的看法,又能倾听接受对方的意见。由于双方有了这种传播关系的基础,所以传播的双方都高度投入地参与了对共同面临的问题的交流讨论或沟通解决。

4. 信息交流的手段丰富,符号多样化

作为信息交流的载体——符号,是人类交流中不可或缺的手段。人际传播中人们所运用的符号最为多样:从口头的到文字、图像到音响,从仪表到特定的交往时空环境等,构成人际交往中的复杂符号系统,它从各个方面对交往过程中人的思想、感情产生综合性的影响。

5. 反馈速度快,双方易于相互调整适应

人际传播多数是面对面的或通过媒介直接进行的交流沟通活动,人们最容易通过观察对方的反应来不断调整自己的传播形式和内容,或者根据需要及时作出某种反

---

① 参见陶应虎、顾晓燕主编:《公共关系原理与实务》,清华大学出版社 2006 年版,第 110 页。

应,以表达自己的态度和情绪。反馈及时带来的好处是交流的双方最易于相互调整适应。

6. 人际传播是最富有人情味的传播方式

在一般情况下,人在交往中的感情投入和流露,是随着对象的增加而递减;对情感的直接体验,是随距离接近而加深和丰富。因此,个人私下直接交往的场合,比在公共场合,感情沟通的效果更为明显。采用人际传播方式最容易让人感受到情感的力量,是一种最富有人情味的传播方式。

7. 不利于信息广泛、迅速、准确地传递

人际传播由于受个人性的限制,一次传播的覆盖面十分狭小,要对大量的公众进行传播,其速度不如其他方式来得快。同时,由于个人间的传播双方参与度比较高,要把一个信息传给大量的公众,需要经过多层次的传播过程。因此,极易受到各个传播层次上的传播者的态度、情绪、传播能力等个人因素,或时空等环境因素的影响,而使信息失真或者形成传播上的障碍。[1]

二、组织传播

（一）组织传播及其类型

组织传播即组织与其成员、组织与其所处环境之间的传播与沟通。它是疏通组织的内外沟通渠道、密切组织内外关系的一种重要的传播方式。组织传播可以分为组织的外部沟通和组织的内部沟通。组织的外部沟通指对可能影响组织生存与发展的外部环境中的各种具有不同需要和利益关系的公众进行的各种传播活动。而一个组织的内部沟通主要有下行传播、上行传播和平行传播三种形式。

1. 下行传播

下行传播就是指通过组织的层级,上层将信息往下层传达的过程。下行传播是管理者发布指令,争取全体职工合作支持,采取行动的基本依据。有效的下行传播可以使职工准确、及时地完成上级布置的任务,并使职工认识其工作价值,激发荣誉感,消除对上级的疑虑和恐惧。反之,下达的信息就会被曲解或冷淡置之。

2. 上行传播

上行传播是指在一个组织中,下级人员向上级表达意见与态度的程序。所谓反映情况,汇报思想,就是上行传播。良好的上行传播能向决策层及时传递具体工作中的各种问题;同时,良好的下情上达也是与良好的上情下达相辅相成的。

3. 平行传播

平行传播是指组织内部各层级的横向交流,如部门与部门、科室与科室、车间与车间之间的联系。平行传播最重要的任务是协调组织内部各单位间、各职员间以合作一致的态度去完成共同的目标。平行传播具有以下优点:弥补上行传播和下行传播的不

---

[1] 参见纪华强、杨金德编著:《公共关系的基本原理与实务》,厦门大学出版社1999年版,第206—207页。

足;简化办事手续、节省时间、提高工作效率;培养组织的团体精神和员工间的友谊,并满足彼此间的需求。①

(二) 组织传播的特征

事实上,公共关系本质上也是属于组织传播行为范畴。因此,公共关系工作人员一定要对组织传播有更深入、更专门的了解。组织传播的主要特征有:

1. 特定的传播主体——组织

传播主体的特点,决定了组织的一切传播活动是"公共性"的,而不是"私人性"的。传播主体的特殊性,决定其对内对外传播上的巨大差别,决定了传播活动的多样性和复杂性。

2. 传播活动受组织结构的影响

组织传播和其他传播方式不同,它的传播活动深受本身的组织结构的影响。例如,组织结构规定信息传递的流向、速度,形成传播的层次性和有序性等特点。即使是组织的对外交流沟通,也常常会受到组织机构的制约。

3. 正式沟通与非正式沟通并存

任何组织沟通中都存在正式和非正式沟通两种形式:一种是层级式的正式沟通,另一种是自由的人际间的非正式沟通。这两种沟通如果能相互补充、相互支持,组织的凝聚力就大,就有活力。如果相左,将会造成不必要的内耗,组织的效率就会降低,人心涣散。

4. 多元化的公众

组织传播面对的公众比较复杂。针对各种问题,它面临着具有不同需求和利益关系的公众群体。而这些对象,可能是数量极其庞大松散的群体,也可能是组织严密的团体,还可能是富有社会影响力的个人。

5. 组织传播是一种受严格控制的传播

组织传播不同于人际间的随机性交流、沟通活动,它是受组织特殊目标制约的,受到组织机构严格控制之下的传播活动。因此,它的传播活动有很强的目标导向和计划的特点。

6. 传播方式和传播手段的多样性和复杂性

由于组织传播面对的是多元化的公众,在传播沟通上,必然要采用各种各样的与各类公众相适应的传播方式和传播手段去与之接触,进行沟通。因此,也就必然形成了组织传播在传播方式和传播手段运用上的多样性和复杂性。②

---

① 参见陶应虎、顾晓燕主编:《公共关系原理与实务》,清华大学出版社2006年版,第106页。
② 参见纪华强、杨金德编著:《公共关系的基本原理与实务》,厦门大学出版社1999年版,第209—210页。

三、大众传播

（一）大众传播及其分类

大众传播即传播者通过大众传播媒介（报纸、杂志、广播、电视和互联网等），将大量复制的信息传递给分散的公众的一种传播活动。"大众传播"一词的英文是"mass communication"。这里的"mass"包含三层意思：一是指规模庞大的传播机构，二是指大批复制的传播内容，三是指人数众多的传播对象。如果说人际传播属于点对点的传播，那么大众传播大体上属于点对面的传播。

从媒介角度来看，大众传播有两大类型：一类是印刷类的大众传播媒介；另一类是电子类的大众传播媒介。大众传播的迅猛发展，是现代社会科学技术高度发展的产物。

（二）大众传播的主要特征

1. 大众传播是一种间接性传播

大众传播过程需要经过大众传播媒介，传播主体和客体不直接接触。因此，受众的参与度较其他传播类型要低。

2. 受众具有广泛性、分散性与异质性特点

受众的广泛性即大众传播将信息传递给相对于人际传播而言数量庞大的公众；公众的分散性指受众在地理分布上比较分散，且传受双方相距甚远；公众的异质性是指受众在社会背景状况、受教育水平与知识水平、心理状况等方面存在许多不同点，他们分布于不同的社会群体之中。

3. 传播速度快，受众范围广泛

由于大众传播借助了大众传播媒介对信息进行了大量的统一复制，借助传媒的覆盖面，大大减少了信息传播所需要经过的层次，从而减少了传播过程中对信息准确性的损害，提高了传播的速度。因此，对于大范围的公众，大众传播的力量是其他传播方式所无法相比的。

4. 传递信息内容多样，形式丰富

大众传播所传递的信息一部分面向大部分社会公众，一部分面向特定受众。所传递信息内容多样、形式丰富，包括科学、教育、文化、体育、娱乐等内容。大众传播媒介刊播的内容大都经过精心组织与设计，以文字、图像、声音等符号为载体。

5. 大众传播信息的反馈较为困难

由于大众传播是间接传播，影响面又大，并且公众是分散的、互不联系的，大众信息反馈缺乏有效的渠道，要靠人们有意识地去搜集，所以传播者难以及时得到准确、充分的信息反馈。

6. 大众传播的高度专业化

大众传播需要经过媒介，而大众传播媒介需要经过从采写、编辑、设计到印刷、拍摄等信息复制的过程，已日趋专业化，每条信息经过媒介传出，都是经由一系列专业人

员协同工作的结果。

第三节　公共关系的主要传播媒介

公共关系活动的成败与否,关键在于传播。传播媒介是公共关系的中介,制造舆论、强化舆论都离不开对传播媒介的利用。

一、口头传播媒介

口头传播是人际交往中最常见的形式之一,不管是一般人际交往还是公共关系活动,都大量地采用口头传播的方式。口头传播媒介是以传播者发出的生理语音以及各种辅助手段为信息载体的信息传播工具。它是人际传播中的重要媒介,主要包括有声语言和无声语言两大类。

(一)有声语言

有声语言即口头语言,又称口语。口语传播专指传播者通过口腔发声并运用特定的词语和语法结构以及各种辅助手段向受传者进行的一种信息交流。

有声语言传播在公共关系活动中的运用是有技巧可言的。公关语言技巧是传播者在了解和认识传播规律的基础上,对语言的特点加以艺术性运用的一种方法,它是公共关系实务的基本传播手段,在日常接待、新闻发布、演讲、沟通性会议、公务谈判和演说等场合的应用非常广泛。它主要包括说话的技巧、听话的技巧,提问的技巧和演讲的技巧。

第一,在说话方面,首先,要讲究全身心投入,对讲述的内容要用词准确,有感情,声情并茂地表现出诚恳、认真的态度;其次,语言要通俗、生动、口语化,不要用生硬的书面语,更不要用套语和生涩的词语;再次,用词要准确简洁,用最少的、最精确的语言表述最多、最生动的意思;最后,要讲究流畅的语言和和谐的语言表达风格,并且在音量、音速和音顿上有所讲究,在使用副语言时也要达到准确、传神。

第二,在听话方面也要十分注意聆听的艺术。聆听的艺术是言语传播的重要技巧。首先,要全神贯注地听,做到尊重说话人以及他讲述的内容;其次,要用积极的反馈激发说话人的谈话热情,并运用表情和动作鼓励对方,以增加表达效果;最后,要多听对方的谈话内容,思考对方的每一句话包含的信息量,做到尽快与对方沟通。

第三,在提问方面要尽量使用双方都习惯和喜欢的问话方式。首先,要做到文明提问,尽量避免直接提问带来的不礼貌;其次,还要注意避免一次提多重问题,给对方的回答造成压力;最后,要注意提问的时机必须适当,所有问题必须围绕中心问题展开,不能问不着边际的问题,更不能离题万里。

第四,演讲也要讲究技巧。首先,演讲开头要引人入胜,用精致的语言、诚挚的情感引导听众的兴趣和注意;其次,表达要形象生动、传神;再次,要选择典型、有新意的事例,并适时将演讲推向高潮;最后,在演讲的结尾处要深刻、含蓄、耐人寻味。

(二) 无声语言

无声语言指的是各种人体语言,是以传播者的动作、表情等来传递信息的一种无声伴随语言。在公共关系传播中,无声语言是一种广泛运用的重要传播媒介,表现在视觉方面,又可分为动态的和静态的两种。它们的使用也是有技巧可言的。

第一,身体语言的使用。身体语言是以人的动作、表情和服饰来传递信息的一种无声语言。在传播中,身体语言表述的内容是丰富且复杂的。首语,即点头与摇头的意思,前者为肯定,后者为否定,有时它们的应用要比语言更生动、传情。手语,即用手所表达的丰富内涵,如手指构成的语言、手势、哑语以及握手传递的信息。足语,即用脚的运动表达的内容,如跺脚、来回踱步等。目光语,历来被誉为"心灵之窗"的眼神、视角以及视线传递的内容也是很丰富和微妙的。微笑语,是通过不出声的笑所传递的信息,主要由面部肌肉的运动来完成各种复杂信息的传递。姿势语,是人体的动态和静态所表达的信息内容,如鞠躬、立正等。服饰语,是指通过服饰和饰品所传递的信息,也是一个人素养、爱好和文化品位的显现。

第二,默语使用技巧。默语是指言语中短暂的间隙,往往能产生言外之意,话外之音。对于默语的使用有很多讲究。首先,要利用各种环境因素造成丰富的寓意,产生此时无声胜有声的效果。其次,讲求适度、实效。在使用默语时要借助有声语言,互相映衬。最后,要注意无声的感情,如戛然而止的强烈效果。[①]

二、印刷传播媒介

印刷传播媒介的历史比较悠久,人们掌握印刷技术后,就能够运用印刷传播媒介传播信息。现代技术如电子技术注入印刷技术后,印刷传播媒介又得到充分的发展,成为当今公共关系活动中运用最频繁的媒介。

印刷传播媒介指的是以印刷作为物质基础,以平面视觉符号(文字和图像符号)作为信息载体的传播信息的工具。印刷传播媒介主要包括:报纸、杂志、图书、宣传单等印刷品。这些印刷传播媒介对于公共关系宣传具有重要的作用。

(一) 印刷传播媒介的特点

与其他媒介比较,印刷传播媒介具有以下几个方面的主要特点:

(1) 印刷传播媒介是单纯的平面视觉传播媒体。视觉是较冷静的、偏向理智的信息感知器官。印刷传播媒介对人的理性所产生的影响大,虽然一般受众调查资料都显示电视的影响力已超过印刷传播媒介,但是如果从影响的长远效果来看,从对人的深层理性的影响看,印刷传播媒介的渗透力要超过电视。

(2) 印刷传播媒介对舆论领袖的影响最大。社会各界的精英、舆论领袖多数在媒介的接触上都偏好印刷传播媒介,他们的知识、信息的摄入大多来自印刷传播媒介,思想观念的形成受印刷传播媒介的影响也最为深刻。

---

① 参见王兴富主编:《公共关系实务》,中国经济出版社2002年版,第211—212页。

(3) 从传播者的角度看,信息传播的灵活性较强。这种灵活性主要表现在对传播空间选择上的灵活性和对内容处理上的灵活性。如印刷传播媒介可以根据需要选择覆盖的空间,扩大或缩小版面。对内容繁简、深浅的处理上也比电子媒介简便灵活。

(4) 从接受信息的对象看,信息接受的选择性较强。受众读不读印刷品,读哪个专栏、哪篇文章,是快读还是慢读,是详读还是略看,都可以自由选择。

(5) 可保存性强。印刷传播媒介可随时保存,不用花特别的工夫与特别设备和手段,保存的成本低廉,时间也长。

(6) 传播的重复性。印刷传播媒介易于重复使用。如一本杂志可随时翻看,多人翻看,一本书更是可以不断重复使用。

(7) 印刷传播媒介制作工艺较简单,总成本较低。

(8) 由于出版周期和传播发行环节等的限制,其传播速度不如其他媒介快。很难做到事情发生和报道时间的同时性。

(9) 印刷传播媒介的传播要受到受众文化水平、理解能力的限制。受众的文化程度、理解能力在很大程度上决定着其传播的效果。

(二) 各种印刷传播媒介

各种印刷传播媒介因其在编辑方法、内容特点、表现形式、对象范围等方面的差别,又有其各自的特点。

1. 报纸

报纸又称为新闻纸,它种类繁多,覆盖面广。报纸的优点是与全国的各社会组织有着传统的密切联系,是我国目前占首要地位的新闻媒介,其特点是弹性大、版面灵活,可以根据新闻内容、数量要求调整结构或安排版面,较少受限制。报纸的报道较细致、深入,既宜于处理反复思考问题,也宜于处理有深度的内容,一次读不懂可以再读一遍,直到读懂为止。另外,报纸上的资料便于检索和保存,可以剪贴、摘抄以供日后使用。报纸内容丰富,新闻性强,比较通俗,每期出得快,价格低廉,发行量大。报纸的主要缺点是受发行环节的限制,不如广播、电视等传递信息迅速、及时。

2. 杂志

杂志又称期刊,是一种重要的印刷性大众传播媒介。杂志的优点在于种类繁多、发行量大、读者范围广,同时其专业性和针对性强,读者群比较稳定,报道的内容深入细致。与报纸相比,新闻性杂志采编时间充足,经过细致加工,形成完整翔实的报道,既能给读者留下强烈深刻的印象,又具有学术价值和史料价值,易于保存,易于检索,便于读者重复阅读。杂志一般印刷精美,图文并茂,有较强的艺术感染力。杂志的缺点是:出版周期较长,时效性不如报纸、电视等。对于专业性杂志,受众较少,往往要求读者具有特定的专业知识和专项志趣。

3. 图书

相形之下,图书的出版印刷周期更长,读者群也更为狭小,因而其实效性和功能性稍嫌不足。但是,由于图书内容稳定,信息容量大,尤其是专题性介绍同类企业和产品的图书,如工商名录、年鉴等,具有供读者长期查找的资料汇编性质,而且一般是为图书馆所收藏,因此,在公共关系宣传方面也有特殊的功效。①

4. 其他印刷传播媒介

由组织自行编制的,用于宣传组织或商品的传单、宣传册、公关杂志等印刷品也是常见的印刷传播媒介之一。这类印刷传播媒介,从内容形式上、时间上都是根据特定的目的和特定的对象来策划安排的和设计的。因此,这类媒体的目标指向比其他印刷媒介更明确,传播的针对性更强,也更能保证适时的配合公关活动的需要。但是,由于是组织自行进行的宣传,公众对此类媒介的宣传存有戒心,所以这类宣传只要有点不当,很容易被视为自我标榜,进而损害传播的效果。另外,由于这类媒介是特意自行编制的,故一般投资会较大。

三、电子传播媒介

在各种传播媒介中,电子传播媒介是后起之秀,它是随着电子技术的发展而成为现代大众传播媒介的。随着计算机技术和卫星通讯事业的发展,电子传播媒介能够更加迅速地向更加广泛的公众传播信息,更加深刻地影响人们的思维和行为。因此,电子传播媒介成为公共关系宣传的首选传播媒介。

电子传播媒介指的是通过电讯器械和电子技术向公众传播商品信息和形象信息的传播工具。电子传播媒介主要包括:广播、电视、网络等。

(一)电子传播媒介的特点

电子传播媒介在传播史上是发展最快的新兴媒介,电子传播媒介的迅速普及应用是和其自身的特点分不开的。

1. 传播迅速

利用电子传播媒介传播信息较之经过采访、写作、编辑、印刷等过程进行信息传播显然是迅速多了。在现代化国家里,任何一个地方发生了重大事件,通过电子传播媒介,就能够在很短的时间里让分布在世界各地的公众知晓事件的全过程和具体细节。现场直播则不仅能传播声音而且能通过直观画面将现场的实况再现在公众面前,更具有价值。

2. 传播内容生动、亲切

电子传播媒介赋予受众一种身临其境的感觉,容易形成倾向性的心理气氛和舆论环境,或支持或反对,或理解或抵制,公众的集群性社会行为往往在电子传播媒介的助长作用下呈现出鲜明的一致性。尤其是电视声色俱全、形神兼备,集视听于一体,许多深奥的哲理和抽象的概念通过画面表达出来,使人更易于领会,易于与受众达成心理上的沟通,让人倍感亲切。

---

① 参见何修猛编著:《现代公共关系学——理论与技巧》,复旦大学出版社2002年版,第58—59页。

3. 受众范围广泛

电子传播媒介不像印刷传播媒介那样需要受众具有一定的文化程度,而是更适合于社会各个阶层的需要,甚至对少数民族地区,电子传播媒介还可以利用方言进行传播。

4. 影响大,传播效果好

电子传播媒介集视听于一体,充分调动人的感官,具有强烈的导向功能,信息的快速传递和大量重复能不断给受众以刺激,使受众无暇仔细思索就接受其推介的价值观念和行为方式。所以,现代社会中经常会出现各式各样的流行、时尚现象与电子传播媒介是分不开的。

(二) 几种主要的电子传播媒介

由于各种不同种类的电子传播媒介作用于人体不同的感觉器官,其信息状态也不尽相同,因此,它们在传播商务信息、影响公众心理、劝导公众消费行为方面又各具特色。

1. 广播

20世纪初广播技术研究成功后,迅速投入使用。广播作为一种电子传播媒介,是以语言和音响等作为传播的主要手段。它可以通过语音、语调、语速的变化和丰富的表现方法加强传播效果,具有感染力,能激发受众的想象。听众可以一边做事,一边听广播,互不影响。另外,广播覆盖面广,传播快,一般不受时空限制,能较及时、广泛地传播到受众;同时,广播节目的制作相对简单,费用低廉,接收设备普及。但是,广播的缺点也是较明显的,它是以口语化方式播放,节目内容不易深入,节目形式抽象,不像电视、报纸那样有影有形,对于感兴趣的节目内容,也不能像报纸、杂志那样易于保存和反复使用。

2. 电视

电视是一种将声响、文字和画面结合起来进行信息传播的电子传播媒介,主要供家庭使用。20世纪30年代开始,英、美、法等国相继建立了电视台。电视真正深入到广大的公众家庭之中,则是在第二次世界大战之后。但它的发展速度极快,现在已经得到了相当程度的普及。电视在传播时间上具有同时性,在传播空间上具有同位性。它综合运用文字、图像、音乐等,传播的信息直观、形象,具有亲切感,便于人们接受和理解,男女老少皆宜,不需要受众有较高的文化层次和艺术素养。电视借助有限系统或无线电波,几乎不受时间、地域、气候或环境的影响,传达到城市、边疆、千家万户。但是,电视节目按照一定的时间表播放,节目时间很可能与观众的工作学习时间相冲突,除了换频道,观众也没有选择节目的机会,而且节目制作成本高昂,广告费用甚至以秒计算。这样,许多机构和团体就花费不起了。

3. 互联网

互联网作为一种全新的电子传播媒介,随着计算机和通信等技术的发展而逐渐走进千家万户,走进人们的日常生活,同时也深刻地影响着人们的工作和生活方式。在传播学的定义里,达到 5000 万人的使用标准才会被称为大众传播。为实现这个目标,广播用了 38 年的时间,电视用了 13 年,而互联网仅仅用了 5 年时间。由此可见,互联网这个新生事物的发展速度是惊人的。互联网通过电话线和光缆将全世界各地的计算机终端连接起来,使得全球的计算机互联互通,人们可以在网络上实时地进行文字、数据、影像的交流和沟通,进行学习、工作或娱乐等。

互联网上的资料齐全、信息丰富、超越时空、高度开放、实时双向互动,发布新闻简便,以及它的自由、个性化、多媒体等诸多优点,使它在短期内得到了极大的发展和普及。相对于电视、广播等电子传播媒介,互联网在传播信息方面具有独特的优势:

(1) 传播速度更快,时效性更强,能够直接刊发信息,无须加工制作,具有即时传播的特点。

(2) 信息容量更大。信息网络是一个没有边界的世界,在这个无边界的数字化空间中,可以十分详尽地介绍各种商品信息和企业信息,满足公众深入了解的需要。

(3) 有效覆盖面更大。目前,全球互联网用户分布在 160 多个国家和地区。网络上刊发的信息,几乎是没有国界的,可以直接发至全球 160 多个国家和地区的网络用户。任何国家的公众只要点击相关网页,都能浏览其中的信息。

(4) 形式更加生动,视觉效果更好。互联网借助于各种以电脑为中心的硬件设备和软件技术,运用各种艺术汉字、美术字、图片、三维动画技术等多媒体开发工具,将文字、图形、表格、声音、动画融为一体,显得更加形象生动,吸引力更强了。

(5) 费用更低廉。在互联网上创作宣传作品,属于无纸化方式,创意设计和制作几乎不用材料费用,一切工作都可以借助计算机工作平台完成,而且在网上发布信息相对也比较经济。所以说,运用互联网创作、发布信息,具有显著的集约化效应,是实现"最小化投入、最大化收益"目标的最佳途径。

(6) 互动性强。多媒体技术的运用,使得网络不仅能够有效地处理文字和数据,而且能够处理图像、文本、音频等多种信息,将电脑、电视、录像、录音、电话、传真等融为一体,形成智能化的多媒体终端与人之间相互交流的全新操作环境。在这个内容特别丰富的信息网络中,公众通过点击相关网站,可以自由地检索自己感兴趣的内容,根据自己的需要深入寻找有关的信息,各取所需,既可简单,也可详尽,公众的阅读自主性得到了技术上的保障,具有公众参与性强的特性。此外,公众还能够主动用电子邮件等方法迅速与信息发布者联系,传播者与受众者之间的互动机制十分明显。

(7) 灵活性。传统的媒介信息不能随意更换,但是互联网上的信息内容可以随时、轻易地更换掉,有利于及时传递企业和商品的最新信息,强化信息的时效性。

(8) 逼真性。信息网络借助多媒体技术能够提供集协同工作、娱乐、消费等于一体的综合虚拟空间。多媒体具有多重感官的刺激功能,能够使公众的多种感官同时感知信息,其宣传效果明显优于单一感官接受信息的宣传效果。特别是其虚拟现实技术,通过计算机创造出真实的环境,当公众戴上带有电视屏幕的头盔和数字手套时,三维图像和虚拟的声音、感触可以使得公众产生身临其境的感觉,逼真地接近实物。

(9) 持续时间长。从技术上讲,互联网的传递模式是数字化信息的复制,信息复制传递之后,源信息还存在,没有时间、地点的限制,只要网上内容没有被删除,公众可以随时随地查询相关内容。

(10) 易统计性。对传统的媒介宣传效果进行测试具有一定的难度,不能准确地判断报纸和杂志阅读率、电视收视率和广播的收听率。而在互联网上发布信息,借助软件技术则可以迅速统计出浏览信息公告的人数以及时间分布、地理分布等情况,这样就可以相当准确地评估宣传效果,并针对性地提出相应的网上信息传播策略、创意策略和发布策略,提高宣传效果。①

然而,互联网也有缺点,如信息缺乏控制,网络信息交流的随意性导致信息泛滥;进行信息交流的双方信任度不高,黑客和病毒层出不穷,在使用互联网时安全性较低;另外,由于我国经济发展的制约,计算机及互联网在许多农村地区和欠发达地区的普及率不高,互联网传播的广度受到限制。

相信随着社会经济的发展、网络信息制度的健全以及对网络行为的有效规范,互联网一定可以更好地起到传播沟通作用。对公共关系人员而言,帮助组织在互联网上建立自己的网站,以期建立与公众更有效的交流与沟通的平台,树立组织的良好形象,是一个值得努力的方向。

四、其他传播媒介

在公共关系活动所运用的传播媒介中,除了以上所介绍的口头传播媒介、印刷传播媒介和电子传播媒介以外,还有其他一些媒介。

1. 户外媒介

户外媒介是指利用霓虹灯、广告牌、路牌、气球、市政公共建筑等传播宣传信息的渠道。户外传播媒介的宣传内容一般比较简单,侧重于企业名称、品牌名称的宣传,对于提高企业的知名度、刺激公众的消费欲望具有一定的作用。

企业在城市高层建筑和市政公共场合设置五光十色的霓虹灯,由于色彩鲜艳,容易给人们的感觉器官以强烈的刺激,让人们一目了然,留下深刻的印象。但是,这种媒体受场地的限制,没有流动性,辐射面较小,即使是在繁华的闹市地段,公众也很难驻足观看,因此,其宣传效果一般比较微弱。此外,由于户外传播媒介信息载量有限,因而不能有效地展示企业和品牌的整体形象,但有利于特色信息的传播。②

2. 交通媒介

交通广告是户外广告的一种运用,包括在室内的交通公共场所,特别是大众交通运输工具里,如我们搭火车或地铁时,常常在车站墙壁上、车厢里看到各种灯箱、海报、悬挂横标广告以及贴在大众交通工具外面的车体广告,这就是所谓的"交通媒介"。

交通工具作为传播媒介,有其优点:(1) 它是一种流动性媒介,辐射范围相对较

---

① 参见何修猛编著:《现代公共关系学——理论与技巧》,复旦大学出版社2002年版,第61—62页。
② 同上书,第63页。

大,加上乘坐交通工具的人多,阅读对象遍及全国各地、各阶层、各职业和各年龄段,有利于提高企业的知名度。(2)制作简单,费用低廉。(3)信息精简,内容集中,突出了企业的特色形象,有利于提高知名度。然而,交通媒介也有其缺点:(1)一般人在搭乘交通工具时,大多是行色匆匆,所以对大部分交通媒介视而不见的情况很多。(2)大部分大众交通工具都有一定的路线,使得交通媒介无法遍及全国各角落。(3)交通媒介与户外媒介在属性上相似,也都只能搭载简单的信息,无法传达更详细或需要深入介绍的信息。

3. 实物媒介

实物媒介是指实物上包含有某种信息,实物充当了信息传递的载体。它包括产品、公共关系礼品等。

产品,其本身就是一种典型的实物媒介。产品运载信息的要素有品牌、商标、包装、外表形态、内在质量、售后服务以及广告设计等。

公共关系礼品包括两层含义:第一,非商品化。它必须是一种不进入(或尚未进入)市场流通的物品,常常需要社会组织根据一定的公共关系目标设计制作,让其成为传递组织信息的一种载体。它的形式有本组织产品的微型样品,为即将进入市场的新产品做舆论向导的物品等。第二,公共关系礼品的交际价值大于礼品的使用价值,因为其中还有信息价值和感情价值的成分。

实物媒介除了产品和公共关系礼品外,还有象征物、购物袋、宾馆内的手提袋、餐厅内的烟灰缸等。

4. 人体媒介

人体媒介是指借助人的行为、服饰、素质和社会影响作为传送信息的载体。它包括组织成员(从领导到员工)的形象、社会名流、新闻人物以及能够影响社会舆论的其他公众等。

以员工形象为例,它是组织形象的重要组成部分。其中包括员工的内在素质、外表行为(谈吐举止、面部表情、服饰等)以及隐于其中的行为规范、交往技巧等。例如,一家大型购物中心的员工服饰统一得体。这一载体传递给公众的不仅仅是一种整体的视觉识别,更重要的是在传播一种企业的精神和企业的经营作风,让顾客走进店门就有一种信任感,相信在这样的公司购买物品不会受骗上当。因此。人体媒介在公共关系传播中有其独特的形象影响力。

五、选择传播媒介的依据

面对形形色色的传播媒介,公共关系工作人员在传播活动中的选择余地越来越大,但是公众的注意力却相对被分散了。因此,"如何选择能够成功掌握目标公众注意力的传播媒介"或者"如何有效地接触到目标公众"成为公共关系传播活动中的重要问题。要解决这些问题,就要求公共关系工作人员在进行媒介规划或选择时,应充分考虑以下几方面的因素:

（一）目标公众接触媒介的习惯

在讨论传播媒介的运用策略之前，我们必须首先了解各种媒介与目标公众之间的关系。一般公众每天所接触到的媒介种类非常多，如电视、报纸、杂志、广播、互联网等。然而，公众不会在各种媒介上花同样的时间和心思。举例来说，一位家庭主妇会花两三个小时看电视，但大概只花十几分钟的时间看报纸；一位年纪较大的老人家，可能会花一个小时收听广播，但却不会上网；20世纪90年代以后出生的新生代，他们大部分人花在互联网上的时间，可能会是其他年龄层的2—3倍。当某一公共关系项目的目标公众属于上述三种人之一时，公共关系工作人员一般会采取他们比较经常使用的媒介与之接触。例如，针对年轻人，在传播媒介的选择上，必须提高互联网的使用比例，因为如果不这么做的话，组织就有可能无法有效地接触到他们。因此，选择传播媒介最重要的就是要找出最能暴露在目标公众面前的媒介，以提高目标公众看到信息的几率、频率。对于目标公众习惯选择的媒介，各种民意调查、媒体调查都能提供数据上的参考。

（二）媒介特点与传播目标

选择什么样的公共关系传播媒介，与公共关系的传播目标有相当大的关联性。组织信息的传播是要让受众"知晓"？还是希望改变受众的"态度"？或是希望受众依照信息的指示采取支持组织的"行动"？不同的传播目标可能需要不同的媒介来达成。例如，当我们只是想"告知"目标公众某些信息时，可能需要告知性能比较高的媒介，如招贴海报、电视广告、大型造势活动等。又如，当我们想要针对某些特定公众进行说服，以期获得这些公众的支持时，那么可能必须采取一对一的媒介，如个人拜访、邮件或游说等方式。如要深入介绍，则可以采用一些由组织本身所创造的可控媒介，如组织出版的小册子、DVD广告等；或者采用那些可以让受众与组织进行沟通、互动的媒介，如互联网、电话等。换言之，从媒介的功能面来考虑，哪些媒介比较容易达成公共关系的传播目标，是公共关系工作人员进行媒介选择时需要考虑的第二个考虑。

（三）媒介的成本

当公共关系活动经费充裕时，我们当然可以选择最高成本媒介（如电视）来接触受众。然而，一般来说，公共关系方案的媒介成本常常不会比广告预算来得充裕，这是由于一般人误以为公共关系是不需要媒介经费的，其使用的是"免付费媒介"，但这是指购买媒介的成本，并不是接触成本。

比较客观的媒介成本计算法，是计算"需要花多少钱才能接触到受众"。最概略的算法是CPM分析法，这是以媒介接触到每千人为一单位，称为"每千人成本"。例如，我们在某媒介上花费了10万元的费用，根据该节目的收视率资料，可算出该媒介约可接触到100万人，所以分摊到每个人的成本刚好是0.1元，而接触到1000人的成本则是100元。又如，我们通过寄邮件的方式接触受众，以接触一万人为例，每份邮件要5元成本，则接触1000人需要花费5000元。假设我们花30万元办一场活动，通过

60万人看的有线电视播送出去,则每千人成本为 300000/600000 × 1000 = 500 元。然而,CPM 的算法并不代表公共关系人员能很精确地评估该信息对受众所造成的效果,仅能提供在规划媒介经费时一个较为客观的决策因素。需要注意的是,信息本身能够接触到受众,并不代表就能吸引受众的注意力,甚至让他们接受或根据信息来采取行动。

一般来说,购买电视、广播等以时间计费的媒介,其计费方式是采取"档次"制度,档次就是指"信息播出的次数",以电视广告来说,30 秒一档,意味着"广告播放一次 30 秒"。电视台或广播电台对于时间都是倾向以定时的方式出卖,如 15 秒、30 秒、1 分钟。平面媒介则是卖篇幅,也就是在报纸上占据的空间,由于报纸本身的分量多,所以位于哪一个版面,是重要的计费标准,通常第一张,也就是头版,因为最显著,最容易让目标公众接收到,所以价格往往也最高,其他越里面的版面,因为被翻阅的机会低,所以价格也较低。杂志的广告计费方式也是如此,通常杂志倾向以卖出整页或跨页的方式,以求取其编排文章时的完整性,但如有特殊需要,和杂志社商量也可以买到较小的版面。

考虑到媒介的成本,在公共关系实务上有两种方式来作媒介规划或选择。第一种是由客户提出预算总额,公共关系工作人员在这个基础上去作选择或安排,以期发挥最大的宣传或沟通效益。第二种是根据公共关系工作目标的要求,以能够完成此要求的各种媒体组合来计算最小所需的成本大致是多少。当预算经费不足而必须缩减理想的媒体规模时,公共关系工作人员通常会以媒介效果来作为取舍的标准。

（四）传播效果

媒介是信息传播的载体,不同的媒介运用,会产生不同的信息效果。例如,将一个产品信息放置在电视广告中,或将该商品信息放置于一部连续剧里面,并由媒介来宣传的效果,造成的信息可信度会更大,受众对此商品信息的心理抵抗力也会降低,因此,任何一份公关媒介宣传都不能对此加以忽略。由于以新闻的形式出现在大众媒体的信息具有较强的可信度,因此,许多公共关系工作人员都想尽办法把他们所要传达的信息包装成新闻或节目,安排到大众新闻媒体上,以得到更大的效果。比较常用的方式有：

1. 提供节目

大众传播媒介的经营是靠广告收入,而媒介的受众则希望从这些媒介中获得的是新闻或事件的报道,因此,公共关系工作人员应该提供给这些媒介的受众想要知道的节目。例如,安排客户上电视来当嘉宾露面、向电视台提供新闻报道、提供电子新闻录像带、提供信息性广告等等,这些都可以为大众传播媒介的节目增加更多的内容。

2. 运用"植入式营销"

植入式营销是指将产品或品牌及其代表性的视觉符号甚至服务内容策略性地融入电影、电视剧或电视节目内容中,作为演员使用的道具或通过场景的再现,让观众留下对产品及品牌的印象,继而达到营销的目的。

这一营销策略早在20世纪中期的好莱坞电影中就已经被广为利用：当时企业透过赞助道具的方式，将商品提供给电影公司作为拍摄电影之用。例如，在一个厨房的场景中，观众可能会看到电影中的烤箱品牌或是电冰箱品牌，这些都是企业所提供的真实商品，只是观众对于这样的信息不但没有戒心，还可能因为对电影的印象深刻，而不知不觉地记住了男主角在某品牌电冰箱旁边的情景。20世纪80年代全球卖座的好莱坞电影《E.T.外星人》，片中迷路的外星人捡到贺喜巧克力的场景，深深烙印在观众心中，随着这部电影的全球放映，贺喜巧克力的销售量大增。植入式营销的逻辑在于降低受众抵抗力，使信息能够不知不觉中深入人心，有别于一般广告逻辑的冲击力效应。

随着媒介环境和营销方式的深入变化，植入式营销逐渐从单一的节目建立简单关联，逐步发展到品牌与节目结合的更高层次。从目前所见各种媒体内容的植入方式，我们可将植入式营销分为五种运作模式：场景植入、对白植入、情节植入、形象植入和整合植入。

（1）场景植入。是指品牌视觉符号或商品本身作为媒体内容中故事发生的场景或场景组成的一部分出现。

（2）对白植入。是指在电影、电视剧、小说等中通过人物的对话巧妙地将品牌植入其中。在《阿甘正传》电影里有一句经典台词："见美国总统最美的几件事之一是可以畅饮'彭泉'汽水。"在《一声叹息》里，徐帆时刻不忘提醒亲朋好友："我家特好找，就在欧陆经典。"

（3）情节植入。是指某一品牌的商品成为推动整个故事情节的有机组成部分，品牌或商品不再仅仅是在生活场景或人物对白中出现，而是几乎贯穿于整个故事。例如冯小刚的贺岁片《手机》，电影几乎是摩托罗拉手机的品牌秀场，只是这种纯粹的情节植入，忽略电影情节与品牌形象和个性内在的契合性，虽增加了摩托罗拉品牌的曝光率，但无助于其品牌形象的提升。

（4）形象植入。是指根据品牌所具有的符号意义，将某一品牌的商品或服务，植入电影、电视或其他媒体之中，成为故事主人公个性和内涵的外在表现形式，同时通过故事情节或生活细节，不断演绎品牌原有的意义，丰富品牌内涵，增强品牌的个性，进一步提升品牌形象。

（5）整合植入。是指品牌在节目、电影、电视剧中，通过各种植入方式，在不影响节目进程的同时，迅速传递品牌形象，从而达到吸引观众注意力、传播品牌的效果。这种将品牌与广告整合植入的方式，是一种比较含蓄、潜在的广告方式。例如，湖南卫视和"蒙牛"合作的家喻户晓的平民选秀节目"超级女声"，通过海选现场的广告牌、背景灯、跳动的"蒙牛"LOGO（动态图形）以及评委席上的产品特写等方式全面传播"蒙牛"形象，使"蒙牛"更具有自然吸引力，成为奶制品中的一大品牌。①

---

① 参见刁丽俊：《浅论植入式广告发展的新趋势》，http://www.baoshandaily.com/html/20100309/content_12680997464963.html。

3. 制播"公益广告"

公益广告是以为公众谋利益和提高福利待遇为目的而设计的广告,是企业或社会团体向消费者阐明它对社会的功能和责任,表明自己追求的不仅仅是从经营中获利,而是过问和参与如何解决社会问题和环境问题这一意图的广告。它具有社会的效益性、主题的现实性和表现的号召性三大特点。公益广告并不是具有商业诉求的广告,而是关心某一族群或议题的广告。公益广告虽然是组织具名,甚至付费购买,但是却能有效凸显组织关心弱势群体或社会公益的良好形象。

从广告发布者身份来看,公益广告可分为三种:

(1) 媒体直接制作发布的公益广告,如电视台、报纸等。例如,中央电视台就经常发布此类广告。这是媒体的政治、社会责任。

(2) 社会专门机构发布的公益广告。例如,联合国教科文组织、联合国儿童基金会、世界卫生组织、国际野生动物保护组织分别发布过"保护文化遗产""儿童有受教育权利""不要歧视艾滋病人""保护珍稀动物"等公益广告,这类公益广告大多与发布者的职能有关。

(3) 企业发布制作的公益广告。例如,波音公司曾发布过"使人们欢聚一堂",爱立信发布过"关怀来自沟通"等公益广告。企业不仅做了善事,也确立了自己的社会公益形象。

从广告载体来看,公益广告可分为媒体公益广告(如刊播在电视、报纸上的广告)和户外广告(如发布在车站、巴士、路牌上面的公益广告)。

公共关系工作人员通过制播公益广告可以借此提高组织的形象,向社会公众展示组织的理念。这是由公益广告的社会性所决定的,使公益广告能很好地成为组织与社会公众沟通的渠道之一。

(五) 媒介创意

由于各种媒介之间的竞争日趋激烈,许多媒介已经高度同质化,难以引起一般受众的注意。因此,媒介规划人员纷纷开发具有创意的新媒介,以吸引大众的注意。媒介创意就是发掘新的媒介空间,展现新的媒介形式。例如,面巾纸就是一种创意开发出来的媒介,一张实用的面巾纸,外包装上可以印上想要传达的简单信息,而一般人在收到面巾纸时,因为其实用性不会随手丢弃,反而会好好保管利用,因此也就造成信息会被重复阅读的可能性。

针对大楼住户,在车库出口处的栏杆上以喷绘布条传递信息,也是一种到达率很高的新媒介。因为每一位住户只要开车出去,一定会在这个栏杆前停留十几秒,等于强迫住户必须注视这些信息。除了新媒介的开发之外,在传统媒介上用新的展现形式,也是值得鼓励的一个方向。例如,台湾地区的"中华电信"为了争取更多市场占有率,在国际机场大厅制作了"中华电信班机"的灯箱广告,最有趣的是这幅灯箱广告是飞机造型,还配有立体造型的机翼。这种造型广告非常抢眼,主要在于强调"中华电信"是"最多人选择"的电信公司。

(六) 媒介的时间安排

信息应该是天天播放？一周播放一次？还是播放三天，停两天，再播放三天？类似这样的思考，基本上是着眼于媒介经费的思考。就安排媒介的时间来说，媒介安排的时机，分别有连续性、间断性、脉动性与密集性四种。

1. 连续性

公众在任何时段里都能接受到广告信息，这种细水长流的广告安排需要较多的广告预算支持，适用于非促销性广告、组织形象广告。通常这种方式适合于新产品、受众不太容易了解以及组织希望受众在一段时期时时注意的高警示性信息。对于这种在一段期间内（如半个月）投入高预算，采取的连续性策略，有人称为"集中策略"。例如，在SARS爆发流行期间，政府有关部门每天透过各种媒介不断发送防疫信息，以提醒民众提高警觉。

2. 间断性

广告出现一段时间之后，便静止一段时间，再出现一段时间，断断续续、交叉出现。通常在广告预算有限的情形下，会出现这种广告安排形态，希望藉由短期密集投放，弥补整体量上的不足。当资金有限且组织提供的信息对受众来说，具有淡旺季或季节周期性时，适合采取这种策略。

3. 脉动性

脉动性是以上两者的折中，维持连续性广告的形态，但在特定时点特别加强，以强化广告效果。

4. 密集性

可以说是间断性的相反形态，平时不做广告，但在特定时点会密集强打，通常用于产品促销广告或特定信息发布。[1]

第四节 公共关系传播的主要手段

一、公共关系新闻传播

新闻传播是公共关系活动中运用最广泛和最有效的手段，它是公共关系人员从事公共关系活动，树立组织形象的最基本的工具。

(一) 公共关系新闻传播的特点

公共关系新闻传播相对于公共关系活动中的其他传播行为而言，具有以下突出的特点：

1. 新闻传播的广泛性

公共关系新闻传播活动能最为广泛地、较为系统地、不断地把组织的状况或与组

---

[1] 参见姚惠忠：《公共关系理论与实务》，北京大学出版社2004年版，第166—171页。

织有关的问题,向公众进行报道,它是让公众全面了解组织的最有效工具。公共关系新闻传播活动所具有的这种广泛的、系统的、持续不断的传播优势,是其他任何单一的公共关系传播媒介难以具备的。

2. 新闻传播的客观性

在组织公共关系工作中,新闻传播无论是通过记者采访,还是公共关系部门自己组织人力采写新闻报道,都是站在第三者的角度,对组织新近发生的有价值的事件进行客观的宣传,这种宣传与广告宣传截然不同。正是由于新闻传播具有这种特殊地位与作用,能够对传播的内容进行客观报道,因此使受众对其所传播的内容产生客观的印象和客观的感受。

3. 新闻传播的免费性

通过新闻传播媒介客观地报道一个组织的重大活动或新闻事件,对特定的组织来说是一种免费的"公共关系广告宣传",是扩大组织知名度与信誉度最经济、最合算、效果最好的公共关系活动方式。但享受这种优惠"待遇"的企业或组织,只能是那些脚踏实地、认真对待产品质量,不断提高服务水平,注重自身信誉和形象的企业或组织。

4. 新闻传播的可信性

新闻报道尽管不需要被宣传的组织或企业支付任何费用,但新闻是有价值的。新闻价值的首要因素是指新闻的真实性。新闻的真实性要求新闻工作者和公共关系工作人员要"根据事实来描写事件",做到正确、全面、真实、客观。正是由于这种新闻价值的存在,新闻传播才能够赢得社会各界的信任。[①]

(二) 新闻价值标准

由于公共关系新闻传播活动具有以上这些特点,决定了公共关系新闻传播活动在公共关系传播活动中占有最重要的地位,成为公共关系传播中最经常采用的手段。那么,到底什么称得上新闻?什么会让读者感兴趣?下面提供几个衡量的标准,若具有其中一项或几项,则可称之为"新闻"。

1. 时效性

新闻并非只是最近所发生的事情,确切地说,应该是事件的各种新发展阶段,重点不在于事件何时"发生",而是在于事件何时被"得知"或"更新"。例如,二战结束虽然距今已经有七十多年了,但是有关战时的许多机密,都是最近十几年甚至最近几年才一一解密公布,每次公布都能成为新闻。

2. 及时性

及时性指的是媒体处理新闻信息的效率。由于媒体有截稿时间,所以对于信息的传播,通常会受到截稿时间的影响,对于具有公共关系需求的组织来说,应该改善新闻发布与传达的速度,以利于媒体的作业并尽量能及时播出或刊出。

[①] 参见谭昆智:《公关原理与案例剖析》,清华大学出版社2008年版,第99页。

3. 接近性

媒体重视地区公众所关心的新闻及角度,因为只有这类新闻才能与媒介受众产生联结。也就是说,信息与受众在空间或心理上的距离越接近越好,因为媒介受众关注的是他们熟知的人物、地方与事件(需求)。

4. 特殊性

"物以稀为贵",越新奇的事物、越少发生的事情,其新闻价值越高。例如,我国台湾地区一家加油站设置了一座五星级的厕所,让顾客在加油的时候,可以去享受一下五星级公厕所带来的舒适感。这就是一则具有特殊性的新闻。

5. 重要性

对国计民生影响巨大的事件,媒介受众基于生存或发展的需求,会密切注意此类新闻。例如,政府对金融市场调节的新措施,自然会引起金融界、产业界与相关公众的高度关切。

6. 显著性

所谓名字制造新闻,这是媒体能见度的问题。因此,选择某项领域的专家、学者或知名度高的人物,为组织或产品代言,比较容易吸引媒体的注意,而且他们所发表的意见和看法,比较容易获得公众的信任,所以显著性越高代表可看或可听性越高,从而使相关信息出现在新闻媒体的机会大为提高。

7. 冲突性

具有冲突性的消息,是新闻界最喜欢报道的新闻素材。冲突情景往往是记者深入挖掘或剖析事件背后因素或内幕的好题材。然而,值得注意的是,新闻记者在处理具有冲突性的新闻时,多半会采取"平衡报道"的原则,也就是让冲突双方的说法都能呈现。例如,一项抗议行动的报道,记者会同时反映出抗议的一方与被抗议的一方的立场和说法。

8. 人性或趣味

新闻界对于充满人性或趣味性的故事、题材,通常有很高的兴趣。例如,能够赚人眼泪、令人心生感动或具有幽默性的新闻,常能引起媒介受众的关注、兴趣或满足媒介受众使用媒体的休闲娱乐性需求。有关人性或趣味性的题材包括了金钱、英雄崇拜、生活兴趣、嫌疑、男女情爱、科技进步等。[①]

(三) 制造新闻

对于一个组织来说,要想得到更多公众的支持,就必须提高本组织的知名度和美誉度,如果本组织经常可以在新闻报道中扮演主角,无疑对达到这个目的是十分有利的。因此,在组织的公共关系活动中,常常要采用"制造新闻"的做法。

所谓"制造新闻",是指公共关系机构在真实的、不损害公众利益的前提下,有计划地策划、组织、举办具有新闻价值的活动、事件,吸引新闻界和公众的注意和兴趣,争

---

① 参见姚惠忠:《公共关系理论与实务》,北京大学出版社2004年版,第196—197页。

取报道的机会,并使本组织成为新闻报道中的主角,以达到提高组织知名度、扩大社会影响的目的。例如,和新闻界联合发起和举办一项有意义的社会活动;邀请名人主持剪彩、落成、庆典等活动;举办公众感兴趣的有奖竞赛;创新经营方式,搞别出心裁的特别节目等。①

与一般的新闻报道相比,这种制造出来的新闻在新闻价值、传播效果以及目标导向等方面要更胜一筹。首先,由于这类新闻事件并不是自然而然地产生与发展的,而是经过公共关系机构和人员主动策划和精心安排的,因而会比一般的新闻更具有新闻价值,也更符合本组织的需要。其次,由于经过加工,这类新闻往往更富有戏剧性,更能迎合公众的兴趣、吸引公众的注意力。因此,制造新闻的传播效果较突出,能有效地吸引社会注意、提高组织知名度。最后,由于这类新闻事件一般都明显地与策划该活动的组织的公关目标相联系,因此,新闻事件的发展以及所造成的影响都有很明显的目标导向。

显然,制造新闻是一种有效的广告策略,往往花费不多,效果却极好。在许多免费的宣传性的公共关系活动中,制造新闻是最主动、最有效的传播手段。但我们在制造新闻时,也应该注意以下几点:

第一,这类活动必须是能真实地反映一个组织的状况,而不能将它作为一种弄虚作假或粉饰的手段。也就是说,制造新闻必须是以真实事件为基础,从中挖掘出新闻价值点,吸引新闻界的报道。

第二,这类活动必须是符合公众利益的,应该把社会效益问题放在首位。也就是说,这类活动的主题必须有益于社会和公众,并能激起公众的广泛兴趣。活动过程中,必须将实际的社会效益放在首位,并具有典型意义,从而使事件的报道引起良好的社会效应,明显提高组织的社会知名度和美誉度。

第三,这类活动的策划要尽可能使之做到合情合理、师出有名。注意避免令人产生生硬、做作的感觉。也就是说,要注意对自然产生的新闻时机的利用,对社会舆论关注重点、热门社会话题等的利用。

第四,这类活动要精心组织好新闻材料,特别是要在材料中将活动或事件的过程、特点以及社会意义作详细介绍。活动中要主动安排新闻界人士参加,提供一切实地采访的方便。

二、公共关系宣传

宣传和传播是两个具有从属联系的概念。传播是指人类所有的信息传递,而宣传是传播范围内的一种具体的传播形式,也就是说传播包含宣传在内,宣传是传播的重要手段之一。

---

① 参见陶应虎、顾晓燕主编:《公共关系原理与实务》,清华大学出版社2006年版,第128页。

(一) 公共关系宣传的概念

公共关系宣传是公共关系传播工作者在公共关系传播活动中为了让社会公众了解本组织的有关信息而进行的各种对外公开的传播方式。

公共关系新闻和公共关系广告也应当属于公共关系宣传的范畴,只因为这两种传播方式在公共关系传播中的特殊作用才将其进行专门的分析。因此,公共关系宣传这一概念,就有广义和狭义两种理解。广义的公共关系宣传是包含公共关系新闻、公共关系广告和公共关系其他宣传形式在内的宣传体系。狭义的公共关系宣传单指除公共关系新闻和公共关系广告外的其他一些专门的公共关系宣传形式,如各种公共关系报刊、小册子、书籍、其他印刷品和 CI 传播。

(二) 公共关系宣传的方式

除了新闻传播和广告传播外,还有许多由组织直接制作、控制和实施的传播媒介和手段,其宣传功能往往比较直接,能方便、灵活地配合组织的需要完成传播活动,达到公关目的。公共关系宣传主要包括以下类型:

1. 公共关系报刊

公共关系报刊是组织直接控制的媒介,它包括组织自己拥有的杂志、报纸、快讯等。一般来说,它可分为内刊和外刊两类。

第一,内部刊物。它是组织内部沟通的媒介,其形式一般以小报和小型杂志为主,其发行量视本组织的需要人数而定,内容多是组织成员所关心、期待的事情。

第二,外部刊物。它是组织对外的传播媒介,一般是研究和针对某类公众的特点和需求,专门为他们编写的,提供组织某一方面内容的固定刊物。

另外,还有公共关系传播使用的小册子和专门性书籍。这些都是为配合特定的主题而专门编辑出版的宣传性出版物。有时由于具体情况的需要,还要配合一些其他印刷品,如卡片、传单、海报和各种宣传活页、宣传单等等。

2. CI 传播

CI 是英文"Corporate Identity"的缩写,有些文献中也称 CIS,是英文"Corporate Identity System"的缩写,直译为企业形象识别系统,意译为企业形象设计。CI 是指企业有意识、有计划地将自己企业的各种特征向社会公众主动地展示与传播,使公众在市场环境中对某一个特定的企业有一个标准化、差别化的印象和认识,以便更好地识别并留下良好的印象。

CI 一般分为三个方面,即企业的理念识别——Mind Identity(MI)、行为识别——Behavior Identity(BI)和视觉识别——Visual Identity(VI)。企业理念,是指企业在长期生产经营过程中所形成的企业共同认可和遵守的价值准则和文化观念,以及由企业价值准则和文化观念决定的企业经营方向、经营思想和经营战略目标。行为识别是企业理念的行为表现,包括在理念指导下的企业员工对内和对外的各种行为,以及企业的各种生产经营行为。视觉识别是企业理念的视觉化,通过企业形象广告、标识、商标、品牌、产品包装、企业内部环境布局和厂容厂貌等向大众表现、传达企业理念。CI 的核心目的是通过企业行为识别和企业视觉识别传达企业理念,树立企业形象。

CI 传播具有形象的个性化、专有化、统一化、系列化的特点,它是一个组织整体系统的标志。CI 传播通过这些显著的标志具有本组织与其他组织相比较时的形象识别功能和形象渗透功能。

CI 的内容包括 CI 构成的基本要素和应用要素。前者主要指组织的名称、产品的品牌、组织的徽记、产品的商标、专用的字体和色彩以及独有的图案和音乐。后者主要指基本要素在产品中的应用,主要有产品系列、礼品系列、办公用品系列、宣传品系列、环境系列、运输工具系列、人员服饰系列、事务用品系列、营销活动系列、广告宣传系列和特别活动系列等。在各种各样的系列中,都能看到本组织的各种 CI 标识,组织的宣传渗透到每一个细节。

另外,公共关系宣传还有一些其他的方式,如影视宣传、实物宣传、人员宣传等。①

三、公共关系广告传播

广告作为传递信息的重要工具,以介绍、说服、提醒为目标,起到对人们唤起注意、引起兴趣、启发欲望、导致行动等作用。因此,为了扩大社会组织的知名度、提高信誉度、树立良好的形象,以求得社会公众对组织的理解与支持,公共关系人员无疑要利用广告这个重要工具,这就形成了公共关系广告。

公共关系广告是指为扩大社会组织的知名度,提高信誉度,树立良好的形象,以求得社会公众对组织的理解与支持而进行的广告宣传。

(一)公共关系广告与一般商品广告的关系

公共关系活动经常要使用广告来扩大影响,但公共关系广告并非一般的商品广告,二者有着若干不同,如表 5-1 所示。②

表 5-1 公共关系广告与商品广告的区别

	公共关系广告	商品广告
传播内容	与组织形象有关的信息	产品及相关的技术、劳务
传播对象	公众与舆论	顾客及潜在消费者
传播目的	"爱我":交朋友,树形象	"买我":卖产品,做生意
传播效果	长远的社会影响	近期的市场效果
营销功能	间接促销	直接促销
传播色彩	公众色彩较浓	商业色彩较浓
影响模式	公众→组织→产品	公众→组织→产品
表现方式	客观性强,报喜也报忧	主观性强,只报喜

---

① 参见王兴富主编:《公共关系实务》,中国经济出版社 2002 年版,第 230—231 页。
② 参见廖为建:《公共关系学简明教程》(修订本),中山大学出版社 1989 年版,第 173 页。

1. 目标不同

商品广告的目标是以最少的花费在最短的时间里推销出更多的产品和劳务。公共关系广告的目标是要树立整个组织的形象,增进组织内外部公众的了解,从而使整个事业获得成功。

2. 传播方式不同

商品广告的信息传播是以创造性的技巧将产品或劳务的信息撰写成文稿,设计成图案,采用夸张的手法拍成广告影视片,"引人注目"是其基本原则。而公共关系广告的信息传播同新闻传播方式一样,即靠事实说话,绝不能有任何虚假,"真实可信"是其基本原则。公共关系广告成功的诀窍,不在于运用什么文学的或艺术的传播方式,采用哗众取宠、耸人听闻的表现手法,而在于善于选择适当的时机,采用适当的形式,通过适当的媒介,把有新闻价值的信息及时地、准确地传递给特定的公众。

3. 传播周期不同

一般来说,商品广告的传播周期是短暂的,通常一个时期集中宣传某个产品或劳务,它有比较明显的季节性和阶段性。相比之下,公共关系广告的传播周期则是长期的,因为公共关系的目标是树立组织形象和信誉,这绝非一时努力所能奏效的,它需要长期的、有计划、有步骤的公共关系工作。

4. 工作性质不同

商品广告在企业管理中属于局部性工作,某一广告的成败一般并不会对企业经营全局产生决定性影响,但公共关系工作却在经营管理中处于全局地位,属战略性工作。因此,公共关系广告的好坏,决定了组织的形象和信誉,并因此而决定组织的生死存亡。

5. 效果不同

商品广告的效果是直接的、可测量的,一项广告的效益可用产品销售量的增加、利润额的上升等指标来衡量。公共关系广告的效果与商品广告大不相同,成功的公共关系广告使组织具有良好的声誉,组织因此而受益无穷,但所得益处却难以用简单的硬指标来衡量,它既有社会效益,也具有整体效益。

虽然公共关系广告与商品广告存在着区别,但两者又有密切联系,其主要表现在:公共关系需要借助广告的形式作为一种工具,而广告业务也需要公共关系思想作指导。出于全局性的考虑,开展公共关系工作也常常需要做广告,即所谓"公关广告"。但这种广告不是推销企业的具体产品或劳务,而是重点介绍企业的管理、人员素质、服务宗旨以及对社会承担的义务和责任、所做的好人好事等,其目的是塑造企业的良好形象。一般商品广告需要接受公共关系的指导,并纳入公共关系工作的整体战略。一个企业的公共关系工作效果和成绩,可以因一个言过其实的广告而功亏一篑。①

---

① 参见谭昆智:《公关原理与案例剖析》,清华大学出版社 2008 年版,第 108—109 页。

(二) 公共关系广告的特点

公共关系广告既属于公共关系活动的一部分,又属于广告的范畴,它集公共关系的特点与广告的特点于一身,形成了一种特殊的广告。其特殊性表现在:

1. 特殊的目的

公共关系广告并不直接劝说公众购买某种特定商品,其主要目的在于引起社会公众对组织的注意,激发社会公众的兴趣,争取社会公众的信赖与好感,取得社会公众的理解、支持与合作,并表现出自身对社会的贡献,扩大自身的影响力,树立组织良好的形象。因此,可以说,一般广告是推销商品,公共关系广告则是推销公司,是创造购买的气氛。

2. 特殊的手段

一般的商品推销广告总是直接列出商品的各种优点,力图说服人们去购买。而公共关系广告则是通过间接的手段,让社会公众了解组织(或企业)及其产品与服务。

3. 特殊的作用与效果

一般的产品广告的作用比较直接、经济效果比较明确,并且它的效果可以在短期内加以衡量。但是,公共关系广告在目标选择上注重的是长期性与系统性,它的作用是间接的,它的效果主要体现在社会效益上,难以在短期内作出直接和定量的评价。

(三) 公共关系广告的类型

根据公共关系广告的不同内容,公共关系广告可以分为组织广告、响应广告、创意广告和形象广告四种类型。

1. 组织广告

组织广告是传播组织自身各种信息的广告。作为一个经济组织,组织广告就是指企业广告,其重点是介绍企业的业务范围、经营方针,宣传企业的价值观念,介绍企业的生产和技术情况,解释企业的生产目的和消除公众误解,或者以企业的例行事项或某个有意义的活动为主题制作广告。其目的在于让更多的社会公众能够了解企业,树立良好的企业形象。其中,致意或致歉广告,也包括在组织广告一类中。致意广告即在广告中向公众表达善意,向公众贺年或致谢等。致歉广告,一般是就组织经营中发生的某些有损于公众利益的事,或是就公众对组织产生的某些误解,刊登道歉性的、解释性的广告以表示歉意,消除误解,从而得到公众的谅解。

2. 响应广告

响应广告是指组织或企业为响应政府或其他企事业单位的号召,支持公益事业的发展,以求得社会各界的理解与支持而进行的广告。其目的在于表明企业不仅考虑经济效益,也善于从全局出发考虑社会效益,愿意为社会的公益事业做出贡献。这类广告强调的是企业与社会各方面的关联性和公共性。它可以分为两种形式:其一是对政府的某项政策、措施或者当前社会活动中的某项重大事件,以组织或企业的名义表示响应;其二是对某新开张或有重大庆典活动的组织或企业,以同行的身份刊登广告以表示祝贺。

3. 创意广告

创意广告是组织或企业以自身的名义率先发起某种社会活动，或提倡某种有意义的新观念等，并以此为主题制作的广告。一般来说，创意广告要有明确的主题和目标，以表明组织或企业对社会活动的关心与支持，如果做得好，真正有所创新，企业可以在公众中留下"领导新潮流"的好印象。

4. 形象广告

形象广告是塑造企业的形象，以树立某种观念为目的的广告。这类广告不直接介绍商品，也不直接宣传企业的信誉，而是通过宣传，建立或改变一个企业或一个产品在社会公众心目中的原有地位，建立或改变一种消费意识，树立一种新的消费观念。这种新消费观念的树立，可以使社会公众倾心于某个企业或某个产品。

（四）公共关系广告的原则

尽管公共关系广告宣传的主题内容可以丰富多彩，所追求的公共关系目标也可以不同，但是无论是哪种类型的公共关系广告，都应该遵循以下的原则：

1. 真实性原则

公共关系广告的真实性是指必须科学地、实事求是地传播有关组织的信息，诚实地介绍组织的情况，做到客观、诚实，有一说一，有二说二，不吹嘘、不造假。公共关系广告应避免弄虚作假，要真实地、客观地进行公共关系广告设计、编写与制作，以争取得到更多的社会公众的信赖。

2. 效益性原则

效益性是衡量广告成功与否的标准，当然也是衡量公共关系广告成功与失败的标准。这里的效益，不仅是指一个组织或企业付出多少广告费用所获得的经济效益（即利润），更主要的是指社会效益，也就是说要站在全局的、长期的战略角度来考虑公共关系广告如何做，而不拘泥于做一次广告能够取得多少立竿见影的效果。这就需要我们注意广告的社会性、公众性、文化性、思想性等，尽量减少商业的色彩和痕迹。

此外，强调效益性，是指在做广告时还应该注意成本核算，即根据公共关系的目标，选择最佳传播渠道，获得最优的传播效果。例如，选择在电视台做广告，费用虽然高些，但覆盖面广，从理论上计算，其个人成本并不高。假设在黄金时间播出15秒的电视广告需要2000元，可接触到10000人，则个人所需要成本只不过0.2元。传播面越广，传播效益越高，个人成本就越低。

3. 长期性原则

公共关系广告的目的是要塑造良好的组织形象。形象的好坏关系着组织的兴衰与存亡，拥有好形象在平时可以左右逢源，在困难时可以绝处逢生，逢凶化吉；如果形象不佳，虽或许可以得势于一时，但终究不会长久，而且难逃厄运。

形象的塑造并不是一朝一夕的事情，形象的维护更不是靠一招一式所能奏效，要在公众心目中塑造良好形象，必须经过长期的不懈努力。尽管公共关系广告也能"解燃眉之急"，但公共关系广告应立足于长期的效果，应当有一整套长期的形象设计方案,所以它必须超脱,不能更多考虑眼前的利益,要具有长期性的远见卓识和观念。

4. 整体性原则

为实现社会组织的总目标,公共关系传播是长期的有计划的活动,公共关系广告必须列入计划中,与新闻传播、公关宣传等多种方式配合使用,以争取达到最佳的传播效果。公共关系广告应当成为公共关系传播中有机整体的重要组成部分,为实现总目标服务。

整体性原则还体现在广告主题的一贯性上。一个组织或公司的信息、宗旨、口号甚至包括公司名称、产品的品牌,不应轻易更改,必须通过反复传播,形成严谨一贯、始终如一的风格。美国麦当劳公司开业伊始,就把自己的宗旨概括为:品质(Quality)、服务(Service)、清洁(Cleanliness)、价值(Value)。几十年来,正是对这个宗旨不懈地实践和宣传,使麦当劳公司誉满全球。

5. 独创性原则

广告活动是一项创造性很强的工作。从素质与能力上看,广告策划与制作人员必须具有较强的创造力和不断创新的意识。必须追求新颖,要破除常规,另辟蹊径,不能只用过去熟悉的方式、方法,当然也不可能样样与别人不同、不重复,也不一定以前没有的就是好的。重要的是,广告策划即使是模仿了以前的或别人的策划,但在某一方面必须要有自己的独创之处,才能够在竞争中取胜。产品和服务的独创性是广告主题选择的重要依据。例如,手表市场中,有设计屡创潮流的"卡地亚",有代表身价的"世家",投资保值的真金"劳力士",开始摒弃准确计时形象而加强其外形设计及价值形象的"欧米茄",以及物超所值、质好耐用的"星辰"表,都是各有其突出的形象。又如,"七喜"汽水在20世纪70年代曾经推出一个全新的广告意念:"非可乐"(Un-cola)。因为当时美国汽水市场有一半是由"可口可乐"与"百事可乐"瓜分,眼见自己的柠檬口味的汽水未能普及,"七喜"的广告策划人员就很巧妙地推出"非可乐"的宣传攻势,将"七喜"提升至可乐口味的行列,与其分庭抗礼,之后声名大噪,更为目标公众提供了一个"非可乐"的选择。[①]

第五节 公共关系的传播效果

一、公共关系的传播效果及层次

(一) 公共关系传播效果的概念

公共关系的传播效果是指目标公众对信息传播的反应,也是公共关系人员对传播对象的影响程度。

[①] 参见纪华强、杨金德编著:《公共关系的基本原理与实务》,厦门大学出版社1999年版,第317—319页。

(二) 公共关系传播效果的层次

各类传播者对传播受众都会产生一定的影响、作用,这就是效果。但是,效果并不都是等值的,它们有作用范围大小与作用程序深浅不同的区别。对于公共关系工作者来说,由于各类传播形式都要使用,更应该了解传播发生作用的不同层次。公共关系传播效果的层次可以分为四个层次,即信息层次、情感层次、态度层次和行为层次。

1. 信息层次

信息层次是指将所要传递的信息传到受众处,使之完整、清晰地接收到,并且较少歧义、含混、缺漏。这是简单的传到、知晓层次,是任何传播行为首先应该达到的传播效果层次。

2. 情感层次

情感层次是指传播者传递的信息从知晓进而触动受众的情感,使受众在感情上与传播内容接近、认同,对这一传播活动感兴趣,从而与传播者接近,这是传播达到的较为理想的效果。但需要注意的是,情感有正面情感和负面情感之分,只有正面情感才是传播者所需要的,负面情感如反感、厌恶等,应予以避免。

3. 态度层次

态度是人对事物或现象认识的程度、情感表达和行为倾向的总和。它已从感性层次进入到了理性层次,是在感性认知基础上经过分析判断、理性思维而产生的,一经形成就非常难以改变。传播如果能达到这一层次,对受众的影响也就非常深入了。态度除有正负、肯定与否定之外,也不一定与情感有必然的同方向联系。有些人和事,人们在感性上同情,而在理智上则不赞成。

4. 行为层次

这是传播效果的最高层次。它是指受众在感性、理性认识之后,行为发生改变,做出与传播者要求目标一致的行为,从而完成从知到行的认识——实践全过程,使传播者的目标不仅有了同情、肯定者,而且有了具体实施、执行者。有关的实验研究证明,态度对行为的改变有着较密切的相关关系。

应该看到,随着效果层次的提高,受众由于各种原因而逐渐减少;同时只有达到较高的效果层次,才能使传播效果得以较长时间的保持,否则受众很快就会淡忘,一个传播行为也就以无效告终。

二、公共关系传播效果的影响因素

在公共关系传播过程中,有很多因素同时作用于传播受众,并对传播受众产生程度不同的影响。了解影响传播效果的主要影响因素,并有针对性地加以引导和应用,才能使公共关系的传播效果得到改善、提高。

(一) 传播媒介

公众对传播媒介的要求,一是使用简便,易于掌握,易于得到;二是比较有效,即它的使用效果受到普遍的重视与承认,特别有效时,即使使用、驾驭上有一定难度,人们也会努力去得到或掌握它。公众对传播媒介选择的这两个因素可以概括为一个方式：选择或然率＝报偿的保证/费力程度。从这个公式可以看出，选择或然率与报偿的保证成正比，而与费力程度成反比。所以，公共关系工作要注意选择适当的媒介传播信息，选择不当就有可能接收不到或者没有影响。

（二）信息的内容与表现方式

信息的内容即传播者传播的信息是否为传播受众所关心、感兴趣，是否重要、新鲜，是否可靠、可信，这一点是传播受众价值判断的中心点，也是决定传播效果的关键所在。公共关系人员在传播信息时要注意内容的趣味性、与传播受众的相关性、信息来源的可靠性、内容的真实性，以及观点的客观性、科学性。除去内容自身的要求外，内容的表现方式也非常重要。形式、方法不当，再好的内容也难以传播出去，可能还会引起误解甚至反感。表现方式包括从传播者的形象、权威性，内容的结构、节奏、变化，到遣词造句的方法、语气、语调等方方面面。

（三）信息的重复次数

一个人接触某一信息的次数越多，越容易接受它。同样的信息多次发出，受众就会逐渐由生疏到熟悉、由漠然到亲切，甚至在长期接触后，会把这一特定的内容形式融入自己的生活。所以，同样的信息在相当长的时间里重复出现，是取得乃至增强传播效果的重要因素。

（四）受众接收信息的条件

时间、空间对受众接收信息是否有利，对传播效果也有相当大的影响。受众接收环境存在各种干扰或没有足够的时间接收，这些因素都会影响受众的接收，会使效果大打折扣。从传播类型来说，不同种类的传播其效果也不相同。个人传播在各类传播形式中的传播效果最好，传通率最高，其他传播形式的传播效果都还不及它的一半，但个人传播的影响非常有限。随着传播群体的增大，传播内容的针对性、具体性下降，反馈的质量、数量下降，群体传播与大众传播的效果就比较模糊、不太明显了。因此，传播学家提出，这两类传播只是有"适度效果"，即一次具体的传播活动对某一个信息接收者来说，效果是有限的。其中的影响因素一是信息接收者本人的思维定式，二是信息接收者周围团体、个人的影响。

三、公共关系传播效果的评价

传播效果是指传播者所发出的信息对传播对象的影响和传播对象对传播内容的反应；而传播效果的评价，就是指对传播对象影响的范围和程度进行分析与衡量。对传播效果的评价可采取两种方法来进行。

（一）传播前评价法

传播前评价法是在传播前进行的一种事先评价法。公共关系传播都有一个特定的传播目标。传播前，可根据这个既定的传播目标进行直接评价，即邀请部分受传者对备好的几种传播方案(包括传播方式、媒体选择、传播内容、传播时间等)进行直接评价,比较哪一种传播方案与传播目标最为接近、各种传播方案的"形象差距"有多大,据此进行改进,最后确定实施最佳传播方案。

(二) 传播后评价法

传播后评价具体有两种做法:一是收集反馈意见,检查传播对象的接受程度,以评价传播效果;二是认识程度测试,抽样调查传播对象,让他们回忆信息的中心内容,以测定传播对象对公共关系信息的认识程度,找出传播目标的形象与公众认识形象的差距,以此来评价传播效果。

传播效果在很大程度上受到传播要素的影响和制约,任何一个传播要素如果不能发挥正常功能,都会导致传播效果的失衡。因此,在评价传播效果时,应对传播诸要素的功能正常程度进行检测并作出综合性分析,以提高传播效果。

本章小结

传播是指社会信息的传递或社会信息系统的运行,是人与人之间、人与社会之间,通过有意义的符号进行信息传递、信息接受或信息反馈活动的总称。公共关系传播,就是组织在一定的社会环境里,围绕建立和维护社会公众的公共关系而通过媒介进行的一系列信息传递和信息交流,以实现信息共享的活动。它包括社会性、普遍性、工具性、互动性、符号性和共享性的特征。此外,它还具有一定程度的文化性、情感性、道德性和新奇性。

传播的普遍性决定了传播类型的多样性,根据具体的公共关系传播活动,我们将其分为人际传播、组织传播和大众传播。人际传播即个体与个体之间的传播与沟通,它是最常见、最广泛的一种传播方式,也是人类社会赖以生存和发展的最基本的形式;组织传播即组织与其成员、组织与其所处环境之间的传播与沟通,它是疏通组织的内外沟通渠道、密切组织内外关系的一种重要的传播方式;大众传播即传播者通过大众传播媒介(报纸、杂志、广播和电视等),将大量复制的信息传递给分散的公众的一种传播活动。

公共关系活动成败与否,关键在于传播。传播媒介是公共关系的中介,制造舆论、强化舆论离不开传播媒介的作用,其主要包括口头传播媒介、印刷传播媒介、电子传播媒介以及其他传播媒介。我们需要根据目标公众、媒介特点与传播目标以及成本预计来确定我们的最佳传播媒介。

公共关系传播的主要手段包括公共关系新闻传播、公共关系宣传和公共关系广告传播。公共关系新闻传播是公共关系活动中运用最广泛和最有效的手段,它是公共关系工作人员从事公关活动,树立组织形象的最基本的工具;公共关系宣传是公共关系传播工作者在公共关系传播活动中为了让社会公众了解本组织的有关信息而进行的各种对外公开的传播方式;公共关系广告既属于公共关系活动的一部分,又属于广告的范畴,它集公共关系的特点与广告的特点于一身,形成了一种特殊的广告,具有其特殊的目的和作用。

公共关系的传播效果,是指目标公众对信息传播的反应,也是公共关系人员对传播对象的影响程度。在现实的公共关系中,我们需把握公共关系传播的技巧,力图达到更好的传播效果。

案例分析

"合适者赠送留念"

上海蓓英百货服装店,是一家特约经销牛仔裤的个体集体联营商店。前几年,在服装业日趋萧条的情况下,店主想出了颇具公关意识的一招:订做了一条近2米长,腰围1.3米宽的特大牛仔裤悬挂在店堂,上面别着一张纸条,纸上写着"合适者赠送留念",以此招揽顾客。这一别出心裁的做法,引来了不少高个子和大块头,他们苦于无处购买合适的牛仔裤而到此处碰碰运气。然而,这条牛仔裤实在太肥大了,他们只能望"裤"兴叹,但小店的名气却由此而大振。这种奇妙宣传逐渐引起了新闻媒体的注意。《上海经济透视》《新民晚报》《解放日报》等纷纷对此作了报道,使这家原本淹没在个体市场的小店,竟一下子变得家喻户晓了。人们普遍关心的是:"牛仔裤被穿走了吗?"没有!店主继续寻觅"合适者"。

不久,第一个幸运者出现了,上海浦东新区陆行镇腰围1.30米的退休工人陆阿照穿走了第一条超大型牛仔裤,人们的情绪陡然高涨了,《解放日报》以《腰围1.3米的牛仔裤被穿走了》为题报道了这一新闻。蓓英百货服装店又一次名声大振。在此期间,国家女篮的郑海霞曾到店里来试穿,但因裤腰太肥而不无遗憾地走了,店里特意到广州重新定做一条,赶到北京去送给郑海霞。这样,蓓英百货服装店的名声从上海传到了北京。中国"巨人"穆铁柱是慕名而来的第三位幸运者,他光顾蓓英的这一天,这家只有一间门面的小店顿时热闹非凡,在这位2米多高的巨人面前,一旁的售货员和观众简直成了小娃娃,在那些好奇的观众看来,这本身就是一大"奇观"。店主把穆铁柱送出店门之后,"穆铁柱穿上了牛仔裤"的消息不胫而走,各大小报刊纷纷报道,上海电视台、中央电视台也相继播放这条新闻。就这样,蓓英百货服装店没花一分钱广告费,仅用三条超大型牛仔裤就轻而易举地名扬全国,营业额翻了几番。[①]

案例思考题:
1. 蓓英百货服装店使用了什么公共关系传播手段?
2. 请根据案例分析该传播手段的好处。

[①] 参见李力:《牛仔裤上的公关意识》,载《湖南经济》1994年第6期。

第六章　组织形象

本章要点

1. 组织形象的含义和价值效应。
2. 组织形象的内涵与外延。
3. 组织形象定位的意义与方式。
4. 组织形象的分类。
5. 塑造组织形象应掌握的公关模式。
6. 组织形象的维护与矫正方法。

引例　杜邦公司 21 世纪新形象

　　杜邦公司 1802 年创办于美国的特拉华州。两百多年不断的科技飞跃，使杜邦从创业初期的一种产品——黑色火药及 36000 美元的资产发展成为如今世界上历史最悠久、业务最多元化的跨国科技企业之一，总营业额达 400 多亿美元，在财富全球 500 强大企业中名列前茅，并位居化工行业榜首。如今，杜邦及其附属机构在全球拥有 92000 名员工，180 余家子公司，生产设施遍布近 70 个国家和地区，服务于全球市场的食物与营养、健康保健、农业、服装和服饰、家居及建筑、电子和运输等领域，为提高人类的生活品质而提供科学的解决之道。

　　进入 21 世纪，科技在各个方面日益成为人们日常生活的一部分。杜邦在科学研究方面有相当长的历史，调查资料显示，杜邦是为数不多的被公众认为是具有科学实力的公司之一，杜邦有意将自己发展成为一个增长更快、知识含量更高的公司。但杜邦目前在人们心中仍是一家以发明伟大的原材料、生产传统化学品为主要业务的"化学公司"。而从 1935 年使用至今的企业口号"生产优质产品，开创美好生活"，专注的主要是杜邦的产品。杜邦意识到，一个能独特地表述公司精髓的新企业定位，对于加快公司发展进程极为重要。因此，杜邦公司特别邀请了四家代理公司为杜邦的新定位进行设计。各相关公司为此作了大量的市场调查，并提出了相应的建议。最后，"创造科学奇迹"这一口号脱颖而出。杜邦公司充分认识到，企业的重新定位不仅仅是一个新的企业口号或一个新的广告运动。"创造科学奇迹"这个新定位是一个长期的努力,它独特地描述了公司进一步发展的方向,是杜邦进行企业改革的一个重要部分。[①]

塑造组织形象,是公共关系的主要目标之一。良好的组织形象,可以吸引顾客、扩大市场份额,可以形成无形资产,有利于组织事业的发展。本章主要讨论组织形象的含义及价值效应、组织形象的内涵与外延以及组织形象的塑造。

第一节　组织形象及价值效应

一、组织形象的含义

"形象"一词的本意,是指人与物的形体、相貌、外观。公共关系学中所讲的形象,特指组织形象,指的是公众对社会组织的整体印象和总体评价,是社会组织的特征与行为在公众心目中的反映。组织形象的概念有三层含义:

首先,组织形象是公众对组织的总体评价,而不是具体评价。具体评价只能构成局部印象,而总体评价是各种具体评价的综合,只有它才能构成总体印象。

其次,组织形象的评判者是公众,最终评价结论也是由公众裁定的。因此,组织需要全面鉴别本组织的目标公众,了解公众对组织的意见和评价,以及对组织的要求与期望,并将其与本组织的目标与利益加以权衡、比较,以便更好地确立组织形象。

最后,组织行为是公众评价的重要依据。所谓"听其言、观其行",组织应该十分重视行为选择。因为组织形象不是凭空产生,也不是公众强加给组织的,而是组织自身行为所决定的。

二、组织形象的价值效应

在市场经济条件下,随着市场竞争的日趋激烈,人们越来越重视组织形象的整体策划与宣传,乐于从组织经营中安排巨额资金投入组织形象战略,这是建立在对组织形象的价值判断基础之上的明智之举。对于组织来说,良好的组织形象是其生存与发展的基本保障,具有巨大的价值效应。

(一) 资产增值效应

良好的组织形象,就其实质而言,是组织的一种极其重要的"无形资产",而且具有实实在在的资产增值效应,使得组织在开拓市场过程中能够获得巨大的利益回报。

现代组织的资产,在外延上包含了两个基本方面,即有形资产和无形资产。有形资产主要是指企业具有具体实体形态的资产,包括固定资产(如机器设备、房屋、建筑物等)、对外投资和自然资源等。无形资产则是指企业经过多年经营取得的没有物质

---

① 资料来源:http://media.openedu.com.cn/media_file/netcourse/asx/gggxx/mainpage/alfx/10/htm/01.htm,2016 年 1 月 12 日访问。

实体而以某种特殊权利、技术知识、公众评价等信息形态存在的,具有实体性作用的资产,如专利权、商誉形象等。商誉形象即组织形象,是组织整体形象的外在化,不能离开组织整体而存在,是组织在长期经营管理、市场营销、产品服务等诸多方面与同行业相比所取得的优势。良好的组织形象一旦形成,能够扩大企业的销售量,使企业在与竞争者相同的条件下,获得超额利润,从而形成了直接的实益性价值。在这里,组织形象自身因此也就具有价值。

从发展的角度来看,组织形象作为一种体现企业综合实力的标志,它将随着组织经营管理的改善、生产规模效应的出现、组织规模的扩张和公众市场的开拓,越来越具有价值。这就是说,组织形象资产本身具有资产增值效能,只要企业经营有方,品牌无形资产的价值就会与日俱增。当然,如果经营不善,组织形象的品牌价值就会下降。

从其客观作用来看,组织形象作为组织自身的一种无形资产,与有形资产一样,也在发挥创造商品价值的效能,能够使知名组织生产出来的商品或劳务,获得高于一般价值之外的价值,即附加值,从而直接为组织赢得商业利润。国际上一家权威性评估公司,曾为一家无形资产达 310 亿美元的跨国性公司进行评估,其结论是:该公司同样的商品,如果用公司本来的商标(代表公司的组织形象),可增加 30 亿美元的营业额;如果不用公司原来的商标,改用其他一般性商标,营业额则会减少 30 亿美元。这说明,30 亿美元是由"形象资产"创造出来的。由于"形象资产"创造价值不需要另外的特别投入,因此,它所创造的价值几乎就是利润。

从心理作用来看,组织形象是组织实力、地区实力甚至国家实力的象征。在现代国际环境下,国家实力不再单单由军事实力表现,在某种程度上讲,经济实力就代表着国家的实力。经济实力不只是指一个国家拥有多少财富,而是指这个国家拥有多少世界性著名品牌。一个国家拥有多个世界性著名品牌,说明这个国家的企业在国际上具有强大的竞争优势,能够开拓出广泛的国际市场,从而赢得世界性商业利润,综合国力自然大增,国家也因此可以晋升为经济强国,进而成为世界强国。因此,为了强国富民,应该大力推行品牌形象战略,以组织形象战略强化企业的实力、地区的实力和国家的实力。①

(二) 关系构建效应

良好的公众关系网络是企业生存与发展的外部资源。社区公众的理解,政府公众的支持,新闻公众的合作,特别是消费公众的支持,是企业不断发展的重要条件。美国一家著名跨国性公司的老板曾信心十足地说,即使一夜之间公司在全球的所有工厂都化为灰烬,他完全可以凭着自己的品牌与关系网络从银行获得贷款,迅速东山再起。由此可见,良好的组织形象和公共关系对企业来说是多么重要。正因如此,运用组织形象来构建良好的公共关系,就成为组织的一项中心工作。

良好公共关系的建立最基本的途径就是塑造组织形象,使组织形象工程成为为公

---

① 参见何修猛编著:《现代公共关系学——理论与技巧》,复旦大学出版社 2002 年版,第 70 页。

众提供优质产品和优质服务的工程。这样,就可以从根本上留住顾客,构建起自己的公众关系网。企业留住顾客的主要因素是什么?德国大众汽车公司通过调查后发现,如果顾客的愿望在一家公司没有得到满足,那么他就会疏远该公司的所有产品;一个企业失去的顾客中,1/3 是由于产品的质量或价格问题,60% 的顾客转向其他产品是由于服务或售后服务不好。根据这个调查结论,策划组织形象战略时,应该从品牌的实体即产品质量和服务方面入手,为塑造良好的组织形象奠定基础。

基于优质产品与优质服务的企业形象,能够稳定旧客户,并无限地吸引新的公众,从而使组织的公众队伍不断发展、扩大。美国 PIMS 战略设计院作过一项研究,研究报告显示:开发新客户比维护旧客户要多花 5 倍的成本;若客户对组织的服务有正面评价,每个顾客平均会告诉 5 个人;96% 的顾客遇到不好的服务,当场不会作出反应,多半自认倒霉而不再光顾,然后平均告诉周围 10 位好友;有 20% 的人传播力更强,一般会告诉 20 余人;一次不好的服务的损失,需要 12 次好的服务才能弥补。这个研究结论告诉我们,企业的质量与服务不好,组织形象不良,组织就会迅速失去公众队伍;而质量好、服务好,组织形象就会改善,从而无限扩大公众队伍。有了公众队伍,组织就拥有了巨大的有效市场。

(三) 促销效应

组织形象是建立在组织各种形象基础之上的,是各种形象要素整合后的逻辑化结果。良好的组织形象能赢得公众的信赖与支持,这种支持的直接反应就是购买组织的产品或服务。应该说,这种机制是组织形象能够产生市场促销效应的根源。组织形象的改善可以直接改善组织的市场销售局势。

在商品市场上,组织形象具有特殊的促销功能,能够使销路不太理想的商品成为公众选购的首选商品。形象是公众对于某种商品的一种心理印象,看不见,摸不着。组织形象的促销功能,是通过商标得以实现的。公众对于商标的评价,就是对组织形象的评价。从理论上说,商标只不过是一种商业专用记号,没有任何实际功能,只是供公众识别企业而已。但是,由于组织形象附着于商标之中,物化于商标之内,它就具有特殊的市场功能了。

组织形象之所以能够通过商标来实现促销目标,主要是以下几个原因造成的:

第一,商标迎合了品牌消费的时代趋势。现代社会从总体上讲是追求品牌消费的时代,人人崇尚名牌,迷信名牌,以拥有名牌为荣,拥有名牌成为现代人的一种生活追求。这样,通过公共关系战略塑造商业名牌,正好迎合了现代人特别是青少年公众消费名牌商品的潮流,因此具有促销功能。

第二,商标迎合了公众的自我展示心理需求。人类心理存在一种强烈的欲望,就是展示自己的社会地位和成就,以引起公众的注意,从中体验人生的快乐。具有良好品牌形象的商品,正好能够充分满足现代人的自我表现欲望和自尊需求,因而深受公众欢迎。

第三,商标迎合了公众的自我防卫心理需求。公众一般是按"遗憾最小原则"来进行购买决策的。在购买决策过程中,公众对最小限度遗憾的关心多于对最大限度满足的关心。在多种选择机会面前,公众通常倾向于估计可能发生的最坏情形,并力争使最坏结果的发生可能趋向最小,这是一种"自我防卫本能"。组织形象好,知名度、美誉度和认可度高,能够使公众产生信得过的心理判断,从而满足了顾客的自我防卫要求。

上述这些原因,使得组织形象在市场上于无形之中起到了促销员的作用。在现实生活中,只要稍加观察就可以看到:同样一种商品,标普通商标与标名牌商标,不仅存在价格上的巨大差异,而且存在销售形势上的巨大差异。普通的商品,标上知名品牌之后,价格上涨了许多,反而得以畅销。这是为什么?这是组织形象通过商标在发挥特殊的促销功能。由于组织形象的促销效应是无形的,因而更加具有影响力,成功的机遇大大增加。

(四)激励效应

对于组织内部来说,组织形象可以有效地强化员工的归属意识,充分调动员工的积极性与创造性,从而增强组织的向心力和凝聚力。一般而言,组织具有良好的形象,就意味管理有方、工艺先进、市场占有率高,因而员工容易产生荣誉感、成功感和前途感,觉得能够在这样的组织里工作,是一件值得骄傲的事情,由此就会形成强烈的归宿意识和奉献意识,真正做到"以厂为荣",自觉为组织的发展出谋划策,贡献自己的力量。从这个意义上讲,组织以塑造形象为突破口,借助形象来激励员工,是留住员工、吸引员工、教育员工进而开发人力资源的根本性举措。组织形象一般,产品没有市场,无论采取什么样的措施,都是不可能留住人才的,而没有人才,组织就无任何发展基础了。

(五)扩张效应

组织发展的理想境界就是在短时间内实现扩张效应,迅速获得大量经营资金、扩大组织实力。组织树立了良好的形象,可以吸引众多的投资者、合作者,从而使企业的经营规模、资产实力、市场实力等方面迅速扩大,实现组织的规模经济效应。

由于组织形象具有上述特殊效用,所以现代企业都十分重视品牌形象战略。对于组织来说,塑造组织形象的过程,其实就是名牌成长曲线的修正与调控过程。一般而言,如果组织没有推行任何意义上的品牌形象战略,其经营的产品品牌要成为名牌,先要经历一个漫长的积累过程,然后遇到一个偶然性的机会,一举成名,成为公众心目中的消费偶像,但是时间稍过,公众因为缺乏新奇又会淡忘它,名牌又沦为一般的品牌。但是,引进公共关系战略以后,就可以对企业组织品牌施加积极的影响,从名牌的诞生、名牌地位的提升和名牌的维持诸方面进行调节,为企业征战市场创造良好的基础。①

---

① 参见何修猛编著:《现代公共关系学——理论与技巧》,复旦大学出版社2002年版,第71—75页。

第二节 组织形象的内涵与外延

一、组织形象的内涵

(一)内部公众形象

内部公众形象主要是指员工形象。员工是组织形象的主体,他们既是组织形象的重要组成部分,又是组织形象人格化的体现。员工形象是指员工在职业道德、专业训练、文化素质、精神面貌、言谈举止、服务态度和服饰仪表等各个方面的内在气质和外观形象。员工形象主要体现在组织中领导者形象、公关人员形象、典型人员形象和员工群体形象四个方面。

1. 领导者的形象

组织中领导者的形象主要包括领导者的资历、才能、胸襟、知识、作风、政策水平等。领导者是组织的当然代表,领导者的形象总是代表着组织的形象。领导者的形象好,组织的形象也会跟着好。反之,领导者的形象不好,组织的形象也会受到影响。领导者形象的塑造,首先取决于内在素质,体现在领导能力、领导作风、领导艺术、领导水平等方面;同时也不能忽视领导者的仪表、服饰、言语、举止等外观形象的塑造。建立和维护领导者形象的关键是培养公仆意识、廉洁奉公、开拓创新,真诚地为内部员工服务,为消费者办实事。

2. 公关人员的形象

组织中公关人员的形象主要包括他们的品德、个性、机智、才干、能力等。公关人员是组织的特定代表,特别是在充当组织领导者的形象代言人的情况下,他们的形象也代表了组织的形象。

3. 典型人员的形象

组织中典型人员的形象包括先进典型的形象和落后典型的形象。所谓"典型",一是由组织树立起来的,一般是先进典型;二是自然形成的,有先进和落后之分。组织树立起来的先进典型能否赢得组织内外公众的一致赞赏,这与公众对组织形象的评价直接相关。如上海第一百货公司营业员马桂宁,他创立了"马派服务技艺",声誉传遍了大江南北,提升了公司商业服务形象的文化品位。同样,组织中任何一位员工在公众心目中形成的形象,也会影响到组织典型形象的示范效应。

4. 员工群体的形象

组织中员工群体的形象主要包括组织成员的群体形象和组织中某些职能部门的群体形象。良好的群体形象和良好的组织形象往往是等同的,因为组织中最重要的因素是员工,员工的群体形象决定了组织的形象。

(二)产品形象

产品形象主要是指产品的质量、外形、名称、商标、包装等给人的整体印象。当然,时下所谓的大产品概念不仅包括有形产品,也包括无形产品——精神产品。也就是说,非物质生产行业的社会组织实际上也有产品形象问题。例如,科研成果是科研单位的产品;学生和一些学术研究、教育研究成果是学校的产品。公众主要是通过产品和服务的质量来认识、了解社会组织的,通过产品和服务的数量来加深对组织的印象,然后对社会组织的形象作出肯定或否定的评价。因此,可以说,产品即企业,产品形象决定着组织形象,它是组织形象的基础和保证。以企业为例,产品形象集中反映在能否充分满足顾客的需要和愿望上,这里的需要和愿望包括现实的和潜在的需要和愿望,具体表现为产品的适用性、性能、安全性、寿命、可靠性、可维修性、经济性和服务的及时性等方面。产品的适销对路、令顾客满意会为企业赢得信誉和树立良好形象;反之,则会损害企业形象,甚至使得企业形象毁于一旦。[①]

从整体产品的角度来说,产品形象主要包括核心产品形象、形式产品形象和附加产品形象。

1. 核心产品形象

所谓核心产品,就是指企业提供给公众的基本效用和利益,也就是产品的使用价值和功能。公众购买产品,是为了运用产品解决某个问题。因此,核心产品形象,也就是产品的基本功能与用途,成为公众最关心的问题。核心产品形象具体表现为产品的功能形象与利益形象两个方面。

2. 形式产品形象

形式产品是指产品呈现在公众面前的具体物质形态,如产品的工艺、质量、外观、特征、商标、包装等。当产品的功能趋于一致的时候,公众就比较注重形式产品形象了,如喜欢购买造型美观的产品、著名商标的产品等。为了吸引公众,企业在策划产品形象时,应该高度重视形式产品的形象设计与包装。形式产品形象可以细分出质量形象、工艺形象、技术形象、外观形象、价格形象等。世界500强企业对质量的追求均是完美无缺和超群的,而不是一般的质量要求,这从根本上奠定了企业形象的基础,值得我国企业学习和借鉴。

3. 附加产品形象

附加产品是指公众在购买产品时所得到的附加服务或利益,如操作培训、调试安装、"三包"服务、零配件的供应等。附加产品形象主要体现在企业的服务文化与制度方面,这也是影响公众消费的重要内容。附加产品形象通常表现为品味形象、文化形象、心理形象、地位形象和服务形象等。[②]

(三) 社会形象

社会形象指的是组织的社会行为对社会环境的影响所形成的公众评价和看法。

[①] 参见孙迎光、韩秀景:《组织形象塑造——现代公共关系的理论与实践》,上海三联书店2009年版,第10页。

[②] 参见何修猛编著:《现代公共关系学——理论与技巧》,复旦大学出版社2002年版,第82页。

社会行为是组织形象的社会支柱,每一个社会组织都是一个社会的基层单位,它的行为活动必然影响到社会环境的变化。如果这种变化有利于社会的发展和进步,就会给公众带来积极的影响,使公众对组织产生肯定的评价,形成良好的形象。如果这一变化不利于社会的发展和进步,就会给公众带来消极的影响,使公众对组织产生否定的评价,就会形成不佳的组织形象。因此,社会组织要在公众心目中形成良好的组织形象,首先要增强全体员工服务社会的意识,把"对社会负责、对公众负责"变成每一个员工的自觉行动。其次是积极地开展各种社会性公共关系专题活动,通过举办各种社会公益活动,扩大组织的社会影响,提高组织的社会声誉,获得公众支持,为树立组织良好的社会形象创造条件。最后是履行社会责任。信誉是组织形象的生命,它是组织履行社会责任,向公众提供优质产品和优质服务,讲求信用而获得的社会评价。这种评价是建立在组织对公众承诺和回报的基础上的。

(四)环境形象

组织赖以生存和发展的环境不但包括土地、人口、大气、生物等自然地理要素构成的自然环境,也包括由社会、政治、经济、技术、文化以及和自身相关的各类公众关系等文化要素构成的人文环境。组织面对自然环境,要有保护意识,与自然环境保持一种和谐的关系,体现可持续发展的生态意义;组织面对的人文环境,实际上是指公众关系环境,同样应该保持一种和谐的关系。组织对于公众的利益,如果采取各种短期行为,必然会失去公众的信任与支持,破坏与公众环境的协调平衡,损害自身的形象。

环境形象管理涉及组织内部文化氛围、人际关系、团队精神、整洁、舒适、安全的工作条件等,还涉及组织外部的保护自然资源、维护生态平衡、绿化、卫生以及主体建筑的设计、造型、布局等。组织内部和外部环境管理,要把未来的可持续发展战略作为公共关系决策的出发点,把赢得公众的理解和支持进而赢得声誉和塑造良好环境形象作为目标,从而不断协调公众关系,创造和谐的公众环境。①

二、组织形象的外延

组织形象的外延是指公众对企业的产品和服务项目的认知和评价状况,即企业被多大范围内的公众所知晓和喜爱。它主要表现在知名度、美誉度与认知度三个方面。

组织的形象,如果只有良好的内涵形象,没有外延形象,从市场角度来看,还是不完善的。例如,一个企业内部管理井然有序,员工素质都很高,整体实力也很雄厚,产品质量也很好,但是公众不知道有这样一个企业,即知名度为"0"分,那么,在现代社会中,这个企业短时间内是很难获得市场认可的。企业只有在树立好良好的内涵形象的同时,通过公共关系、广告宣传来树立良好的外延形象,才能赢得公众,开拓市场。

---

① 参见邱伟光编著:《现代公共关系学》,华东师范大学出版社2002年版,第226—227页。

(一) 知名度、美誉度与认可度的含义

1. 知名度

所谓知名度,是指公众对组织及其基本产品、服务项目品牌的识别、记忆状况。其计算公式是:

$$N(知名度) = \frac{m(知晓公众人数)}{M(调查公众总人数)} \times 100\%$$

一般而言,N 大于 50% 属于高知名度,小于 50% 则属于低知名度。对于企业来说,知名度本身就意味着良好的形象指标与市场占有率,这是因为公众倾向于购买自己熟悉的商品,只要企业的品牌为公众所知晓,就容易成为公众的首选商品。企业要想在较短时间内提高知名度,就要善于策划一些带有新奇色彩,能给公众以鲜明、强烈刺激的产品推介和公共关系活动。

2. 美誉度

美誉度,又称信誉度,是指公众对组织的经营项目、商品以及品牌的褒奖、赞誉情况。其计算公式是:

$$B(美誉度) = \frac{m'(顺意公众人数)}{m(知晓公众人数)} \times 100\%$$

经过计算后,如果 B 大于 50% 属于高美誉度,低于 50% 则属于低美誉度。组织要想赢得较好的美誉度,就要讲究信誉,提高服务水平。信誉是树立组织形象的根本。没有良好的信誉,就不可能有美誉度,也就不可能有真正的组织形象。

3. 认可度

所谓认可度,是指公众把组织的产品、服务项目纳为自己消费首选对象的程度。其计算公式是:

$$K(认可度) = \frac{m''(首选行为公众人数)}{m(知晓公众人数)} \times 100\%$$

经过计算后,K 大于 50% 属于高认可度,低于 50% 则属于低认可度。一个组织的产品或服务项目投放市场后,能够迅速成为知晓公众的消费对象特别是首选消费对象,拥有大批消费公众,就说明这个组织具有较高的认可度。一般地说,组织认可度的大小,取决于它所生产的产品或提供的服务项目能否满足公众的需求,即组织的经营内容与方向是否与公众的物质生活和精神生活保持一致,两者如果存在显著的一致性,公众就会购买组织的产品,享受组织提供的服务。对于组织来说,这就是较高的认可度。[①]

(二) 知名度、美誉度与认可度的关系

组织形象外延上的三个组成部分,在市场上的关系主要有以下五种情形:

第一种情形:知名度、美誉度都高,但是认可度偏低。在这种状况下,公众虽然知

---

① 参见何修猛编著:《现代公共关系学——理论与技巧》,复旦大学出版社 2002 年版,第 84 页。

晓组织，并能给予较好的评价，但是由于经济条件所限，或者对产品的心理形象产生偏差，使得公众不愿购买、消费该商品。因此，较高的知名度和美誉度均无法形成市场行销效应。

海外曾发生过这样一件事：某厂商开发出名为"佳佳"的点心，由于价格公道，质量好迅速赢得了市场，成为公众的消费时尚。后来，厂商为了进一步扩大影响，策划了一个宣传作品，内容大致为：男女老少都喜欢吃"佳佳"点心，"佳佳"点心是青少年的伴侣，谈恋爱的人吃"佳佳"点心最合适，失恋的人最爱"佳佳"点心。这个作品一发布，"佳佳"点心的市场一下子萎缩了，也就是认可度大大降低了。造成这种状况的原因是：作品的几句宣传语相互否定，而且附加了一种失恋形象。公众对这个宣传内容的理解是：既然"佳佳"是青少年的伴侣，那么中老年人吃就显得不合适了，于是中老年人退出消费市场；既然谈恋爱的人吃"佳佳"最合适，那么没有谈恋爱的青少年似乎就没有资格去吃了，于是这些人也退出市场；既然失恋的人最爱"佳佳"，吃"佳佳"点心好像就是失恋的同义词，于是吃"佳佳"点心为恋爱的青年所忌讳。这样一来，"佳佳"点心虽然知名度、美誉度均高，但由于被附加了负面的心理形象——失恋，导致公众对它的认可度下降，丧失了消费市场。

处于这种情形的品牌，其经营对策是加强策划，改善品牌的附加形象，开展促销活动，引导公众积极选购组织所提供的产品和服务项目。

第二种情形：美誉度高、认可度高，但是知名度偏低。我国一些传统品牌就属于这种情形。知晓这些传统品牌的公众，都能给予高度评价而且将其所提供的商品视为自己的首选消费对象。但是，社会上知晓这种品牌的公众总数量比较少，尤其是青少年公众知之者更少，因此其总体市场需求量不大。

针对这种情形，企业在保持服务特色和商业信誉的基础上，应加强宣传，把老字号的新故事传播出去，在全社会提高知名度。

第三种情形：知名度高，但美誉度、认可度不高。我们常说的"臭名昭著"或"臭名远扬"，就是这种情况。此外，一些出现严重质量事件、不讲信誉的知名品牌也属于这种情形。在这种情况下，知名度虽然高，甚至人人皆知，但已没有任何公共关系意义和形象效用。例如，某市一家调味品厂生产一种优质醋，不含任何防腐剂，质量好，是全国醋中的首家绿色食品。为了能迅速扩大知名度，厂方在报纸上宣称："明日吃醋不要钱"。第二天成百上千人拿着报纸涌到分发地点，因醋品太少、组织工作不周全而导致混乱，严重干扰了社会秩序。此事被新闻媒体曝光后，该厂受到工商局的罚款处理。"明日吃醋不要钱"，虽然引起了大家对产品的一时注意，提高了知名度，但是由于这种做法不得体而损坏了自己的信誉，破坏了组织形象，这是不可取的。

处于这种情形的品牌，其经营对策应该是加强科研，改善产品质量，加强员工教育，提高服务水平，加强管理，提高企业信誉。

第四种情形：知名度、美誉度和认可度都低。处于这种情形的品牌，其经营对策应该是加强科研，提高质量，注重管理，提高信誉，加强员工教育，提高服务水平，以便提高美誉度;加强宣传以便提高知名度;加强促销以便提高认可度。

第五种情形:知名度、美誉度和认可度都高。这是组织外延形象的最理想状态,能够产生巨大的形象效用和市场行销效用。

美国运通公司利用修复"自由女神"的机会,策划了一项在全国范围内为修复"自由女神"像筹资的慈善性宣传销售活动。它宣称,本公司信用卡持有者每购买一次物品,它便捐助1美分给"自由女神"像修复工程,每增加一位申请公司信用卡的新客户,它便捐助1美元。最后,该公司为修复工程筹集了170万美元的费用,与此同时,使用和申请该公司信用卡的人数也大幅度增加。这个宣传活动可谓一举三得,既进一步提高了公司的知名度,又借修复女神像这个特殊事件提高了自己的美誉度,同时还赢得了众多的顾客,提高了对企业的认可度。

无独有偶,我国养生堂有限公司借助北京2008年奥林匹克运动会策划的"你每喝一瓶农夫山泉,就给北京申奥捐一分钱"的活动,也有效地提高了企业的知名度、美誉度和认可度。这些都是颇值得学习和借鉴的范例。①

第三节　组织形象塑造

一、组织形象的定位

(一) 组织形象定位的概念

所谓组织形象定位,是指组织根据内外部环境变化的要求、本组织的实力和竞争对手的实力,选择自己的经营目标及领域、经营理念,为自己设计出一个理想的、独具个性的形象位置。

定位概念最早出现于20世纪60年代末美国广告界的一些文章里,到1972年在美国很有影响的《广告年代》杂志上正式出现。定位理论由美国著名营销专家艾·里斯(Al Ries)与杰克·特劳特(Jack Trout)于20世纪70年代提出。里斯和特劳特认为,定位要从一个产品开始。而产品可能是一种商品、一项服务、一个机构甚至是一个人,也许就是你自己。当时强调的是通过广告攻心,将产品定位在顾客的心中潜移默化,而不改变产品的本身。到20世纪80年代,美国著名营销专家菲利普·科特勒(Philip Kotler)开始把定位理论系统化、规范化。他指出:定位就是树立组织形象,设计有价值的产品和行为,以便使细分市场的顾客了解和理解企业与竞争者的差异。可见,要想组织在公众心目中留下清晰、深刻的印象,就必须有准确的形象定位。

在现代社会中,多数组织为了塑造自身的形象,大都采用了公共关系、广告等宣传手段。由于广告及公共关系活动数量的暴增,导致了对公众的影响力相对减弱。加上繁多的形象宣传方法造成沟通"过度",使公众更难在眼花缭乱的市场中确认某一组

---

① 参见何修猛编著:《现代公共关系学——理论与技巧》,复旦大学出版社2002年版,第85—87页。

织。此时,最有效的识辨办法就是明确独特的组织形象定位。只有这样,才能使组织形象深入人心,让其在消费者心目中扎下根。否则,组织形象根本不可能产生。

例如,日本尼西奇公司在第二次世界大战结束时只有30多名职工,却生产雨衣、游泳帽、卫生带、尿垫等多种产品,品种杂多,缺乏明确的形象定位,生产经营极不稳定。战后的经济恢复和发展为企业带来了契机。有一次,尼西奇公司的董事长多川博在考虑市场定位时看到了一个日本的人口普查报告,得知日本每年大约出生250万个婴儿。多川博想,如果每个婴儿用两条尿垫,一年就需500万条。如果能够出口,市场就更大了。于是尼西奇公司把企业及产品定位于"尿垫大王"上,放弃一切与尿垫无关的产品,最后靠这明确的形象定位占领了日本70%以上的婴儿尿布市场,成为名副其实的"尿垫大王"。由此可见,在当今产品、宣传越来越先进的时代,组织形象要得到公众的认可,首先就必须进行准确的定位。

(二) 组织形象定位的特征

1. 组织形象定位的性质——找寻差异

组织塑造形象的过程和活动均是发掘、维护和提升个性,围绕个性或独特性来开展。因此,组织形象定位事关组织本来形象的总体态势和特征,它是组织形象战略的核心,是组织形象塑造活动中具有决定性的因素或环节。

2. 组织形象定位的依据——环境分析

具体来说,环境分析的内容主要包括社会环境分析、组织实态分析等。社会环境分析主要是对经济发展、技术进步、国家政策、法律规定、社会文化等因素的分析;组织实态分析,即通过系统性的组织实态调查,一方面把握组织自身的实际状态,另一方面把握社会公众对于组织的期望和要求。环境分析的过程实际上就是进行大量的、系统的市场调查和形象调查,以及对这些调查资料进行整理、归纳、统计的过程。

3. 组织形象定位的基础——组织总体发展战略

组织形象定位是在组织总体发展战略的基础上制定的,它必须反映组织总体发展战略的内容,这也是组织战略管理的客观要求。也就是说,组织形象定位与组织总体发展战略之间是互相联系、互相影响、互为保证的双向、动态的关系。

4. 组织形象定位实现的手段——管理职能的发挥和传播活动的开展

要想实现组织形象定位的决策意图,一方面,在组织的运作和各项社会活动中,必须严格以组织形象定位决策的要求来约束、规范组织的行为,并对外部公众实施科学的引导和管理;另一方面,还要把这种具有个性特征的组织形象运用系统的传播策略和传播手段传递给内外公众,使公众不仅看到、体验到组织的各种行为和社会活动,同时还能了解到组织产生这些行为的内在驱动力,感受到组织的思想和文化等,从而使组织确立独特、鲜明和丰满的形象地位。

(三) 组织形象定位的影响因素

那么,组织究竟如何才能在公众心目中占据一个理想位置呢?其实,所谓的理想位置是相对的而不是绝对的,这种位置通常通过将自己与竞争者相比较后而确定。也就是说,组织形象定位要根据组织自身的特点、竞争对手的情况和公众的情况来实行。

1. 组织自身的特点

古人云:"知人者智,知己者明。"所谓知己就是了解、分析本组织的总体状况。对企业而言,就是了解、分析自己公司的经营环境、人员素质、管理方式、行业地位和产品特点,并在此基础上找出自己的独特优势和劣势。当然,优势不是绝对的,而是相对的。组织无论大小、强弱皆有其长处和短处。弱小者,在总体上虽处于劣势,但若能形成拳头,在局部就可能形成相对优势;强大者,在总体上虽处于优势,但力量容易分散,在某个局部则可能处于劣势,敌不过弱小组织。处势优劣的相对性表明,任何组织皆有其相对优势,也有其相对劣势。如果感觉自己缺乏优势,那么缺乏的绝不是优势本身,而是发现优势的眼睛。

2. 目标公众和竞争对手

这是组织形象定位的关键之所在。一个组织要想在潜在的目标公众心目中占据一个特定的位置,就必须走近潜在目标公众和竞争对手,了解其需求与偏好,简言之,就是了解潜在目标公众和竞争对手在想什么。

定位最基本的方法并不是发明一些新奇的点子,而是要首先做到熟知目标公众和竞争对手。熟知目标公众的目的是掌握目标公众的内心世界并设法将其内心世界和组织的产品或服务结合起来;熟知竞争对手是为了扬长避短,甚至以自己之长克竞争对手之短。对今天的组织来说,要熟知自己的竞争对手,就要做到辨明自己的竞争对手是谁,了解竞争对手在市场上的地位、实力、有何优势和劣势。组织形象定位实际上就是为组织创立一种竞争优势,以便在目标市场上吸引更多的公众。但是,从现实来看,处于同一目标市场上的竞争组织,其产品或服务往往各有自己的优势和劣势。以企业为例来看,有的质量优异,有的技术先进,有的服务周到,有的典雅高贵,有的经济实惠。组织形象定位的关键是通过调查分析,确认竞争对手的优势和劣势,并将竞争对手的组织形象定位与自己组织的特色进行比较,从而确认自己的竞争优势,以此作为定位的基础。这一点正如杰克·特劳特所说:"在多种可选对象中进行选择总是基于差异性,无论是内在的还是外在的……绑定在产品上与众不同的特征能够增强人们对它的记忆,因为这些特征会受到人们理性上的重视。"[1]在现实当中,我们不难看到,竞争者们的定位是各有侧重的,有的强调信誉、有的追求创新、有的注重品质、有的彰显服务……竞争者们进行如此定位的目的很明确,期望以此来扬长避短,凸显个性,塑造出独一无二的组织形象,以赢得目标公众的偏好。

总之,进行组织形象定位必须要做到知己知彼,只有在此基础上,才有可能给予组织恰当的形象定位——确定组织在相关公众心目中区别于其他组织的形象,并规定在何时、何地对哪些公众以何种手段和方式进行宣传。[2]

---

[1] 〔美〕杰克·特劳特、史蒂夫·里夫金:《与众不同》,火华强译,机械工业出版社2011年版,第12页。
[2] 参见孙迎光、韩秀景:《组织形象塑造——现代公共关系的理论与实践》,上海三联书店2009年版,第32—33页。

二、组织形象的分类

组织形象是多层次、多维度的。因此,我们也应该从不同角度来把握组织形象。

(一) 按组织形象的内容划分

按组织形象的内容来划分,可将组织形象分为特殊形象和总体形象。特殊形象是某一或少数几个方面给公众留下的印象,或者组织在某些特殊公众心中形成的形象。如企业的良好服务使某些顾客形成了组织"优质服务企业"的形象;企业的某一次慈善捐款给公众留下了乐善好施、热心公益事业的形象。特殊形象对企业很重要,因为公众是不可能全方位、全面地了解组织的。组织在他们心中留下的往往就是这种特殊形象,而且某些公众就是因为组织在某些方面的独特形象而支持组织的。因此,特殊形象是组织改善形象的突破口。

总体形象就是企业各种形象因素所形成的形象的总和,也是各种特殊形象的总和,但又不是简单的相加。一个比较极端的例子是:某位员工工作敬业、技术一流,人际关系也好,深得领导和同事的赞许。但不喜欢他的人可能说,他没有个性或没有特长。

对一个组织而言,总体形象和特殊形象是密切联系的。组织必须善于处理好特殊公众和其他公众的关系,努力追求总体形象和特殊形象的统一和谐,以保证组织形成良好的生存和发展环境。

(二) 按照组织形象的真实程度划分

按照组织形象的真实程度来划分,可将组织形象分为真实形象和虚拟形象。真实形象是指组织留给公众的符合组织实际情况的形象。虚拟形象则是组织留给公众的不符合企业实际情况的形象。虚拟形象形成的原因是多方面的,既有传播信息过程中的失真原因,也可能有公众评价的主观性、偏向性原因。需要说明的是,真实形象不一定就是好形象,而虚拟形象也未必等于坏形象,如企业经营伪劣产品被曝光在公众中形成的一个不好形象是真实形象,而一个骗子在被揭穿之前的公众楷模形象往往是虚拟形象。一些企业通过虚假统计数据而在上级部门(官员)那里形成了一种好形象,但这肯定是虚拟的。对企业来说,当然应追求真实的良好形象,而避免虚假的、不好的形象。

(三) 按照组织形象的可见性划分

按照组织形象的可见性来划分,可将组织形象分为有形形象和无形形象。有形形象是指那些可以通过公众的感觉器官直接感觉到的组织对象,包括产品形象(如产品质量、性能、外观、包装、商标、价格等)、建筑物形象、员工精神面貌、实体形象(如市场形象、技术形象、社会形象等),它是通过组织的经营作风、经营成果、经济效益和社会贡献等形象因素体现出来的。

无形形象则是通过公众的抽象思维和逻辑思维而形成的观念形象,这些形象虽然看不见,但可能更接近企业形象的本质,是企业形象的最高层次。对企业而言,这种无形形象包括企业经营宗旨、经营方针、企业经营哲学、企业价值观、企业精神、企业信誉、企业风格、企业文化等。这些无形形象往往比有形形象更有价值,如对麦当劳、可口可乐、索尼、劳斯莱斯等企业而言,它们的企业信誉等无形资产比那些机器设备和厂房要重要得多。

(四) 按照组织形象的现实性划分

按照组织形象的现实性来划分,可将组织形象分为自我期望形象和社会实际形象。自我期望形象是社会组织自己所希望具有的预期形象,它是社会组织发展的内在动力,能促使组织开展各种有效的公共关系活动。自我期望形象的要求越高,组织自觉作出努力的可能性就越大。社会实际形象是公众对一个组织的真实看法,是组织形象的客观状态,了解组织社会实际形象是制订公共关系目标的基本依据。

社会组织应该正确地分析自我期望形象。每个社会组织都会有一种自我期望形象,不过有的是明确的、自觉的,有的是不明确的、不自觉的。无论是哪一种自我期望形象,组织都应该进行正确、客观的分析。分析组织自我期望形象,要完整地掌握组织内部的基本资料,如组织的经营方针、管理政策、产品质量服务水平、员工的基本素质、管理人员的能力等等。要充分了解组织的领导管理层对组织形象的期望水平,包括领导者所拟定的各项目标和政策、领导者的言行和经营管理手段、领导者对组织形象的关心程度等等。要了解全体员工对组织的看法和期望,包括员工的意见、希望和要求以及员工的合作意识和团队精神等。

组织还应该正确地分析其社会实际形象。分析组织社会实际形象,要对公众对象进行鉴别和分类,确立调查对象的范围,要进行组织形象战略地位的测定,即在对公众对象进行分类的基础上,调查各类公众对象对组织的评价。要进行组织形象内容的深入分析,即具体分析构成组织形象的具体要素,要弄清公众对组织不同态度和评价的原因。

社会组织应该对自我期望形象和社会实际形象有个正确的分析和了解,在此基础上,调整自我期望形象和社会实际形象之间存在的反差,不断地创造和树立新的良好形象。

三、组织形象的塑造

(一) 组织形象塑造的过程

所谓组织形象的塑造,就是组织通过开展公共关系活动而自觉推进自己形象的过程。组织形象塑造的主要过程可以分为三个阶段:

1. 确定形象要素,明确企业的形象定位

不管是出于何种原因进行组织形象塑造,形象塑造的根本任务是要组织进行形象定位或再定位,以塑造出别具一格的良好形象。不作形象定位,形象推广或者传播就会失去依据,其他所有影响组织形象的因素也会变得紊乱。① 形象定位包含两个层次:一是对组织整体的知名度、美誉度和认可度进行定位;二是对各组织的子形象进行定位。组织的整体形象由各个子形象构成,进一步又由各形象要素构成,各个子形象影响着组织的整体形象定位,并面对不同公众,有各自的独立功能,因而它们的定位也十分重要。在这一阶段要考虑到各种类型的社会组织所具有的自身特点,以此出发选择一个适宜的塑造路径。组织形象设计应该考虑到组织的性质、结构、目标、功能等方面的要求进行。例如,工商企业等经济型组织,主要目的是获得经济效益,赢利是第一位的考虑;而学校、医院等组织的主要目的是培养人才、治病救人,社会效益是首要的。所以,进行形象设计必须要有不同的考量。同时,在设计时也要做到有利于提升组织效能的目标,并要考虑到公众对组织的期望和要求。

2. 拟订公共关系工作方案

在设计好组织形象后,要具体拟订一份公共关系工作方案,探讨如何利用媒介,实施具体服务措施,开展各种社会公益活动等多种公共关系活动,以此来建立本组织的形象。在这一阶段主要有两个方面的工作需要落实:其一,形象要素视觉化、符号化,使其易于识别与理解。影响组织形象的要素一般是能被公众识别而且应该被识别,如办事效率、服务态度等,这些要素是进行定位的依据,应该让公众广泛知晓,因而应该尽可能使其转化为易于识别的形式。同时,形象要素要尽可能符号化,包括语言文字、数字、色彩、图形、行为特征等转变成成文的规章制度。符号并非总是易被识别,更不一定能准确表达组织想传递的思想内涵,因而要把各种需要表达的内涵协调起来。形象要素视觉化、符号化后将构成形象要素,它不仅仅起到易于识别的作用,而且由于它具有某些内涵,因而还能直接影响组织形象的好坏。其二,选择和确定有效的整体展示和传达方式。视觉化、符号化的形象要素还必须依赖于一系列载体才能把有关信息传达出去,因此,形象塑造还要寻找、设计出系统的展示、传达方式,如具体事务和大众媒介的选择和运用,这一工作与公共关系传播有密切联系。在信息社会里,传递信息的手段不断增加,传播方式也会相对多样化。②

3. 组织自身行为建设

影响组织形象的因素虽然有三个方面——组织自身行为、传播过程和公众,但是后二者是以前者为根据和基础的,没有良好的组织行为,传播就是"空中楼阁",而公众也不可能形成良好印象。所以,良好的组织形象有待于全体组织成员的自觉努力。总之,组织形象的塑造是一个连续不断的过程,组织在任何时候任何情况下都应该努力树立和维护自己的良好形象。③

(二) 组织形象塑造的要求

一般来说,要塑造良好的组织形象,组织应该做好以下几方面工作:

---

① 参见刘彦、任丹婷主编:《公共关系学》,东北林业大学出版社2005年版,第183页。
② 参见周朝霞主编:《公共关系——理论与实务》,高等教育出版社2005年版,第64页。
③ 参见康庆强:《公共关系与组织形象塑造》,学苑出版社1996年版,第125页。

1. 消除误区,树立正确的组织形象观

尽管组织形象的重要性已为越来越多的组织领导层所认识,但在实际中,还是存在着对组织形象的若干误区:一是"组织形象无用论"。即认为组织形象是摆花架子、图形式,中看不中用,以前从没听说或没塑造过组织形象,不也照样获得成功吗?市场竞争是短兵相接,时间就是金钱,市场是不会让你从容地塑造好形象再参与竞争的。二是"组织形象万能论"。即组织形象是点金术,是灵丹妙药,组织形象一导(导入)就灵;只要导入组织形象战略,组织就会像可口可乐那样名扬四海,像微软公司那样财源广进,像清华同方那样潜力无限。三是"组织形象趋同化"。即照搬照抄的组织理念设计和行为设计,大同小异,毫无本组织的特色和个性。如在为企业设计企业精神时,大部分的企业都是选择诸如"团结、创新、求实、奉献、文明"等词,形成一种高度趋同化的企业精神。四是"组织形象盲目化"。组织形象应该是组织长期的经营理念、经营宗旨及其他方面的集中、综合反映,应该具有典型性、代表性、综合性。但很多组织在塑造形象的过程中,既不了解组织的历史及发展过程,又不针对公众开展调研,因此这样的组织形象往往带有很大的盲目性,很难被公众认同。

针对上述组织形象塑造过程中的误区,组织在进行形象塑造时必须树立正确的组织形象观,努力避免或消除对组织形象的不正确看法。既不要因看不到组织形象的作用而轻视,也不要因组织形象有作用而人为拔高,同时在组织形象设计和实施过程中要注意特色,注意针对性和代表性,只有这样才能真正搞好组织形象的塑造工作。

2. 捕捉组织形象塑造的有利时机

不同的时期,组织形象塑造的途径和方法会有所不同,能巧妙地把握时机,因势利导,就能收到事半功倍的效果。

在新组织创立时期,即新组织创建开业时,还未能与社会各界建立广泛联系,知名度不高,这时,组织如能确立正确的经营理念、完善的组织和员工行为规范,设立独特的视觉识别系统,以及最佳的传播方式和媒介,就能给公众留下美好的第一印象。

在组织顺利发展时期,应致力于保持和维护组织的形象和声誉,巩固已有成果,再接再厉,进一步提高知名度和美誉度,以强化组织在公众心目中的良好形象。当组织处于顺利发展时期,其各方面运转往往较好,因此,可供利用的宣传机会和"扬名"机会当然也会多些。"经济效益上台阶,文化生活辟新路,组织荣誉接踵至,主要公众赞扬多"等,都是可以利用的极好契机。

在组织处于逆境时期,公共关系工作人员最主要的是沉着、冷静,善于捕捉组织中的亮点,然后抓住有利时机,采取灵活机动的宣传策略,以赢得组织内外公众的支持、理解和合作,帮助组织顺利渡过难关。即使是组织处在最困难时期,只要公共关系工作人员勤于思考,敏于发现,总能找到一些组织的亮点。如某企业可能因经营不善导致亏损,经济效益下滑,员工福利受到影响,外部的公众如供应商、代理商、顾客组织的支持力度也有减弱的趋势,组织看起来很困难。这时,组织的公共关系工作人员便要努力寻找组织的亮点,如企业虽暂时处于困境,但企业有雄厚的基础,或者有良好的企业形象或者有超强的技术开发实力,或者有诱人的发展前景,或者有乐观自信的员工等等,这些都可作为对内对外宣传的突破,作为使组织重新赢得公众信心的催化剂。

由于受人们消费惯性的影响,社会公众在组织推出新产品、新服务或新举措时,往往会持观望和等待态度。这表明消费者对这些新产品、新服务、新举措还不了解,还有疑虑,还存有戒备心理。因此,这时组织的公共关系部门应主动出击,采取有针对性的措施,如现场产品(服务)展示、操作示范、广告宣传、顾客承诺等,消除公众的疑虑和摇摆态度,把公众的注意力尽快地吸引到组织上来。

3. 保持组织形象的统一性和连续性

在塑造组织形象的过程中,组织要统筹兼顾,全面安排,以保证组织形象的统一性和连续性。许多经营不佳、形象不好的企业,并不是因为没有去塑造组织形象,而是因为缺乏连贯一致的组织形象。这类企业往往今年强调成本低、价廉物美,明年强调服务好、体贴入微,后年又强调革新、创新制胜,不仅内部职工无所适从,而且也导致外部公众无法对其形成一个稳定的印象。国际上一些知名公司在这方面的成功经验就很值得借鉴学习。如美国国际商业机器公司(IBM)在其成长过程中,产品不断更新,管理体制也发生了变化,但我们从它现在的组织目标及所强调的基本信念来看,仍然没有离开其第一任领导老托马斯·沃森(Thomas Watson)最初的设想;日本松下公司所遵循的整体企业精神,仍然是公司创始人松下幸之助所拟定的一些信条。可见,保持组织形象的一贯性、连续性,对于一个企业的长远发展至关重要。

(三) 组织形象塑造的主要模式

组织形象塑造讲究的是个性化与艺术化的风格品质,但是这并不表示组织形象的塑造无规律可循,组织可遵循某些既定的形象塑造模式来塑造组织的形象。一般来说,有如下一些常见的组织形象塑造模式:[①]

1. 宣传型公关模式

宣传型公关模式是利用各种传播媒介将组织的有关信息迅速传播给内外公众,以形成有利的社会舆论,树立良好的组织形象的一种公关活动模式。这种模式的主要特点是:主导性强、时效性强、传播面广、推广的效果快。

宣传型公关模式的主要做法是:利用各种传播媒介和交流方式,如新闻发布会、新闻报道、专题通讯、公关广告以及其他印刷刊物、视听资料、表演、展览等方式进行内外传播,让各类公众充分了解组织、支持组织,从而形成有利于组织发展的社会舆论,使组织获得更多的支持者和合作者,达到促进组织发展的目的。只有良好的社会舆论,才能使组织获得广泛的支持者和合作者,有效地促进组织的发展。

宣传型公关应该坚持两项原则:第一,要坚持双向沟通原则,注意收集信息反馈,沟通内外公众。第二,要坚持真实性原则,绝不出现浮夸不实之词,不作虚假宣传。

[①] 参见刘彦、任丹婷:《公共关系学》,东北林业大学出版社2005年版,第190页。

2. 交际型公关模式

交际型公关是在人际交往中开展公共关系工作的一种模式,是以人际接触为手段,与公众进行协调沟通,为组织广结良缘的公共关系活动。它的目的是通过人与人的直接接触,进行感情上的联络,为组织广结良缘,建立广泛的社会关系网络,形成有利于组织发展的人际环境。所以,交际型公关活动实施的重心是:创造或增进直接接触的机会,加强感情的交流。

交际型公关活动可以分为团体交往和个人交往。团体交往包括招待会、座谈会、工作午餐会、宴会、茶话会、联谊会、现场参观团队、考察团、团拜和慰问等。个人交往有交谈、上门拜访、祝贺、信件往来、个别参观、定期联络、问候等。

交际型公关模式有两个主要特点:一是灵活性,即利用面对面交流的有利时机,充分施展公共关系工作人员的交际才能,达到有效沟通和广结良缘的目的。二是人情味强。以"感情输出"的方式,加强与沟通对象之间的情感交流。一旦建立了真正的感情联系,往往会相当牢固,甚至超越时空的限制。

交际型公关模式在公关活动中应用得很多,它以感情投资的方式达到组织与公众的互助、互利、互惠的目的,同时还可以传播组织信息、获取环境信息。

例如,我国一年一度的春节联欢晚会,就是一种交际型公关模式。联欢晚会上中央领导人、全国各民族代表、各行各业的优秀人物欢聚一堂,观看著名演员的联合演出,而且通过中央电视台实况转播,全国的老百姓都在电视机屏幕前共同欢庆中华民族的传统佳节。海外华侨、华人也都通过卫星转播接收观看演出,并通过现场直拨电话、电报表达心声。全国人民觉得祖国空前的繁荣昌盛,人民空前的和睦团结,此时此刻,"祖国"已经不是一个空洞概念,而是一个鲜明具体的形象印在人们的脑海里。

3. 公益型公关模式

公益型公关模式是组织通过举办各种社会性、文化性、赞助性活动来塑造组织形象的模式。它通过积极的社会活动,扩大组织的社会影响,提高其社会声誉来赢得公众的支持。

公益型公关模式的活动方式主要有三种:一是以资助社会文化事业为中心开展的公关活动,如各种形式的文化节、艺术节、花市、灯会等,用文化"搭台",让经济"唱戏",从而扩大自己的影响,树立自己的形象;二是以资助社会福利、教育事业为中心开展的公关活动,如赞助社会福利、慈善事业,资助公共服务设施的建设,抗灾救灾等,通过这些活动在社会公众的心目中树立本组织注重社会责任的形象,提高组织的美誉度;三是资助大众媒介举办各种活动,提高组织的知名度,如冠以组织名称或产品名称的智力竞赛、体育比赛或歌曲大奖赛等。

公益型公关往往不会带给组织直接的经济利益,但它可为组织树立良好的形象,使公众对组织产生好感,为组织创造优化的生存发展环境。

4. 服务型公关模式

服务型公关模式是一种以提供优质服务为主要手段的公共关系活动模式,目的是以实际行动来获取社会的了解和好评,建立良好的组织形象。服务型公关绝不仅仅限于专门的服务行业,社会上任何一类组织都能以自己独特的方式向公众提供必要的服务。只有如此,公关工作才有坚实的基础。实际上,在塑造形象时,优质服务的作用不亚于产品的技术和质量。

服务型公关的活动形式有很多,如指导顾客消费、提供便民措施、完善售后服务等。这一类型的活动模式最大的特点是具体、实在。组织以实在的行动来密切与公众的关系,树立和维护组织的形象和声誉。完成这一工作不仅仅是销售部门的事,还需要依靠组织中所有的成员和所有部门的共同努力来实现。

例如,在1984年洛杉矶奥运会之前,柯达公司一直是奥运会的合作伙伴。但在洛杉矶奥运会,日本富士公司却在交锋中胜出,独享赞助商权益。在1988年的第二十四届奥运会上,柯达公司决心不惜耗费巨资也要一雪前耻。柯达公司向组委会声称:他们愿提供比富士公司多1/3的费用,而自己则不开价。结果使赞助费不断攀升,后来富士公司明智地放弃了,却害得柯达公司多用了2000万美元才获得了赞助权。富士公司虽然没有获得赞助权,但却用了服务型公关的妙策来强化自己的良好形象。它拿出准备赞助的钱,免费为奥运会提供冲洗胶卷的优质服务,就在卖彩色胶卷的商店旁边建起了冲印的服务亭。由于富士公司的高科技冲印技术以及热诚服务的态度,迅速、及时地为参加奥运会的人们带来了很大的便利,获得如期的好评。富士公司的组织形象也得到了进一步的提升。

5. 征询型公关模式

征询型公关模式是以采集社会信息为主,掌握社会发展趋势的公共关系活动模式,其目的是通过信息采集、舆论调查、民意测验等工作,加强双向沟通,使组织了解社会舆论、民意民情、消费趋势,为组织的经营管理决策提供背景信息服务,使组织行为尽可能地与国家的总体利益、市场发展趋势以及民情民意一致;同时,也向公众传播或暗示组织意图,使公众印象更加深刻。征询型公关活动实施的重心在感动操作上的科学性以及实施过程中的精细和诚意。具体的实施过程是:当组织进行一项工作后就要设法了解社会公众对这项工作的反应。经过征询,将了解到的公众意见进行分类整理并加以分析研究,然后提出改进工作的方案,直至满足公众的愿望为止。

征询型公关的活动形式主要有:开展社会咨询、民意测验、询问重要公众、建立信访制度、设立监督电话、处理举报和投诉、分析新闻舆论、举办信息交流会等。由于征询型公关具有长期性、复杂性、艰巨性等特点,因此,需要公关人员用智慧、耐力和诚意去对待公众,持之以恒、日积月累地逐渐建立起有效的信息网络,才能收到既传播组织形象又监测外部环境的效果,保持组织与社会环境之间的动态平衡。

四、组织形象的巩固与更新

组织形象在对内的宣传得到了员工的理解和支持,对外的推行得到了公众的认同和拥护之后,就可以说已经建立了良好的组织形象。但是,要使企业在公众心目中一直保持良好的形象,就需要不断地加以强化和修正。由于企业之间的形象竞争非常激烈,每一个企业都必须不断地巩固和加强自身的形象,才能保持原来的形象地位。形象建设也如逆水行舟,不进则退。从一些世界著名企业发展的历史可以看到,曾有不少红极一时的名牌纷纷衰落,最后被人们淡忘了。即使目前排位在全世界前50位的名牌企业,也无不几经风雨,不断地进行形象的巩固和更新,最后才取得成功。

(一) 不断改进和提升产品和服务的品质

组织形象的巩固是以企业名牌产品不断推陈出新、不断进步作为基本前提和必要保障的。如果产品质量上不去,技术不更新,组织形象的巩固也就是一句空话。所以,组织形象的巩固必须包括产品质量水准上的提高与创新。组织形象以质量为依托,如果质量水准难以提高,其形象迟早会落伍。现代社会,几乎所有的优秀企业都在进行质量水准提升的竞赛。名牌企业要抓住目前质量优秀、技术领先、人才济济、资金实力雄厚等优势,把质量优势提升到他人无法与之抗衡的水准,使品牌形象不断加强。

(二) 利用一切时机,进行组织形象的传播

巩固时期的形象传播活动有两种方式:低姿态传播方式和高姿态传播方式。其一,低姿态传播方式是通过各种媒介,以较低的姿态,持续不断地向社会公众传送企业的信息,使组织形象潜移默化在公众的长期记忆系统中,一旦需要,公众就可能首先想到你,接受你,如节假日的宣传推广活动、大型建筑物上的霓虹灯形象宣传牌、参与社会活动等等。其二,高姿态传播方式是通过各种媒介,以较高的姿态进行传播,以求在公众心目中强化原有的形象,如举行盛大的周年庆典活动。

(三) 组织形象的更新

组织形象是以企业理念为内涵而建立的。企业理念要随着企业的发展、进步而不断地加以调整、修正,以创造出最能体现企业精神、企业价值观、企业目标的企业观念,建立征服公众的组织形象。虽然对企业理念的丰富、补充过程是十分艰辛的,但企业理念的更新能带给组织形象的升级。因此,企业理念的丰富是组织形象更新的基础。在组织形象更新的过程中,需要更新的组织要素很多,主要的更新要素有:

1. 领导者的观念更新

组织领导者是组织形象更新的核心主宰,他们决定着组织形象更新的方向和前途。因此,组织领导者是否具有新的观念,是否从旧文化中脱胎换骨都直接影响着组织形象的更新。

2. 员工素质的提高

员工素质的提高首先要注重对其思想观念的引导、更新。一个人的能力是有限的,如果只靠领导者一个人的智慧指挥一切,即使一时取得了惊人的发展,也肯定是有行不通的一天。所以,发挥全体员工的智慧,运用全体员工的力量才是组织保持良好形象的根本。

3. 产品质量与外观的更新

产品质量与外观的更新不仅可为企业带来滚滚的财源,而且也可巩固组织形象,加速形象更新,为组织形象的丰富、提升起到良好的推动作用。

4. 传播内涵上的更新

纵观世界知名企业,如可口可乐、耐克、雀巢、索尼等,没有一个是墨守成规、一成不变的。麦当劳的主导产品虽仅有汉堡包和薯条两大类,但它的内涵形象永远是在主旋律下面变化多端、层出不穷、新鲜生动:有一闻到麦当劳香气就清醒的儿童;有摇篮里婴儿对麦当劳的喜爱;有利用汉堡包扑弄主人的小猫;还有想吃薯条但又被柳枝吓跑了的鱼群等。这些不断变化的形象总能给人们一个又一个的惊喜。

本章小结

组织形象是公众对社会组织的整体印象和总体评价,是社会组织特征与行为在公众心目中的反映。对于组织来说,良好的组织形象是其生存与发展的基本保障,具有价值效应。组织形象的资产增值效应、关系建构效应、促销效应、激励效应、扩张效应,给企业的发展带来了巨大的动力。正是这些特殊的效用,现代企业都十分重视品牌形象战略。

对于组织形象,必须要从内涵和外延两个方面来理解。从内涵上说,组织形象包括内外部公众形象、产品形象、社会形象和环境形象,其中公众形象是组织形象的主体。从外延上说,组织形象包括知名度、美誉度和认可度。在市场关系中,由于这三个组成部分的不同,经常会呈现出不同的形象,其中,知名度、美誉度和认可度都高,是组织外延形象的理想状态。

组织形象定位是指根据内外部环境变化的要求、本组织的实力和竞争对手的实力,选择自己的经营领域、经营理念,为自己设计一个理想的形象位置。组织形象定位是形象塑造的前提。组织形象具有多层次和多维度性,把握组织形象时必须要从不同的角度理解。

组织形象塑造是组织通过开展公共关系活动而自觉推进自己形象的过程。组织形象的塑造模式主要有宣传型公关模式、交际型公关模式、公益型公关模式、服务型公关模式和征询型公关模式。在组织塑造形象时,可以单一使用也可以综合使用这些模式。

由于企业之间的形象竞争非常激烈,每个企业都必须不断巩固和加强自身的形象,才能保持原有的竞争实力。

案例分析

挡不住的诱惑
——可口可乐的企业形象设计

有人将可口可乐称为"魔水",这种说法毫不夸张。在当今世界软饮料市场上,可口可乐占有48%的份额。在世界五大饮料产品中,可口可乐一家公司就占了四个品种:可口可乐、健怡可口可乐、芬达和雪碧(另一家是百事可乐)。

可口可乐的知名,在很大程度上得益于企业形象设计。一部可口可乐的成长史,从某种程度上说,就是塑造企业形象的历史。可口可乐在中国的广为流行,也是和强大的宣传攻势分不开的。

一、巧于命名

1886年5月8日,在美国亚特兰大的一间实验室里,药剂师约翰·S.彭伯顿(John Stith Pemberton)试制出了一种糖浆,他和助手给这种糖浆起名叫可口可乐(Coca和Cola)。Coca和Cola是分别产自南美洲和非洲的两种植物,为糖浆起这个名字当时并没有什么特别的含义,只是为了合仄押韵,叫起来好听。可口可乐糖浆最初也是作为一种饮用剂放在药房销售的。

一个偶然的机会,彭伯顿将可口可乐糖浆放进小苏打和冰水中,一品尝,味道不错。很快,药剂所门前出现了"请喝可口可乐"的招牌,接着报纸上出现了"可口可乐,清凉可口,提神解渴,心旷神怡,使你身心愉快"的广告。独特的风味,加上引人入胜的广告词,使可口可乐在问世之初就吸引了大批顾客。

1888年,一位名叫阿萨·G.坎德勒(Asa Griggs Candler)的年轻人看到了可口可乐作为饮料的市场前景,遂购买了可口可乐的股份,掌握了全部生产销售权,并于1892年成立了可口可乐公司,坎德勒由此被称为"可口可乐之父"。1923年,罗伯特·伍德鲁夫(Robert W. Woodruff)接任可口可乐公司总裁,他的目标是使可口可乐不仅遍销北美,而且走向世界。同时,他在公司内部加强可口可乐的质量管理,改进和加强了可口可乐在全球的广告宣传和促销活动。在伍德鲁夫的苦心经营下,可口可乐在全球得到推广,最终成为世界最有价值的品牌。

早在20世纪20年代,可口可乐就进入了中国市场。可口可乐能在中国市场上大显神威,它的中文译名功不可没。为了能使产品为中国人所接受,可口可乐在产品的中文译名上着实花了一番苦功。当年,可口可乐在进入中国市场之前,公司特请在伦敦任教的蒋彝设计中文译名。精通语言文字、谙熟消费者心理的蒋先生不负重托,苦思良久后灵感顿来,写下了"可口可乐"四个字。该译名采取了双声叠韵方式,音意双佳,读来朗朗上口,同时又显示了饮料的功效和消费者的心理需求,该商标投放到市场后,果然受到中国消费者的追捧。可口可乐中文译名也成为广告史上的经典之作。

无独有偶,可口可乐公司生产的"Sprite"在译为中文时,也独具匠心。"Sprite"在英文里是"魔鬼"和"小妖精"的意思,为了能使产品为中国人所接受,公司将其译为

"雪碧",体现了饮料的清凉、纯洁的特点。在炎热的夏季里,想到纷飞的白雪和一潭清凉的碧水,有谁能不为之动心呢?

可口可乐广告的设计采取红底白字,十分引人注目。书写流畅的白色字母,在红色的衬托下,有一种悠然的跳动之态。由字母的连贯性形成的白色长条波纹,给人一种流动感,充分体现出了液体的特性,整个设计充满诱人的活力。

二、广告策略

为了使可口可乐的形象深入人心,可口可乐公司不惜花费巨资做广告宣传,每年在广告上的支出高达6亿美元。伍德鲁夫有一句名言:"可口可乐99.61%是碳酸、糖浆和水。如果不进行广告宣传,那还有谁会去喝它呢?"

1987年,可口可乐公司拍制了一部名为"年轻人的心声"的广告片,共60秒钟,花费250万美元,平均每秒4万多美元。这则广告当时被称为世界最大手笔的广告。它是委托英国的豪华佳德影片公司拍摄的。60秒钟的广告片拍摄用了两星期,剪辑用了四星期,全部工作人员超过300人。聘请演员1000多人,这些人来自20多个国家,他们用20多种语言唱出了"年轻人的心声",表达了对可口可乐的热爱。

此外,可口可乐还通过赞助公益活动,来扩大自己的形象。1998年3月,可口可乐公司董事长道格拉斯·艾华士(Douglas Ivester)访华,宣布向"希望工程"捐款人民币500万元,专门用于资助失学儿童。可口可乐公司还在各地资助大学特困生和其他教育项目。

三、维护形象

可口可乐也有马失前蹄的时候,但每当公司处于危急关头,可口可乐总是利用媒体,力争挽回损失,重塑公司形象。

在可口可乐的壮大过程中,曾经出现过"中毒事件",对可口可乐的打击特别大。1999年6月14日,比利时42名小学生在喝了受污染的可口可乐后,出现头疼、恶心等食物中毒症状,这些学生当即被送往医院治疗。比利时卫生部当晚告诫民众不要饮用可口可乐及该公司的其他产品。比利时政府同日宣布,全面禁止销售可口可乐公司产品。与此同时,法国北部有80多人也因喝可口可乐出现中度中毒,法国卫生和商业部门于15日作出决定,从全国市场撤出500万灌装和瓶装的可口可乐饮料,并就中毒事件进行深入调查。可口可乐一时间在欧洲成了瘟疫,人们避之不及,据估计,在半个月的时间里,可口可乐在欧洲市场的损失达6000万美元。在华尔街,可口可乐的股票价格下跌了6%。

面对突如其来的打击,可口可乐公司沉着应对。公司宣布将欧洲市场上数以百万的可口可乐饮料撤下,并当众予以销毁。中毒事件发生5天之后,可口可乐公司总裁兼首席执行官道格拉斯·艾华士赶赴比利时;6月22日,比利时所有报纸都刊登了艾华士的道歉信和全幅彩页广告。艾华士在信中写道:"对于所有的比利时人,我要对由于此事而给你们造成的麻烦和不适表示深深的歉意。我的同事和我要努力工作,以重新赢得你们的信任。"

6月24日,在法国北部城市举行的记者招待会上,艾华士当众大喝可口可乐,这张照片被登在世界许多媒体上。艾华士的一系列举动对挽回可口可乐在欧洲的形象起了巨大作用,比利时于6月23日宣布,取消对可口可乐的销售禁令,人们对可口可乐的信心重新恢复。一篇发表在《今日美国》上的文章写道:"法国著名小说家菲利普·舒勒(Philipps Sollers)并未受到'污染事件'的影响,63岁的他像往常一样,开始了又一顿午餐,在他的面前,依旧放着一瓶可口可乐。"①

案例思考题:

1. 结合所学知识,思考可口可乐公司是如何塑造组织形象的。
2. 通过可口可乐公司对"中毒事件"的处理方式,谈一谈组织形象在面临危机时的化解技巧。

---

① 资料来源:http://doc.mbalib.com/view/5c846f78611e0ba9037694736bb12b78.html,2016年1月12日访问。

第七章 公共关系的运作程序

本章要点

1. 公共关系调研的含义和方法。
2. 公共关系策划的含义、要素、原则和程序。
3. 公共关系实施的特点、意义与原则。
4. 掌握"全员 PR 管理"。
5. 公共关系评估的程序和方法。

引例 先搞清楚这些问题

有一家宾馆新设了公共关系部,开办初期,该部就配备了豪华的办公室、漂亮迷人的公关小姐、现代化的通信设备……但该部长却发现无事可做。后来,这位部长请来了一位公共关系顾问,向他请教"怎么办"。这个顾问一连问了几个问题:"本地有多少宾馆?总铺位有多少?""旅游旺季时,本地的游客每月有多少?外地的游客每月有多少?港澳游客有多少?国外的游客有多少?""贵宾馆的知名度如何?在过去三年中花在宣传上的经费共多少?""贵宾馆最大的竞争对手是谁,贵宾馆潜在的竞争对手是谁?""过去一年中因服务不周引起房客不满的事件有多少起?服务不周的症结何在?"

对这样一些极为普通而又极为重要的问题,这位部长竟瞠目结舌,无言以对。于是,那位公共关系顾问这样说道:"先搞清楚这些问题,然后再开始你们的公共关系工作。"

公共关系学是一门理论和实践并重的实用性学科,尽管公共关系工作内容是复杂的、灵活的和多变的,但公共关系的运作过程依然是有章可循的。美国公共关系学权威斯科特·卡特李普等人在《有效公共关系》一书中,把公共关系程序分为"四步工作法",即调查研究、公关策划、传播实施、反馈评估。

第一节 公共关系调研

美国公共关系专家西蒙(R. Simon)曾经说过:不论人们如何表达公共关系活动的

流程,调查研究都是举足轻重的。如果把公共关系活动视为一个"车轮",调查研究便是这个车轮的"轴"。"车轴论"形象说明了公共关系调研在公共关系中的地位和作用。①

公共关系调研是组织公共关系活动的开端和基础。公共关系策划方案的制订、公共关系策划方案的实施以及公共关系的评估都必须建立在调研的前提和基础之上,才能保证公共关系活动的科学性和可预测性。

一、公共关系调研的含义与功能

(一) 公共关系调研的概念界定

"调研"一词,顾名思义,就是调查和研究的统一。一般说来,调研是指对信息进行系统的收集和解释,从而增加对该知识的认识与理解。组织或企业必须准确掌握关于公众、产品和方案的资料。那么,什么是公共关系调研呢?我们先来看看学术界的已有定义:

公共关系调查就是在特定时空条件下,运用既定的调查工具和技术,收集公众信息和社会信息、分析公众意见的过程。② 公共关系调查是运用定性分析与定量分析相结合的方法,对组织公共关系的现状及其影响因素进行考察和分析寻求建立组织良好形象的科学认识活动。③ 所谓公共关系调查是社会调查的一种表现形式,它是指社会组织采用科学合理的方法,准确详实地搜集有关组织形象、公众需求、社会环境及其发展趋势方面的信息,为组织开展公共关系工作提供现实条件,也为组织制订公共关系计划提供科学的依据。④ 所谓公共关系调查研究是指公共关系人员运用科学方法,有步骤地考察、了解、分析、研究组织的公共关系状态,以搜集信息、发现问题、掌握情况为目的的一种公共关系实践活动。⑤

可以看出,学术界对公共关系调研的定义大同小异。一般说来,公共关系调研通常是:第一,描述公共关系的过程、形式或现象;第二,解释公共关系事件为什么会这样发生,发生的起因是什么,对未来有何影响;第三,预测如果不采取行动,会发生什么事情。

我们认为,所谓公共关系调研,就是指公共关系的工作人员运用一定的理论方法和技巧,以组织内外部公众为对象,通过搜集资料和分析资料,理解组织的公共关系状态,揭示其发展规律并提出改进措施或意见的活动。因此,公共关系调研既是反映公众意见、希望和要求的过程,也是调研人员向公众介绍组织情况,使公众进一步了解组织的过程。可以说,它本身就是一项沟通公众关系塑造组织形象的重要公共关系

---

① 参见邓月英主编:《新编公共关系简明教程》,复旦大学出版社 2006 年版,第 116 页。
② 参见何修猛编著:《现代公共关系学》(第二版),复旦大学出版社 2007 年版,第 70 页。
③ 参见朱力、任正臣、张海波编著:《公共关系新论:理论与实务》,南京大学出版社 2006 年版,第 40 页。
④ 参见李健荣、邱伟光等编著:《现代公共关系》,人民出版社 2007 年版,第 118 页。
⑤ 参见邓月英主编:《新编公共关系简明教程》,复旦大学出版社 2006 年版,第 117 页。

工作。

公共关系调研的主要特点是双向信息交流,即在信息传播的同时,既有信息的搜集又有信息的反馈。为了准确、及时、有效地搜集和传递组织内外部的信息,公共关系人员必须掌握和运用公共关系调查方法,预测未来;采取恰当的对策,防患于未然,使组织保持良好的信誉和形象。

(二) 公共关系调研的功能

1. 提供有关组织形象的信息

公共关系调查的基本任务,就是了解公众对组织的意见、态度及反应,对组织形象及其社会信誉做到心中有数,其目的在于寻求组织形象的自我评价与公众评价的差距,以便根据这种差距来调整组织形象及信誉。

2. 为公共关系策划提供科学依据

公共关系策划是一项复杂的系统工程,它的每一个步骤都必须以可靠、充分的信息为依据。例如,策划中对目标的确定,就必须掌握组织自身的信息、社会环境信息以及各种公众信息,这样才可能为组织进行形象定位,进而确定组织的总体目标和具体目标。又如,策划中对主题创意的确定就必须在掌握上述信息的基础上,参考种种相关的、可激发创意的信息,这样才能策划出新颖、贴切、可行的公共关系主题创意。总而言之,公共关系调研为公共关系策划提供了科学依据,使策划出来的公共关系活动方案具有成功的保证。

3. 为公共关系策划方案的审定提供参考标准

当公共关系方案策划而成之后,一般还须由以组织领导人为首的权威人士进行审定。审定工作既要理解与把握策划者的思路与用心,更要以客观的态度,实事求是地对方案进行评判、优化、决策,这就需要有一定的参考标准。而最可靠、客观的标准不是策划者方案本身或方案说明,也不是审定人主观的经验与好恶态度,而是调研所获得的客观信息。审定者通过对客观信息的逻辑推理,并对照策划方案,就可以得出科学的评判。

4. 公共关系调研本身具有公共关系效应

调查活动的开展,离不开调查人员与调查对象进行广泛的接触。这个接触本身,就在向公众传播组织的信息,有助于塑造组织可亲可敬的形象。而调查所得到的信息,无论好坏,均能起到一定的公共关系效应。理想的信息,对组织内部员工有激励作用,对外部公众有树立组织良好形象的作用;欠理想的信息,对组织有早期报警作用,是激起组织上下通过公共关系工作扭转形象的动力,对外部公众来说,则易于反衬出即将开展的公共关系活动的良好效果,变坏事为好事。[①]

---

① 参见余明阳主编:《公共关系策划》,线装书局2000年版,第150页。

二、调研总体方案的设计

公共关系调研是一项有组织、有计划的行动,都要经过一定的程序和步骤,才能达到预期的目的。而调研总体方案的设计是进行调研的前提,对整个调研活动有指导和规划的意义,贯穿于整个调研活动的始终。公共关系调研活动具有很强的专业性和技巧性,因此在公关调研实践开展之前,有必要制订一个总体的调研方案,以利于具体调查活动的实施。制订详细科学的调研总体方案,是公共关系调研活动成功的重要保证。一般说来,调研总体方案的设计包括以下流程:

(一) 明确调研目的,确立调研选题

明确调研的目的是调研工作的开端,确立调研选题,实际上就是确定调研任务的方向。对于公共关系工作人员而言,要调查的情况十分繁杂,但是,在一次具体的调研活动中,由于时间、人力以及调查容量自身的限制,不可能也没有必要进行全方位、大规模的调研,通常只能展开有针对性的、专题性的、围绕某一方面内容的调研活动。

这一环节一般又分两个阶段进行:第一阶段,明确调研目的,提出调研课题设想;第二阶段,分析论证,筛选调查课题。[1]

(二) 确定具体调研项目,选择调研方法

公共关系调研选题及其命题设立后,即进入调查指标的设计阶段,确定公共关系调查的具体内容体系。通常一个调查选题中包含多层次的调查内容,公共关系调研人员要根据调查主题的具体要求来确定公共关系调查的具体项目以及调查的手段。究竟以哪个目标命题作为某次具体调查活动的工作项目,需要总体方案的设计人员根据各种情况进行判断,找出恰当的调查项目定位。

调查目标确定后,就要确定公共关系的调研方法,即以什么手段、什么方式去搜集资料。就搜集资料而言,其方式方法有文献查阅、抽样调查、问卷调查、访问调查、座谈调查、民意测验、市场观察法等。在公共关系调查手段决策过程中,要根据调查目标的性质和要求,确定主导性的调查方法,同时选择另外的方法作为辅助性的调查方法,组合成方法体系,确保公共关系调查工作的准确性和科学性。在调研方法确定之后,要制作必要的调查表格或调查问卷,以使调研有步骤地进行。

(三) 实施调查方案,搜集调查资料

实施调研方案,实际上就是调研者根据调查方案的既定计划,在既定范围和时间内,利用既定的调查方式,向既定的调研对象搜集信息资料的过程。这是整个公共调研过程中最重要的环节,也是最难把握和操作的环节。

首先,要明确调查对象,将符合调查样本要求的、具有代表性的公众挑选出来,作为本次调研活动的调查对象。其次,在运用具体的调研方法时,要引导调查对象认真、

---

[1] 参见王兴富主编:《公共关系实务》,中国经济出版社2002年版,第29页。

如实地配合调查。最后,整理调查得到的资料,并及时做好记录。

(四)研究调查数据,撰写调研报告

这一环节就是把原始的调研资料进行科学的分类、归纳、整理和分析,得出正确的结论,写出符合实际的调研报告。一般通过调查得到的资料还比较零乱、分散,不能系统地说明问题,必须去粗取精、去伪存真,分析综合,严谨筛选,并合理性地推理。只有这样,才能得出正确而令人信服的调查结论。调研报告的撰写在本节最后将有详细论述。

(五)具体安排调研工作

以上四个环节是公共关系调研的调查安排依据,而本环节是调研计划的具体安排,包括调查的组织、领导和人员配备、调研经费的估算、调研日程的安排等。调研的规模、范围多大才合适,人力、物力、财力能否承受得了,时间安排是否恰当,经费估算和工作进度、日程安排是否合理,都要进行比较充分的可行性论证,以确保调研总体方案的科学性和可操作性。

三、公共关系调研的主要方法

公共关系调研是调研方案的实施阶段,实施调研方案,实际上就是调研者根据调研方案的既定计划,在既定的范围和时间内,利用既定的调查方式、方法,向既定的公众搜集信息资料。这是整个公共关系调研过程中最重要的环节。公共关系调研不仅对信息的数量有要求,而且还要注重信息的质量。要使得调研所得的信息客观、公正地反映事实真相,就必须运用科学调研方法。所谓公共关系调研方法,是指用以保证公共关系调研目的顺利实现的途径、方式、手段、措施等。总的来说,公共关系调研方法可分为间接调研法和直接调研法两种。

(一)间接调研法

间接调研法,又称非正式调研方式,是指公共关系调研人员不直接与公众接触,而是通过中间环节如调查公司、案头资料、媒介信息、公用信息等方法获得数据资料进而针对组织的需要进行提炼、总结、推论,以完成调研目的的方法,即第二手资料搜集和调研法。它包括查阅组织内部资料、新闻报道、期刊、有关图书等资料;分析顾客或其他公众的来信或来函等;对顾客或客户进行个别访问和召开座谈会等。由于间接调研法简便易行、不需耗费太多的人力和财力,因而在公共关系调研中大量采用,已成为一种基本的调研方式。[①] 间接调研法主要有文献法和网络利用法。

1. 文献法

文献法是一种搜集、保存、检索、分析资料的方法。即通过对各种出版物、新闻资料、政府或行业公报,以及组织内各部门的工作报告、报表、财务、记录、销售记录等书

[①] 参见袁礼斌:《公共关系》,人民出版社1994年版,第26页。

面信息资料的研究分析,来提取有关信息。文献法可分为搜集资料、整理资料、保存资料和分析资料四个步骤。

2. 网络利用法

现代市场经济已步入全球贸易时代,一个公司的产品及其形象往往传播于全世界。在如此广阔的范围,组织人员进行访谈调查抑或观察调查,往往是不可能的。但现代的市场竞争,又必须掌握世界各地的信息,因此,利用网络来检索、搜集、传输各种信息资料,就成了公共关系调研的一种特殊方式。如利用网络浏览国内、国际信息,通过网上主页的形象宣传和广告了解有关信息,利用电子布告的信息发布搜集有关信息等。

网络利用有两种途径:一是利用互联网检索信息,充分利用庞大的公用知识资源。二是在各地建立办事处、信息站、分公司、连锁店,通过电脑联网或现代的通讯设备随时反馈信息。当然,对于大量的中小企业和社会组织来说,依靠自己的力量建立信息网络是不现实的,但信息的社会化、职业化却弥补了这一不足;通过咨询,任何组织和个人都可以利用网络获得所需要的信息。[①]

其实,网络利用法是介于间接调研法和直接调研法之间的一种调查方法,它可以用于在网上直接发放问卷,获得第一手资料。但我们认为,由于其主要是用以检索、搜集信息资料,故将其划归到间接调研法之中。

(二) 直接调研法

直接调研法,也称为正式调研,是指公共关系调研人员参与调研,通过实地调查获得第一手资料的调查方法。非正式调研虽然简便易行,但对于精确度较高的信息却无能为力。因此,在现实的公关活动中,直接调研显得非常重要。

由于公共关系的调查对象数量巨大、分布面广、层次多样且兴趣各异,在进行公共关系调研时,为了省时省力地完成调研任务,就需要从被调查对象的总体中,选出一部分代表进行调查,这就是抽样调查。抽样调查有两种选取样本的方法,即非随机抽样和随机抽样。非随机抽样就是样本被抽取的机会不均等的抽样方法,也即按照调查者的主观意愿选取样本的方法。其优点是可以随意获取样本;缺点是不能估计偏差。随机抽样是指按照概率论的原理抽取样本,使整体中的每一个基本观察单位都有抽中的机会,从而使被抽取的样本对研究的总体具有较强的代表性。直接调研法主要有访谈法、观察法、问卷法、追踪调查法、公开电话法和奖励建议法。

1. 访谈法

访谈法可分为个别访谈和集体座谈两大类,可分别用于组织内接待来访者、上门专访以及平时服务时的交谈三种情况。访谈法不仅适用于听取公众的意见,还可以通过对社会名流、专家学者、权威人士、各界代表、新闻工作者、协作单位的个别访问和集体访谈,来搜集有关组织的信息。访谈法的优点是谈话深入,能捕获信息内容详细,能

[①] 参见余明阳主编:《公共关系策划》,线装书局2000年版,第164页。

尽量把问题讨论透彻,把握准确,还能起到利用人际关系来扩大组织影响,寻求公众理解支持,当场解决有关问题的作用。它的缺点是经费开支大、信息面窄,容易使调查结果带有片面性。所以,访谈法最好用于丰富和补充其他调查了解到的信息。

由于现代通讯手段的广泛应用,访谈法也超出了传统的模式,而产生了"电话访谈"。即通过电话向被调查者询问有关调查内容、征求意见的一种新颖的访谈调查。其优点是取得信息速度快、节省时间、回答率较高。如果在市区调查,费用也较省。不足之处是调查对象仅限于通话者,因时间所限,信息的了解无法深入。

2. 观察法

观察法即调查者深入到工作现场、生活社区、事件发生地等环境场所以观察为主要手段搜集信息资料的调查方法。观察法可分为参与观察和非参与观察两种。参与观察是观察者和被观察者一起活动,如和公众一起劳动、一起就餐、一同游玩,从亲身参与的活动中了解和观察有关信息。非参与观察是作为旁观者而观察。一般领导人的巡视、视察属非参与观察。观察法的优点是了解的情况自然真实,缺点是受观察者本身经验、阅历的局限,且带有很多个人色彩,了解的信息带有很大的偶然性和表面性。俗话说:"耳听为虚,眼见为实。"实地观察法正是通过调查者亲眼所见来获取信息,因此,信息的可信度比较高。观察法往往与访谈调研法结合起来使用,均属调查者直接与调查对象接触,以获得第一手的信息资料。

3. 问卷法

问卷法可分为开放式问卷和封闭式问卷两种。开放式问卷又叫无结构型问卷,是问卷设计者提供问题由被调查者自行构思,自由发挥,从而按自己意愿自由地表达自己的感受和建议的问卷。封闭式问卷是对所提出的问题给出几个可能的答案,由填答者在限制的答案内自己选择。调查问卷的发放可采用上门分发、电话查询和邮寄调查等多种方式。上门分发具有回收率高、费用适当的优点,是一种常见有效的问卷法;电话调查信息的反馈迅速;邮寄调查回收率低,速度缓慢,但费用也较低。

4. 追踪调查法

追踪调查法是选择一些特定对象,进行定人或定产品的连续性的深入调查,时间短则数月、长则数年。它的优点是能更深入地了解特定对象的思想态度变化的轨迹,摸索和总结工作经验,掌握被调查对象的心理特点。此外,还可以联络情感,形成固定的信息网点,提高组织的知名度和美誉度。

5. 公开电话法

公开电话法是指在本组织设立公开电话,让一切愿意与组织联系的公众可以随时自由地拨打电话,以反映组织的产品和服务中存在的问题。

6. 奖励建议法

奖励建议法是指建立有奖建议和批评制度,广泛征询公众的书面建议和书面批评,从中了解公众的心态和需要,汲取组织有用的信息。

需要指出的是,调研方式与具体形式是相互交叉的,各种调研方法均可在具体形式的调研中运用;一种具体调研形式可以运用多种调查方式。同时,就各种调研方式与调研形式来看,各自都有自己的特点,有自己的长处也有自己的不足。因此,在具体调研时,要灵活运用,相互补充。

四、公共关系调研报告的撰写

公共关系调研报告的撰写是公共关系调研的收尾阶段,通过总结公共关系调研的经验和教训,提出合理的建议,推动组织有效地开展公共关系活动。一方面它要求组织总结回顾公共关系调研的目的是否已经达到,哪些地方值得肯定,哪些地方尚存不足;另一方面根据调查研究得出的结果,它要求诊断出本组织在公共关系方面的问题症结所在,本着实事求是的态度,客观地撰写出调研报告,以利于本组织的决策层提出正确的解决方案,为制订公共关系计划打下扎实的基础,为指导后续公共活动提供可行性的保证。

调研报告是调查的最后结果,即用事实材料对所调查的问题作出系统的分析说明,提出结论式的意见。撰写出一份有分析、有说服力的调研报告,是公共关系调研最后阶段的主要工作。公共关系调研报告的价值在于如实地反映客观情况,以事实说话,将组织的社会环境、组织状况和变化如实地反映在客观的叙述和说明中。与一般的调研报告类似,公共关系调研报告的文字应简洁明白,语言精确易懂,进行推理要讲究逻辑性,判断、结论要在拿出充分材料论据的前提下作出,结论要对事实进行分析,阐明结论性的意见或建议。调研报告是在调查研究的基础上,把结论反映出来的书面形式。一般而言,公共关系调研报告的写作内容主要包括以下几个方面:

（一）标题

标题一般为"关于××××的调研报告",可以是由组织名称、调查内容、文中三部分组成的单行标题,也可以是在单行标题上方拟出引题,以突出调研报告的中心论点。标题下方要有署名,署上调研委托单位、调研实施单位及调研主持人的名字。

（二）前言

前言一般循序以概括性的语言文字交代说明调查的相关内容:主要包括调研的背景目的;调研的目标公众;调研的区域范围;调研的时间进度;调研的结果概括。

（三）报告主体正文

这是调研报告的核心部分,主要是多角度地、有条理地表达出调查所得到的信息资料,并把研究结果逻辑性地、有说服力地表述出来。要注意兼顾内部调研与认知度、美誉度和和谐度的有机统一。正文一般包括以下内容:

（1）调查情况。概要引述主要事实、数据,介绍被调查的地区、市场、单位、目标公众的具体情况(重在经营、开发、管理、销售等的效果情况)。

（2）分析结论。引入定性、定量的分析研究内容,有条理地归纳结论,并以此对比数据,鉴证结论的客观可靠性。

（3）陈述建议。在已得出总结论的基础之上，有针对地提出若干条建议，但应简明扼要，无须展开，因为展开已是公共关系策划工作了。要按照问题的主次，并以解决问题的轻重缓急为序，有的放矢地对存在的问题提出解决问题的措施、步骤。

（四）结尾

对本次调查的事实结果与结论作出评价，并对未来趋势与补充调查指明方向。结尾是报告的结束部分，可以总结全文、提出希望。

（五）附件

这是调研报告的选择项，可有可无，一般包括问卷样本、统计数据、背景资料等。

第二节　公共关系策划

公共关系策划是"四步工作法"的第二步，它探讨如何在调查研究的基础上进行运筹决策，制订方案，为公共关系计划的实施和评估提供依据。因此，公共关系策划是"四步工作法"的核心，是整个公共关系成败的关键。

一、公共关系策划的含义

"策划"一词，从字面上解释，即深谋远虑的规划或深思熟虑的计划，也叫谋划。策划是指人们为了达成某种特定的目标，借助一定的科学方法和技术，为决策、计划而构思、设计、制作策划方案的过程。

中国的策划思想源远流长，从原始人狩猎挖井到《孙子兵法》，古往今来，凡成大业者，均高瞻远瞩、博学多才、多谋善断，善于对未来的发展进行周密的策划。策划在本质上讲是一种从事脑力劳动的理性行为。所有的策划都是关于未来的事物，它以未来的目标为策划指南，以现有的信息资料为策划依据，针对要解决的问题，提出用什么方法在何时、何地用何人去实现那个既定的未来目标。[①] 策划具有前导性、能动性、目的性、系统性、创造性、现实性等基本特征。

"策划"在公共关系学领域中的应用，大体上有四种含义：第一种，是将策划作为贯穿于公共关系活动的始终，对公共关系活动的全过程都具有指导意义的活动。第二种，是将策划作为公共关系活动程序的一个相对独立的中间环节，即"四步工作法"的第二步。第三种，是将公共关系策划与制订活动计划等同看待。第四种，是将公共关系策划当作为活动的实施筹划和设计策略的过程。[②]

基于以上考虑，所谓公共关系策划，简单地说，就是对公共关系实践活动的运筹、谋划和设计。具体地说，公共关系策划就是为了实现组织与其公众认知、美誉、和谐的特定目标，社会组织的管理人员或公共关系工作人员在充分掌握和利用公关信息的基

---

① 参见郝树人主编：《公共关系学》，东北财经大学出版社1998年版，第109页。
② 参见余明阳主编：《公共关系策划》，线装书局2000年版，第13页。

础上,运用理性思维方法和科学的创造技法,而对公共关系实践活动的行动方案所进行的构思、设计,以及制订传播沟通方案的智力服务活动。

二、公共关系策划的要素

公共关系策划由哪些要素构成,综合来看,国内研究者观点如下:三要素论,即策划者、策划对象和策划方案;四要素论,即策划目标、策划者、策划对象和策划方案;五要素论,即策划者、策划依据、策划方法、策划对象、策划效果测定和评估。这些观点其实并无本质区别。一个合格的策划往往只需要策划者、策划对象和策划方案三个要素就可以完成,但是随着市场竞争的加剧,要做到知己知彼就要求策划者事先对整个市场的环境和企业或组织本身的情况进行深入调查和分析,为了控制成本更要求每一项公共关系策划都能成为有效的公共关系方案,因此前期的市场调查和后期的效果评估能够帮助我们将公共关系策划做得更好。有研究者认为策划应该首先以社会效益为取向,这是不符合实际的。因为公共关系的本质就是为实现企业或组织的目标,所以公共关系策划应当以组织目标作为第一目标。当然,这必须在社会法律和道德允许的范围之内,如果能实现经济效益与社会效益的"双赢"则是再好不过了。[①] 因此,我们认为,一项优秀的公共关系策划应当包含如下五个要素,即策划者、策划目标、策划对象、策划方案和策划的创造性。

（一）公关策划者

公关策划者是公关策划行为的主体,它有个体与群体之分。公关策划者能力的高低及发挥程度直接决定着公关策划质量的优劣。从一般意义上说,组织中的每一个人都可以参与到公关策划中去,即所谓的走群众路线或者说是群策群力。但公关部或公关公司中的创意人员是进行公关策划的主要召集人,是公关策划的主体。任务下达后由创意总监或策划部经理组织策划小组,面向公关部或更为广泛的范围去征集意见建议,也可以委托更高明的专家提供咨询建议,以民主和集中的方式对策划方案进行选优。

（二）公关策划的目标

公关策划的目标是公关策划者在了解组织形象现有状态的基础上通过公关活动而要达到的预期理想状态。公关策划目标既是公关策划方案形成的依据,又是对公关活动及公关策划本身进行评估的依据。公关策划是有目的的思维活动,在进行公关策划之前,策划者就应确立策划的主题和目标,清楚地知道策划活动的目的是什么。一般而言,公关策划的目的有如下几个方面:(1) 提升组织形象、增强内部职工的向心力、凝聚力;(2) 增进社会公众对组织的认可度,提升公众心目中组织的美誉度,扩大组织的社会影响;(3) 消除公众对组织的认识误区;(4) 服务社会,倡导良好的社会形象;(5) 推广新产品;(6) 推广新的生活理念等。在确定目标的时候,公共关系工作人

[①] 参见朱力、任正臣、张海波编著:《公共关系新论:理论与实务》,南京大学出版社2006年版,第168页。

员应尽量使目标可用数据量化和衡量。

（三）公关策划对象

公关策划对象是公关策划行为的客体，主要是指目标公众及其所处的环境。公关策划活动的形式多种多样，根据目标的不同，选择不同的活动方式，如路演会、新闻发布会、演唱会等等，进而去影响组织的目标公众即公关策划对象。根据公关目标的要求即提升形象、扩大影响、推广产品、维系公众等等的不同，确定不同的目标公众。例如，为了增强内部组织关系，把目标公众定位为企业内部的员工及员工家属。为了提高组织在社会上的美誉度，组织就必须面向更大范围的社会公众亮相。如向奥林匹克运动会捐款，或向洪水、地震受灾群众捐赠生活必需用品等。在媒体的选择上，也将以能够达到这些目标公众的媒体作为首选。

（四）公关策划方案

公关策划方案是策划者按照科学的程序设计的未来公关活动的理想模式。公关策划方案使公关活动有章可循，避免公关活动的盲目性和随意性。值得注意的是，由方案策划出的公关活动应有一个响亮的主题，主题应当是积极向上的，同时为社会公众乐于接受的，或回报社会，或倡导环保，或传承传统风尚等等。

（五）公关策划的创造性

公关策划活动的核心是公关策划的创造性。由于它渗透和贯穿在策划活动各要素之中，因此，把它作为单独的要素，是因为它是公关策划活动中最重要的因素。

三、公共关系策划的原则

公共关系策划的原则是对策划实质和规律的反映和表述，它是我们开展公共关系策划工作的指导思想。遵循公共关系策划原则，是公共关系策划得以成功的关键。

（一）利益性原则

公共关系是社会组织与公众之间的一种利益关系，因此，进行公共关系策划时必须遵循利益性原则。利益性原则是指公共关系策划必须将组织利益与公众利益相互结合。利益性原则的具体内容是组织利益和公众利益兼顾，社会效益和经济效益相结合。策划的目的在于优质高效，优质的意义在于策划要比不策划强，策划的效益要比不策划的效益好；高效在于真正实现事半功倍的效果，没有效益的策划或者负效益的策划是失败的策划。公共关系是一种协调组织和公众的双方利益，最大限度地实现双方利益的管理艺术。兼顾组织和公众双方的利益是公共关系的根本原则，也是公共关系策划的根本原则。在现代社会，组织和公众是彼此依存的一个整体，任何有损公众利益的发展，都是在为组织的发展设置陷阱。因此，组织的公共关系策划必须在活动目标上考虑公众的利益，在策划的方案上体现公众的利益，并以此作为评价公共关系策划成败的重要标准。

(二) 创新性原则

公共关系策划的灵魂是创新。所谓公共关系策划的创新原则，就是在进行公共关系策划时，刻意求新，打破传统的思维束缚，别出心裁、标新立异，使新、奇、特的公共关系活动在公众心目中留下难忘、深刻和美好的印象。创新原则要求公共关系策划富有新意、具有独到之处和突出的特点。由于公共关系活动带有浓厚的宣传性，在信息剧增的社会里，没有新意的创意，就不能引起公众的注意。因此，一个成功的公共关系策划必须根据社会条件的变化、人们心理状况的变化、组织内部的变化，制订出与以往不同的新方案。这样才能提高执行者的积极性，而且也易于为公众所接受，激发公众的热情，提高成功率。

(三) 可行性原则

可行性原则是指策划方案应该切实可行，方案的实施能够取得良好的效果。策划方案是策划活动最终的结果，方案是否切实可行必须经过实施才能验证。切实可行的策划方案有利于树立组织的良好形象，而不切实际的方案则可能适得其反。可行性原则的具体要求是进行可行性分析、可行性实验和可行性评估。

(四) 针对性原则

针对性原则是指公共关系策划必须针对某个具体的问题。针对性原则的具体内容是针对公众的心理状态，针对组织的公共关系现状，针对公共关系活动的目标。

(五) 灵活性原则

灵活性原则是指公共关系策划活动应该随着形势的变化，积极、主动、及时地进行。灵活性原则的具体要求是应该增强变化意识，掌握变化情况，预测变化趋势，根据变化的情况修订策划方案。

(六) 反馈性原则

组织内外环境是不断变化的，为适应不断变化的内外环境，公共关系策划人员必须从动态的角度来考虑策划方案中的内容，使其能够不断地调整、充实和完善。这有赖于及时、准确的信息反馈。反馈是公共关系策划中协调性的基础，反馈保证了策划方案的优化和切实可行。[①] 策划方案只是计划和蓝图，不能代替一切。事前策划一般只能想到步骤，而在实际操作中，往往会发现特殊情况和变化，这要求策划人在操作过程中应根据具体情况进行策略调整和修正。

四、公共关系策划的程序

公共关系策划的程序即公共关系活动策划阶段的步骤和过程。关于策划的步骤和过程存在多种观点：(1) "三阶段说"，代表人物是美国国家资源策划委员会的米勒 (John D. Miller)。他认为，策划可以分为三个阶段，即设定目标、测定现状和为明确的

---

① 参见余明阳主编：《公共关系策划》，线装书局 2000 年版，第 104 页。

活动制订计划。(2)"四阶段说",代表人物是美国哈佛大学的本菲尔德(Edward C. Banfiled)。他认为策划应该由状况分析、目标的设计及具体化、行动路线的设计和结果的比较评估四个阶段构成。(3)英国莫里森(Herbert Morrison)将策划分为五个部分:第一,树立计划的决心,把握策划的意义;第二,确认计划能树立在健全实际的基础上,搜集实用的事实及预测将来;第三,实际订立方案的计划,比较各计划所提示的内容、资源以及限制事项,比较、检讨各计划所需的费用;第四,订立包括对计划所包含的事项,以及从计划剔除事项的草案;第五,实际实施计划。① 在此,我们把公共关系策划的程序划分为五个步骤,即公共关系调研、确定策划目标、制订策划方案、经费预算、评估反馈策划效果。

(一) 公共关系调研

公共关系调研是公共关系策划的基础。准确、有效、及时的信息是公共关系策划的重要依据。公共关系策划必须建立在对事实材料的真实把握基础之上,并根据组织内外部环境的变化,不断调整原有的策划方案,以使组织的公共关系活动得以长期有效的展开。组织获取的信息包括外部信息和内部管理信息两类,外部信息主要指政府决策、立法信息、新闻媒介报道、竞争对手信息、公众信息等,内部管理信息则包括组织实力、员工素质、组织凝聚力等各个方面。

(二) 确定目标

所谓公共关系目标,是公共关系策划所追求和渴望达到的结果。确定目标是公共关系策划工作的前提。公共关系目标很多、很复杂,根据不同的标准,可以分为很多种类:按时间划分,通常五年以上为长期目标,一至四年为中期目标,一年以下为短期目标;按规模划分,可分为宏观目标和微观目标;按效果划分,可分为最优目标、满意目标;按过程划分,可分为有效目标、备用目标、追踪目标。不管哪种目标作为公共关系策划的依据,都是为了达到传播信息、联络感情、改变态度、引起行为的目的。

目标是公共关系活动努力的方向和谋求的预期成果,没有目标的公共关系策划是没有存在价值的。目标规定公共关系活动要做什么,做到什么地步,要取得什么样的效果,公共关系目标是公共关系全部活动的核心,是公共关系策划的依据。在公共关系调研阶段获取的详尽、准确的资料的基础上,应选择和确定准确有效的目标。确定目标应遵循与组织整体目标相一致,塑造组织的有效形象,把抽象的目标概念具体化等原则。

(三) 制订策划方案

制订策划方案是公共关系策划程序中的实质性阶段。公共关系具体行动方案是公共关系目标的具体化。

制订策划方案一般要考虑以下四个问题:第一,确定公共关系活动主题。第二,确

---

① 参见张爱玲、黄东升:《现代企业策划》,中国经济出版社2002年版,第36—37页。

定活动项目,选择公共关系活动方式。公共关系项目多种多样,不同的问题、不同公众对象、不同的组织都有相应的公共关系活动模式,没有哪一种公共关系活动模式可以解决所有问题。究竟选择哪一种活动模式,要根据公共关系的目标、任务,公共关系的对象分布、权利要求来具体确定。常见的公共关系活动模式有交际型活动模式、宣传型活动模式、征询性活动模式、社会型活动模式、服务型活动模式、进攻型活动模式、防御型活动模式和建设型活动模式。第三,确定活动时机和地点。确定时间即制作一个科学的、详尽的公共关系计划时间表。公共关系计划时间表的确定,应和规定的目标系统相配合,按照目标管理的办法,从最终的总目标、项目目标到每一级目标所需的总时间、起止时间都应列表,形成一个系统的时间表。在制定时间表时应注意避免时间的冲突,避开"时间陷阱",留有时间余地。对活动的起始时间,公关人员要独具匠心,抓住最有利的时机,以取得事半功倍的效果。确定地点即安排好每一次活动的地点。每次活动要用多大的场地,用什么样的场地,都要根据公众对象的人数多少、项目的具体内容,以及组织的财力预先确定好。第四,确定传播方式。公共关系传播媒介的种类很多,有个体传媒、群体传媒和大众传媒。大众传媒又可分为电子类传媒和印刷品传媒。各种传媒各有所长,亦各有所短,只有选择恰当的传媒,才能取得良好的效果。对传媒的选择要考虑公共关系的目标、公共关系的对象、公共关系传播的信息内容和组织的经济实力这四个因素。

(四) 经费预算

公共关系预算是按照目标、实施方案,将所需的费用分成若干项目,并编制出单项活动及全年活动的费用。公共关系人员在编制预算时,一般都将各项工作计划具体化为一张可以进行成本预算的清单或预算表。公共关系预算由行政开支和项目开支构成,编制预算可以使策划具有可行性,统筹安排资金,为检查评估公共关系策划提供依据。为了少花钱多办事,在有限的投入内,获取最大的社会效益和经济效益,就要进行科学的公共关系预算。编制公共关系预算,可以预先清楚地知道组织的经济承受能力,做到量体裁衣,还可以监督经费的开支情况,评价公共关系活动的成效。

公共关系活动的开支构成大体如下:第一,行政开支,包括劳动力成本、管理费用,以及设施材料费用。第二,项目支出,即每一个具体的项目所需的费用,如场地费、广告费、赞助费、邀请费以及咨询费、调研费等。第三,其他各种意想不到的可能支出,一项公共关系策划不可能预料到公共关系活动具体实施时的方方面面,因此预算也要留有余地。

(五) 评估反馈

公共关系评估指的是有关专家或机构依据某种科学的标准和方法,对公共关系的整体策划、准备过程、实施过程以及实施效果进行测量、检查、评价和判断的一种活动。其目的是反馈相关公共关系工作过程、工作效益和工作效率的信息,作为决定开展公共关系工作、改进公共关系工作和制订公共关系新计划的依据。经过认真分析信息情报,公共关系人员确定了公共关系目标,制订了公共关系的行动方案。但这些方案是否切实可行、是否尽善尽美,有赖于对方案的分析评估和优化组合。

对公共关系策划方案的评估标准一般有两条:一是看方案是否切实可行;二是看方案能否保证策划目标的实现。如果方案实施成功的可能性大,又能保证策划目标的实现,方案便可认可;否则,对方案要加以修正和优化。

五、公共关系策划的创意方法

公共关系策划是一种创造性的思维活动,这种创造性思维需要借助很多方法予以配合,只有通过具体的方法,才能创造出可行的方案。所谓创意,即思维主体借助逻辑推理与丰富的想象,对概念、表象等思维元素进行组合加工,从而产生创造性思维成果的过程,也是策划者尊重科学、不断探索,打破条框、勇于创新的过程。它一般具有积极的求异性、敏锐的洞察力、创造性的想象、独特的知识结构、活跃的灵感等特性。现将公共关系策划的创意方法列举如下:

(一)德尔菲法

德尔菲法又称专家意见法,是一种综合专家意见,就专门问题进行定性预测的方法。这种方法的主要过程是组织者把公共关系调查材料、主体内容、目标、要求等交给计划人员,请其独立完成一个方案,并做好时间限制,如期收回,再由专人对这些反馈的意见进行整理,以不公布姓名的方式将归纳后的结果寄给专家,继续征询意见。如此经过几轮的反复,直到意见趋于集中时为止。

(二)头脑风暴法

头脑风暴法又叫自由思考法,简称"BS法",是由美国创造学家奥斯本(Alex Faickney Osborn)发明的一种创造性技法,原意是精神病人的胡言乱语,转为无拘束地思考问题。这是一种以会议的形式求取方案的方法。其核心是高度自由地联想,并且面对面地激励,相互诱发,引起联想,导致创造性设想的连锁反应,产生众多的创造性设想。头脑风暴法的会议要求是禁止批评、自由思考、多多益善。会议人数规定在六至十人之间,会议主持者并不指明会议的明确目的,而就某一方面的总议题要求专家无拘束地自由发表意见。会上要求,不批评不讨论,不重复别人的意见,建议越多越受欢迎,主持人也不发表看法,只从中吸取所需要的东西。

(三)逆向思维法

人们在进行思维时,往往喜欢按照习惯的思路去探求问题的答案,然而,这种解决问题的方法往往陈旧老套,缺乏新意,问题也难以理想地解决,这就需要人们从与习惯思路相反的角度,来突破常规定式,作反向思维,以找出出奇制胜之道。

(四)类比启迪法

所谓类比启迪法,是指人们根据已知的事物或道理,比喻性地启迪我们以相类似的方法去解决未知的问题,美国创造学家称这种方法为"提喻法"。它是以不同知识背景、不同气质的人组成小组,相互启发、集体攻关。提喻法有两个重要的思考出发点:一是变陌生为熟悉,即进行拟人类比、直接类比、象征类比、幻想类比;二是变熟悉为陌生,以已知的各种事物,运用新知识或新角度来观察、分析和处理,其过程同样必须进行各种类比。最后,再通过特定的标准,对想象力产生的各种类比进行选择和判断,得出最佳的创造性思维成果。①

(五)默写法

默写法又称"635法",它是德国创造学家首先提出的,即由6个人参加,5分钟内每个人写出3个设想。按照"635法",会议主持人先宣布课题,讲清有关的目的和要求,再发给每个人几张编号的卡片,填写时注意在两个设想之间留下相当的间隙,供他人填写新的设想。在第一个5分钟内,每人针对课题在卡片上填写3个设想,然后将设想卡片向同方向传给邻座;在第二个5分钟内,每个人从别人的3个设想中得到启发,又在卡片上填写3个新设想,再依次传下去。这样半个小时内可以传递6次,共获得108个设想。②

第三节 公共关系实施

公共关系的实施过程在公共关系活动中是紧接在策划之后的第三个步骤,也是解决公共关系问题,实现公共关系目标的关键环节。公共关系策划的实施也叫公共关系实施,是在公共关系计划方案被采纳后,将方案所确定的内容变为现实的过程。

公共关系实施过程包括以下几个环节:首先是实施的准备阶段。它包括设计实施方案、制订对各类公众的行动与沟通计划、确定实施的措施和程序、建立或组成实施机构、训练实施人员。其次是实施的执行阶段。实施机构按照已经设计好的实施计划的程序,落实各项措施。最后是实施的总结阶段,也就是为下一阶段的效果评估作好准备。

一、公共关系实施的特点与意义

(一)公共关系实施的特点

1. 动态性

公共关系实施是由一系列连续活动构成的,是一个思想和行动需要不断变化、不断调整的过程。这是由于:一方面,一项公共关系计划无论制订得多么周详与细致,仍然会与实际情况存在着或多或少的差异;另一方面,随着时间的推移、实施的进展、环境的变化,实施过程中仍会遇到一些新情况和新问题。因此,不断地改变、修正或调整原定的实施方案、程序、方法、策略等是实施活动中不可避免的正常现象。这种现象的出现说明计划实施正处于顺利状态,并非在实施过程中有随意性。如果不考虑社会环

---

① 参见方世敏、洪建新主编:《公共关系实务》,华中理工大学出版社1996年版,第58页。
② 参见郝树人主编:《公共关系学》,东北财经大学出版社1998年版,第117页。

境的发展所引起的条件变化,而是按一个固定的模式去机械地"执行计划",那就不仅不能实现计划目标,而且会给组织招来新的麻烦。同时应当注意的是,强调实施过程的动态性,并不意味着实施人员可以随意以一些无关大局的变化为借口而不按原计划进行实施。公共关系计划实施的动态性与实施人员的主观随意性不可混为一谈。

2. 创造性

由于计划的实施是一个不断变化和需要调整的动态过程,因此实施者需要依据整个实施方案中的原则及自己所处的环境和面临的条件确定自己的实施策略。例如,准确地选择传播渠道、媒介与方法,合理地选择时机,正确地分配任务,灵活地调整步骤等。公共关系的实施过程绝不是一个简单的照章办事的过程,而是一个由一系列不同层次的实施者发挥主观能动性的过程。实施人员应该充分地发挥自己的积极性、主动性和创造性。从这个意义上讲,公共关系的实施不仅是一个对原计划进行艺术再创造的过程,也是不断丰富公共关系实务经验的过程。

3. 影响的广泛性

一项公共关系计划涉及众多的因素和变量,它会对各类公众产生广泛的影响。然而,公共关系计划在方案策划阶段还只是纸上谈兵,只有在计划实施后这种影响才能真正地体现出来。公共关系计划实施所产生的广泛影响主要体现在以下两个方面:

首先,计划的实施,会对众多的目标公众产生深刻的影响。一项公共关系计划成功实施后,常常会使该社会组织的异己力量变为自己的合作者和支持者。即使有时不能让目标公众从立场上发生彻底的转变,也能在观点、态度等方面使其产生不同程度的变化,至少可以令目标公众从社会组织的负态度(敌视、偏见、默然、无知)向正态度(了解、感兴趣、支持)的方向有所转化。

其次,公共关系实施有时还会对整个社会的文化、习俗产生深刻影响。例如,快餐文化正悄悄地改变新一代美国人的生活方式。20世纪60年代,绝大多数美国人都在家吃饭,下馆子被视为奢侈之举;但到20世纪80年代,美国人1/3以上的饮食生活费都花在餐馆里了;如今,这个比例则达到了50%。一项公共关系计划的实施所产生的影响和作用往往不只是局限于计划本身所制订的目标,而将对整个社会的进步产生推动作用。①

实施阶段是公共关系工作相对集中的传播过程,承担着四个方面的任务:第一,它把公共关系策划方案按计划转化为现实的公共关系活动,使之接受目标公众和实践的检验,充分展示公共关系工作人员的实践操作能力和专业水平;第二,按预定计划向公众集中地传播某些方面的信息,引起目标公众的关注,使他们加深对该社会组织的了解,形成组织所期望的态度与行为;第三,解决组织公共关系方面存在的具体问题,实现公共关系工作的既定目标;第四,实施阶段公众反馈的信息、取得的成效、出现的问题,既可以用来监测、评估公共关系活动的效果以及组织的公共关系状态、环境变化和

---

① 参见王兴富主编:《公共关系实务》,中国经济出版社2002年版,第115—117页。

无形资产的质量,同时也为开展后续的公共关系工作创造新的条件,提供新的奋斗目标。①

(二) 公共关系实施的意义

第一,公共关系实施是解决问题的中心环节。公共关系的终极目的不是研究问题而是解决问题,而公共关系策划方案是研究问题的开始,方案的实施才是直接的、具体的解决问题的过程。如果一份完善的公共关系策划仅仅停留在公共关系工作人员的大脑中或书面的报告中,不付诸实施,那么,策划只是一纸空文,它无论是对组织还是社会公众都是毫无意义的"纸上谈兵"。

第二,公共关系实施决定着公共关系策划实现的程度和范围。一般来说,公共关系实施要依赖公共关系策划,但公共关系实施并非只是被动实施,而是也有一个创造性过程。在公共关系实施过程中,公共关系人员富有创造性的工作,不仅可以圆满地完成公共关系计划目标和任务,甚至可以弥补公共关系策划方案的不足,取得意想不到的效果;而公共关系工作人员在工作方法上如果缺乏创新,有可能使整个公共关系活动不能吸引公众的注意,甚至与策划目标背道而驰,使策划想要解决的问题更加恶化。因此,公共关系实施不仅决定了策划能否实现,而且也决定了策划实现的效果。

第三,公共关系策划实施的结果是后续方案制订的基础和重要依据。一项公共关系策划的实施过程不论成功与否,都会在社会上造成一定的影响和后果,而后续方案的制订必须以前一项公共关系策划实施的结果为基础,以吸取成功的经验和失败的教训。可以说,这是公共关系策划制定过程中的一个基本原则。②

二、公共关系实施的原则

公共关系实施的特点决定了公共关系工作人员在实施计划的过程中,一定要按科学规律办事,遵循公共关系实施的各项原则。

(一) 目标导向原则

目标导向原则是指在公共关系计划的实施过程中,保证公共关系实施活动不偏离公共关系计划的目标。根据公共关系的具体目标和工作要求选择和使用传播媒介和沟通方法,即选择和使用的手段和方法必须符合公共关系工作的性质和要求,才可能发挥其功能。执行目标导向原则实际上是加强控制的一种手段。从广义上说,控制就是掌握公共关系计划实施的发展及进程,不使其任意活动或越出某个范围。控制也被看作管理的一个职能,而且多是与实施活动联系在一起的。公共关系实施过程也离不开控制,控制活动就是计划实施人员利用目标对整个实施活动进行引导、制约和促进,以把握实施活动的进程和方向。因此,目标导向原则也叫目标控制原则。不同的控制有不同的控制主体、客体和手段。目标控制的主体是实施公共关系计划的社会组织,

---

① 参见邓月英主编:《新编公共关系简明教程》,复旦大学出版社 2006 年版,第 134 页。
② 参见陶应虎、顾晓燕主编:《公共关系原理与实务》,清华大学出版社 2006 年版,第 221 页。

客体是社会组织的公众,其手段就是目标本身。

(二) 控制进度原则

控制进度原则就是按照公共关系实施方案中各项工作内容实施时间进度的要求,随时检查各项工作内容的完成进度,及时发现滞后和超前的情况,搞好协调与调度,使各项工作按照计划协调、平衡地发展,并确保按时完成。控制进度的原则要求做好预测和及时发现各种可能影响实施工作进度因素的工作,针对关键原因采取有效的预防和应急措施。

(三) 整体协调原则

所谓整体协调原则就是在计划实施过程中使公共关系工作所涉及的方方面面达到和谐、合理、配合、互补、统一的状态。协调则强调实施过程中的各个环节之间、各部门之间以及实施主体与其公众之间相互配合,不发生矛盾或少发生矛盾,当矛盾发生时,也能及时加以调节解决。公共关系计划的实施是一项系统工程,各项工作只有相互有机配合才能达到整体最佳的效果。各自为政,相互矛盾,只能增加内耗,严重时必然会导致公共关系实施的失败。总之,整体协调的目的是要形成全体实施人员思想观念上的共同认识和行动上的一致,保证实施活动的同步与和谐,这样才能提高工作效率,减少或杜绝人力、物力或财力的浪费,保证公共关系目标的实现。

(四) 反馈调整原则

反馈调整原则是指通过监督机制及时发现公共关系实施中的方法出现偏差甚至错误,并及时进行调整与纠正。由于各种原因的干扰,或由于实施人员的素质问题,不按照既定工作方法实施的情况时有发生;由于策划设计错误,或由于实施环境突然发生变化,原来设计的实施方法无法操作,这些都是实施中的严重问题。在公共关系策划方案的实施阶段,这种反馈调整始终不断地进行着,直至方案的目标实现。反馈调整的特点是根据过去实施的情况调整未来的行为。应该说明的是,一项公共关系计划的制订与实施,并非作一次反馈调整便可解决一切问题。它需要经过多次循环往复的反馈、调整,使实施不断完善,直至完成公共关系计划,实现战略目标。①

三、确定与选择公共关系活动的方式

公共关系实施的方式就是以公共关系目标与公众的需要为出发点,选择最佳的途径和手段,按照一定的程序将公共关系计划具体落实的过程。

(一) 确定公共关系活动的项目

公共关系工作人员应按照既定的公共关系目标与效果最佳原则来选择公共关系活动的项目。常见的公共关系活动项目有以下几类:

---

① 参见王兴富主编:《公共关系实务》,中国经济出版社2002年版,第121页。

1. 宣传型活动项目

宣传型活动项目是社会组织运用传播宣传手段和方法,传递其信息和观点,引导舆论、扩大组织影响的公共关系活动类型。如产品与技术展览会、制作公关刊物和视听资料,举办企业形象推介会、新产品信息发布会等。例如,中国电信成为中国2010年上海世博会的电信合作伙伴,努力为上海世博会提供高水平、高质量的综合信息服务,协力打造"信息世博""和谐世博""长青世博",让上海世博会成为开发最成熟、影响力最深远持久的一届世博会。与之同时,这一签约宣传,扩大了中国电信的影响,体现该企业对社会责任的履行。

2. 交际型活动项目

交际型活动项目是社会组织借助于人际交往的方法和手段为组织广结人缘,创造和谐的人际交往环境的公共关系活动类型。如联谊会、座谈会、交际舞会、沙龙活动等。例如,在1988年元旦之夜,当时上海电视台收视率最高的专题节目《大世界》举办开播一百期的纪念晚会。其中,有一出别出心裁的节目,叫《冬天里的红玫瑰》,由中日合资三菱电梯公司提供。在节目中三菱电梯公司宣布,凡是出生于1987年1月1日(中日合资三菱电梯公司成立日)的上海市区婴儿,都是"三菱电梯"的同龄人。公司将向他们每人赠送一份精美的礼物!消息传开,人们不约而同地把那些与"三菱电梯"同岁的幸运儿称为"三菱娃娃"。于是,交际型公共关系活动使三菱电梯公司妇孺皆知。无论是否拥有"三菱娃娃"的家庭,都知道了上海有一家中日合资的三菱电梯公司。任何一个企事业单位,一旦需要电梯,不由自主就会想到拥有众多"三菱娃娃"的"三菱电梯"。

3. 服务型活动项目

服务型活动项目是社会组织以优质服务的行为方式和手段,以争取公众好感,提高组织知名度、美誉度的公共关系活动类型。如消费教育,消费指导,售前、售中、售后服务,商业或服务业的优质服务,公共事业的完善服务等。例如,安徽省肥东磷矿在1990年由于市场疲软和伪劣产品的冲击,导致产品滞销。为了摆脱困境,矿领导想出了向广大消费者巧做自我介绍的一招。他们请人拍摄了企业的生产规模、产品质量、企业管理状况、磷肥用途及施用方法的录像带。然后,矿长带领销售人员和放映队到许多农村集镇放电影,每场电影前加放本矿的录像,让农民兄弟了解其产品。农民们看了录像以后,了解到磷肥的用途和肥东磷肥的可靠,纷纷要求购买。肥东磷肥一下子成了走俏的产品,肥东磷矿也顺利走出了困境。

4. 社会型活动项目

社会型活动项目是通过社会组织开展公益活动和文化辐射活动吸引公众,扩大其知名度、美誉度、和谐度的公共关系活动类型。如举办节日庆祝活动、公益事业或福利事业的赞助活动、开业庆典与周年纪念活动等。例如,1994年,上海锦江集团在3月5日学雷锋活动日,发动万余名职工捐款集资100万元成立锦江集团学雷锋活动奖励基金,专门用于奖励上海市学雷锋活动中涌现出来的优秀个人与集体。此举立即引起社会轰动,极大地提高了锦江集团的社会声誉。

(二) 选择并制作公共关系活动的信息

公共关系活动主要是通过媒体的传播实现的,而传播离不开信息的选择与制作。科学选择和制作有用信息有助于提高传播的效果,有助于公共关系目标的实现。

1. 信息内容的选择

第一,信息的内容要紧扣公共关系主题,一目了然。信息的内容是由公共关系目标所决定的,反映了公共关系工作人员的意图。只有紧扣主题,一目了然地传播信息才能迅速对公众产生心理冲击效应,吸引他们的注意。如果信息内容宽泛、结构松散,公众就会不得要领,或感到困惑和费解,甚至会产生歧义,从而降低公共关系传播的效果。

第二,信息的内容应通俗易懂、便于记忆。公共关系活动的根本目的是在公众心目中树立良好的组织形象并使组织在公众心目中留下深刻的印象。而通俗易懂、便于记忆的信息才易于被广大公众所理解和接受。如果公共关系信息深奥难懂、枯燥乏味,则不会引起公众的关注,甚至会引起公众的反感。这会影响传播效果和公共关系目标的实现。

第三,信息的内容要生动活泼、不拘一格、富有创意。信息内容的选择不但要与多数公众的理解、信念和价值观保持一致,适合多数公众的兴趣、爱好和要求,还要生动活泼、不拘一格、富有创意。例如,在信息的选择上如果能够结合当前的时尚文化、流行文化,适当运用一些手机信息传播的技巧,将会获得意想不到的效果。

2. 信息的制作

第一,信息的制作应符合受众的心理特点。公共关系信息的受众是组织的目标公众,他们对信息的接受程度将决定公共关系工作的成败,也会影响组织的发展。所以,公共关系信息在制作时一定要考虑到受众的生理、心理特点,只有这样才能取得良好的传播效果。如果目标公众是青少年,那么制作的传播资料就应该充满朝气、富有激情、包装华丽。如果目标公众是老年人群,那么制作的传播资料就应该朴实、真诚、实用。此外,还要根据不同的地区、不同民族的风俗习惯、不同的文化背景制作相应的信息资料。

第二,信息的制作要符合媒体的特点。各种媒体具有不同的特点,其传播方式和传播效果各有千秋,收视率或发行量也不相同。公共关系工作人员在信息制作时一定要听取、咨询专家的意见,选择最合适的传播媒介,以获得最佳的公共关系传播效果。

(三) 选择最佳时机实施公共关系计划

在公共关系策划方案的实施过程中,有一个很重要的因素就是时机问题。选择恰当的时机是提高方案成功率的必要条件,需注意排除时机障碍。在方案的实施过程中,对时机要进行精心选择与安排,整个方案将会借助恰当的时机而收到良好的效果。那么,究竟应该怎样选择恰当的时机呢?

首先,要注意避开或利用重大节庆日。凡与重大节庆日没有任何关系的公共关系活动都应该避开,以免被节庆活动所冲淡;凡是与重大节庆日有直接或间接联系的公共关系活动则可以考虑利用节庆日来增强活动效果,烘托气氛,扩大影响。

其次,要注意避开或利用国内外重大事件,以免被重大事件所冲淡。凡是需要为大众所知又希望减轻振荡的活动则可选择在重大事件发生之时举办,这样可借助重大事件的影响减轻压力。

最后,要注意不宜在同一天或同一段时间里同时开展两项重大的公共关系活动,以免其效果相互抵消,同时也会让公众产生无所适从的感觉,并且会造成组织人力、物力、财力的紧张和失控。

选择好恰当的时机,是实施公共关系方案的一种技巧和方法。下面一些时机,都是公共关系方案实施时应注意利用的:在组织初创时期或更名的时候;在组织推出新的战略或新的业务项目的时候;在组织的发展陷入危机或困境的时候;在国家方针、政策出现变化的时候;新闻公众人物的特殊活动时;具有新闻价值的突发事件发生时;消费时尚变化以及季节的变化等。

第四节　公共关系评估

公共关系评估是公共关系"四步工作法"中的最后一步。所谓公共关系评估,就是根据特定的标准,对公共关系计划、实施及效果进行检查、评估,从中发现问题,判断其优劣,及时修订计划,进一步调整和完善组织形象的过程。公共关系活动评估是公共关系工作程序的最后一步,它在整个公共关系计划实施过程中都具有重要的作用。公共关系评估要求有关专家或机构依据某种科学的标准和方法,对公共关系的整体策划、准备过程、实施过程以及实施效果进行测量、检查、评价和判断的一种活动,其目的是取得关于公共关系工作过程、工作效益和工作效率的信息,作为决定开展公共关系工作、改进公共关系工作和制订公共关系新计划的依据。

一、公共关系评估的目的

公共关系评估的目的就是取得关于公共关系工作过程、工作效益的信息,作为决定开展、改进公共关系工作和制订公共关系计划的依据。具体来说,公共关系评估的目的主要有:

第一,在公共关系实施过程中发挥监督和反馈的作用,检测公共关系实施过程中的偏差。一般包括对决策信息、人员情况、进度、预算等的实施过程的信息获取,以及活动效果方面对公众了解程度、是否改变观点和态度等信息的获取。

第二,根据不同的需要、不同的着重点,提供不同的信息。评估之所以重要,是因为它能对公共关系实施过程发挥监控作用,它通过对组织主客观环境的变化以及实施过程中的偏差的分析,将反馈意见反馈给决策层,从而纠正偏差,以保证组织目标的实现。

二、公共关系评估的意义

公共关系评估的意义表现在以下五个方面：

第一，公共关系评估是改进公共关系工作的重要环节。公共关系评估对一个社会组织的公共关系工作具有"效果导向"作用。美国公共关系先驱者埃瓦茨·罗特扎恩（Evart G. Routzahn）早在1920年时就曾经说过，当最后一次会议已经召开，最后一批宣传品已经散发，最后一项活动已经成为历史的记录时，就是你在头脑中将自己和自己所采用的方法重新过滤一遍的时刻。这样你就会清理出经验和教训，供下一次借鉴。这恰恰说明了公共关系评估对改进公共关系工作的重要作用。

第二，评估是开展后续工作的必要前提。从公共关系工作的连续性看，任何一项公共关系工作计划的制订与实施都不是孤立存在和凭空产生的，它总是以原来的公共关系工作及其效果为背景的。制订新的公共关系工作计划，要对前一项公共关系工作从计划的制订到实施，从效果的环境变化进行系统评估分析，即使是前后两项公共关系工作所要解决的问题各不相同，也应该和必须这么做。例如，前一项公共关系工作目标是为新产品开拓市场，而后一项公共关系工作的目标是缓解不利舆论对组织的冲击、挽回组织的声誉，这两项公共关系工作其实不是完全独立的。因为，你要缓解不利舆论对组织的冲击、挽回组织的声誉，必须了解这种不利舆论产生的原因、辐射的范围及产生的影响，就不可避免地要涉及组织的产品市场、消费公众、组织形象等问题，对前一项为新产品开拓市场的公共关系工作的评估将为后一项公共关系工作提供决策的依据。这是公共关系工作连续性的一种表现。

第三，评估是鼓舞士气、激励内部公众的重要形式。公共关系工作实施的效果本身往往体现为一个复杂的构成，既涉及公众利益的满足，也涉及公众利益的调整；既涉及组织形象的改善，也涉及组织策略、方针的改进和修正。一般来说，内部员工很难对它有全面深刻的了解和认识。所以，一项公共关系计划实施之后，由有关人员将该项公共关系计划的目标、措施、实施的过程和效果向内部员工解释和说明，可以使他们认清本组织的利益和实现的途径，自觉将实现本组织的战略目标与自己的本职工作紧密地联系在一起，并变为一种爱岗敬业的行动。[①]

第四，为有关人员提供信息。一项公共关系活动计划的实施涉及计划的制订人员和实施人员，这两方面人员对公共关系计划的实施抱有不同的期望和要求。一般来说，计划的制订人员希望得到计划是否合理，计划实施的程度、范围和效果如何，实施的方法和程序是否需要调整，实施的花费是否与计划相符等方面的信息；计划的实施人员则希望知道关键的环节是什么，哪些实施策略方法最为有效，实施对哪些公众产生了影响、影响程度如何，哪些方法能够有效地排除障碍等方面的信息。通过评估对公共关系活动计划的制订和实施以及通过实施所取得的效果作出全面具体的评价，可

---

① 参见王兴富主编：《公共关系实务》，中国经济出版社2002年版，第126—127页。

以根据各类人员对信息的不同需求,有针对性地向他们提供所需要的信息。这些信息可以成为开展公共关系活动、改进公共关系工作、制订新的公共关系活动计划的可靠依据。[1]

第五,公共关系评估是有效提高公共关系部门效率的手段。要加强公共关系部门的管理工作,使公共关系机构正常运转,各项工作都处于不断改进的优化状态中,使每个公共关系工作人员都有高度的积极性,公共关系机构需要加强对公共关系工作人员的考核、奖惩,而这些离不开公共关系评估。通过公共关系评估,可以促进公共关系工作人员提高工作效率,完成组织目标。[2]

三、公共关系评估的程序

一般说来,公共关系评估工作可以分为以下几个阶段:

1. 明确统一的评估目标和标准

只有明确的目标和标准才能够对组织各项活动作出客观的评估。统一的评估目标和标准是检验公共关系工作的参照物,有了参照物才能通过比较来检验公共关系计划与实施的结果。即使这一评估目标更多的是定性的而非定量的,仍需制订出一个统一的目标。这需要评估人员将有关问题如评估重点、提问要点形成书面材料,以保证评估工作的顺利进行。另外,评估标准不能拔高或降低,必须要进行全面细致的检查。

2. 搜集分析资料,对公共关系工作进行评估分析

根据制订的评估目标和标准,公共关系工作人员可以运用本章介绍的常用的调查方法,广泛地搜集开展公共关系活动以来组织内部和社会公众方面发生变化的各种信息资料,然后运用各种评估方法进行比较分析,看看计划实施前后公共关系工作是否改进,哪些达到甚至超过预期的目标,哪些没达到预期的效果。

3. 向决策部门汇报评估结果

公共关系工作人员要如实地把分析结果以正式报告的形式上交给决策部门,在报告中应把对公共关系工作的评估和组织的总目标、总任务联系起来。在评估分析的基础上,提出计划实施中存在的问题,并分析原因,写出书面报告,及时如实地向有关部门反映,以便下次决策时参考,搞好公共关系工作。这应该成为一项固定的制度,它的作用一方面可以保证组织管理者及时掌握情况,有利于进行全面的协调;另一方面也可以说明公共关系活动在持续地保持与组织目标一致性及其在实现组织目标过程中的重要作用。

4. 把分析结果运用于决策,提高对公共关系的理性认识

公共关系评估的最终目的是在公共关系工作中应用它。评估结果将对下一步的公共关系工作起定向的作用,公共关系评估结果可以进行抽象化分析,得出对指导公共关系活动有普遍意义的思想、方法与原则。分析结果可以运用于两方面的决策:一

---

[1] 参见周安华、苗晋平编著:《公共关系——理论、实务与技巧》,中国人民大学出版社2004年版,第135页。
[2] 参见陶应虎、顾晓燕主编:《公共关系原理与实务》,清华大学出版社2006年版,第227页。

是用于其他的将要制定的公共关系项目的决策;二是用于组织的总目标、总任务的决策。这些对社会也有一定的利用价值,并进一步丰富公共关系专业知识。

四、公共关系评估的方法

在完成公共关系反馈信息的搜集整理工作之后,就需要利用恰当的方法对公共关系活动效果实施评估。

(一) 选择评估方法的要求

1. 有效性

有效的评估方法应该是定性分析和定量分析的有机结合,定性分析侧重于从价值方面评估公共关系活动的效果,有助于我们了解公众环境的概括性或概貌性的特点,掌握组织公共关系活动和公共关系状态的基本要素和总体特征;定量分析侧重于从数据事实方面评估公共关系活动的效果,通过具体事实和数据为组织公共关系活动效果和公共关系状态提供量的说明,并揭示公共关系各个要素之间的量的关系。只有将定性分析和定量分析结合起来,才能准确地评估公共关系活动、公共关系状态和公共关系效果。

2. 累积性

公共关系的效果具有潜移默化的特点,不是立竿见影的,因此将为评估带来困难。在进行公共关系活动效果评估时,除了要考察近期效益之外,还要运用动态模式方法分析其长远利益。

3. 综合性

公共关系追求的是组织传播效果与社会的整体效益的统一。不能凡事都要给公共关系活动设定组织的经济效益指标。公共关系关注的是组织的传播效益与社会整体效益的统一、组织与社会的同步发展。

4. 权变性

评估方法和指标的确定要从实际出发,既要有相对标准化的评估标准和要求,也要根据特定的情况,适当地变通其中的测评项目和指标;既不能照搬照抄他人的做法,也不能机械地按照计划的要求而不顾实施条件的变化。

(二) 公共关系评估的方法

公共关系评估本身是一项研究工作,需要采用各种各样的研究方法,具体的评估方法主要有以下几种:

1. 组织自我评估法

组织自我评估法就是由主持和参与公共关系计划实施的人员或本组织自我出面对公共关系工作效果进行评估。这种评估一般由组织的主要负责人主持,组织各部门负责人或有关人员参加。评价人员通过参加公共关系现场活动的亲身体验并观察和统计他人反应进行效果评估,由于当事人自我心得和心境的特定作用,这种评估的结果往往是比较独特的。

2. 公众民意调查法

公众民意调查法是最重要的一种评价方法。通过调查研究公众的反应,便可以确认公共关系工作在影响特定公众的认知、态度、观点和行为等方面可度量的效果。此方法就是根据公众的反应评估工作效果,而公众的反应一般要通过调查研究获知。因此,要选取一定数量的调查对象,用问卷、访谈等方法获取相关信息,加以统计、分析,进行效果评价。

3. 专家评估法

专家评估法就是聘请组织外部的公共关系专家对组织的公共关系工作进行评估。一般由相关学科的专家会同公共关系人员组成评议组,使用意见汇集法、德尔菲法等方法进行效果评估。外部专家通过调查访问和分析,可对组织的公共关系工作效果作出较为客观的评价,并能对组织今后的公共关系工作提出有价值的建议和意见。因此,这种方法很值得重视。

4. 新闻分析法

新闻分析法就是通过分析新闻媒介对公共关系活动的报道情况,评测公共关系活动效果。可以根据传播媒介的受众情况,估算影响。当一次公共关系传播活动结束后,可以通过统计、分析传播媒介(电视、电台、报刊及杂志)上所出现的本组织的形象(名字、事迹、广告、产品、商标、照片和评论等),在一定程度上了解组织在公众中引起的注意程度和兴趣程度,了解组织在社会上的知名度和美誉度,以及了解组织与新闻界的关系状态,从而对公共关系的效果作出评价。

具体了解传播媒介受众情况的手段有如下三种:一是统计新闻报道的数量。主要是指新闻媒体报道组织活动的时间、频率和篇幅。二是统计新闻媒体的自身情况。主要是指报道组织情况的新闻媒体本身的权威性、影响力和发行面。三是统计新闻报道所采用的形式。主要是指新闻媒体是如何对组织活动进行报道的,是正面报道还是负面报道,是全面报道还是部分报道,是重点报道还是一般报道等等。

5. 组织活动记录法

在组织实施公共关系活动前后,坚持在组织的日常活动中,记录有关标志和指标的变化。全面而准确的记录是组织重要的效果评估资料。例如,学校的报考人数、企业的产品销售额、宾馆的投宿人数、机关的出勤率都属组织的活动记录范围。进行评估,要依据记录的资料,选择一定的标准进行比较,然后得出评判结论。

在选择评估公共关系工作效果的方法时,上述的几种方法是全部使用还是有选择地使用,应当根据需要评估的工作内容而定。一般来说,如果是对多目标的中长期计划的实施效果进行评估,最好几种方法同时使用;如果是对单目标的短期计划的实施效果进行评估,一般选择一两种方法即可。[①]

[①] 参见周安华、苗晋平编著:《公共关系——理论、实务与技巧》,中国人民大学出版社2004年版,第138页。

本章小结

公共关系学是一门理论与实践并重的实用性学科,尽管公共关系工作内容复杂多变,但公共关系的运作过程是有章可循的。公共关系的程序可以分为"四步工作法",即调查研究、公关策划、传播实施、反馈评估。

公共关系调研是组织公共关系活动的开端与基础。公共关系调研能够提供有关组织形象的信息,为策划提供科学依据,为审定策划方案提供参考标准,而且其本身也具有公共关系效应。调研总体方案的设计对整个调研活动有指导和规划的意义,贯穿于整个调研活动的始终。

公共关系策划是"四步工作法"的第二步,它探讨如何在调查研究的基础上进行运筹决策,制订方案,为公共关系的实施和评估提供依据,是整个公共关系活动成败的关键。一项优秀的公共关系策划应当包括策划者、策划目标、策划对象、策划方案和策划的创造性五个因素。公共关系策划成功的关键在于要遵循相关原则和程序,并采取适合的创意方法。

公共关系的实施是"四步工作法"的第三步,是解决公共关系问题,实现公共关系目标的关键环节。公共关系实施是在公共关系计划方案被采纳后,将方案所确定的内容变为现实的过程。公共关系实施过程包括以下几个环节:首先是实施的准备阶段。它包括设计实施方案、制订对各类公众的行动与沟通计划、确定实施的措施和程序、建立或组成实施机构、训练实施人员。其次是实施的执行阶段。实施机构按照已经设计好的实施计划的程序,落实各项措施。最后是实施的总结阶段,也就是为下一阶段的效果评估作好准备。公共关系的实施具有动态性、创造性和影响广泛性等特点,公共关系策划方案的实施应遵循目标导向原则、控制进度原则、整体协调原则和反馈调整原则。公共关系实施的方式就是以公共关系目标与公众的需要为出发点,选择最佳的途径和手段,按照一定的程序将公共关系计划具体落实的过程。具体包括确定公共关系活动的项目、选择并制作公共关系活动的信息以及选择最佳时机实施公共关系计划。

公共关系评估是"四步工作法"的最后一步,是根据特定的标准,对公共关系计划、实施及效果进行检查、评估,从中发现问题,判断其优劣,及时修订计划,进一步调整和完善组织形象的过程。公共关系评估的具体方法有组织自我评估法、公众民意调查法、专家评估法、新闻分析法与组织活动记录法。在进行评估时,应当根据需要有选择地使用。

案例分析

长城饭店的日常调查

北京长城饭店是1979年6月由国务院批准的全国第三家中外合资经营企业。1983年12月试营业,是北京第一座玻璃大厦,北京80年代十大建筑之一。随着改革开放的深入发展,北京新建的大批高档饭店投入运营,饭店业竞争日益加剧。长城饭店之所以能在激烈的竞争中立于不败之地,成为京城饭店的佼佼者之一,除了出色的推销工作和优质服务外,饭店管理者认为公共关系工作在塑造饭店形象上发挥了重要的作用。

一提到长城饭店的公关工作,人们立刻会想到里根总统的答谢宴会、北京市副市长证婚的95对新人集体婚礼、颐和园的中秋赏月和十三陵的野外烧烤等一系列使长城饭店声名鹊起的专题公关活动。长城饭店的大量公关工作,尤其是围绕为客人服务的日常公关工作,源于它周密系统的调查研究。

长城饭店日常的调查研究通常由以下几个方面组成:

(一) 日常调查

1. 问卷调查。每天将表放在客房内,表中的项目包括客人对饭店的总体评价,对十几个类别的服务质量评价,对服务员服务态度评价,以及是否加入喜来登俱乐部和客人的游历情况等等。

2. 接待投诉。几位客服经理24小时轮班在大厅内接待客人反映情况,随时随地帮助客人处理困难、受理投诉、解答各种问题。

(二) 月调查

1. 顾客态度调查。每天向客人发送喜来登集团在全球统一使用的调查问卷,每日收回,月底集中寄到喜来登集团总部,进行全球性综合分析,并在全球范围内进行季度评比。根据量化分析,对全球最好的喜来登饭店和进步最快的饭店给予奖励。

2. 市场调查。前台经理与在京各大饭店的前台经理每月交流一次游客情况,互通情报,共同分析本地区的形势。

(三) 半年调查

喜来登总部每半年召开一次世界范围内的全球旅游情况会,其所属的各饭店的销售经理从世界各地带来大量的信息,相互交流、研究,使每个饭店都能了解世界旅游形势,站在全球的角度商议经营方针。

这种系统的全方位调研制度,宏观上可以使饭店决策者高瞻远瞩地了解全世界旅游业的形势,进而可以了解本地区的行情;微观上可以了解本店每个岗位、每项服务及每个员工工作的情况,从而使他们的决策有的放矢。

综合调查表明,任何一家饭店,光有较高的知名度是远远不够的,要想保持较高的"回头率",主要是靠优质服务,使客人满意。怎样才能使客人满意呢?经过调查研究和策划,喜来登集团面对竞争提出了"宾至如归方案"。计划中提出在3个月内对长城饭店上至总经理,下至一般服务员进行强化培训,不准请假,合格者发证上岗。在每人每年 100 美元培训费基础上另设奖金,奖励先进。其宗旨就是向宾客提供满意的服务,使他们有宾至如归的感觉。随着这一方案的推行,饭店的服务水平又有了新的提高。[①]

案例思考题:
1. 长城饭店在公共关系调查方面对我们有何启示?
2. 如果你是一位总经理,你认为还应从哪些方面来做好日常的公共关系工作?

---

① 资料来源:http://media.openedu.com.cn/media-file/netcourse/asx/gggxx/public/02_ckzl/02_alk/20.htm,2016 年 1 月 12 日访问。

第二篇
公共关系实务

第八章　公共关系的专题活动

本章要点

1. 公共关系专题活动的定义、内涵和常见种类。
2. 策划具有新闻价值的事件的方法和技巧。
3. 各类庆典活动的组织与策划。
4. 人际沟通性公共关系活动的含义、种类、原则。
5. 各种人际沟通性公共关系活动的技巧。

引例　青岛啤酒百年庆典策划

2003年8月15日,青岛啤酒股份有限公司迎来了它的百年华诞,举行了隆重的庆典活动。青岛啤酒的百年庆典围绕"百年"做文章。

8月15日凌晨,青岛啤酒厂把百年最后生产的一百箱啤酒装入特制的木桶,"盛装"后赠送贵宾;在青岛啤酒二厂,把新百年最先生产的一百桶纯生啤酒装入特制木桶,"盛装"后编号、公证后赠送贵宾,并将其中的第一桶啤酒作为青岛啤酒百年庆典和第十三届青岛国际啤酒节开幕式将开启的第一桶啤酒,象征着青岛啤酒股份有限公司新百年的正式启程。

8月15日上午9点,在啤酒城门前,青岛啤酒股份有限公司百年华诞庆典仪式暨第十三届青岛国际啤酒节开幕式隆重举行。

8月15日晚22点,青岛啤酒股份有限公司投资240万元在小青岛、北岭山、啤酒城东区广场等地筹办了以"青岛啤酒点燃激情"为主题的焰火晚会,献给全城人民。

8月15日至23日,青岛啤酒利用一周时间在啤酒城和主要繁华街道陆续进行了彩车巡游。

8月15日,青岛啤酒博物馆开馆。青岛啤酒股份有限公司请国内外著名设计师设计、建造了世界先进的啤酒博物馆。

同年9月,青岛啤酒股份有限公司在德国举行青岛啤酒股份有限公司纪念亭落成的剪彩仪式和"百年青岛,百年青啤"图片展。

通过这次百年庆典,青岛啤酒历史悠久、世界一流的形象更加深入人心。

公共关系专题活动是一种常见的公共关系活动。它是组织以公共关系为主题,有计划、有步骤地开展的各种有特定目的和内容的社会活动。几乎所有的社会组织在建立、发展和壮大过程中,都要定期或不定期地举办一些专题活动来宣传自己、协调关系、塑造形象、争取公众。富有新鲜感和纪念意义的专题活动,能使参与者在和谐融洽的气氛中感受到组织者的各种意图,接收各种信息,增强对组织者的亲善感,达到提高组织知名度和美誉度的目的。公共关系专题活动是一个有计划地进行准备、实施和总结的过程,策划和举办成功的专题活动,要求公共关系人员不仅要有广博的知识,而且还要熟练掌握进行专题活动的技能。

所谓公共关系专题活动,是指社会组织为了某一明确的目的、围绕某一特定的主题而精心策划的公共关系活动。公共关系专题活动是社会组织与广大公众进行沟通、塑造自身良好形象的有效途径。因此,国内外许多组织经常采用公共关系专题活动的形式来扩大影响,提高声誉。公共关系专题活动的种类很多,较常见的有新闻发布会、展览会、赞助活动、庆典活动、联谊活动、参观活动等。

第一节 新闻性公共关系活动

社会上凡因新颖的事实而被人们流传的,皆可称为"新闻"。而现代社会生活中的"新闻",则专门是指大众传播媒介对社会上新近发生的事实的报道,即已成为媒介传播对象的事实。那么,公共关系新闻,就是有利于一个社会组织建立、维持、发展和完善其形象,并受到新闻媒介重视报道的新近发生的事实。在公共关系活动过程中,公共关系人员为了更好地宣传社会组织,树立起良好的组织形象,都会从社会组织出发,着眼于社会影响,采取社会公众所喜欢的政策和行动,以扩大公共关系活动的影响,这就在客观上要求公共关系从业人员学会"制造新闻"。

一、策划具有新闻价值的事件

(一)构成新闻价值的要素

策划具有新闻价值的事件,即公共关系人员以其所代表的组织发生的真实事件为基础,有计划地推动与挖掘新闻。制造新闻并不是制造"假事件",而是要制造具有新闻价值,且带有浓厚的人文色彩,能够体现一定的计划性和公共关系目标的真实事件。新闻价值是衡量事实是否能成为新闻报道的标准,是足以构成新闻报道的各要素之和。构成新闻价值的要素包括两个:一是必备性要素;二是选择性要素。真实性、时效性是构成新闻价值的必备性要素,而重要性、特殊性、临近性、人情味则是构成新闻价值的选择性要素。任何一个事实只要具有两个必备性要素和一个或几个选择性要素,就具有新闻价值,就可能成为新闻而被报道出去。

(二)公共关系新闻策划的类型

公共关系新闻策划,是指在服务于组织的公共关系总目标的原则下,对以事实为依据、以最新为特点的信息的制造、选择、加工、编辑、传播、反馈等一系列活动的运筹谋划过程。以新闻策划本身的创造性程度大小作为划分依据,可将公共关系新闻策划分为两类:

第一类是常规性公共关系新闻策划。即指公共关系事实本身并无多大的创造性和独特的个性,而是具有普遍性的常规活动形式,只是由于所传播的内容具有新闻的价值而成为公共关系新闻。因此,此类公共关系新闻策划便有多种活动形式可供选择,如社会赞助、新闻发布、形象展览、娱乐联欢等活动。

第二类是创造性公共关系新闻策划。即以创造性思维方法作为指导,筹划、组织、举办具有新闻价值的活动或事件,以吸引新闻传播媒介与公众的关注和兴趣,创造报道传播的事实前提,并使组织成为新闻报道中的主角,以达到提高组织认知度、美誉度、和谐度的目的。它是公共关系策划者施展智慧的主要舞台,而最成功的公共关系策划每每总以公共关系新闻的广为传播为标准。

(三) 公共关系新闻策划的要点

一般来说,创意性公共关系新闻策划要注意以下三个要点:一是寻找创意,即运用创新思维方法寻找到最能服务于公共关系目标的思维火花。创意,是所有公共关系策划成功的关键。二是可行性分析,即对充满新意的公共关系新闻创意进行多方面的考虑、斟酌,分析它实施的利弊以及实施的难度,以求得切实可行又富有良好效果。三是编制计划,即在对创意进行可行性分析并确定了创意的可行性有效之后,继而从时间、地点、人员、费用、物品等方面进行具体细致的考虑与安排,制定出具有可操作性的步骤、程序,以使该创意性公共关系新闻策划落到实处,从意想的新闻转化为现实的新闻。策划具有新闻价值的事件时,应遵循适时性、新颖性、周密性原则。①

(四) 公共关系新闻策划的方法与技巧

成功的公共关系新闻策划往往与有特色的公共关系专题活动、大型的公共关系广告等工作是分不开的,甚至可以说贯穿于公共关系工作的全过程。因此,制造新闻很难找到一套固定不变的方法和技巧,要靠公共关系人员广博的知识、超凡的想象力和丰富的实际经验去开展公共关系活动。但是,我们可以从新闻价值角度找到一些带有普遍性的方法和技巧,概括起来,有以下几种:

1. 热点移动

"热点",即指社会上新颖的、被人们普遍关注的事物或现象。它既具有认知度大的特点,同时又具有社会性的特点。也就是说,"热点"不是专有而是社会共同所有。新闻性公共关系专题活动的策划者如能巧妙地移动"热点",必然能产生绝佳的策划创意,策划出"四两拨千斤"的新闻性公共关系专题活动来。近些年来,奥运会、世博会、三峡工程、西部大开发等社会热点便先后被一些有识之士予以利用,成为新闻性公共关系专题活动的创意启发点。

---

① 参见余明阳主编:《公共关系策划》,线装书局2000年版,第283—288页。

2. 借助名人

名人有狭义和广义之分。狭义上的名人，指知名人士、杰出的或引人注目的人物、显要人物。广义上的名人，指一定范围内有高知名度的人。这里的范围是相对的，小到邻里、单位部门，大到国家、世界，在其相对的范围为众人熟知的都可称为名人。一般来说，名人是已在很大范围内为公众所知，且有较高的美誉度的人。因此，借助名人的新闻性公共关系专题活动策划，往往可以获得事半功倍的效果。组织开展活动时，邀请有关的党政要员、知名人士或明星参加，让他们有意或无意地介入活动之中，这样往往会使活动成为新闻。因为他们本身就是新闻人物，一般都是新闻媒体追踪报道的对象。

如著名的北京长城饭店，1984年举办过美国前总统里根访华时的告别宴会，继之又接待过日本前首相中曾根康弘，比利时、荷兰、瑞典的首相，挪威、意大利的总统等多国元首和政府首脑，还承接了亚洲银行理事会第二十二届年会、中外经济研讨会、海峡两岸贸易投资研讨会等一些高规格的国际性会议和重大国际活动。因此，长城饭店的形象举世闻名。这就是通常所说的"名人效应"或"名人光环"。①

3. 小题大做

小题大做，就是借助与社会组织密切相关的，加以利用可给组织带来美誉度、和谐度的某些小题材，进行渲染、造势，引起新闻媒体的注意，从而在认知度上得到收获，如此便可望在"三度"上均得到收益。

如广为人们知晓的法国"白兰地"公司向美国总统艾森豪威尔祝寿的案例，就是小题大做而策划出来的新闻性公共关系专题活动。本来，一个大型的酒业企业向某个政要赠送一些礼物，并不是什么大不了的事，然而通过策划者的"包装"、设计、造悬念、"抖包袱"，却引起了美国朝野的轰动，并成为公共关系专题活动的经典案例。显然，其中的成功之处，就是策划中巧妙运用小题大做方法的结果。

4. 感情放大

在激烈的市场竞争中，社会组织都会选择向公众提供优质的服务、树立组织形象的经营之道。而提供优质服务的真谛，就在于向公众呈送真情。公众是由人构成的，而人是有感情的动物，因此真情服务中以情感人、以情动人，必然会获得公众真情的回报，而新闻媒介自然就会予以传播。

在一些特殊情况下，如果有人陷入困境，组织出于真情给予赞助支持，传播媒介往往会立即对其报道传播，实际上组织的真情便得到了放大。如对失学儿童给予赞助、对下岗职工给予支持、对因自然灾害生活陷入困境的人提供援助等，这种组织行为实际上就是真情的体现，大众传媒总是乐于报道宣传的。

二、新闻发布会的组织

公共关系人员用来广泛传递某一信息最好的工具莫过于举行新闻发布会。新闻

---

① 参见郝树人主编：《公共关系学》，东北财经大学出版社1998年版，第156页。

发布会的最大优点是所有公布的信息真实,可信度高,容易使组织和新闻界之间达到相互理解和沟通的良好效果。

(一) 新闻发布会的含义

新闻发布会又称记者招待会,是指以某一社会组织的名义邀请新闻机构的有关记者参加,由专人宣布有关重要信息,并接受记者采访的具有传播性质的一种特殊会议。通过新闻发布会,组织可以将有关信息迅速传播扩散到公众中去。在新闻发布会上,不仅可以公布本组织的一些重大新闻,如方针、政策、措施等方面的新举措,加强公众对组织的认可,而且可以利用新闻发布会的影响力,妥善处理一些棘手的问题,以达到澄清事实、说明原委、减少误会、求得谅解等效果。

新闻发布会是一种二级传播。组织通过召开记者招待会,以人际沟通的方式首先将消息告知记者,然后由记者以大众传播的方式进一步告知社会公众。在这种形式下,实现了社会组织和新闻媒介的沟通,并通过这种沟通,实现社会组织和广大公众之间的沟通。[①]

新闻发布会是组织与新闻界保持联系的一种重要的活动方式,也是组织向公众广泛传播各类信息的重要渠道之一。例如,2002 年在上海举行的"安利纽崔莱活力健康跑"新闻发布会,新华社、《人民日报》等全国数十家新闻单位对这一即将举行的全国首次 10 公里非竞技性健身跑(走)活动进行了采访报道。在新闻发布会上,安利公司副总裁颜志荣在发言中首先表达了安利纽崔莱通过参与健康长跑活动,促进人们身体健康及社区文体活动建设的真诚愿望。上海市体育局负责人介绍这次健康跑的主题是"怡情现代都市,享受健康人生"。此外,主办单位还宣布此次活动的报名费在扣除必要的开支后,将捐献给上海慈善基金会,扶助弱势群体。安利公司以新闻发布会的形式,通过各大新闻媒介迅速、准确、正确地把相关的活动信息及活动宗旨传递给了社会公众。[②]

一般来说,新闻发布会的主体可以是任何社会组织或个人;客体主要是代表公众舆论的报纸、杂志、电台、电视台、通讯社等新闻媒介和代表公众采访新闻的记者们,不排除也可以就某种特殊原因聘请一些对公众具有重要影响力的民意领袖或舆论先导;传播形式是利用新闻发布会使新闻记者了解组织信息,并产生兴趣,通过新闻媒介,以新闻报道、新闻特写等形式将这些重要信息传播出去。

(二) 新闻发布会的特点

举行新闻发布会必须有恰当的新闻由头,即该信息是否具有专门召集记者前来予以报道的新闻价值,并选择好举行新闻发布会的最佳时机。重要人物的来访,产生重大事件,新发明、新产品试制成功,新的重大发展规划,新工厂建成投产,企业开张、合

[①] 参见周安华、苗晋平编著:《公共关系——理论、实务与技巧》,中国人民大学出版社 2004 年版,第 148 页。

[②] 参见李健荣、邱伟光等编著:《现代公共关系》,人民出版社 2007 年版,第 169 页。

并转产,出现先进典型人物,重大庆祝日或纪念日等,都可能是促成新闻记者进行报道的恰当由头。

举办新闻发布会的目的是迅速及时地把组织重要信息传播给社会公众,因而新闻发布会具有以下特点:

第一,机构的权威性。举行新闻发布会的一般都是各级政府部门、各类社会组织,具有代表某一组织的权力。例如,我国外交部的新闻发言人,代表中国政府对中外新闻记者发布信息,就具有很高的权威性。

第二,信息的真实性。由于是各级、各类组织的最高权力机构所举办的新闻发布会,所以其发布的信息一般来说都是真实可靠的。

第三,传播的快速性。一是指信息本身的时效性,即发布信息与事件发生的时间间隔相当短,事件一旦发生、证实,立即发布。二是指信息传播的快速性。举行新闻发布会后,公共关系主体发布的组织的重要信息经过各大媒体的广泛传播,可以在短时间内使社会公众知晓。

第四,公众的社会性。信息一旦发布,便通过不同的媒介传到世界各地,公众可以通过不同渠道知晓这一信息。因此,新闻发布会的参加对象虽可能是十几个或几十个人,但知晓新闻的人可能是成千上万甚至上亿的公众。

第五,宣传性。即新闻发布会是组织的一项重要信息传播和宣传活动。

第六,正式性。即采用新闻发布会来传递信息,形式正规、隆重,而且能增加信息传递的深度和广度。

第七,耗费较高。即召开新闻发布会要占用记者和组织者较多时间,需要动员一定的人、财、物,有较高的成本。①

(三) 新闻发布会的策划

要使新闻发布会组织成功,通过新闻发布会给"无冕之王"——记者们留下美好的印象,对组织产生好感甚至倾心,会议的组织和安排工作是非常重要的。新闻发布会的策划不同于制造新闻。这是因为,制造新闻的重点在于创造性,在于思维的求新、求奇、求异,而新闻发布会应立足于规范性,重点在于活动的严密、紧凑,在于组织者的真诚,在于规范性基础上的独特。具体来讲,新闻发布会的策划需要注意以下几点:

首先,发布的新闻材料要具有较高的宣传价值。在新闻发布会举行之前,公共关系人员必须对所发布消息是否重要,是否具有广泛传播的新闻价值,以及新闻发布会的紧迫性和最佳时机,进行研究和分析,保证发布会新闻材料的宣传价值。

其次,活动要严密、规范、富有新意。召开新闻发布会,是组织同新闻界建立联系的极好时机,是组织向社会公众展示自身实力的时机。活动策划要严密、规范、系统,并要富有新意。严密是指活动需精心准备、周密安排、分工明确;规范是指活动要符合出席者的身份和心理需求,组织者应注重活动的一般规则和礼仪服务;系统是指活动

---

① 参见王兴富主编:《公共关系实务》,中国经济出版社 2002 年版,第 242—243 页。

应具有科学性,应符合公共关系实务活动的一般程序;富有新意是指公共关系人员不能因循守旧,故步自封,在活动设计安排上要适当创意,以增强活动的效果。

最后,发布新闻的同时,可考虑其他活动。组织新闻发布会,毫无疑问,其中心主题是发布组织的重要新闻。但是,组织围绕所要发布的新闻,配以相关的其他活动,既可以营造会议气氛,加强宣传,又可以强化组织同新闻界的关系,增进相互了解,收到更好的效果。例如,会前举办同所发布新闻相关的图片展览或实物展览,会后组织记者参观,举办小型宴请或联谊活动等。

(四) 新闻发布会的组织

1. 新闻发布会的准备工作

(1) 确定主题。新闻发布会的特点是发布信息的形式正规、隆重而且规格较高,因此对发言人和主持人的要求也很高,而且将占用记者较多的时间,切不可随意举办,必须要有明确的主题,即应从新闻价值和组织利益角度进行认真考虑。如果为"招待"而招待,新闻发布会就成为一般的社交行为。组织中具有举行新闻发布会价值的事件一般是:出现紧急事件,如厂房起火或爆炸等严重事故,或受到公众和新闻界的公开批评;对社会产生重大影响的新技术、新产品的开发和投产;组织对社会所做的重大的社会公益事业;企业开张或倒闭;企业合并或转产;组织重大庆祝日或纪念日等。值得注意的是,某些对组织来说是很重要的事件,在与外人看来只不过是鸡毛蒜皮的小事,这时应从新闻价值上去把握,确定是否有召开新闻发布会的必要。

(2) 确定主持人和发言人。记者出于职业要求和职业素养,常常会在新闻发布会上发掘一些敏感的话题,提出一些尖锐、深刻甚至很棘手的问题,这就对会议的主持人和发言人提出很高的要求。主持人和发言人都必须对将要发布的信息的重要性和社会价值有清醒的认识。此外,他们必须思维敏捷、反应快、表达能力强、谈话具有权威性,并且具有较高的文化素养和专业水平等。会议的主持人一般可由具有较强的公共关系能力的人来担任,他对被邀与会的记者和新闻单位应有相当程度的了解,与记者有较好的工作关系和人际关系,不仅要宣布开会、散会,而且还能清楚、简洁地说明会议宗旨;在会议中能通过插话、补充说明、提出反问来引导会议进行;能根据对新闻单位和记者的了解,恰当地选择众多记者提问的先后顺序。因此,主持人的选择,首先是"能力"。会议的发言人则应是组织的高层领导,他除了对本次会议主题涉及的问题有较为深刻的专业性把握,还对本组织的整体情况以及有关的社会环境、方针、政策都很熟悉、了解,他的发言和回答应该具有权威性。

(3) 准备宣传辅助材料。为保证新闻发布会的成功,应事先充分准备有关材料。宣传辅助材料要围绕发布的信息内容来准备,包括:准备好发言提纲、报道提纲和会议程序表,并打印好,以便会前分发给记者。印制好有关资料、图片和统计表格,准备好必要的影视资料等,必要时,还要提供相关的背景材料。要尽量做到全面、详细、具体和形象,形式多样,要有口头的、文字的、事物的照片和模型等。这些材料的准备要根据会议的中心内容的具体要求而定,在会议举行时现场摆放或分发,以增强发言人的讲话效果和发布会的准确性。

(4) 确定地点,布置安排会场。新闻发布会地点的选择不同于一般的会议,首要的是要为记者们创造方便的采访条件,如采光、电源、录像、拍摄的辅助灯光、视听辅助工具、幻灯、电视播放设备的准备。需要考虑会场的对外通信联系条件,如专线电话、网络的设置。另外,应考虑会场既需要安静舒适又不受干扰,还要交通便利、停车方便。会场座次安排应分清主次,特别是有贵宾到场的情况下。会场内的桌椅设置要方便记者们提问和记录。再有,会场应设有记者或来宾签到处,并在每个记者席上准备有关资料,使记者们能够深入细致地了解到所发消息的全部内容。

(5) 确定时间,及时邀请。新闻发布会的时间一般选在上午十点或下午三点为佳。发布会的正式发言时间一般不超过一小时,应留有时间让记者们提问。发布会之后,一般为记者准备工作餐,最好的形式是自助餐,目的在于给记者们交流和对组织的领导人作深入采访的机会。确定时间后,要提前三至五天向记者们发出邀请,让记者们充分安排好时间。值得注意的是,记者多是大忙人,有时不一定都能到会。因此,为使发布会能圆满成功,最好让记者发回执。请柬应该提早发送,认识的记者可直接发给本人,不认识的记者可发到新闻机构。临近举行发布会时,还应电话联系记者,了解出席情况。另外要注意的是,针对所发新闻的性质邀请相关新闻媒体的记者。这要根据信息的重要程度和事件的影响来确定:如果事件涉及全国,则邀请中央新闻单位的记者出席;如果事件影响只限于本地区,则邀请本地新闻单位的记者出席;如果事件专业性较强,则邀请专业性的报刊和新闻单位内的专业记者。记者的邀请面要广,各新闻机构均能照顾到。对记者要一视同仁。

(6) 宴会的安排。如果有必要,且财力和时间许可,可在发布会后,安排相应规模的酒会或茶话会等。这是一种相互沟通的机会,可以利用它融洽与新闻界的关系,同时也可以使记者利用这个机会弄清一些在发布会上没有解决的问题。

(7) 做好费用预算。举办新闻发布会要有财务计划,要视财力、物力、人力举办规模恰当的发布会,不要为追求规模或形式不顾一切。费用预算一般包括印刷费、通信费、场地费、交通费、租用器材费、摄影费、嘉宾签到簿、礼品、胸牌费、会场布置费、嘉宾食宿费等。

(8) 其他准备工作。工作人员、主持人和发言人应佩戴胸牌,主持人和发言人的胸牌上应标明职务,会议桌上应标明"记者席""主人席""工作人员席"。主宾人员名单提前十分钟送交主持人,以便在会议开始时一一介绍。要安排一名摄影师,专门拍摄会场情景,以作为资料。

2. 新闻发布会过程中的语言技巧和注意事项

在举行新闻发布会的时候,主持人和发言人都应讲究语言技巧:

第一,要充分发挥主持和组织的作用,以庄重的语言显示发布会的正式,以轻松幽默的话语活跃整个会议气氛,引导记者们踊跃提问。记者的提问明显偏离会议主题时,要善于将话题引导到主题上来。会议出现紧张气氛时,要善于加以调节。

第二,不要随便打断记者的提问,尊重每一位记者,不要以语言及动作、表情表示对记者的不满。即使记者的提问带有很强的偏激性和挑衅性,也不要发怒,应表现出良好的修养,以平静的言语和确凿的事实予以纠正或反驳。

第三,对于不愿发布和透露的事情,应婉转而明白地向记者解释,记者一般会尊重组织者的意愿。如果吞吞吐吐,反而会使记者刨根问底,造成被动局面,甚至有记者会因此发表对组织不利的报道。

第四,遇到回答不了的问题时,不能简单地用"不清楚""无可奉告""不知道"等言语作答,应采用灵活而通情达理的办法予以回答,切忌因此引起记者的不满和反感。

新闻发布会举行过程中,应当注意以下事项:

第一,组织有关人员在会议前及时到位,各负其责。可设置必要的礼仪服务内容。其他非礼仪人员也要注意自己的服饰、语言、行为等方面的礼貌和规范。

第二,所发布的信息必须准确无误,若发现错误,应及时予以纠正。

第三,会议议程的执行要紧凑,不拖沓,有条不紊。要避免出现冷场和混乱局面。不随便更改会议程序,强调守时。应有正式的开场和结尾。

第四,记者签到簿上应有姓名、单位和电话号码等项目,以备日后联系。

第五,对新闻发布会的全过程应做详尽记录和录音,有条件的应将会议过程录像,作为资料保存。

3. 会后工作

为使新闻发布会这一公共关系专题活动取得预期的效果,在会议结束后,组织还应做好以下几方面的工作:

(1) 整理记录,总结经验,并以书面形式存档。尽快整理出新闻发布会的记录材料,对组织、布置、主持和回答问题等方面的工作作一总结,从中认真汲取经验和不足,并将总结材料归档备案。

(2) 搜集舆论反应,检测活动效果。搜集到会记者在报刊、电台、电视台的各类报道和评论,进行归纳分析,把握公众的反应和舆论走势,检查是否达到了举办新闻发布会的预定目标、是否由于失误而造成了误会等,并以此检测活动效果。

(3) 对照新闻发布会签到簿,检查与会记者是否都发了稿件,并对记者所发稿件的内容和倾向作一分析,以便了解新闻机构和记者所持意见、态度和产生原因,以便于以后有针对地同他们进行沟通,或以此作为以后举办新闻发布会邀请记者范围的参考依据。

(4) 对于不利于本组织的报道,应采取良好的应对策略。如果是不正确的或歪曲事实的报道,应主动采取行动,说明真相,并向新闻报道机构提出更正要求;如果是反映了事实却不利于本组织的负面报道,则应通过有关媒体向公众表示歉意,并制定改进措施,以挽回组织声誉。①

---

① 参见周安华、苗晋平编著:《公共关系——理论、实务与技巧》,中国人民大学出版社2004年版,第150—151页。

(5) 向有关领导做好汇报工作。

第二节 庆典活动的策划与组织

社会组织一般会在内部发生值得庆祝的重要事件时,在人们共同庆祝的重大节日里举行隆重的庆典活动。这种庆典活动实际也是一种展示组织形象、提高社会知名度的公关活动。组织的庆典活动一般可以分为开幕庆典、闭幕庆典、周年庆典、特别庆典和节庆活动等。

一、庆典活动的含义及其要求

(一) 庆典活动的含义

庆典活动是指组织在其内部发生值得庆祝的重要事件时,或围绕重要节日而举行的庆祝活动,一般将其作为一种制度和礼仪。组织自成立之日起,就进入了运行发展的过程。现代社会复杂多变,竞争激烈,组织要想正常生存、稳定发展,并不断壮大,就需要利用各种庆典时机对内营造和谐氛围,增强员工凝聚力,对外协调关系,扩大宣传,塑造形象。它可以是一种专题活动,也可以是大型公共关系活动的一项程序。庆典活动往往给公众留下"第一印象",如一家企业举行气氛热烈、庄重大方的开业典礼,这是在社会公众面前的第一次亮相,这个"相"亮得好,可以为企业塑造良好形象。

随着社会经济的发展,能够举办庆典的节日越来越多,这必然使社会各界举行庆典活动的机会越来越多。因此,现在组织的管理者应想尽办法利用庆典的各种活动,让自己广为人知。显然,这与现代公共关系为组织扩大知名度、提高美誉度的思路相吻合。

(二) 组织庆典活动的要求

组织庆典活动的要求是:喜庆的气氛,隆重的场面,热烈的情绪,灵活的形式,较高的规范性和礼宾要求。

"喜庆的气氛"是由庆典活动的内容决定的。组织庆典活动体现着吉祥、和美、欢乐之意,要求组织者突出欢喜吉庆的基调。

"隆重的场面"要求活动的组织者在开展活动的环境和规格上动动脑筋,通过环境布置来体现隆重和欢庆,如标语、彩旗、彩灯、热气球、大红灯笼、和平鸽、吊旗、锣鼓队、管乐队、鞭炮、鲜花、霓虹灯等物都是布置环境或庆典会场所应考虑采用的;通过邀请具有较高身份和级别的嘉宾或主持人以提高组织庆典活动的规格和档次,增加场面的隆重,吸引新闻媒体及社会公众的注意,扩大组织的社会影响。

"热烈的情绪"是指通过欢喜的气氛和隆重的场面,对组织庆典活动的渲染,或者是依靠组织设计者的精心策划体现参加者欢乐、热烈的情绪。例如,在剪彩过程中播放欢乐喜庆的背景音乐。活动的设计者还应重点在组织庆典活动的议程和活动方式上进行策划和安排,以求获得这种效果。

"灵活的形式"是指组织庆典活动不是千篇一律的典礼仪式,可以通过创意,借用其他如联谊活动、赞助活动、文化艺术活动来体现其独特性,增强活动的效果;也可以在典礼活动如剪彩或议程上进行策划,创造出新鲜感和轰动效应。

"较高的规范性和礼宾要求"是指作为一种庆典或者庆祝活动要符合来宾的文化背景和心理要求,要注意礼节和礼貌。这一方面是说,活动的组织者和出席者要注意着装,要求穿着正式装或节日装,注意个人的礼节和仪表;另一方面强调组织活动的礼仪服务。一般来讲,组织活动的礼仪服务包括迎宾、引导、接待和送宾几个部分:迎宾包括身披绶带的礼仪小姐的站立迎宾和重要宾客的接车服务或在活动场所、停车场所提供的服务;引导是由礼仪小姐或礼仪先生将来宾,特别是重要的贵宾由大门迎至接待室、休息室或贵宾室;接待是在休息室或贵宾室提供的服务,如签名、题字、冲茶、倒水等;服务特指在庆典或会议期间提供的服务,如礼仪小姐站立会场四周以营造气氛,服务人员在主席台上提供的其他服务等;送宾是在庆典活动后或活动结束后由组织领导人和礼仪小姐或礼仪先生对来宾,特别是贵宾的送行等。礼仪服务是组织庆典活动的重要组成部分,活动的组织策划者既要注意此项内容贯穿始终,又要渗透在活动的各个部分。这既是庆典活动喜庆气氛的需要,也是尊重来宾、表露情感、协调关系、显示实力、塑造形象的需要。

二、开幕庆典的策划与组织

开幕庆典即开幕式,指第一次与公众见面,展现组织新风貌的各种庆典活动,包括:各种博览会、展览会、运动会和文化节日的开幕典礼;重要工程的开工典礼或奠基典礼;重要设备及工程首次运行或运转的庆祝活动,如通邮、通车、通航等典礼活动等。

(一) 开幕庆典的策划

组织一个热烈、隆重、特色鲜明的开幕典礼,会迅速提升组织的知名度,为组织自身塑造良好的形象,给社会公众留下深刻而美好的记忆。因为这是第一次向社会公众展现组织以及组织的活动,体现出组织领导人的管理能力、组织公共关系人员的策划能力和组织能力、组织的社交水平以及企业的文化素质。这也往往会成为社会公众对组织取舍和亲疏的重要标准。常见的方法有以下两种:

1. 常规的开幕典礼形式,改变其程序或内容

许多组织在剪彩的人选上进行创意,以增加新鲜感和独特性。例如,石家庄国际大厦中美合资的洛杉奇公司开业时,聘请消费者剪彩,在喜庆的同时,塑造一个尊重消费者、关心消费者的企业形象;太原市阳曲县的峁上村公路通过几代人的奋斗,使天堑变通途的幻想变成了现实,为了表达村民们对公路开通后走出深山尽快发展致富的期待和决心,在通车典礼上策划了由省委书记胡富国同志和村里7岁小学生共同剪彩的仪式。

2. 打破常规,利用或结合其他活动的方式来搞开幕庆典

通常,开幕庆典的中心内容是:组织成立的挂牌,大型工程落成后第一次同公众见面的揭幕,大型运动会的升旗,一般开幕庆典的剪彩等仪式。这些仪式可以利用专题演唱会或组织联谊活动等形式进行,可以结合赞助等内容进行,以增加活动的隆重和新意。宝鸡市公关协会的公关培训学院成立的开幕庆典,就一反常规,采取联谊晚会形式来进行,取得了很好的效果。策划者利用山西经济管理干部学院公关学习队在宝鸡学习参观、访问实践之机,在庆典活动的主题上加了"秦晋结新好"的内容,与山西师生共庆同乐,提高了庆典活动的内涵,吸引了市委市政府部门的领导参与,并为庆典活动提供了很好的演出场地。另一方面,由挂牌改为揭牌的仪式也很有特点,引起公众的兴趣。又如,长沙友谊华侨公司为了招徕顾客,以"友华"名义,在报刊、电视上发出通知,邀请长沙市区内在元旦出生的人在元旦"友华"重新开张之际来店同庆节日之喜,虽生日礼品发出千余份,但商店客流量却超过25000人次,销售额达100万元,相当于过去平均数的18倍,创该店历史上的最新纪录,并为以后扩大销售奠定了良好的基础。

(二) 开幕庆典的组织

庆典活动是一种表演色彩较浓的公共关系专题活动。为了使这一活动开展得有声有色,引起社会公众的广泛注意,公共关系人员应做好以下组织工作:

1. 拟定邀请宾客名单

邀请的宾客应包括政府有关部门负责人、社区负责人、知名人士、社团代表、同行业代表、新闻记者、公众代表以及员工代表等。请柬应尽可能早地寄出,以便被邀请者安排时间,按时出席。

2. 安排庆典活动程序

活动程序一般为:宣布典礼开始、宣读重要来宾名单、致贺词、致答词、剪彩、礼毕。

3. 确定致词和剪彩人员

组织的公共关系人员应为本单位负责人拟写开幕词或贺词等致词,预先准备新闻参考资料或报道提纲,为前来的新闻记者提供新闻素材。剪彩人员一般由本组织负责人和来宾中地位较高、有较高声望的知名人士共同承担。

4. 做好活动接待工作

公共关系人员要事先确定迎宾、签到、接待、剪彩、录像、播音等有关服务人员,并要求他们在典礼前到达指定岗位。

5. 组织来宾参观

典礼结束后,可以组织来宾参观本企业的生产设施、服务设施以及产品或商品陈列。这是让上级、同行和社会公众了解自己、宣传产品的好机会。同时,要考虑是否发放纪念品或礼品,是否提供小型宴请。

6. 广泛征求意见

通过座谈和留言等形式广泛征求意见,并尽快将意见综合整理出来,以总结和评

估本次活动的效果。

三、闭幕庆典的策划与组织

闭幕庆典是组织重要活动的闭幕式或者活动结束时的庆祝仪式,包括:各种博览会、运动会和文化节日的闭幕典礼,重要工程的竣工或落成典礼,学校学生的毕业典礼,组织重要活动或系列活动的总结表彰或者为圆满结束举行的各种庆祝活动等。

策划与组织闭幕庆典活动时,公共关系人员应注意:

第一,闭幕庆典是重要活动的尾声,受重视的程度和隆重的程度较弱,多强调活动的有始有终和圆满结束,体现系统性特点、塑造组织形象和期待再次相聚等象征意义。

第二,有的活动从不同的角度来看,可以作为闭幕式处理,也可以看作开幕式,如何开展活动要根据其内涵和意义来选择。例如,公路的修成也就预示着开始通车,多举行通车典礼。

第三,不是所有的活动结束或者开始都要举行庆典,这需要根据组织的公共关系实务目标和财务条件来决定。

总的来看,闭幕庆典的策划与组织同开幕庆典有许多相似之处,这里不再赘述。

四、周年庆典的策划与组织

周年庆典是组织在发展过程中的各种内容的周年纪念活动,包括组织"生日"纪念,如工厂的厂庆、商店的店庆、宾馆的馆庆、学校的校庆以及大众媒介机构的刊庆或台庆等,也包括组织或企业之间友好关系周年纪念,还包括某项技术发明或某种产品问世的周年纪念和其他内容的周年纪念活动。

组织利用周年庆典,举办庆祝活动,对于振奋员工精神,扩大宣传效应,协调公众关系,塑造组织形象也很有意义。公共关系人员在策划与组织周年庆典活动时,应注意以下问题:

首先,作为组织发展过程中的里程碑,周年庆典需要体现总结过去、继往开来的内涵。许多组织在庆祝周年纪念日时,编写或修订厂史或校史等组织的历史记录,举办组织历史展览和未来规划展览。

其次,作为组织自己的节日,周年庆典应强化对内部员工进行热爱组织教育、热爱本职工作教育的主题。组织举行周年庆典活动时,应该要求全体员工统一着装,如工厂厂服或店服,戴厂徽或店徽。在庆典仪式上,应升厂旗、奏厂歌或店歌。为配合周年庆典活动,可组织类似学校的校园文化节或者其他的系列主题活动,起到欢庆和教育的双重作用。

再次,作为庆典活动,周年庆典应突出节日的喜庆气氛。庆典仪式或者纪念活动可采取各种方式来渲染喜庆的气氛,并为来宾提供良好的礼宾服务。

最后,周年庆典应围绕组织周年纪念的中心内容进行创意,以增强活动的独特性和对公众的吸引力。

周年庆典活动并不局限于固定模式，公共关系人员应发挥其创造性。例如，利用周年庆典，进行社会公益赞助，塑造组织关心社会的良好形象；导入现代组织形象设计，向社会推出一个崭新的组织形象等；举行公众联谊活动，以沟通关系、加深感情，或通过制造新闻，获取轰动效应。美国某连锁商店在开业30周年纪念时，为了使这次庆典活动在公众心目中产生轰动效应，满足社会公众的求奇心理和塑造公司的良好形象，培养员工对本公司的认同感、归属感，进一步增强凝聚力和向心力，总裁为一位在商店门口擦了25年皮鞋的黑人老人举办了一次活动。该连锁商店利用这个颇具影响的事件，引起了新闻界和公众的好奇心，塑造了公司的良好形象。

五、特别庆典的策划与组织

特别庆典是组织为了提高其知名度和声誉，利用某些具有特殊纪念意义的事件，或者为了某种特定目的，策划组织的庆典活动。

一般来说，根据不同的目的，组织的特别庆典可采取不同的方式：

（1）以制造新闻，吸引外界为主要目的。例如，酒店、宾馆可策划组织迎来第10万名宾客的庆典活动；大型展览会上，企业可策划组织本展台迎来第1万名参加者的庆典活动等。

（2）以强化观念，引起注意为主要目的。例如，邮政部门策划组织300日无错邮纪念活动；交通部门策划组织安全行车100日纪念活动；采矿企业举办安全采煤800日纪念活动等。

（3）以关心员工，增进内部团结为主要目的。例如，学校为年满18周岁的青年举行成人仪式；企业为适婚年龄男女举办集体婚礼，为退休职工举办金婚、银婚纪念活动等。

（4）以关心社会，宣传自己为主要目的。例如，组织根据其特点策划世界环境日纪念活动；消协举办《消费者权益保护法》颁布10周年庆祝活动等。

公共关系人员应注意辨别选择时机，策划与组织具有独特创意的特别庆典活动，为实现组织的公共关系目标服务。

六、节庆活动的策划与组织

节庆活动是组织在公众重要节日举行或参与的共庆活动。这里的重要节日可以是传统的节日，如春节、国庆节，还可以是随着改革开放"引进"的西方文化节日，如圣诞节等。

节庆活动一般可分为两种：一种是组织利用节日为社会公众举办的各种娱乐、联谊活动、免费或优惠提供的服务，目的在于联络感情，协调关系；另一种是组织积极参与当地社区组办的集体庆祝或联欢活动，如准备锣鼓队、花灯、高跷、彩车、龙灯以及跑旱船等节目参加聚会或演出，目的在于塑造一个积极参与社会活动的组织形象，保持沟通,宣传自己。

策划与组织节庆活动是公共关系人员的责任,公共关系人员应精心创意、周密准备,策划出一些独具特色、富有成效的节庆活动来。①

第三节 人际沟通性公共关系活动

公共关系要求广交朋友,协调沟通,化解矛盾,创造最佳的社会环境。公共关系人员在自己的工作和生活中,应当善于运用人际沟通和社会交往的技巧,使组织与个人都获得成功。

一、人际沟通性公共关系活动及其分类

(一) 人际沟通的含义

沟通,又称为"交往",实际上就是"人际交往"的简称,是指人们在共同的社会活动中,通过互相接触,互通信息,交流思想感情,达到相互理解,从而增进友谊与合作,促进事业的成功,增加社会群体的聚合力。人与人之间错综复杂的联系构成了人类社会,人的沟通活动是人类社会的一种基本社会现象。

所谓人际沟通,是指在人类社会活动中,人与人之间互相接触、交流信息、沟通思想、联络感情的过程,即人与人之间转移信息的过程。由于交往时信息流动的方向不同,传递信息的工具不同,以及信息传递是否有反馈等方面的差异,因此人际沟通的形式、层次和系统都是多种多样的,包括单向的、双向的、上行的、下行的、横向的、斜向的、书面的、口头的等沟通形式。

人际沟通在公共关系活动中体现着个体化或组织化的联络关系。公众通过与公共关系人员沟通,可以认识公共关系人员本人及其所代表的组织的形象。因此,公共关系人员的人际关系如何,是十分重要的。美国著名演讲家、作家和成功学先驱,被誉为"成人教育之父"和"人类心灵的导师"的戴尔·卡耐基说过:"现代人的成功,15%靠专业本事,85%靠人际关系。"因为良好的人际交往是获得机会、做好工作、取得成就的重要因素。当你处于良好的人际关系之中时,对方就会心甘情愿地为你提供信息和机会,为你提供帮助和支持,从而减少各方面的阻力,使你的事业、你的公关工作得以较顺利地完成。②

自从人类社会出现以来,人际沟通就普遍存在了。在古代社会,传播技术比较落后,同时社会组织并不多,即基本上是个体性的生产方式,这就决定了当时的人际沟通一方面比较贫乏,另一方面内容多限于个体关系的协调。而在现代社会,人们基本上都处于一定的社会组织中,而组织与组织之间又相互依赖,所以人际沟通往往具有公

---

① 参见王兴富主编:《公共关系实务》,中国经济出版社2002年版,第259—263页。
② 参见栗玉香主编:《公关关系教程》,经济科学出版社2002年版,第396页。

共关系的性质,或多或少具有组织协调的内容。实际上,组织公共关系的开展总是通过具体的人进行的。例如,国家领导人的互访、商务活动中的接洽与交流、文化活动中双方或多方的合作、组织联谊会上人们的相识与相交等。其总体形式是组织行为,具体形式是人际沟通和交往,而实际内容则是既有各自组织之间的相互了解,又有人与人之间的情感沟通,确实很难单纯地归于哪种关系之中。也就是说,在现代社会,公共关系与人际沟通具有相互融合的特点。

(二) 人际沟通性公共关系活动的内涵

人际沟通性公共关系活动指的是组织的公共关系人员围绕特定的公共关系实务目标,与公众相互交流思想、态度、情感、价值观、行为意向的过程。简而言之,这是组织运用人际沟通来实现信息交流的过程。通过这种方式,组织与公众的关系协调,不是借用大众传播媒介或群体传播方式,而是在确定专题内容后,直接通过人际交往、沟通、协调进行,从而达到建立和谐的公众关系、树立良好的组织形象的目的。

组织通过公共关系建构良好的员工关系、顾客关系、媒介关系、社区关系、政府关系和合作者关系,赢得公众的信任与支持,以实现与公众沟通信息、交流情感,促进公众行为的目标。除了依靠大众传播媒介的宣传沟通外,还需要掌握良好的人际沟通艺术。优秀的公共关系人员不仅要有强烈的社会交往意识,而且要有较高水平的人际沟通和交往能力,在遵循人际沟通基本原则的基础上,协调好自己的心理状态,灵活运用各种人际沟通技巧,熟练地选择适当的沟通方式和体态语言,从而使自己的人际交往活动直接为企业建立良好的公共关系状态服务。

公共关系人际沟通活动不同于一般的人际沟通,具有较强的功利色彩。为了达到这个目的,在公共关系交往活动中,必须注重科学性与艺术性的有机结合,遵循公共关系交往活动的基本原则,从而增强公共关系工作的时效性。正是由于人际沟通融入了公共关系的内容,促进了组织公众关系的协调,因此组织为了更和谐地发展,往往有意识地进行人际沟通性公共关系专题活动。一定意义上,组织的运转一天也离不开人际沟通,如组织领导每一天都要接触内部或外部的公众,营销人员的职责就是在与客户的人际交往中开展工作。

(三) 人际沟通性公共关系活动的分类

在公共关系理论的视野中,并不是所有的人际沟通都具有公共关系的性质,只有以组织名义举办、为了组织的和谐运作、人员均代表组织的人际沟通活动,才是人际沟通性公共关系专题活动。一般来说,人际沟通性公共关系活动主要有三种类型:

1. 社交活动

公共关系中的社交活动是指为了维持组织与社会公众因交往而构成的相互依存和相互联系的公众关系所进行的各种集体性活动。与一般的社交活动不同,公共关系性质的社交活动需要具备三个要素,即组织行为、代表组织的公共关系人员、非功利性。所谓组织行为,指的是组织方面参与社交活动的人员代表的不是个人,而是组织,他所交往的对象既是个人的朋友,更是组织的目标公众;一定意义上,他的身份就是组织的公共关系人员。非功利性,则是指社交活动本身,不涉及业务,重点是创造轻松和谐的氛围,使参与社交活动的来宾感到快乐、满足。公共关系性质的社交活动主要有以下八种形式:

(1) 联谊会。即通过多种联谊形式,如喝茶、品尝瓜果、漫谈、跳舞、唱 KTV、趣味比赛等,创造一种组织与公众同在,组织代表与公众共享欢乐的气氛,从而起到沟通感情、增进了解的作用。

举办联谊会,首先要做好充分的准备工作,确定好邀请的公众对象和时间、地点,安排好出席联谊会的组织领导人。其次,要把握好联谊会的基调。联谊活动一般可划分为感情型、信息型和合作型,感情型以联络公众感情为主,信息型以沟通信息为主,合作型以促进合作行为为主。联谊会的基调不同,气氛不同,活动方式也就不同。最后,要做好接送工作。整个联谊会都要热情周到。此外,为了增加活动的艺术气氛,应该穿插一些文艺演出节目助兴。

(2) 文艺招待晚会。为了使文艺招待晚会有助于公共关系交往目标的实现,通常要做到以下几点:第一,确保演出水平,保证演出质量。为吸引公众,应邀请文艺专业人员登台献艺。第二,主宾共娱,在组织内部精心准备文艺节目的同时,还要事先邀请公众准备演出的节目,并提供卡拉 OK 带或 VCD、DVD,随时欢迎公众上台表演。第三,文艺节目要严谨活泼,既丰富多彩又思想健康。第四,如果有条件,可以适当安排一些与组织自身有关的文艺节目,以体现组织的精神面貌。

(3) 交际舞会。即以组织或组织领导人的名义举办舞会,邀请有关的目标公众参加。在舞会上,组织的特聘主持人在表达组织或组织领导人情谊的基础上,往往会努力创造快乐的气氛,让宾客们载歌载舞,分享欢乐,度过一段美好的时光。

举办交际舞会,应注意以下几点:第一,邀请的男女宾客数量大致相等,已婚宾客一般邀请夫妇双方;第二,舞会请柬设计要精美,内容要全面,尤其要注明舞会的持续时间;第三,创造优美的空间气氛,注意灯光装饰的设计和音乐曲目的选择;第四,场地大小与公众人数相吻合,不宜过大,亦不宜过小;第五,舞会开始时应安排组织领导人致欢迎词,但不宜过长,一般以 2—3 分钟为宜;第六,舞会中可以穿插一些娱乐活动,也可以组织公众相互交换礼物等。如果条件允许,舞会开始前应该略备茶点。

(4) 宴会。即以组织或组织领导人的名义举办宴会,邀请重要的公众赴宴。在宴会上,宾主双方可以在轻松、融洽的气氛中,劝酒品菜,自由交谈,从而让客人在受尊重的同时感到组织的可亲、可近,达到沟通、了解的目的。

(5) 沙龙活动。举办沙龙活动主要是为了了解公众的态度和想法,收集有关的信息。搞好沙龙活动,应注意以下几点:第一,定期化和制度化,这是沙龙活动的重要特点;第二,培养一批参加沙龙活动的积极分子;第三,每次应有一个主题中心,邀请公众代表或专家做重点演讲,引导公众畅所欲言;第四,精心准备茶点,保证出席公众的需要;第五,注意资料整理,把公众的意见和建议整理成文,交有关职能部门落实或解决问题。

(6) 观剧。即以组织的名义或由组织领导人出面邀请有关公众代表,观赏电影、戏剧、音乐、舞蹈等艺术演出,一方面能让公众代表获得艺术的享受,另一方面则可以进行人际交往,以沟通感情、增进了解。

(7) 参观游览。即在风和日丽的日子,以组织的名义或由组织领导人出面邀请有关公众代表,前往组织内部或风景名胜游览,在一种与大自然相和谐、接受历史文化熏陶的氛围中,组织代表与公众代表自由、轻松、快乐交往,从而达到与公众相和谐的目的。

组织公众参观游览,不仅有助于公众认识组织,更有助于相互交流思想和情感。举办参观游览活动通常要做到以下几点:第一,安排组织领导人陪同,并建议他们向公众介绍情况、交流看法;第二,参观组织与游览近距离的风景胜地相结合;第三,时间不宜过长,通常以半天为宜,如果条件许可,可安排公众用餐;第四,做好安全工作和组织工作,避免出现人员走失、伤亡情况。

(8) 座谈会。举办座谈会,邀请公众面对面地对企业有关事宜自由发表见地,首先要明确召开座谈会的目的,根据座谈会的性质、内容和特点确定需要邀请的公众,并做好书面通知工作。其次,在座谈会过程中,为了引导公众有针对性地探讨问题,应安排重点发言人,启发性地引导公众畅所欲言。此外,还要做好茶点供应和接送工作。

2. 营销活动

在市场经济的社会环境下,以企业为主的绝大多数社会组织都存在一种业务营销的使命,如学校要销售教育的内容与方式,以使受教育者选择消费;医院要销售医疗的内容与项目,以使患者或保健者进行消费。因此,一个社会组织,只有它的存在价值能销售出去,才可能获得生存和发展。为了将自身的业务销售出去,组织往往就得策划、举办营销活动,在其人际性公共关系的沟通中,实现公共关系目标。

人际沟通性公共关系活动中的营销活动,既不同于一般的纯粹是为了树立良好的组织形象的公共关系活动,又不同于一般的销售人员对产品或服务的推销,它往往具有三个特点,即目的的双重性、活动的集体性、沟通的人际性。

(1) 目的的双重性,是指这类专题活动既具有树立组织形象的公共关系目的,又具有对组织的产品或服务进行促销的目的。也就是说,这两个目的并不是冲突与相左的,而是可以交叉融合的。

(2) 活动的集体性,是指该活动是由组织出面举办的,带有集体活动氛围的特点,而不是指组织的营销人员个体出面举办的小型私人活动或者上门推销活动。

(3) 沟通的人际性,是指在此类营销性专题活动中,组织与公众的沟通主要不是借助大众传播媒介或群体传播进行,也不是单纯的组织行为,而是在集体活动的氛围之中,主要依靠本组织的代表与目标公众进行人际交往、沟通洽谈,从而达到和谐关系与促进销售的双重目的。

营销性公共关系专题活动的常见形式主要有:

(1) 订货会。即组织根据自身生存与发展的需要所举办的产品或服务订购会议。

这种会议主要邀请公众代表参加，组织在传播整体信息、创造欢乐氛围的基础上，主要由营销人员与公众代表沟通、联谊、洽谈，既使组织形象与具体人的形象结合起来，又使组织的营销业务落到实处。

（2）展销会。对一个组织来说，展销会有两种：一种是组织自身举办的展销会。这种展销会的举办组织一般规模不大，但向社会提供的产品或服务品种比较多，且比较先进。另一种是有关部门、行业、城市举办的大型展销会。这种展销会的整体规模较大，参展单位多，产品丰富，信息众多，光顾的顾客比较多。不论是哪种展销会，任何组织都可以借助这一平台展示自己的组织形象，推销自己的产品。

（3）招商会。招商会同样有两种：一种是由大型组织，如某个大型企业集团所组织召开的招商会；另一种是某个地区政府或某个行业组织召开的招商会。不论是哪种招商会，均可以帮助树立、传播组织形象，寻找可以合作的伙伴，以共同开发新的经营项目，开拓新的经营业务。对一个组织来说，如果自身是大型组织，则可以考虑自办招商会；而绝大多数的组织一般可以参与政府或行业组织的招商会，通过开展人际性公共关系活动，推销经营项目，创造新的发展机遇。

3. 谈判活动

现代社会，随着组织与组织之间的彼此依赖性日益增强，谈判这种互惠互利、协作发展的具体工作形式也越来越频繁地出现在组织行为之中。

虽然人们经常谈到的协商、洽谈、座谈、商量、对话、磋商、交谈等，某种意义上都可以看作谈判，但严格意义上的谈判却是有着特定内涵的。一般来说，作为公共关系专题活动中的谈判，指的是谈判的双方至少有一方代表的是组织，该方为了自身的组织形象，为了组织的利益与声誉，遵循互利的原则，通过人际对话沟通的方式，交换条件，承诺责任，最终达成协议或合同的协商过程。

根据上述定义，我们认为，公共关系谈判活动具有以下几方面的内涵：一是代表组织的谈判方。谈判的目的是维护组织的形象、利益与声誉。二是互惠互利原则。在交换条件、承诺责任中，相互满足需要。三是以人际对话、沟通的方式进行的协商。四是谈判的结果应达成协议或合同等具有"硬约束力"的文本。

公共关系谈判活动常见的类型主要有以下几种：

（1）合作谈判

合作谈判，是指一个组织与其他组织之间或该组织与有关个人之间，为了组织的运作与发展进行合作所开展的谈判。如组织与其他组织联合进行项目开发、联合举办大型活动、与某个个人进行劳务合作等，所进行的洽谈、协商，都属于合作谈判。与个人进行劳务合作谈判包含临时性和中长期的劳务合作谈判两种：前者如组织与某个名人合作进行广告拍摄的谈判，后者如组织聘用人才、劳工等的谈判。

（2）购销谈判

在市场经济的运行中，大量的谈判属于商品的购销谈判。对绝大多数的企业组织来说，它只有向社会以销售的形式提供商品，才可能生存和发展；同时，企业组织为了运转与生存,又需要以购买的形式从社会获取资源。市场经济就是以这种"购—销"的普遍方式进行着基本的运转。但是,购销谈判的内容并不仅仅就是一般的看得见、摸得着的货物购销交易,而且还包含工程的承建、服务的提供、生产技术与信息知识的提供等特殊商品的"购销"。

(3) 危机谈判

在现代信息社会,由于无法确定的因素日益增多,任何组织在生存运转中均难免会碰上各种各样的危机,如技术侵权、商标侵权、名誉受损、资金拖欠、顾客投诉、合作误会等,都有可能给组织带来意想不到的危机。市场经济在一定意义上就是法制经济,很多的危机或纠纷必须依靠法律进行处理。但是,为了组织的长远发展,一出现危机就诉诸法律并不是上策,更多地要运用公共关系的方法。危机处理,其本身就是公共关系策划工作的重要内容之一。虽然我们辟出了专章进行阐述,但在这里依然必须指出,处理公共关系危机的具体方式凭借的就是谈判。即组织与危机中涉嫌的危机制造者或事实上的危机受害者等进行人际沟通,洽谈协商,以寻求双方均满意的处理方法,从而把组织形象的损失降到最低,并为组织"变坏事为好事"打下基础。可见,危机谈判在公共关系的危机处理中关系重大。

二、人际沟通性公共关系活动的原则

(一) 平等原则

人际沟通中,平等是建立良好人际关系的前提。平等包括政治平等、法律平等、经济平等、民族平等、人格平等。政治平等、法律平等、民族平等是平等的宏观方面,经济平等、人格平等是平等的微观方面。在宏观方面的平等具备的条件下,人际交往中强调的是人格平等。人格平等是指尊重他人的人身权利、自尊心、感情,不涉及他人隐私权。人与人之间没有人身依附关系,相互之间是独立的、平等的。

(二) 互利互惠原则

人际沟通是一种互动关系,体现在利益上是一种互惠关系。沟通的直接目的是满足某种利益或需要,因此组织的公共关系人员在人际沟通中应注意满足公众的不同利益和不同需要。在人与人的交往中,应注意满足对方心理、情感、知识、技能等各方面的需要,注意公众及个人心理、愿望、情感、需要、利益的变化。这样,双方在沟通中才能彼此都有益处,因心理的不断满足而继续进行交往。

互惠包括三个方面:一是物质互惠,体现为沟通双方物质利益方面的需求得到满足。二是精神互惠,体现为观念、情感、文化、心理方面的相互交流、反馈,使双方均能得到激励、鼓舞、安慰、启发。三是物质精神互惠,体现为沟通中一方给予另一方物质馈赠,另一方则给予对方精神上的满足。

(三) 诚实守信原则

在社会经济活动中,诚信有着重要的价值。它实际上是组织或个人的无形资产,是组织或个人忠诚的外在表现,反映了组织或个人行为的规律性和稳定性。市场经济条件下,组织和公众建立良好的诚信关系,就能得到公众的理解和支持,并能在沟通中获得物质的、精神的权益;个人在交往中"诚而有信",就能发挥出自身能力,得到他人或组织的支持、鼓励而为社会发展发挥自身价值。讲诚信,就是要守信,言行一致,说到做到;就是要取信于人,相信别人能够做好本身所期望的事情;还要自信,给别人信任的力量,使对方相信你能在困难环境中克服阻力、不负众望。

人际沟通性活动中,人与人之间往往就是面对面地交往沟通。在这种沟通中,组织的任何一个员工都代表组织,组织是否能取信于人,就取决于个人能否得到他人的认可与信任。一个人要想取信于人,首要的前提就是奉行诚信原则。唯有诚信,你才可能为对方、为公众设身处地地考虑,就会合情合理、令人信服地表达组织的利益与要求,从而达到双方互信互谅、和谐合作的目的;同时,又在得到对方对个人的认可、赞赏在基础上,树立组织的良好形象,达到公共关系专题活动的目的。

(四) 相容原则

相容指心胸宽广、耐力强、不计较个人利益得失。"海纳百川,有容乃大。"《论语》说"宽则得众",就是这个道理。人际沟通中,在宏观方面(政治、法律、民族)不具有重大矛盾冲突的情况下,即使存在某些摩擦,也要以博大的胸怀宽容对方,做到谦虚礼让。由于社会经济的发展,人们相互交往范围的扩大,价值观念的转变,思想方法的差异,思维方式的不同,更需要组织或个人具有更大的相容度,容纳各种不同观点、不同行为方式的公众或个人。相容原则要求组织或个人严于律己,宽以待人;关心人,理解人;大事清楚,小事糊涂;原则要坚持,方法要灵活;以德报怨,得理也让人。[1]

人际沟通性公共关系活动中,应该相互理解和宽容待人。首先,要尊重公众的个性,理解公众的思想,而不是强求公众与组织高度一致,事实上这也是不可能做到的。其次,在处理公众意见、投诉时,要有宽容的精神态度,认真听取公众的倾诉,在采取有力措施的基础上,以诚恳的言行重新赢得公众的支持。即使事故责任不在组织一方,也要温和待人,切忌轻视公众,或者与公众一争高低,这只能使人际沟通性公共关系活动趋于紧张,最终失去公众支持。

(五) 和谐原则

"和谐",是所有公共关系工作追求的一种理想境界。俗话说:"生意不成情义在。"即使有生意难成的时候,但双方的情义依然存在。而言外之意,则是有了情义存在,今后做成生意的机会还有的是。其实,公共关系所追求与创造的,就是一种组织与公众情义永存的"和谐"。正因为如此,公共关系活动始终突出的不是利益本身,而是关系和谐、形象美好。尤其是人际性公共关系专题活动,由于是以人际沟通的方式进行的,从人际沟通本身所要创造的氛围到组织与公众所要达到的境界,"和谐"显然是最本质的原则。

---

[1] 参见李道魁编著:《现代公共关系学》,中国对外经济贸易出版社2003年版,第241—242页。

(六) 艺术化原则

艺术并不是艺术家的专利,任何人都可以通过对美的追求、对创新思维的运用来创造艺术。在人际性公共关系专题活动中,由于要进行面对面的沟通,既要实践公共关系的基本精神,又要遵循人际交往的基本原则,光靠真诚,未必能够创造和谐的氛围,而靠理论条条,则难免会使人不知何为。这就需要将真诚、理论、性格、思维等因素融会贯通,进行艺术化表现,这样才可能创造出一种轻松、愉快、魅力无穷的交流氛围,达到理想的境界。如人际沟通中,一些幽默、得体、善于开玩笑、善于讲笑话、知识渊博却能深入浅出地表达的人,总是人们关注的对象。道理很简单,就是他的艺术化沟通吸引了他人。这无疑可以给我们启发。①

(七) 主动热情原则

公共关系人员要做到自尊自信、不卑不亢,一方面要热情真诚,谦虚有礼,从而创造出融洽的交际环境;另一方面又要落落大方,自尊自信,保持自己的尊严,体现出作为组织代表所特有的自豪感和自信心,从而赢得公众的好感。

三、人际沟通性公共关系活动的技巧

(一) 社交活动的若干技巧

作为人类最广泛的生活形式之一,可以说每一个人均在探索、实践、总结社交活动的技巧。相应地,社交活动的技巧自然便在人们的探讨总结中显得非常丰富,很多关于社交艺术的读本在市场上流通便是证明。这里只能择其主要,略加介绍:

1. 微笑无价

在人际沟通中,微笑有着无穷的魅力。一位著名的政治家说过:"自己的微笑,价值百万美金。"在美国西海岸的一家百货商场里,由于开展了微笑活动,营业额上升了20%。中国古典小说《聊斋志异》中这样描写了一位名叫"婴宁"的女孩:"善笑,禁之亦不止,笑处嫣然,狂而不损其媚,人皆乐之。"这说明,纯洁、真诚的微笑确实是引人喜爱的。

在人与人的沟通中,微笑往往能起到令人意想不到的效果。例如,初次见面,寒暄中面带微笑,就会消除双方的拘束;身处窘境,微笑地开个玩笑,就可摆脱尴尬;他人对你曾经有过冒犯,你可大度地"相逢一笑泯恩仇"。总之,微笑具有永恒的魅力,永远受欢迎。

2. 记住人名

名字,仅仅是一个人的符号;名字,又是一个最为珍贵的宝贝。美国某家公司的经理才华出众,另一家大公司便想以丰厚的薪金、本公司的股票以及其他很多好处"挖"他跳槽。他本人为之心动,决定辞去原公司的职务,便向董事们申明了自己的想法。

---

① 参见余明阳主编:《公共关系策划》,线装书局2000年版,第310—311页。

公司董事们知道物质待遇无法与自己的对手相比,便提出要把他的名字收入公司的名称里。于是,他放弃了辞职的念头。他要为自己的名字——公司而工作,并且一辈子留在公司里。

可想而知,名字对一个人来说,有多么的重要。正由于如此,如果你记住他人的名字,并在与他人沟通时直呼其名,他人就会由衷地觉得他在你心目中的地位,并对你友好起来。也就是说,记住他人的名字,将大大有助于社交活动。

3. 赞扬他人

美国前总统富兰克林·罗斯福曾经说过:"人人都喜欢受他人的称赞。"从人的需求而言,渴望被他人肯定、赞扬是人皆有之的常情。有一项调查表明:大多数人认为表扬有着某种奇迹般的作用,它可以使虚弱变为强壮,使恐惧变为平衡,使暴躁变为沉着,使失败变为成功。

赞扬他人应掌握以下技巧:第一,要因人而异。人的素质有高低之分,年龄有长幼之别,因人而异,突出个性,有特点的赞美比一般化的赞美能收到更好的效果。第二,要情真意切。虽然人都喜欢听赞美的话,但并非任何赞美都能使对方高兴。能使对方产生好感的只能是那些基于事实、发自内心的赞美。相反,你若无根无据、虚情假意地赞美别人,他不仅会感到莫名其妙,更会觉得你油嘴滑舌、诡诈虚伪。真诚的赞美不但会使被赞美者产生心理上的愉悦,还可以使其经常发现别人的优点,从而使自己对人生持有乐观、欣赏的态度。第三,要详细具体。在日常生活中,人们有非常显著成绩的时候并不多见。因此,交往中应从具体的事件入手,善于发现别人哪怕是最微小的长处,并不失时机地予以赞美。赞美用语越翔实具体,说明你对对方越了解,对他的长处和成绩越看重。让对方感到你的真挚、亲切和可信,你们之间的人际距离就会越来越近。第四,要合乎时宜。赞美的效果在于相机行事、适可而止,真正做到"美酒饮至微醉后,好花看到半开时"。第五,要"雪中送炭"。俗话说:"患难见真情。"最需要赞美的不是那些早已功成名就的人,而是那些因被埋没而产生自卑感或身处逆境的人。他们平时很难听到一声赞美的话语,一旦被人当众真诚地赞美,便有可能振作精神,大展宏图。因此,最有实效的赞美不是"锦上添花",而是"雪中送炭"。

4. 善于自嘲

一个人不可能是完美的,总有这样或那样的弱点。对这些弱点的隐藏或伪饰,并不是高明的办法,而正视这些弱点并在合适的时候进行一些自嘲,实际上是完完整整地、真实得体地展现了自己,其结果往往会得到他人的喜爱与尊重。

英国大文学家萧伯纳就曾经对朋友们自嘲了一次在苏联访问时的"遭遇":"我自命不凡,自认为世界有名,却受到一个小姑娘的教训。……一天,我在街头遇见一位苏联小姑娘,很逗人喜欢,便哄她玩了很久。临别时,我说:'回去告诉你妈妈,今天同你玩的是世界有名的萧伯纳。'我满以为小姑娘会为此很高兴、自得。没想到,小姑娘竟然学着我的口吻说:'你回去告诉你妈妈,说今天陪你玩的是苏联姑娘玛莎。'为此,我至今惭愧不已。"像萧伯纳这样善于自嘲,自然就会赢得他人的尊重与信任。

5. 当好听众

美国前总统林肯有一次写信给家乡的一位老朋友,请他到华盛顿的总统府来。老朋友赶到白宫后,林肯跟他谈了好几个小时,谈论解放黑奴的问题,介绍了自己的想法和一些人的正反意见。奇怪的是,几个小时尽是林肯在说。最后,林肯与老朋友握手道别,一点也没问朋友的看法。林肯在说完话后,心境明显轻松明朗起来。他的老朋友说:"林肯不需要别人给他忠告,他所需要的只是一个友善的、有同情心的听众,以便使自己的苦闷解脱。"

日本的著名企业家松下幸之助曾经把他的经营诀窍总结为:"细心倾听他人的意见。"美国一家公司在推销员中推行"先做听众,后做推销",结果销售业绩大为上升。

可见,在人际交往中,如果能做个好听众,就可望了解他人,也就可望很好地与他人沟通,增进感情,缔结友谊。

6. 弹性表达

在社交活动中,言语表达是必不可少的。言语是人际交往、信息沟通、感情传递的主要工具。因此,善于言谈往往是衡量一个人是否精于社交活动的重要标准。

一个善于言谈的人,不仅是知识丰富、思维敏捷、口齿伶俐、机智幽默的人,而且需要言语得体、热情中不失语言的弹性,即不可将话说满,否则要么是被认为语言不可信,要么是信守承诺时倍感吃力。这也就是在外交场合为什么需要外交辞令的缘由。

1979年1月29日,邓小平应邀赴美国正式访问。在美国卡特总统的安全事务助理布热津斯基举行的家宴上,当布热津斯基突发高论——中国人和法国人有一个共同之处,那就是他们都认为自己的文明优于其他任何国家时,邓小平不慌不忙地说:"当然,可以这么说,在东亚,中国的饭菜最好;在欧洲,法国的饭菜最好"。他就饭菜论文明,又将饭菜的优劣限于一定的区域,可以说是天衣无缝,恰到好处,令人称绝。无疑,邓小平含蓄的言语由于具有弹性,便既显得科学,又富有艺术,自然创造了良好的社交活动的氛围。

(二)营销活动的若干技巧

现代营销活动已经完全不同于传统的推销,它不仅不再是生产什么就推销什么,也不仅仅是市场需要什么则提供什么,而是有了更丰富的内涵——不仅满足当前的市场,而且力求创造市场;同时,营销活动不仅仅是销售产品,而且销售服务,销售组织的品牌、理念与形象等。如此,体现在营销活动中的方式方法也必然会发生改变,艺术技巧自然也就有了新的侧重点。由于营销活动的技巧很多,这里只能从人际沟通角度介绍营销活动的若干技巧:

1. 不耻下问

在现代营销观念的指导下,营销活动已转向以顾客为主、以顾客的需求为主。那么,组织如何知道顾客的需求呢?显然,专项市场调查是必不可少的工作。除此之外,在营销性公共关系专题活动中,必须做到不耻下问,不断向客户公众、消费者公众询问、请教,了解他们现实的和潜在的需求,以便企业组织根据市场需求,设计、开发、销售新产品。

如青岛海尔公司的市场销售人员,正是在上海举办的营销性公共关系活动中,在征询中了解到上海公众精打细算的消费习惯,便设计出"小神童"洗衣机。这种洗衣机所占空间比较小,耗水、耗电量同样比较小,虽然一次所洗的衣物要少一些,却正好满足了上海住房紧张、消费者衣物勤换勤洗、讲究节约实用的实际情况。结果,新产品一经推向市场,就得到了普遍的欢迎。

2. 看看试试

企业组织举办营销性公共关系专题活动,其目的往往就是让客户公众更多地了解组织以及组织不断推向市场的产品。在这种活动中,组织的代表在与客户的人际沟通中,所要做的主要工作就是让客户对新产品有充分的了解,以此发现产品的巨大市场前景,从而积极地促成订货,为产品流向消费者做贡献。

在这种营销性公共关系活动中,组织的营销人员对产品的介绍,不仅可以借助大量的产品宣传材料,而且由于产品实物就摆在客户公众的面前,应该热情地请他们看看试试,亲身感受产品的特点与优点,进而作出订货的决策。对企业组织来说,则达到了举办此类营销性公共关系活动的双重目的——既销售了产品,又树立了组织形象。

3. 点式突进

企业组织在营销性公共关系专题活动中所推出的新产品,固然具有重大的市场价值,但是在尚未得到终端客户——消费者在消费过程中的检验认可之前,依然只是理论上的市场价值或潜在价值。因此,在营销活动中,企业的营销人员在与客户公众的人际沟通中,不能要求过高,应该体谅客户对风险性的考虑,在对自身新产品充满自信的基础上,客户只要作出试销、试用的决定就可以满足了。否则,强人所难,不仅可能犯拖欠货款之商家大忌,而且可能破坏彼此的和谐关系,那就更是远离举办营销性公共关系专题活动的初衷了。

其实,只要完成了对新产品的试销、试用,就实现了"点式突进"的第一步。因为新产品毕竟是根据市场的需求开发的,通过企业组织大型的广告促销、公共关系促销,必然会得到市场的认可,在"点式突进"之后,就必然会掀起消费的热潮。如此,客户对新产品的订货就会呈源源不断之势,大量的新产品销售就可以乘势跟进,流向市场。

4. 承诺服务

现代社会是一个信息的社会,又是一个服务的社会。作为新概念下的服务业,第三产业在社会中所占的比重将越来越大,如教育、文化、通信、金融、保险、交通、商业、娱乐、医疗、保健、咨询、策划、广告、信息、中介、物业等均在其中,服务显然越来越重要。同时,在市场经济进一步发展的趋势下,人们认识到其实第一、第二产业也具有服务的性质,均是服务社会、服务消费者,只不过是通过产品这一中介物来实现服务的目的。因此,现代经济与服务时代的统一,已被人们广泛接受,一种大服务观也就成为社会组织的必然选择。

在大服务观被人们所广泛接受的背景下,一种相应的服务理论便应运而生了。这就是"CS 战略"（CS 即英文"Customer Satisfaction"的缩写），即"使顾客满意战略"。正由于这种大趋势为人们所认识，CS 战略便开始被众多的企业组织实施。不仅"IBM 意味着最佳服务"早已为人们所知晓，而且我国许多企业的服务口号、服务概念也在影响着人们，如"海尔"所推出的"星级服务"，"荣事达"所推出的"红地毯服务"，"美的"所推出的"100% 满意服务"等。

当然，企业组织对 CS 战略、满意服务的追求，还需要通过具体的人员予以落实。在营销性公共关系专题活动中，营销人员对满意服务的落实，就应当是对客户进行合理的服务承诺，否则就不足以使客户满意和放心，其营销活动的具体任务就难以落到实处。

（三）谈判活动的若干技巧

公共关系谈判活动中，首先应当明确双方进行的是互惠互利的合作，是通过合作进一步密切关系，增进友谊；同时，又要"有话说在明处""亲兄弟明算账"，在沟通中明确双方的责任、义务、权利、权益，这就需要既坚持原则，又讲究艺术。所以，谈判活动是一种高智力的公共关系活动，必然需要运用各种各样的技巧。但是，谈判的环节很多，每一个环节都是有艺术技巧的。如正式谈判中的六个环节——开局、概谈、报价、交锋、妥协、协议，各自就有着诸多的技巧。这里，我们主要就公共关系谈判的几个重要的技巧予以阐述。

1. 货比三家

"货比三家"虽然是对人们购物经验的一个总结，但它阐明的道理确实对谈判具有普遍的意义。谈判最重要、最基础的工作，就是了解信息，从而对己方谈判的目标、报价、让步及其策略都做到心中有数。"货比三家"便通俗地表明了了解掌握谈判关键信息的重要性。

当然，社会组织在公共关系谈判活动中对信息的了解，其内容、方法都是相当丰富和复杂的。有的必须进行大型的市场调查、信息咨询，这种付出应当看作谈判前的一种投资，是谈判成功的安全保障和"保险带"。

一般来说，谈判所要了解掌握的信息包括：本组织的信息及其分析的结果；对方的信息、情报及其分析判断；市场、社会、自然地理等背景信息的分析判断。如果是涉外谈判，还必须了解对方所在国的政治、经济、文化、法律、宗教、风俗、语言等方面的信息。可以说，信息掌握得越周全，谈判活动就越主动。

2. 追求双赢

在谈判活动中，有一句格言是应该牢记的："成功的谈判双方都是赢家。"谈判是为了使双方进行愉快的、互惠互利的合作，并增进解、建立友谊。因此，谈判追求的是"双赢"，即双方均得到满足。否则，利用本方某些优势，一味地穷追猛打，虽然可能在不平等的情况下，使对方迫于无奈，答应有关条款，但对方在履行合约过程中可能会发现条款的不合理之处，为了自身的生存与发展，找出种种理由毁约；即使不毁约，也因为损失过大，对继续合作丧失信心。这种状况无疑是不符合公共关系谈判的初衷的。

3. 缓兵之计

在谈判中,双方难免会产生矛盾,一时无法解决,最忌讳的就是意气用事,针锋相对,以至于伤了和气,却依然解决不了问题。此时,最好的选择就是运用"缓兵之计",在缓和气氛后,双方再试图求得共识。

主要办法有:第一,暂时撇开僵持不下的问题,先谈其他问题;第二,暂时停止谈判,以便双方的情绪冷静下来,对已经进行的谈判进行回味反思,考虑为什么谈不拢,分析症结所在,寻找可能的解决方案,以便另辟蹊径,使谈判柳暗花明;第三,采用"夹塞"策略,即在谈判中转移话题,说一些与谈判无关的玩笑话,幽默诙谐一番,或者谈一点社会、政治、文化、体育等方面的事情,以缓解气氛,减少对立情绪。

4. 梯度让步

几乎所有的谈判实践均表明,平等的谈判几乎没有互不妥协、让步的。如此,让步就是谈判中必不可少的正常手段。

但是,谈判中的让步是有一定讲究的,一般均采取梯度让步的方法:首先,不能一次性地大让步,那样,对方会认为你态度软弱,逼你再让步。一次只作少许的让步,在对方的再三要求下,再让少许,这样,步步为营,对方就会认为你已多次让步,就会适可而止。其次,把自己处境中的困难用算账的方式告诉对方,让对方认为你的让步是实事求是的,不可能再继续让步。再次,举出证据说明你在同其他对手谈到这个问题时,从来没有比这更大的让步。最后,如果你认为自己的让步已到最大限度,而对方还要进逼,说明对方不通情达理或不谙行情,你可以提出使对方难以接受又能作圆满解释的条件作为筹码,保护自己的让步条件,迫使对方放弃要求。[①]

本章小结

公共关系专题活动是社会组织为了某一明确目的,围绕特定主题而精心策划的公共关系活动。新闻发布会、展览会、赞助活动、庆典活动、联谊活动、参观活动都是常见的公共关系专题活动,有选择地积极开展这些活动能够集中地、有重点地树立和完善组织形象并扩大其社会影响。

大众传播媒介的飞速发展使得新闻性公共关系活动的重要性日益突显,在常规性公共关系新闻策划和创造性公共关系新闻策划中,可以通过热点移动、借助名人、小题大做、感情放大等方法和技巧"制造新闻"。新闻发布会是组织将有关信息传播到公众中的重要公共关系活动。成功的新闻发布会需要做好充足的准备工作以及会后工作,主持人和发言人都要讲究语言技巧,牢记注意事项。庆典活动是组织对内凝聚力量、对外塑造形象的公共关系活动,开幕庆典、闭幕庆典、周年庆典、特别庆典的策划与组织都是宣传组织的一大契机,气氛、场面、嘉宾或主持人、礼仪服务等都将关系到庆

---

① 参见余明阳主编:《公共关系策划》,线装书局2000年版,第311—319页。

典活动的成败,因此需要公共关系人员的精心筹备。公共关系人员需要广交朋友,社交活动、营销活动、谈判活动是主要的人际沟通性公共关系活动,遵循平等、互惠互利、诚实守信、相容等人际沟通性公共关系活动的原则,掌握三类公共关系活动的技巧,能够使组织和个人获得双赢。

案例分析

农夫山泉与乐百氏

农夫山泉是一个擅长新闻性公共关系活动的公司,几乎每个营销人都知道它的成长史。从"农夫山泉有点甜"到"纯净水与天然水之争",它都成为媒体的焦点。农夫山泉也热衷体育赞助,从1998年赞助世界杯足球赛,1999年中国乒乓球队唯一指定用水,到2000年中国奥运代表团训练比赛专用水,再到"阳光工程",这些活动都与体育有关。其中,"一分钱"活动不仅促进了农夫山泉的销售,而且提升了其品牌形象,给人们留下了深刻的印象。

农夫山泉(2001年6月10日之前称"养生堂饮用水公司",2001年6月10日整体变更为股份公司,正式更名为"农夫山泉股份有限公司")自2001年年初开始了"喝农夫山泉,为申奥捐一分钱"活动,巧妙地将商业与公益融为一体。中央电视台反复播放"买一瓶农夫山泉,就为申奥捐一分钱""再小的力量也是一种支持"的广告,用语极具煽动力,完全迎合了国民对申奥成功的渴望,再配合刘璇、孔令辉自信的笑容,使得农夫山泉在申奥期间不知不觉地渗透到了消费者的生活中。申奥成功后,这一活动并未喊停,农夫山泉适时推出了新的版本——"阳光工程"。农夫山泉"阳光工程"由国家体育总局器材装备中心和农夫山泉公司联合主办,计划从2001年执行至2008年,为期7年。农夫山泉"一瓶水,一分钱"活动推出后,2002年5月4日,农夫山泉"阳光工程"的捐赠仪式在云南、湖南、安徽、河北和黑龙江五个省份同时展开。共有80多个市县的96所中小学得到了盼望已久的体育器材,各地媒体的广泛报道更是给"阳光工程"增添了不少公益色彩,拔高了农夫山泉的企业形象。行销专家就此发表评论说,企业不以个体的名义而是代表消费者的利益支持北京申奥,"以企业行为带动社会行为,以个体力量拉动整体力量,以商业性推动公益性"。这个策划在所有支持北京申奥的企业行为中,无疑极具创新性。同时,中央电视台的"您每购买一瓶农夫山泉,就为贫困山区的孩子捐出一分钱"的广告不断在消费者耳边响起,这无疑对企业形象的提升起到了"自吹自擂"式广告不可能达到的效果。

农夫山泉在赞助活动中获得了名与利的双丰收,自然引起其他社会组织的竞相模仿,其中最为接近且比较有意义的当属乐百氏。乐百氏也是营销高手,依靠"27层净化"的理性诉求和黎明的"纯净你我"的感性诉求双管齐下,在中国饮用水市场上成为大佬之一。乐百氏见到竞争对手如鱼得水,也于2002年6月16日在北京启动了自己的"两分钱"活动。农夫山泉赞助体育,乐百氏就支持绿化,农夫山泉卖一瓶水捐一分钱,乐百氏卖一瓶水就捐两分钱,两个公司开始了公益赞助的竞争。"乐百氏绿化公益活动"从 2002 年 6 月开始在全国展开,乐百氏公司承诺每销售一瓶乐百氏纯净水、矿泉水,就捐赠国家绿化两分钱。这项活动计划从 2002 年 5 月下旬至 10 月底期间,在北京合作建设"乐百氏治沙合作苗圃",为北京周边治沙县无偿提供治沙苗木,在上海、重庆、武汉、郑州四个城市开展绿地认养活动,同时在以上五个城市开展青少年生态环保宣传活动。在活动启动当日,中国绿化基金会主席在人民大会堂从乐百氏公司负责人手中接过了 62.5 万元的捐赠。但是,只有在 6 月 16 日当天,乐百氏公司捐款给中国绿化基金会时,我们才在各大报纸上看到了豆腐块大小的新闻稿,之后就没有看到乐百氏的宣传,大多消费者并没有感受到乐百氏致力于改善中国环境的诚意,一个很好的活动却没有下文,让人感到很遗憾。

案例思考题:

1. 结合公共关系专题活动的相关知识,分析为什么乐百氏的活动远没有农夫山泉成功。

2. 如果你负责乐百氏专题活动的策划,你会提出怎样的改进意见?

第九章 危机公共关系

本章要点

1. 危机的含义、特点。
2. 公关危机与危机公关的区分。
3. 公共关系危机的三种类型。
4. 危机管理的概念及内容。
5. 公共关系危机处理的原则及步骤。
6. 组织形象重塑的方法。

引例 汶川大地震中的中国政府

2008年5月12日14时28分,四川省汶川县发生了里氏8.0级大地震,地震灾区总面积约50万平方公里,造成数万人遇难,这是新中国成立以来破坏性最强、波及范围最广、救灾难度最大的一次地震灾害。面对此次重大公共危机,我国政府充分发挥危机公关主体的主动性。

汶川地震发生后,党中央、国务院和各级人民政府果断采取一系列有力措施开展紧急救灾。从地震发生到胡锦涛总书记作出重要指示、温家宝总理赶赴灾区,仅用了两小时。救灾过程中,及时公开真实信息,以电视、网络、报纸等多种传播方式不断传播真实可靠的信息,并传播抗震知识,缓解民众的恐慌情绪。地震发生13分钟后,军队应急机制全面启动,救援力量从四面八方向灾区汇集,救援工作开展迅速。在救援过程中,中国借助国际力量,开展多边合作。

"汶川大地震"这一公共危机中,作为公共关系主体的政府,通过迅速反应、领导亲临、新闻发布会等一系列措施,承担起责任,凝聚全国力量,将地震带来的破坏降到最低点,提高了政府公信力,塑造了政府的良好形象。

俗话说:"天有不测风云,人有旦夕祸福。"日益激烈的市场竞争,充满变数的非直线性发展的外部力量的变化,彻底打破了经验主义者理想的思维方式,如果仅仅依靠并沿袭往日成功的经验来经营企业,将会在不知不觉中铸成危机。局部的、组织的甚或个人的行为,均可能演化为企业的危机。危机一旦降临,企业将可能面临的主要后果有:利润降低;市场份额减少,失去市场甚至导致破产;商业信誉被破坏,形象、声誉严重受损等。于是,越来越多的管理者把目光投向了"危机管理"这一管理新概念,危机管理也日益成为企业管理中不可缺少的一部分。如何面对突如其来的危机,并加以妥善处理,使组织尽快远离危机,重新恢复其良好的组织形象,是所有组织必须思考的紧迫问题。

综观国内外无论是成功还是失败的危机管理案例,我们可以得出这样一个结论:危机管理是组织管理的一项极为重要的管理活动。当然,当今社会危机的种类繁多,我们不可能全部对此加以研究,本章所研究的危机主要是公共关系危机。在研究公共关系危机之前,我们首先必须了解危机的概念、特征及其分类,因为这是有效开展公共关系危机管理的前提和基础。

第一节 危机与危机公关

一、危机的含义和特点

（一）危机概念的界定

"危机"一词源于英文"Crisis",在汉语里,其书面意思是严重困难的关头。对于危机概念的界定,各国学者众说纷纭,下面我们就择其一部分作一介绍。

奥托·勒宾格(O. Lerbinger)对于危机的界定是:对于公司未来的获利率、成长甚至生存,发生潜在威胁的事件。它具有三种特质:第一,管理者必须认知到威胁,而且相信这种威胁会阻碍公司发展的优先目标;第二,管理者必须认识到如果没有采取行动,情境会恶化且无法挽回;第三,突然间的遭遇。

L. 巴顿(L. Barton)将危机刻画为一种具有三项特性的情境:(1) 突然性;(2) 必须在时间压力之下作决定;(3) 高度威胁到主要价值。

西蒙·A. 鲍斯(Simon A. Booth)认为,危机是个人、群体或组织无法用正常程序处理,而且突然变迁所产生压力的一种情境。①

福斯特(Foster)认为,危机具有四个显著特征,即急需快速作出决策,并且严重缺乏必要的训练有素的员工、物质资源和时间来完成。②

罗伯特·希斯(Robert Heath)认为,危机情境涵盖:对人员和资源的威胁;失控;对人员、资源和组织造成可见和不可见的影响。从管理角度来看,危机之所以是危机,是由于:危机反应时间有限(或表现得似乎很有限);必须马上作出决策(在时间有限的约束下);信息不可靠或不完备;应对危机所需的人力、设备可能(或显得)超过实际

---

① 以上三位学者的观点转引自朱延智:《企业危机管理》,中国纺织出版社2003年版,第6—7页。
② 转引自〔美〕罗伯特·希斯:《危机管理》,王成、宋炳辉、金瑛译,中信出版社2001年版,第13页。

可得。①

我国台湾地区学者朱延智总结了危机的六种特质："(1)突发事件(以及由突发事件带来的惊异性);(2)威胁到企业的基本价值或高度优先目标;(3)对企业主及员工心理震撼大;(4)危机资讯相对缺乏;(5)必须在时间压力下,明快、智慧地处理;(6)处理结果绝对影响企业的生存与发展。危机的发生,不会仅仅是单纯的某一部分出现问题。某一危机的发生,通常是其他危机的连锁反应。危机的发生绝大部分是整个企业运作流程发生逻辑错误,甚至整体系统出现问题。因此,吾人认为危机的产生是两个(包括两个以上)危机因子所致。"②

国内研究危机管理的学者刘刚认为,"危机是一种对组织基本目标的实现构成威胁、要求组织必须在极短的时间内作出关键性决策和进行紧急回应的突发性事件"③。

任生德、解冰等认为,危机是"能够潜在地给组织(政府或企业)的声誉或信用甚至经济造成负面影响的事件或活动"④。

朱德武认为,"危机是指事物由于量变的积累,导致事物内在矛盾的激化,事物即将发生质变和质变已经发生但未稳定的状态,这种质变给组织或个人带来了严重的损害。为阻止质变的发生或减少质变所带来的损害,需要在时间紧迫、人财物资源缺乏和信息不充分的情况下立即进行决策和行动"⑤。

(二) 危机的特点

认识危机的特点,是组织进行危机识别的前提。关于危机的特点,上述各位学者在危机概念的界定中从不同的角度进行了一定的表述,但是都没有完整地阐述危机的特点。通常而言,危机的特点主要有以下五个方面,如图9-1所示:

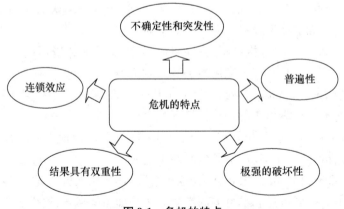

图 9-1　危机的特点

---

① 参见〔美〕罗伯特·希斯:《危机管理》,王成、宋炳辉、金瑛译,中信出版社2001年版,第14页。
② 朱延智:《企业危机管理》,中国纺织出版社2003年版,第9—10页。
③ 刘刚:《危机管理》,中国经济出版社2004年版,第3页。
④ 任生德等编著:《危机处理手册》,新世界出版社2003年版,第4页。
⑤ 朱德武:《危机管理:面对突发事件的抉择》,广东经济出版社2002年版,第5页。

1. 危机的存在具有普遍性

危机的普遍性是指危机存在于每个组织,存在于组织活动的每时每刻。

美国学者菲特普,曾对财富500强企业的高层人士进行过一次调查,高达80%的被访者认为,现代企业不可避免地要面临危机,就如同人不可避免地要面临死亡,14%的人则承认自己曾面临严重危机的考验。① 事实上,由于组织生存的环境在快速发生变化,任何组织在其成长过程中,都不可避免会遇到各种各样的危机,危机的发生是必然的,也是普遍存在的。从某种意义上说,组织在经营与发展的过程中遇到危机是一种正常现象。正如一位哲人所言:"只有不做事的人,才永远不会犯错误。"现代社会,零风险的组织几乎是不存在的,危机无处不在,无时不有。任何组织都不可能一直一帆风顺地发展,遇到挫折,陷入危机,甚至衰亡,这些都是可以理解的,是事物发展的规律。国际关系学院郭惠民副院长指出,高管制行业(如城市供水、核电站、制药业)、财务变更期(如公司兼并)、高知名度的企业老板、上市公司、进步性的企业、排名在行业前三位的企业、刚起步的企业、连锁企业等最容易产生危机。

危机存在的普遍性告诉我们,在现代组织管理中,一定要重视危机管理和运营。现代组织管理不仅要善于认识和捕捉发展的机会,而且要防微杜渐,排除潜在的和面临的各种危机,对组织的危机进行有效的管理。危机管理事实上已经成为现代组织管理的一个重要课题。

2. 危机具有不确定性和突发性

俗话说,"冰冻三尺,非一日之寒"。危机的爆发有一个从量变到质变的过程,在此过程中,人们往往很难觉察危机的来临,再加上人们的危机意识不够,很难对危机进行防范,这说明危机具有一定程度的隐蔽性。危机往往是不可预测或不可完全预测的突发灾难,有时可能没有任何征兆,常令组织猝不及防,一下子陷入非常被动的舆论压力和困境之中。企业尤其是竞争性和营利性的工商企业,在进行正常的生产和经营活动中,某种意外的发生,总是在所难免。它的突发性、灾难性,犹如地震、火山的爆发一样,往往是不期而至。造成这种突发性的原因主要有两个方面:一是由于组织内部因素所引发,如人们的危机意识淡薄、工作上的疏忽、违反操作规程、危机处理不力等;二是由于组织外部的因素所引发,如各种自然灾害、新闻媒体的负面报道、政府的规制、国家政策的突然变化等,这些外部因素对于企业来说往往是不可控制的。

3. 危机具有极强的破坏性

当危机爆发时,如果组织未能及时有效地处理危机,轻者可能会破坏组织正常的生产、经营秩序以及组织的形象,降低公众对组织的信任,重者可能使组织破产或立即倒闭。具体而言,危机造成的破坏主要有:人员伤亡、财产损失、声誉受到明显的损害、公信力下降、忠诚度下降、生产力和竞争力下降、利润和盈利能力下降等等。② 危机对组织破坏的严重性,由此可见一斑。这里我们可以列举一连串的实例:世界五大审计

---

① 参见郑华、王军波:《企业危机管理探讨》,载《经济管理》2003年第13期。
② 参见任生德等编著:《危机处理手册》,新世界出版社2003年版,第8页。

机构之一的美国安达信公司因为与美国安然公司勾结在一起做假账并销毁证据而倒闭。2005年6月,雀巢中国公司生产的雀巢成长奶粉被爆出多批次碘含量超标,而雀巢公司在这一危机公关中处理不力,导致90%以上的中国消费者不愿再购买雀巢公司的产品,雀巢公司在中国消费者心目中的形象受到了极大的损害。1996年,三株集团因为湖南省常德市77岁的老汉陈伯顺服用了8瓶三株口服液后死亡而背上了产品有毒的恶名,从此江河日下,导致10余万员工下岗,直接经济损失达40多亿元,三株的无形价值更是大打折扣,虽然最后赢了官司,但是这颗中国营销界的耀眼明星从此陨落了。2001年,"9·11"事件发生后,美国的航空业在其后的一周之内,载客率大都不足五成,估计全美国航空营运因此亏损50亿美元,许多公司都因此而大幅度裁员。①

4. 危机的结果具有双重性

中国有句古语:"祸兮福之所倚,福兮祸之所伏。"这句古语辩证地说明了危机结果的两重性。当我们承认危机具有破坏性的同时,也应当认识到危机的存在并不都是对企业不利的。危机既可以给企业带来损失,又可以给企业带来启示和机遇。危机就是危险的机遇,它在充满危险的同时也包含着某种机遇。优秀的企业越是在危机的时刻,就越能显示出其综合实力和整体素质。面临危机事件,它们会沉着应对,从危机中发现自身的弊端,找出自身应该改进的地方,巧妙斡旋,及时采取补救措施,加强严格管理,并主动地、有意识地以该事件为契机因势利导,不但可以恢复企业的信誉,而且可以借机扩大企业的知名度和美誉度。可见,危机也可能成为企业发展的转机,最终渡过难关,赢得胜利。1985年,张瑞敏到海尔(时称"青岛电冰箱总厂")担任厂长。一天,一位朋友要买一台冰箱,结果挑了很多台都有毛病,最后勉强拉走一台。朋友走后,张瑞敏派人把库房里的400多台冰箱全部检查了一遍,发现共有76台存在各种各样的缺陷。张瑞敏把职工们叫到车间,问大家该怎么办。多数人提出,由于不影响使用,便宜点处理给职工算了。当时一台冰箱的价格为800多元,相当于一名职工两年的收入。张瑞敏说:"我要是允许把这76台冰箱卖了,就等于允许你们明天再生产760台这样的冰箱。"他宣布,这些冰箱要全部砸掉,谁干的谁来砸,并抡起大锤亲手砸了第一锤!很多职工砸冰箱时流下了眼泪。然后,张瑞敏告诉大家——有缺陷的产品就是废品。三年以后,海尔人捧回了我国冰箱行业的第一块国家质量金奖。张瑞敏一怒砸掉了76台不合格冰箱,砸出了一个国际化的大企业,砸出了敬业报国、追求卓越的海尔精神,砸出了一条民族工业的振兴之路。这应该说是危机给海尔带来了机会。

危机的机会(当然,这种机会主要是针对危机过程中的组织而言的)主要表现在两个方面:一方面,危机暴露了组织自身的弊端,使组织可以迅速发现自身存在的问题和不足,从而能对症下药,采取有效的措施;另一方面,由于媒体的传播和政府的介入,组织在危机中往往成为公众的焦点,如果危机处理得当,可以迅速提高组织的知名度

---

① 参见朱延智:《企业危机管理》,中国纺织出版社2003年版,第14页。

和美誉度,为组织带来巨大的"非直接性利益"。①

危机所带来的惨痛教训也可以为社会中的其他组织所借鉴,从中找出失败的原因和避免危机、控制危机的有效方法。从这一意义上看,组织危机是社会的一种特殊财富。

5. 危机具有连锁效应

危机的发生不是孤立的,当一个危机引发另一个危机时,就产生了危机的连锁效应。危机情境很少产生单一的影响,它可以引发另一危机问题或危机情境,这些继起危机的产生叫作"涟漪效应"。② 米托夫(Mitriff)和皮尔逊(Pearson)把这种由于对危机预警管理不善而造成的涟漪效应称为"连锁反应"。③ 关于危机的连锁效应的产生原因,朱德武总结了三个方面:一是危机的爆发对危机现场的事物造成损害,当损害达到一定程度,受损的事物就会发生质变,从而引起新的危机;二是危机的蔓延使那些离危机较远的事物遭到损害,当损害积累到一定程度,使受蔓延的事物发生质变,从而引起新的危机爆发;三是危机爆发时,如果危机反应人员处理不当,也会引起新的危机。④

二、公关危机与危机公关

随着组织社会关系和组织管理活动的日益复杂化,组织可能面临的危机越来越多,有不可抗拒的天灾,也有不可预测的人祸;有来自政策立法方面的阻力,也有因管理不善造成的困局。因此,危机公关越来越受到组织的重视,而及时控制、降低或清除危机事件的不良影响,是每一个组织公关人员必须认真对待的重大问题。

(一) 公关危机

公关危机是指当组织(包括企业、政府等)内部的各种危险因素累积到一定程度,并伴随着外部环境的变化而突然爆发,绝大部分情况是整个组织运作流程发生逻辑错误,甚至是整个组织系统出现问题。它是直接威胁到组织的基本目标或优先目标,需要组织在信息不充分、人财物资源缺乏的情况下作出正确决策和积极、快速地进行处理的事件。

我们如此定义公关危机无非是想强调这样几个问题:(1) 在绝大多数情况下,组织内部各种危险因素是爆发危机的主要因素,是危机产生的内因。根据马克思主义哲学的观点,我们必须明确的是,内部因素的变化是产生危机的主要根源。(2) 危机的产生离不开外部环境的作用。随着科学技术的不断发展,自然环境的不断变化,传播媒介的多元化以及信息传播速度的加快,组织所遇到的外部环境从来没有像今天这样复杂多变,无形中加剧了危机的严重性和扩散性。根据马克思主义哲学的观点,外部

---

① 参见任生德等编著:《危机处理手册》,新世界出版社2003年版,第13页。
② 参见〔美〕罗伯特·希斯:《危机管理》,王成、宋炳辉、金瑛译,中信出版社2001年版,第178页。
③ 参见高民杰、袁兴林:《企业危机预警》,中国经济出版社2003年版,第10页。
④ 参见朱德武:《危机管理:面对突发事件的抉择》,广东经济出版社2002年版,第187—188页。

因素只是危机产生的条件,其主要原因还是组织内部各种因素的共同作用。(3)危机的爆发是一个由量变到质变的过程。危机的各种因素具有一定的隐蔽性,人们平时很难觉察到。只有当危机发展到人的各种感官能够感知到时,人们才会加以关注,但此时已是危机的显现阶段了。这就要求我们必须树立危机意识,加强平时的危机防范,在萌芽阶段就将危机予以根除。(4)危机的发生,不会仅仅是单纯的某一部分出现问题。某一危机的发生,通常是其他危机的连锁反应。(5)危机的爆发具有突发性,如果处理不及时或处理不当,将会使危机进一步扩大。这就对危机管理者的素质提出了很高的要求。

(二)危机公关

危机公关是指组织危机的公共关系处理。具体来讲,危机公关就是组织为了处理给公众带来损失、给组织形象造成危害的危机事件,以及预防、扭转或改变组织发展的不良状态所采取的公关策略与措施。即组织从公共关系的角度对危机的产生、发展、变化,所采取或实施的有针对性的一系列控制行为,其内容主要是对危机进行预防和处理。①

危机公关并不是常规的公共关系,它只在组织发生危机事件时才存在。对于组织而言,危机公关实际上就是组织在处理危机时所采取的一切手段和策略,以恢复公众信任、重塑组织形象。危机公关是一个系统工程,它需要调动组织各个方面的力量,以及组织日常公关工作逐步积累的社会关系网络,为危机的尽快消除奠定基础。

概括而言,危机公关是指组织在面对危机时应采取的公关措施;而公关危机是指组织在公关过程中所遇到的危机。②

第二节 危机的类型

由于组织外部环境时时刻刻都在发生变化,以及组织内部管理不善等原因,组织所面临的危机是极为广泛的。如何将危机类型进行有效的归类,使组织管理者和学习者能尽快掌握相关组织可能遇到的危机,是摆在我们面前的当务之急。

当组织与公众发生冲突,或发生突发事件,使得公众舆论反应强烈,组织形象受到严重损害,公共关系处于紧急状态之时,需要动用整个组织的力量及各种传播媒介来处理危机,协调与平衡组织与公众之间的紧张关系。这是一种危机状态下的公共关系实务活动。导致组织面临公关危机的原因主要有三种,即组织自身行为不当、突发事件、失实报道。

---

① 参见周安华、苗晋平编著:《公共关系——理论、实务与技巧》,中国人民大学出版社2004年版,第236页。

② 参见谭昆智:《公关原理与案例剖析》,清华大学出版社2008年版,第274页。

一、组织行为不当引起的危机

组织行为不当引起的危机,是指组织在发展过程中,由于在指导思想、工作方式、运行机制等方面操作失误而引起的公关危机。例如,过度追求经济利益、不顾公众利益和社会利益造成的环境污染;宾馆、酒店发生的食物中毒;产品质量引起的消费者投诉;医药企业给医生回扣造成的商业贿赂行为;政策失误引起的舆论谴责(发布虚假广告,违反广告法带来的危机)等。由于这类原因导致的公关危机完全是组织的责任,最易激起公愤,受到公众和社会舆论的强烈抨击,对组织形象的损害是极其严重的,造成的影响也很恶劣。

(一)组织行为不当引起危机的原因

组织行为不当之所以会引起危机,是因为:

首先,组织形象是一个组织工作的各个方面在公众心目中的综合反映,组织行为不当,就会影响组织和公众双方的信任和合作,影响和谐的人事环境和最佳的社会舆论。

其次,组织行为不当,必然会直接或间接损害公众的利益。

最后,组织形象是经过组织全员持久的努力达成的,如果不能坚持不懈地努力,忽视小节,则"千里之堤,毁于蚁穴",最终必然导致危机。

(二)组织行为不当引起危机的类型

组织行为不当引起的危机主要有以下四种:(1)严重的内部矛盾,如因劳资矛盾引起的罢工、示威游行、官员腐败等;(2)严重的工作失误,如因管理机制不健全导致浪费、产品质量不合格等;(3)严重的决策失误,如商业企业有意出售假冒产品、饮食企业经营不卫生食品、侵犯公众权益等;(4)严重的纠纷事件,如消费纠纷、经济合同纠纷等。

二、突发事件引起的危机

突发事件引起的危机是指由于非预见性、外在因素引起的突然发生的事件,导致组织公共关系形象受损的危机,如自然灾害、火灾、交通事故等引起的事件。

(一)突发事件引起危机的原因

突发事件之所以会引起危机,是因为:

第一,突发事件引起的危机,给组织造成较大的利益损失,对组织的冲击较大,出于保护自身利益的考虑,公众会远离受到破坏的组织,从而导致组织失去公众、市场,影响组织的形象。

第二,突发事件引起的危机,其破坏性较大,常常给组织造成很大的损失,有时甚至导致一个良好的组织的生存环境遭到破坏。在这种环境下,公众对组织功能的恢复就会产生怀疑,对组织失去信心。

第三，突发事件引起的危机，其悲剧效果会导致公众的逃避情绪和消极思维。公众对事件联想，会使其心理上产生回避和远离的念头，从而导致对组织信任度的下降、积极公众的流失，影响组织正常的工作，产生不良的社会影响。

第四，突发事件引起的危机，其客观事实和影响面较大，新闻媒体的报道具有广泛性和醒目的特点，在时间、地点上必然联系到受影响的组织，这种不良的负面效应也会影响组织的形象。

（二）突发事件引起危机的类型

第一，由不可抗力导致的重大伤亡事故。例如，地震、洪水、飞机失事、火车出轨、传染病流行、大楼倒塌等。

第二，外在因素引起的事故。例如，生活环境被"三废"污染，导致组织无法正常开展工作；伪劣产品导致严重的工伤；瓦斯爆炸等。

第三，外在的故意行为。例如，假冒本组织名义行骗、假冒本企业生产伪劣产品、重大盗窃案件、敌对行为等。

三、失实报道引起的危机

失实报道引起的危机是指由于新闻媒体的报道失实，从而导致公众对组织的误解，使组织形象受损的危机事件。

（一）失实报道引起危机的原因

失实报道引起的公关危机之所以会影响组织的形象，是因为：

首先，新闻媒体，尤其是一些有影响的党报、党刊、电视台，在公众中具有很高的信任度，其报道习惯上被理解为事实。

其次，社会公众虽具有广泛的代表性，但具体到某一事件问题时，一般公众都是非专业人员，他们对于事件的本身缺乏详细而全面的了解，对于事件的本质基本上不会也很难进行科学的分析。

最后，公众对某一时期存在的社会问题有一种痛恨的心理认同，加上平时与组织沟通不够，对具体情况不了解，比较容易盲从新闻媒体的意见，导致对组织大范围的影响。

（二）失实报道引起危机的类型

失实报道引起的危机主要有以下三种类型：

1. 失实和不全面的报道

新闻媒体不了解事实的真相，导致报道以偏概全，不能反映事实的全貌，引起公众误解。

2. 曲解事实

由于新科技、新思想、新方法未被广泛知晓，新闻从业人员按照旧的或原有的观念、态度分析和看待事件，曲解事实，从而导致组织发生危机。

3. 报道失误

由于其他组织或个人的有意诬陷或编造,使新闻界被蒙蔽,引起误发报道,使组织产生危机。

公关危机的处理,往往需要动员整个组织的力量并综合运用各种新闻媒介,使之成为一种复杂的、特殊的公共关系专案行动。这是因为当发生突发事件或重大事件的时候,组织的公共关系便处于危机状态之中,面临强大的公众舆论压力和危机四伏的社会关系环境,处理公关危机就需要开展配套的工作。①

第三节　危机公共关系管理

一、危机管理的重要性

危机管理是公共关系学理论研究的一个重要内容,也是公共关系实务的一项重要内容。在现代社会中,各类突发性事件、灾难性事件经常给社会组织带来各种问题和矛盾,直接影响和损害了组织的形象。为了增强组织防御和抗击各种形象风险的能力,缓解组织的"形象危机",加强危机管理是组织树立和维护形象的有效措施。

最早提出"危机管理"这一概念的是英国著名危机公关专家迈克尔·里杰斯特(M. Regester)。他认为,与组织赖以生存和发展的所有内、外部公众进行有效的沟通,已被越来越多的组织视为战略管理的一个重要组成部分。当组织面临危机时,这种沟通与传播又会比往常任何时候都显得更为重要。现代组织处在一个活动透明度日益增大的时代里,如果一个组织不能就其发生的危机与公众进行合适的沟通,不能告诉公众它面对灾难的局面正在采取什么补救措施,不能很好地表现它对所发生事故的态度,无疑将会给组织的信誉带来致命的损害,甚至有可能导致组织的消亡。因此,在危机来临之前,组织可制订计划以有效地处理意外事故,并在危机出现的情况下保护组织的信誉。

二、危机管理的概念及内容

(一) 危机管理的概念

危机管理又称为"风险管理",是指如何在一个肯定有风险的环境里把风险造成的危害减至最低的管理过程。这其中包括了对风险的量度、评估和应变策略等。理想的危机管理,是一连串安排好优先次序的过程,优先处理其中会引致最大损失及最可能发生的事情,而相对风险较低的事情则压后处理。但是,现实中,这种优化的过程往往很难决定,因为风险和发生的可能性通常并不一致,所以要权衡两者的比重,以便作出最合适的决定。危机管理亦要面对有效资源运用的难题,这牵涉到机会成本

---

① 参见廖为建主编:《公共关系学》,高等教育出版社2001年版,第260—262页。

(opportunity cost)的因素。把资源用于危机管理,可能使能运用于有回报活动的资源减少;而理想的危机管理,正希望能够以最少的资源耗费尽可能化解最大的危机。

中国人民大学商学院的刘刚教授认为,危机管理是一个典型的非程序化决策过程,这一过程与危机管理所面临的特殊处境结构密切相关。他认为,危机管理所特有的处境结构包括:决策时间有限、决策信息不完备以及资源紧缺。① 正是这三个方面的处境结构,使得危机管理的决策具有非程序化特征。

(二) 危机管理的内容

危机管理涉及三个方面的内容,即事前管理、事中管理和事后管理。事前管理主要是指危机的预防,事中管理主要是指危机的处理,而事后管理主要是指危机的恢复和组织形象的重塑。事实上,相当一部分组织往往对危机的处理与危机的恢复和组织形象的重塑比较关注,而对于危机的预防则关注不够,这恰恰是很多组织不能够有效地处理危机的根本原因。因此,只有将三个方面的内容统筹考虑才能正确和有效地处理各种各样的危机。

罗伯特·希斯认为,危机管理涉及主要且积极的五个方面:(1) 危机管理者对危机情境要防患于未然,并将危机影响最小化。(2) 危机管理者要未雨绸缪,在危机发生之前就作出响应和恢复计划,对员工进行危机处理的培训,并为组织或社区作好准备以应对未来可能出现的危机及其冲击。(3) 在危机情境出现时,危机管理者需要及时出击,在尽可能短的时间内遏制危机的苗头。(4) 当危机威胁紧逼,冲击在即,危机管理者需要面面俱到,不能小视任一方面。这意味着此时要运用与危机初始期不尽相同的资源、人力和管理方法。(5) 危机过后,管理者需要对恢复和重建进行管理。这也意味着此时运用的资源、人力和管理方法会与危机初期和中期有所不同。②

三、公关危机预防

美国著名管理学家彼得·圣吉(Peter Senge)的《第五项修炼——学习型组织的艺术与实务》中有一则著名的"温水煮青蛙"的故事:如果你把一只青蛙放进沸水中,它会立即试着跳出。但是,如果你把青蛙放进温水中,不去惊吓它,它将待着不动。然后,如果你慢慢加温,当温度从华氏70度升到80度,青蛙仍显得若无其事。可悲的是,当温度慢慢上升时,青蛙将变得越来越虚弱,直至最后无法动弹。虽然没有什么限制青蛙脱离困境,但是它仍留在那里直到被煮熟。为什么会这样?因为青蛙内部感应生存的器官只能感应环境中激烈的变化,而不是缓慢、渐进的变化。③

从这则故事中,我们能够得到什么启示呢?如果从公关危机管理的角度来看,启示就是:组织必须树立公共关系的危机意识。造成危机的许多因素早已潜藏于组织的

---

① 参见刘刚:《危机管理》,中国经济出版社2004年版,第32—34页。
② 参见[美]罗伯特·希斯:《危机管理》,王成、宋炳辉、金瑛译,中信出版社2001年版,第21页。
③ 参见[美]彼得·圣吉:《第五项修炼——学习型组织的艺术与实务》,郭进隆译,上海三联书店1998年版,第24—25页。

日常管理之中,只是由于组织管理者缺乏危机意识,对引发危机的因素没有引起足够的重视,没有对可能产生的危机进行有效的防范。

(一) 树立公关危机意识

伊索寓言里有这样一则故事:森林里有一只野猪不停地对着树干磨它的獠牙,一只狐狸见了不解地问:"现在没看到猎人,你为什么不躺下来休息享乐呢?"野猪回答道:"等到猎人出现时再来磨牙就来不及啦!"野猪抗拒被捕猎的利器,不是靠它那锋利的獠牙,而是靠它那超前的"危机意识"。同理,对于企业组织来说,没有危机意识,单纯的"硬性危机防预体系"是无力的。超前的、无形的、全面的危机意识才是企业危机防范中最坚固的防线。中美史克医药公司在 PPA 事件中成功的危机公关、奔驰汽车公司在"砸大奔"事件中危机公关的失败以及大量的企业案例证明,不同企业在危机应对方面的差异,在很大程度上取决于企业危机意识的差异。

所谓公关危机意识,就是指在危机发生前,组织能够对危机的普遍性有足够的认识,面对危机临危不惧,积极主动地迎战危机,充分发挥人的主动性和创造性的一种思维意识。从主观上说,没有人希望危机出现,但无论是天灾还是人祸,危机都有可能发生。尽管天灾无法避免,但如有应急措施,可将损失降到最低限度或限制在最小范围内;而人祸是可以避免的,关键取决于企业管理者是否重视对人祸的预防,是否有较强的危机意识。比尔·盖茨(Bill Gates)的"微软离破产永远只有 18 个月",张瑞敏的"我每天的心情都是如履薄冰,如临深渊",任正非的"华为总会有冬天,准备好棉衣,比不准备好",以及国内一些优秀企业领袖的危机观点,都是各个成功企业危机意识的精髓。

树立公关危机意识对于组织来说具有以下好处:第一,可以使企业员工时刻提防危机的危害性,在工作中尽量避免不当行为,以消除引发企业危机的各种诱因;第二,使企业员工善于发现危机发生的征兆,将危机消灭于无形;第三,即便危机发生,也可以避免企业不必要的慌乱,及时采取处理措施,防止危机进一步恶化和扩散。①

(二) 建立公共关系危机的预警机制

迈克尔·里杰斯特有句名言:"预防是解决危机的最好方法。"②危机预警是指组织根据外部环境与内部条件的变化,对企业未来的风险进行预测和报警的一种管理活动。

1. 建立危机预警机制的必要性

组织通过危机预警,增强自身的免疫力、应变力和竞争力,保证处变不惊,做到防患于未然。建立危机预警机制的关键是健全危机防范制度,保障危机信息传导通道的顺畅,从而采取应对危机的措施。目前,市场竞争日趋激烈,企业更需要建立危机预警机制。

---

① 参见刘刚:《危机管理》,中国经济出版社 2004 年版,第 65 页。
② 〔英〕迈克尔·里杰斯特:《危机公关》,陈向阳等译,复旦大学出版社 1995 年版。

2. 危机预警系统的建立

所谓危机预警系统,是指根据系统外部环境与内部条件的变化,建立一套能感应危机来临的信号,通过对危机风险源、危机征兆进行不断的监测,从而在各种信号显示危机来临时及时地向组织发出警报,提醒组织对危机采取行动,以实现对未来可能出现的危机事件进行预测和报警的系统。危机预警系统包括电子预警系统和指标性预警系统两种类型。但是,无论是建立哪种危机预警系统,都必须首先进行危机风险的分析与评估,确定危机预警系统的信号,然后才能建立危机预警系统和危机管理系统。

(1) 危机风险分析与评估

企业进行危机预警,最佳的切入点就是进行危机风险分析与危机风险评估。

第一,进行危机风险分析。进行危机风险分析一般遵循以下步骤:首先,辨别并确认风险,确认威胁、危险以及可能出问题的事情是什么;其次,确认如何才能最好地管理这些风险,再开始行动。进行危机风险分析,首先必须清楚风险的来源。风险的来源不外乎以下几种:内部来源,即企业内部、企业结构以及企业所处的场地;附近来源,即邻近企业;外部来源,即周围社区的企业。企业危机管理者通过风险分析,在企业内制订相应的措施和计划,把风险从企业的内部向外部转移。

第二,进行危机风险评估。进行危机风险评估在优先注意权的确定方面能产生有用的权重。开出以优先权重为基础的清单后,管理者根据清单在系统中检查薄弱环节,迅速地确定危机风险造成的破坏之处。通过对风险影响、生存风险、面临风险时所需重视程度的评估,确定区域、建筑、过程、设备和人员配备的等级顺序,从而可以迅速做到:检查什么受到了破坏;提供损失的初步估计以及因此作出反应所需要资源的估计;确认但是不需要考虑的或很少需要考虑的区域或集团。

(2) 企业危机预警信号的确定

绝大多数企业危机的爆发都有一定的征兆,企业的管理层如能事先确立危机预警的信号并能及时捕捉到这些信号,就能使企业的运行避开危机。企业的危机预警信号有:销售额与利润下降;财务指标变化,包括现金流量下降、资产负债率上升等;人才流失率提高;危险客户、媒体曝光次数、顾客投诉率增加等。

(3) 危机预警范式

企业的危机预警范式主要有三个:

第一,根据行业危机预警企业危机。行业危机一般都会引发企业危机,每一个行业的危机都可能成为该行业中企业的危机预警信号。若不关注行业危机,则企业很难就危机进行预警。

第二,根据重大事件预警企业危机。重大事件既可以使经济的发展陷入停滞的状态,也同样会给企业带来沉重的打击。此外,重大事件也会打击消费者和投资人的信心,企业不仅要面对销售额的下降,还要面临筹资和融资的难题。当重大事件发生后,企业所能做的就是启动危机预警和处理系统,尽量将危机的损害降到最低。

第三,根据企业危机预警行业危机。当行业中的某一企业陷入危机,就可能使整个行业出现危机的征兆,从而也可能引发同行业其他企业发生危机,进而给同行业其他企业发出预警信号,使它们及时地调整公司战略,将危机的损害降到最低或避免危机的发生。

(4) 危机预警系统的建立

建立危机预警系统应遵循以下步骤:① 确定需要发出危机警报的对象,并按重要性进行排序;② 根据预警对象,确定危机监测的内容和指标,以及危机预警的临界点;③ 确定危机预警系统所需要的技术、资源等;④ 评估危机预警系统的性能,包括系统的准确性、误差、可信度、稳定性等;⑤ 安排专人负责实施并维护危机预警系统;⑥ 向企业的所有员工讲解危机预警系统的功能及作用,指导员工如何根据危机警报作出必要的反应。[1]

(5) 建立危机管理系统

无数企业的经验教训表明,仅仅建立危机预警系统是远远不够的,要想及时地处理危机,还必须建立高度灵敏的危机管理系统。企业要善于搜集有关危机的信息,定期进行企业运营危机风险分析与分级管理,把隐患消灭在萌芽状态;随时收集公众对产品的反馈信息,一旦出现生产、制造、服务、品牌、销售、投融资等方面的问题,立即跟踪调查并加以解决;了解企业产品和服务在消费者心目中的形象信息,包括质量、价格、服务、建议改进等;随时注意分析公众对企业管理水平、人员素质和服务的评价;掌握政策决策信息,如有关法规、条令的颁布,研究和调整企业的发展战略和经营方针;研究竞争对手的现状、实力、潜力及策略发展趋势,经常进行优劣对比,做到知己知彼;搜集和分析企业内部的信息,进行自我诊断和评价,找出薄弱环节,将风险进行分级分类,制订问题解决方案,明确责任人、责任完成时间与评价指标。危机管理系统的建立主要应做好以下三方面的工作:

首先,设置危机管理机构。迈克尔·里杰斯特说过:"任何企业都需要有危机管理的措施,唯一不同的是根据企业性质和大小,其实施情况有所变化。无论怎样,我们都要抓住问题的关键,那就是组建危机管理小组来制定或审核危机处理方案及其方针和工作程序。"[2]借鉴国外企业的经验,我们的企业可以根据实际情况,灵活、具体地设置包括企业领导、公关专业人员、生产、销售与售后服务人员、律师、新闻发言人等组成的危机管理小组,可以隶属于公共关系部,也可以独立以"影子内阁"(没有明确的机构与设置,但是在企业形式、人员配备、经费保障方面有明确规定与日常运作)的形式出现。但是,它必须拥有足够的权力和相对的独立性,在企业内部有相应的发言权,专职负责未来可能发生的危机事件,成为企业重要的常设机构,不仅承担危机的日常检测、诊断、评价和预警工作,还可以不断地向公众表明企业认真负责的理念与态度。

其次,建立健全危机管理计划。为了有效地实现危机的预防和处理,企业必须建

---

[1] 参见许芳编著:《如何进行危机管理》,北京大学出版社2004年版,第33页。
[2] 〔英〕迈克尔·里杰斯特:《危机公关》,陈向阳等译,复旦大学出版社1995年版。

立健全危机管理计划,规定危机中各个危机管理小组成员和企业各部门之间的分工与职责,以便约束员工的公关行为,保证危机管理方针、政策、措施的有效实施。当然,光有计划还不够,关键还在于执行,因而还需要关注计划的具体执行和执行情况的检查,否则危机管理计划便成为一纸空文,起不到任何作用。

最后,举行危机模拟训练。加强对危机处理应急队伍的模拟训练是十分必要的。通过举行危机模拟训练,教会员工如何面对危机、化解危机,是很多企业战胜危机的基本经验,毕竟依靠员工的力量是企业危机管理最便捷的途径。每次危机模拟训练结束后,应对演习情况进行全面的总结汇报,判断企业是否完成了计划规定的技能和知识的培训,获得了多少有关危机处理的新技能和新知识,以便能知道企业的优势在哪里、弱点是什么以及哪些方面还有待提高。

3. 我国企业危机预警管理模式

在危机的冲击下,企业是否能够从容不迫地面对危机并顺利解决危机,一个良好的危机管理计划与处理机制是绝对必要的。然而,由于企业所面临的危机会因人、时、地而有所不同,加上每个企业都具有不同的组织特性,因此企业危机管理模式或多或少会有所差异。我国的很多企业相继建立了各自不同的危机预警管理模式。

(1) 海尔的"OEC 管理"模式

"日事日毕,日清日高",这是每一个海尔人都挂在嘴上、记在心里、落实在行动上的处世哲学。这种处世哲学,源于海尔集团独特的"OEC 管理"模式。"O"代表"Overall",意为"全面的";"E"代表"Everyone,Everything,Every day"(简称"3E"),意为"每个人、每件事、每一天";"C"代表"Control and Clear",意为"控制和清理"。OEC 即全方位地对每个人每天所做的事进行控制与管理。"OEC 管理"模式意味着企业每天所做的事都有人管,所有的人均有管理、控制的事项,并依据工作标准对各自控制的事项按规定执行,每日把实施结果与计划指标对照,总结与纠偏,从而达到进行日日控制、事事控制的目的。海尔的"OEC 管理"模式的重点在于企业的日常管理,在于企业员工的一种危机意识,而树立员工的危机意识正是防范企业危机的最佳途径。

(2) 小天鹅的"末日管理"模式

小天鹅公司成功的法宝就是"末日管理"。小天鹅人认为,今天的成功不等于明天的成功,产品有末日,企业也有末日,而市场没有末日。小天鹅公司经常与国内外同行作比较,找出差距,制订措施,不断改进产品,使其适应市场的需求。小天鹅公司和员工的危机意识来源于管理层对危机的深刻认识和对全体员工的危机教育。全公司要把危机消灭在萌芽状态,员工们要确保自己的岗位不出问题,从而避免引起全公司的危机。实践证明,危机预警管理是企业经营管理的有效手段。

(3) 荣事达的"零缺陷管理"模式

荣事达公司的"零缺陷管理"模式的内涵和原则基于其目标和宗旨。通过对经营各环节、各层面的全过程、全方位管理,保证各环节、各层面、各要素的缺陷趋向于零。该公司认为,一个健康发展的企业必须有一个健全的管理系统,企业要想有长远发展,必须在初期就打好企业管理这个基础,而不能等到危急关头才去应急补救。

四、公关危机的处理

(一) 公关危机处理的原则

1. 快速反应原则

根据危机扩散理论①,危机的过程包括五个阶段,即危机爆发、媒体效应、形象危机、财务危机和生存危机。如果组织在危机一开始爆发就能够及时采取行动,扼制危机,往往成本较低,效果也理想。错过了这一时期,情形就很难控制了。

随着危机的进展,在时间上失去控制,各种不可测因素也会随之增加,即便是一个原本与危机并不相关的事件也会被公众认为是危机的原因。危机一旦爆发,往往会引起公众和新闻媒体的关注,此时组织如果不能迅速查明真相,或是正常的传播渠道不畅,没有人能出来发布信息,就会造成危机传播中的信息真空,公众就会用想象来填满所有的疑问,必定会生出各种各样的"小道消息"。很快,信息真空就被颠倒黑白、胡说八道的流言占据。特别是食品、保健品之类的产品,谣言可能带来人们的恐惧心理,恐惧带来感觉上的不适应,这种不适应会被怀疑是产品造成的,进而造成另一种谣言的传播。同时,由于时间的拖延,会让公众对企业诚信产生质疑,造成不可挽回的影响。

案例一: 一位名叫基泰丝的美国记者,来到日本东京的奥达克余百货公司(以下简称"奥达克余"),买了一台"索尼"牌唱机,准备作为见面礼,送给住在东京的婆家。售货员彬彬有礼,特地为她挑了一台未启封包装的机子。回到住所,基泰丝开机试用时,却发现该机没有装内件,因而根本无法使用。她不由得火冒三丈,准备第二天一早就去奥达克余交涉,并连夜以《笑脸背后的真面目》为题写好了一篇新闻稿,传真到了她所供职的美国报社。

第二天一早,基泰丝在动身之前,忽然收到奥达克余打来的道歉电话。50分钟以后,一辆汽车赶到她的住处,从车上跳下奥达克余的副经理和提着大皮箱的职员。两人一进客厅便俯首鞠躬,表示特来请罪。除了送来一台新的合格的唱机外,又加送蛋糕一盒、毛巾一套和著名唱片一张。接着,副经理又打开记事簿,宣读了一份备忘录,上面记载着公司通宵达旦地纠正这一失误的全部经过。

原来,头天下午4点30分清点商品时,售货员发现错将一个空心货样卖给了顾客。售货员立即报告公司警卫迅速寻找,但为时已迟。此事非同小可,经理接到报告后,马上召集有关人员商议。当时只有两条线索可循,即顾客的名字和她留下的一张"美国快递公司"的名片。据此,奥达克余连夜开始了一连串无异于大海捞针的行动:多次通过紧急电话,向东京各大宾馆查询,没有结果;再打电话

---

① 参见朱延智:《企业危机管理》,中国纺织出版社2003年版,第74页。

问纽约"美国快递公司"总部,深夜接到回电,得知顾客在美国父母的电话号码;接着又打电话去美国,得知顾客在东京婆家的电话号码,终于弄清了这位顾客在东京期间的住址和电话。这期间的紧急电话,合计35次!

这一切使基泰丝深受感动。她立即重写了新闻稿,题目叫作《35次紧急电话》。美国报社考虑到她两篇新闻稿的视点不同,配上编辑的话后进行了刊发。后来,奥达克余将基泰丝寄给他们的报纸给了日本某报,日本的几家报纸都争相转发。奥达克余的名声大振。①

案例二:2003年2月8日中午时分,"广州发生致命流感,春节以来在几家医院有数位患者死亡"的消息开始悄悄传播,手机短信和口耳相授是这个消息的主要传播渠道,此时恐惧开始滋生。这个时候,人们期待的官方信息始终没有出现,倒是在2月10日上午,有媒体"模糊"地报道:近期广州患"感冒"和"肺炎"的病人增多。10日中午,南方网谨慎地发布了官方信息:广东省部分地区先后发生部分"非典型性肺炎"病例,该病主要表现为"急性起病,以发热为首发症状,偶有畏寒……有明显的呼吸道症状……该病有一定的传染性"。预防措施包括保持空气流通、醋熏、勤洗手和谨慎接触病人。

掩藏的恐惧终于爆发:一时间,大半个广州都动起来了。"买药了吗?"和"买醋了吗?"成了广州人的见面语。板蓝根和抗病毒药物成为人们的哄抢对象。从2月10日起,相同景象几乎同时出现在国内各大中城市,北京、武汉、长沙、海口……板蓝根、抗病毒药物、白醋热销。

这个过程展示了典型危机中主流信息缺失的症状:公共媒体信息沟通不畅,导致市民不了解病情,才使得非正常途径的信息在私下传播,其中难免产生错误的诠释,甚至以讹传讹。

对比2月11日广州市政府召开新闻发布会后的情形,可以发现主流信息及时发布对危机的化解作用。2月11日,广州市政府和广东省卫生厅针对"非典"恐慌分别召开新闻发布会。会上主要是说明的确有一种病毒引起了"非典型肺炎",并且公布了患病人数,总共305例,其中广州226例,医务人员感染发病的有105例。在新闻发布会上,政府官员和传染病专家承认,病源和病因还没有分离出来,病源鉴定工作尚未能作出确切的结论,而且到目前为止,还没有特效药可以治疗,临床上采纳的主要是对症治疗,另外专家还介绍了一些预防措施和患病的特征表现等等。尽管这些情况并不算是好消息,但是通过这次电视直播的新闻发布会,广州市民对"非典型肺炎"的认识逐渐清晰起来。很快,高价的白醋不热销了,药店门口的长队自动消失,市民的生活趋于平静,整个社会的运转基本恢复正常。②

案例三:1999年6月初,比利时和法国的一些中小学生因饮用可口可乐发生

---

① 资料来源:张岩松等编著:《公共关系案例精选精析》,经济管理出版社2000年版。
② 资料来源:《中国经营报》2003年5月19日(记者:吴威)。

中毒事件。一周后,比利时政府颁发禁令,禁止本国销售可口可乐公司生产的各种品牌的饮料。这期间,可口可乐公司的股票价格下跌了6%。事发之后的第八天,可口可乐公司首席执行官道格拉斯·伊维斯特才从美国赶到比利时首都布鲁塞尔举行记者招待会。但是,为时已晚,可口可乐公司在欧洲市场上的形象受到前所未有的损害。法国《新闻观察》杂志写道:"一个每年赚取1150亿法郎的公司,占据了全球最广泛的市场,怎么能作出这种反应呢?企业理念已充满了如此多的对质量的迷信,以至于它的领导阶层已不知谦逊为何物了。"就连比利时的卫生部长范波什也抱怨:"像可口可乐这样在全球享有盛誉的大公司,面对危机的反应如此之慢,实在令人难以理解。"①

这三个案例带给我们这样一种启示:当危机爆发的时候,企业必须在最短时间内作出最快的反应,才能掌握主动权。如果你不主动去填补信息真空,流言和小道消息就会泛滥,不利的舆论会给你带来更大的损害。面对危机,企业切不可模仿把头埋在沙土里的鸵鸟,那样即使回避了一时的问题,却可能为更大的危害播下了种子。

那么,企业怎样才能做到快速反应呢?一般情况下,在危机来临的时刻,企业应遵循"时间第一原则"。第一,在第一时间,告知专业的危机公关公司,借公关公司的力量进行危机的控制;第二,在第一时间,告知企业的全体员工,统一口径,避免企业员工在面对采访时不知所措;第三,在第一时间,危机涉及的部门应迅速采取措施调查事件真相,新闻发言人应发布企业采取的措施以安抚公众,企业律师对受害者事件进行处理;第四,在第一时间,把真相告知政府部门或者相关权威机构,进行公众信心的树立;第五,在第一时间,疏导媒体,让媒体沿着良性的方向进行危机的报道。

通过以上手段,在时间上进行危机的初步控制,这是在任何危机来临的时刻首先要采取的措施。然而,我国的很多企业并不懂得如何进行危机公关的处理,通常是在危机到来时不知所措。这些企业面对危机时通常存侥幸心理:采"鸵鸟政策"、推卸责任、隐瞒事实等,这些错误的态度不仅无助于危机的解决,反而会造成更严重的危机。

2. 承担责任原则

当危机发生后,公众会关心两方面的问题:一方面是利益问题。利益是公众关注的焦点,因此无论谁是谁非,企业应该承担责任。即使受害者有一定责任,企业也不应首先追究其责任,否则会各执己见,加深矛盾,引起公众的反感,不利于问题的解决。另一方面是感情问题。公众很在意企业是否在意自己的感受,因此企业应该站在受害者的立场上表示同情和安慰,并通过新闻媒介向公众致歉,解决深层次的心理、情感关系问题,从而赢得公众的理解和信任。

实际上,公众和媒体往往在心目中已经有了一杆秤,对企业有了心理上的预期,即企业应该怎样处理,我才会感到满意。因此,企业绝对不能选择对抗,态度至关重要。

---

① 资料来源:http://doc.mbalib.com/view/5c846f78611e0ba9037694736bb12b78.html,2016年1月12日访问。

3. 公众利益至上原则

企业在处理危机事件时,把公众利益放在首位,既符合公共关系的基本原则,又合乎企业的伦理道德准则。企业在开展公共关系活动时坚持以公众利益为出发点,并非不考虑自身的利益,而是要实现公众与企业的利益平衡,做到双方互惠互利。但是,危机在不少情况下会给公众带来生命、财产的损失,这时企业可能就要牺牲一些眼前利益,付出一定代价,也只有这样才能安抚受众、平息风波。从长远看,这也是企业的一种公共关系投资。如果企业鼠目寸光、斤斤计较,不惜以损害公众利益为代价,计较眼前的得失,其实质是对企业公共关系工作的根本否定。

1982年9月,美国芝加哥地区发生了有人服用强生公司生产的含氰化物的泰诺药片中毒死亡的严重事故,一开始死亡人数只有3人,后来却传说全美各地死亡人数高达250人,其影响迅速扩散到全国各地。调查显示,有94%的消费者知道泰诺中毒事件。

事件发生后,在首席执行官吉姆·博克(Jim Burke)的领导下,强生公司迅速采取了一系列有效措施。首先,强生公司立即抽调大批人马对所有药片进行检验。经过公司各部门的联合调查,在全部800多万片药剂的检验中,发现所有受污染的药片只源于一批药,总计不超过75片,并且全部在芝加哥地区,不会对全美其他地区有丝毫影响,最终的死亡人数也确定为7人。但是,强生公司仍然按照公司最高危机方案原则,即"在遇到危机时,公司应首先考虑公众和消费者利益",不惜花巨资在最短时间内向各大药店收回了所有的数百万瓶这种药,并花50万美元向有关的医生、医院和经销商发出警报。对此,《华尔街日报》报道:"强生公司选择了一种自己承担巨大损失而使他人免受伤害的做法。如果昧着良心干,强生公司将会遇到很大的麻烦。"泰诺案例成功的关键是因为强生公司有一个"做最坏打算的危机管理方案"。该计划的重点是首先考虑公众和消费者利益,这一信条最终拯救了强生公司的信誉。

事件发生前,泰诺在美国成人止痛药市场中占有37%的份额,年销售额高达4.5亿美元,其销售收入达到强生公司总销售收入的8%,利润占公司总利润的15%。事件发生后,泰诺的市场份额曾一度下降。当强生公司得知事态已稳定,并且向药片投毒的疯子已被拘留时,并没有将产品马上投入市场。当时美国政府和芝加哥等地的地方政府正在制定新的药品安全法,要求药品生产企业采用"无污染包装"。强生公司看准了这一机会,立即率先响应新规定,结果在价值12亿美元的止痛片市场上挤走了它的竞争对手,仅用5个月的时间就夺回了原市场份额的70%,迅速渡过了危机。舆论对强生公司也好评不断,如《时代周刊》以《泰诺神奇般地重返市场》为标题,报道了泰诺转危为安的奇迹。[①]

强生公司处理这一危机的成功做法向公众传达了企业的社会责任感和"公众利

[①] 参见刘刚:《危机管理》,中国经济出版社2004年版,第44—47页。

益至上"的理念,受到了消费者的欢迎和认可。强生公司还因此获得了美国公关协会颁发的银钻奖。原本几乎是一场"灭顶之灾"的危机事件竟然奇迹般地为强生公司迎来了更高的声誉,这都归功于强生在危机管理中"公众利益至上"的理念和高超的公关技巧。

4. 真诚坦率原则

当危机发生后,新闻媒体和社会公众最无法容忍的事情并不是危机本身,而是企业千方百计地隐瞒事实真相或者故意说谎。因此,危机一旦发生,企业要想取得公众和新闻媒介的信任,必须采取真诚、坦率的态度应对危机,越是隐瞒真相,越会引起更大的怀疑。在社会分工中,新闻媒介是专门从事向社会公众传播信息工作的,由于新闻媒介具有的信息传播功能直接关系到组织的信息扩散以及组织在公众舆论中的形象,所以组织必须极其慎重地处理好与媒介的关系。特别是在对待不利于组织的批评性报道的时候,组织的正确态度应该是主动提供客观、公正、全面的信息,实事求是地说明情况,抱着"有则改之,无则加勉"的态度,并及时、主动地将自己对这类传播的积极反应提供给新闻媒介。迈克尔·里杰斯特指出,危机发生后,组织必须以我为主,尽快提供事件的全部情况。他尤其强调实言相告,因为越是隐瞒真相,越会引起更大的怀疑。

1986年4月26日,位于苏联乌克兰地区基辅以北130公里的普里皮亚季的核电站,发生了自1945年日本受美国原子弹袭击以来全世界最严重的核灾难。这就是震惊世界的切尔诺贝利核电站核泄漏事故。但苏联政府在处理这一事故时没有将全部真相公布于众,结果引起北欧乃至西欧国家很大的社会恐慌,人们谈核色变,纷纷采取应急措施,如对农产品进行核辐射检验等。

5. 维护组织信誉原则

公共关系在危机管理中的作用是保护组织的信誉,这是危机管理的出发点和归宿。危机的发生势必会对组织的信誉带来一定的影响,使组织形象受到不同程度的损害。因此,尽管危机得到妥善的解决,但并不意味着危机的结束。组织特别要做好危机的善后工作,要通过大量细致入微的工作,采取必要的措施(总结经验教训、作出相应的人事调整和组织机构调整、处理有关责任人、增强企业对抗危机的免疫力等),以弥补因危机造成的各种损失,从根本上改变公众对组织的不良印象,恢复和重建企业的公众形象。只有当企业的公众形象重新建立之时,企业才能真正谈得上转危为安,公关危机的解决才能画上完满的句号。

(二) 公关危机处理的步骤

1. 危机处理决策

危机处理是在危机爆发之后组织被迫作出的紧急处理。一般来说,当危机爆发时,由于面临着信息不充分、压力极大、可反应的时间极其短暂、组织的资源极其缺乏等诸多不利的条件,常常令组织措手不及。尽管面临如此众多的不利条件,但是只要有正确的危机决策,力挽狂澜不是没有可能的。

《史记·高祖本纪》有云:"夫运筹策帷帐之中,决胜于千里之外"。这里所讲的"运筹帷幄"就是决策。决策有狭义的决策和广义的决策之分。狭义的决策是指各种可行性替代方案的选择行为,也就是我们所说的"决定"(decision);而广义的决策是指针对问题,并就各种可行方案加以评估和抉择的过程。在危机处理决策过程中,既包括狭义的决策,也包括广义的决策。危机处理决策可以帮助决策者从事理性而有系统的分析,当危机发生时,能以最科学、最准确、最迅速的方式,达到损失最小化的目的。① 当然,应该注意的是,危机决策绝不是一次性决策,而是多次决策,在决策与决策之间有强烈的因果关系,因此需要对所涉及的决策领域全盘思考、谨慎思量,才能在企业存亡的重大关头作出正确的抉择。危机处理决策包括两方面的内容:建立快捷、高效的危机管理组织和确定处理危机事件的新闻发言人。

首先,建立快捷、高效的危机管理组织。在危机处理阶段,速度是关键。这就要求各类组织在处理危机时,要做"雄鹰",而不做"鸵鸟"。"雄鹰"式的组织在遭遇危机时,能够主动迅速出击,果断承担责任,这样往往能够得到公众的谅解,尽可能维护组织的形象。而"鸵鸟"式组织在遇到危机时,总是推脱责任,像鸵鸟一样把头埋在沙子里,这样最终会失去公众的支持,给组织的信誉造成无法挽回的损失。在发生危机时,组织应以最快的速度建立"危机处理办公室"或"危机控制中心",调配受过训练的高级人员,配备必备的危机处理工具,以便迅速调查分析危机产生的原因及其影响程度,全面实施危机控制和管理计划。做好这一点十分重要,它是保证统一指挥、果断决策和迅速采取行动的前提,直接关系到危机管理的成败。

面临突如其来的危机,要求人们迅速决策、快速行动。为此,从总体上看,组织机构必须精简、统一、协调,规章齐全,职责明确。从参与人员上看,根据危机的程度和类型不同,参与者也应有所不同。对于关系组织整体的重大危机,要有组织的最高领导人参与,以保证危机决策和执行的权威性;同时,要有组织主要管理部门的负责人参加,因为组织的各个组成部分是一个有机整体,牵一发而动全身;此外,还应包括相关的外部专家、学者,以提供专业性咨询意见。

其次,确定处理危机事件的新闻发言人。危机事件的新闻发言人的主要职责是全权向外界全面解释各种真相,以防谣言流传。当危机爆发后,组织应及时确定一名危机事件的新闻发言人。新闻发言人一般应由危机事件处理小组的核心成员担任(最好是公关能力很强的)。新闻发言人所应具备的素质与条件包括:面对镜头及记者时态度要从容;技巧性地诱导话题;掌握全面情况;自信、阐述明确(避免专业术语);形象佳、态度诚恳;抗压性强;熟悉媒体运作;站在社会公益、公平及平等的立场看问题及发言。

新闻发言人应该准备好方便记者采访的各种资料,与新闻界主动配合,以掌握对外报道的主动权,尽量不要让外界通过其他的途径来获取企业危机的信息。当危机爆

---

① 参见朱延智:《企业危机管理》,中国纺织出版社 2003 年版,第 127 页。

发后,组织应通过新闻发言人迅速对媒体和相关公众表明组织危机处理的积极态度。这时,组织应本着诚恳的态度和负责任的精神,表达对危机受害者的同情、关注,同时承诺组织会立即着手调查并在调查结果出来之后给予公众满意的答复,以消除公众的不满和反感。为了避免使组织今后的危机处理工作陷入被动的局面,在事态的发展尚不明朗以及对危机尚未调查清楚之前,组织的新闻发言人在对外表态时应尽可能原则化,避免透露事件的具体细节。

2. 对危机进行确认和评估

对危机进行确认和评估是一项极富挑战性的工作。现实的经验和教训告诉人们,危机管理人员最好能够充分了解组织中的各种看法,并与自己的看法相互印证,错误地估计形势将会给危机处理带来灾难性的后果。

组织的最高领导者面对危机时,应考虑到最坏的可能,必须对危机可能造成的危害及影响有一个整体的把握。例如,是否危及组织的生存?如果是企业,是否会导致企业的破产?影响是短期的还是长期的?以此为基础,应快速确定危机处理的重点和主攻方向。在危机状态下,组织领导者必须处事果断,避免优柔寡断。在对危机情况准确分析的基础上,应迅速作出决策,以高压强制政策保证决策的顺利执行,将事态迅速控制住,否则就有可能势如决堤,一溃千里。

3. 迅速隔离危机

危机往往是在组织的某一方面或者某一部门出现,然后扩大到整个组织系统。此外,危机的爆发往往还具有涟漪效应,由于一种危机处理不当,往往会引发另一种危机。因此,当某一危机产生之后,组织应迅速采取措施,切断这一危机与组织其他可能发生危机方面的联系,及时将爆发的危机予以隔离,以防危机的扩散造成更大的损失。

4. 合理、合法地转嫁和分散危机

当组织发生危机时,可以通过合理合法的途径转嫁和分散危机带来的损失。一般来说,可以从两个方面加以考虑:一是企业内部,二是企业外部。在企业内部,可以根据危机发展的趋势,独立承担某种危机的损失,如关闭亏损工厂、部门,停止生产滞销的产品,主动撤出某一投资领域等;或者由合作者、股东共同分担企业危机。在企业外部,可以采取的分散危机的措施有:其一,通过资本运营,将危机承受主体由企业单一承受变为由多个主体共同承受,如采用合资经营、合作经营、发行股票、资产重组等办法。其二,向下游企业,通过提高价格等合法方式转嫁风险。其三,如果投保,应及时向保险公司索赔,尽快取得流动资金。[①]

5. 加强组织与新闻媒介和公众的沟通,维护组织形象

通常情况下,任何危机的发生都会使公众产生种种猜测和怀疑,有时新闻媒介也会有夸大事实的报道。因此,发生危机的组织要想取得公众和新闻媒介的信任,必须采取真诚、坦率的态度。隐瞒真相只会引起新闻媒介和公众更大的怀疑。

---

① 参见张春景、魏劲松:《挽救败局:企业危机运营》,经济日报出版社 2002 年版,第 42 页。

在与新闻媒介沟通时,组织要掌握舆论的主导权,尽力以组织发布的消息为唯一的权威性信息来源。在危机发生而事件真相尚未查明前,可向媒介提供背景材料,介绍发生危机的初步情况、组织采取的措施以及与事件相关的资料,以占领舆论阵地。

组织在处理危机时,应当以社会公众利益为重。组织可以邀请公正、权威的机构来帮助解决危机,以协助维护组织在社会公众中的信任度。由社团、权威机构出面讲话,一般给人公正的感觉,容易得到公众的信任、舆论的同情,在公众心目中塑造良好的形象。

6. 危机的总结

危机的总结是整个危机管理的最后环节。危机所造成的巨大损失会给企业带来许多方面的经验和教训,所以对危机管理进行认真而系统的总结不可忽视。危机的总结一般可分为三个步骤:首先是调查。即对危机发生的原因与相关的预防和处理危机的全部措施进行系统的调查。其次是评价。即对危机管理工作进行全面的评价,包括对预警系统的组织和工作内容、危机应变计划、危机决策和处理等各方面的评价,要详尽地列出危机管理工作中存在的各种问题。最后是整改。即对危机涉及的各种问题综合归类,分别提出整改措施,并责成有关部门逐项落实。

对于一般的企业而言,危机管理可以用"企业危机管理流程图"表示,如图9-2所示:

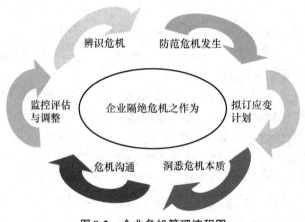

图9-2 企业危机管理流程图

(三) 公关危机传播的管理与控制

许多危机的发生和演变并不是孤立和封闭的,而是与外界环境息息相关的。危机事件爆发后,经过新闻媒体的报道和渲染,会引起公众的强烈反应。公众的反应和强大的舆论压力反过来又可能加速或减缓危机的蔓延。因此,组织的危机处理人员,特别是公关人员,应该注意管理和控制危机信息的传播,要有能力影响公众对已经发生或正在发生的危机事件的初步或者全部的看法。

控制危机信息的传播,并不是试图掩盖或歪曲危机事件的真相,否则不仅无助于危机的处理,反而会加重危机。因此,这里所说的控制危机信息的传播,是指要保证危机信息传播的流畅和信息的正确。在危机事件出现后,应及时举行新闻发布会或记者招待会,向组织内外公众介绍真相以及正在进行的补救措施,做好同新闻媒介的联系,使其及时准确报道,以此影响公众、引导舆论,使不正确的、消极的公众反应和社会舆论转化为正确的、积极的公众反应和社会舆论。只有进行有效的传播管理,才能进行有效的危机管理,因为外部公众对危机的看法主要依赖于他们的所见所闻。俗话说:"成也媒体,败也媒体。"

1. 危机沟通中易犯的错误

在处理与外界的沟通时,组织必须考虑到外界和媒体所关注的事物,学习别人的经验和记取教训,在危机的沟通上扭转乾坤,转危为安。当组织面临危机时,在与外界媒体的互动上,容易犯如下几方面的主要错误:

(1) 回避问题。危机中信息传播的真空,很快会被颠倒黑白的言论、流言飞语占据,"无可奉告"的答复尤其会产生此类问题,并引发公众的负面怀疑与猜忌。当危机爆发时,会造成组织上下的不安情绪,如果平日缺乏相关的准备与训练,在第一时间里,将无法立即对外界作出任何的响应。因此,很多组织在不知所措的情况下会选择回避问题,采取鸵鸟的心态,让危机持续扩大。一般而言,危机爆发后,组织反应的流程如下:一是事件发生一小时内,组织要有声明;二是事件发生一个半小时内,当地要有声明;三是事件发生三小时后,要有新闻演示文稿。

(2) 恃誉傲慢。一些信誉、营运状况良好的组织机构在面临突发状况时,第一线人员无法有效地处理并控制事端而任其扩大,自视组织"不可能"出现这样的瑕疵,对于突如其来的状况刻意规避,甚至归咎于外界。许多危机事件之所以发展到不可收拾的地步,是由于自以为组织本身的形象良好,而不对事端予以重视,直到事情发展到不可收拾的地步才察觉事态的严重性。

(3) 与媒体为敌。一些组织在获知媒体的负面报道后的第一反应就是以各种方式告知媒体记者,并以极不友善的态度否定记者的各项报道,进而关闭与媒体沟通的渠道。针对媒体报道有误之处,未能理性地要求对方予以修正,而是采取激烈的手段来驳斥媒体,与其抗争,进而造成与媒体沟通上的另一种危机,实为不明智之举。

(4) 被动响应。在面对外界的质疑和负面报道时,未能主动地予以响应,等到外界的压力势不可挡时,才被动地采取相关的手段来面对外界的压力,未能实施"主动出击"的策略,让组织在对危机的反应上处于被动"挨打"的局面。

2. 制订应对媒体的政策与程序

沟通计划中,应明确制定出应对媒体的政策,包含沟通小组的设立、人员的安排和训练计划以及制定与媒体互动的标准作业程序。同时,应选择合适的场所作为媒体中心。媒体中心除可召开记者会之外,也是组织在处理危机时与媒体直接互动的场所。媒体中心的位置选择应适中,不可离危机发生地点太接近,避免造成媒体争相拍摄及采访的混乱场面。当然,媒体中心也不宜太过偏远,这样容易使媒体怀疑组织是否要掩盖相关事实,也会影响媒体前来采访的意愿,从而寻求其他渠道以获得相关的信息,极容易产生错误或偏颇的报道。因此,应让媒体感觉组织在面对危机时的态度是诚实、公开的,而不是感觉组织在处理危机时有所隐瞒。对于媒体的采访,应注意下列相关事项:

(1) 避免非专职人员接受访问。媒体记者在执行采访工作时,只要是与该组织相关的人员都有可能接受媒体的采访。因此,在内部的媒体政策上,应明确地告知人员不可自行对媒体发表个人的意见,统一由组织内部所指派的专职发言人来接受媒体的采访。

(2) 准备响应外界的问题。在面对媒体的采访前,应明了外界所关心的问题,站在媒体的立场上分析整个事件,准备响应媒体一般性的问题,甚至艰难且具攻击性的问题,顺势主导采访的议题,引导媒体论及有利于组织的议题,掌握采访报道的主控权。

(3) 备妥声明稿。在接受媒体采访前,应备妥相关的声明稿,声明稿中应明确地说明事件发生的原委、组织处理的态度及立场,让社会大众明了组织在处理危机上的诚意。

(4) 备妥专业说明资料。应准备好组织的背景资料,并不断根据最新情况予以更新。相关的专业资料应包含专业名词的解释,并针对组织的专业性业务流程详细说明,减少外界的疑惑。应促进组织与媒体沟通上的流畅,让媒体能在最短的时间内了解组织的状况,从而有助于组织与媒体达成沟通的共识。

(5) 提供媒体所需。在组织所规划的媒体采访中心里,应备妥相关的设备、资料,提供给媒体记者使用,以营造和谐的沟通气氛,如传真机、电话、无线网络、演示文稿资料、茶水等。

3. 将媒体管理纳入危机管理计划中

迈克尔·里杰斯特强调,掌握应对媒体的有效技巧是非常重要的。他认为,对交流的有效管理如同处理危机本身一样重要。毕竟,外界对危机的看法依赖于他们所收到的信息。[1] 罗伯特·希斯认为,危机管理者与媒体的矛盾来源于两个方面:一是危机管理者感到解决问题的努力得不到媒体的认可;二是新闻记者为了保有和增加自己产品的听众、观众和读者,就要推出饶有兴趣的新闻。[2] 简而言之,一些媒体并不关心事情的真假,而是关心其报道的内容能否引起受众的兴趣,以达到销售其产品的目的。因此,必须对危机管理者如何与媒体进行沟通进行培训,并将之纳入组织的危机管理计划中。

危机管理者需要处理好媒体对危机情境的威胁和积极贡献这两者之间的关系。媒体的积极贡献表现在:(1) 提供信息,指导公众在不同的危机情境中的行动;(2) 增

---

[1] 参见〔英〕迈克尔·里杰斯特:《危机公关》,陈向阳等译,复旦大学出版社1995年版。
[2] 参见〔美〕罗伯特·希斯:《危机管理》,王成、宋炳辉、金瑛译,中信出版社2001年版,第186页。

强公众的危机意识;(3)危机发生时警示公众;(4)提醒企业留意其利益攸关者的心情和情绪;(5)提供有关做什么、去哪里、联系谁以及采取什么措施的信息,以控制并解决危机;(6)为危机管理者提供信息——借助于媒体的直升机和先进的录像设备,他们可以理解和分析较大的危机。①

当然,媒体在发挥其积极作用的同时,也会对组织造成一定负面的影响。媒体的负面影响主要有:第一,媒体可能成为危机的制造者;第二,媒体可能是危机的促进者;第三,媒体可能是危机管理的妨碍者。② 例如,在1994年全国药品交易会前夕,辽宁电视台在晚间新闻中播发了一条"假药救了两条人命"的口播新闻,大意是:大连某旅店服务员发现住宿的一对夫妇昏迷在床,地上有六个空的安眠药瓶。经了解得知,这对夫妇因赌博输钱欲服药自尽,谁知他们购买的"佳静安定片"是假冒药品,毒性很小,要致人死亡必须服50瓶以上。此事经过媒体炒作,致使原本全国首创、药性强、毒性小的正宗"佳静安定片"成为伪劣产品的代名词,一些经销商不明真相而纷纷要求厂家退货。这些媒体报道加上公众的误解致使制药厂直接经济损失达300多万元,危及企业的生存与发展。③

有人认为,中小企业败于媒体的命运不会发生在大企业身上,这实在是一种误导。实际上,糟糕的媒体管理同样会深刻影响大型企业的经营和公众信任。美国埃克森石油公司的油轮泄漏事件就是最好的例证。1989年,美国埃克森石油公司的一艘名叫埃克森·瓦尔德号(Exxon Valdez)的油轮在威廉·桑德王子港搁浅,在封闭的水域泄漏了26万桶原油,造成很多鱼类等生物死亡。埃克森公司的首席执行官劳伦斯·罗尔(Lawrence Rawl)在事发后六天内没有露面。埃克森公司在应对媒体的追查时,有两个行为造成了公司的负面公众形象:第一,他们在事发后十天用整幅广告证明自己已迅速有效地作出反应,但是媒体报道石油正在向更大的水域蔓延,公司显然消极怠工。这就使人怀疑船上至少两名公司高层管理人员的能力,并且明显与事实不符的声明给人留下了埃克森公司故意逃避、麻木不仁的印象。第二,罗尔接受了哥伦比亚广播公司《早间新闻》栏目的采访。在回答如何清除油污的问题时,他说自己的工作不负责了解正在进行的油污清除的技术细节。尽管这本身没有错,但是在发生了这种事故之后,这种说法明显使公众认为公司的态度麻木不仁、盛气凌人。尽管埃克森公司在努力,可是媒体和公众对该公司的不良印象在蔓延,导致众多的埃克森客户转向它的竞争对手。④ 最后,美国联邦法庭作出判决,要求1999年合并的埃克森美孚石油公司为1989年埃克森公司的泄油事件支付40亿美元的罚款。⑤

---

① 参见〔美〕罗伯特·希斯:《危机管理》,王成、宋炳辉、金瑛译,中信出版社2001年版,第190—191页。
② 参见朱德武:《危机管理:面对突发事件的抉择》,广东经济出版社2002年版,第53—56页。
③ 参见许芳编著:《如何进行危机管理》,北京大学出版社2004年版,第8页。
④ 参见〔美〕罗伯特·希斯:《危机管理》,王成、宋炳辉、金瑛译,中信出版社2001年版,第184—185页。
⑤ 参见刘刚:《危机管理》,中国经济出版社2004年版,第161页。

4. 建立有效的信息传播系统

建立有效的信息传播系统，做好危机发生后的传播与沟通工作，争取新闻界的理解与合作，这是妥善处理危机的关键。为此，组织应当做好以下几方面的工作：

第一，掌握宣传报道的主动权，通过召开新闻发布会以及使用互联网、内部网、电话、传真等形式，告知社会公众危机发生的时间、地点、原因、现状、问题、公司目前和未来的应对措施等内容，信息应具体、准确。

第二，统一信息传播的口径，对技术性、专业性较强的问题，在传播中应使用清晰、不产生歧义的语言，以避免出现猜忌和流言。

第三，设立24小时开通的危机处理信息中心，随时接受媒体和公众的访问。

第四，慎重地选择新闻发言人。当危机爆发后，很多新闻单位会派记者采访，他们提出的各种问题与新闻发言人的回答会被转换成技术性语言传播出去，对企业的形象造成重大影响，因此要慎重选择新闻发言人。新闻发言人一般可以安排总经理或厂长等主要负责人担任，因为他们能够准确地回答有关企业危机各方面的问题。但是，如果危机涉及技术问题，那么就应当由分管技术的负责人来回答技术问题；如果危机涉及法律问题，那么企业的法律顾问就是最好的发言人。新闻发言人应遵循公开、坦诚、负责的原则，以低姿态、富有同情心和亲和力的态度表达歉意；表明立场，说明公司的应对措施；对不清楚的问题，应主动表示会尽早提供答案；对无法提供的信息，应礼貌地表示无法告知并说明原因。

第四节　组织形象的重塑

危机对于任何组织来说都是一场严峻的考验。有时，危机对于那些素质良好、危机管理能力比较强的组织并无太大的损害，甚至会帮助它们树立良好的组织形象。这是因为，危机事件给组织提供了一个向公众展示其高超的危机应变计划和处理技巧的机会。但是，对于绝大多数经历危机的组织来说，不管其处理危机的能力如何，其自身的形象都不同程度地受到了损害，该不利影响会在今后相当长的时间中日益显现出来。我国许多知名企业往往经历一次危机就销声匿迹或元气大伤，这种损失是无法估量的，如秦池酒业公司、三株集团、爱多集团、南京冠生园食品公司等。因此，在危机过后，组织的公关人员应该在如何重新塑造组织形象方面多下功夫。只有当组织的形象重新在公众心目中树立起来时，才能使组织真正转危为安。

一、加强组织内部沟通

当面对危机时，组织的领导层容易忽略与内部员工沟通的重要性，会想当然地认为内部员工应该很容易掌握组织内部相关的信息，并理所当然地觉得他们是对组织最忠实的支持者，当组织需要他们时，他们一定会尽可能地挺身而出。如此主观认知的结果，通常与实际的情况有很大的落差。当危机发生时，在所有的沟通对象中，组织内部的员工通常是最敏感的,他们通常认为自己有足够的权利被告知组织所遭遇的所有情况,以及组织在危机处理中所采取的策略与行动。

(一) 组织内部沟通的要点

一般而言,组织内部员工对组织具有认同感和归属感,并认为组织里所发生的一切与他们的工作和生活息息相关。他们会担心自己的饭碗是否还保得住,担心危机影响员工的士气及团队合作的气氛,也会担心自己是否会遭到解雇或减薪等。总而言之,组织内部员工所担心的重点在于,危机事件对组织产生负面的影响后,将会间接地影响他们正常的工作、生活品质、经济负担以及对家庭与社会的责任。因此,组织做好对内沟通的工作就能有效地减缓内部员工情绪上的不安与焦虑,一旦内部员工对组织保持认同感及信心,他们可以成为组织在面临危机时最忠实的支持者。反之,他们将会是组织在处理危机时最大的阻力和威胁。因此,组织内部沟通是不可忽略的。

1. 优先选择内部沟通

在危机沟通中,应优先针对内部员工进行沟通,如果想当然地认为内部员工应该知道组织所面临的问题而不加以说明,将是个严重的错误。即使内部人员可以从其他的消息来源得知组织所面临的处境,与内部员工的沟通工作仍是必要的。如果内部员工是从组织以外的信息来源得知相关消息的,他们就会对组织逐渐失去信心并产生怀疑与不安。

2. 建立信心

组织与内部员工的沟通,最主要的目的就是希望能让内部员工感受到组织对他们的重视。组织应诚实、公开地将事件的经过向内部员工说明,并使内部员工保持对组织危机处理的信心与认同,凝聚内部的向心力。

3. 寻求支持

在维系了内部员工对组织的信任之后,组织应将这股力量适当地运用在支持组织危机处理的各项措施上,使内部员工不仅对内能团结一致,对外也能发挥影响力。

4. 防止谣言散布

当组织内部员工认同组织处理危机的诚意与作为后,对于那些有损组织形象或破坏内部团结的谣言便能有效地进行控制,内部由上到下均能抱持共同的立场,秉持共同的信念以共渡时艰。

5. 安抚与心理复原

组织对于遭受影响的内部员工,应提供实时的帮助以安抚当事人的情绪,并给予专业的心理咨询服务。此外,对于当事者的家属也必须以负责任的态度来提供相关的咨询与协助,履行赔偿的义务,化解内部不安的情绪。

(二) 组织内部沟通的方式

当危机发生时,组织可以通过许多方式与内部员工沟通,其最终的目的乃是将重要的信息直接而明确地传达给组织内的每一个人,让内部员工明了事件的原委以及组织处理事件的态度。组织可以因工作形态以及沟通对象层级的不同,采取下列不同的沟通方式：

1. 员工会议

组织可以通过召开全体员工大会，明确地阐述相关的事实与组织的危机处理政策，并利用机会凝聚全体共识。此外，组织也可因应组织形态的不同，由各部门各自举行说明会，目的是达成组织内部上下垂直层面的沟通。

2. 部门会议

组织内部可以因各部门任务性质的不同，分别召开部门内部的说明会议，达到与内部员工沟通的目的。组织领导层应于事前召集各部门的负责人共同研商，达成共识后，再授权各部门分开执行。

3. 一对一面谈

对于规模较小的组织而言，领导层可以通过面对面的访谈和内部员工沟通。这是最直接且明确的方式，除了可以传达组织的立场之外，也可以解答内部员工的疑问，达到与内部员工直接互动的目的。

4. 内部文件或刊物

组织内部流通的文件或刊物也可以让领导层在与内部员工沟通时发挥作用，利用内部的公文传递系统或定期的刊物，将组织领导层向内部员工所要表达的信息迅速明确地传达给每一个人。

5. 书信

考虑到整体事件的特性，若影响的层面涉及内部员工的家属，组织可以借由书信的方式将信息邮寄至内部员工的住所，与家属建立相互沟通的渠道。

6. 电话

组织的内部沟通小组可以通过电话与内部员工或家属沟通，直接说明组织处理危机的方式，表明组织的立场与保护员工的决心。

7. 公布栏

组织可以利用内部的活动看板，以书面的方式向内部员工公布重要的信息。

8. 声明影带

组织可以通过制作影带的方式将危机处理的立场向全体人员说明，使用这一方式应注意信息传达的时效性，避免错失实时与内部员工沟通的先机。

9. 内部网络系统

组织可以利用内部的网络系统将领导层的信息传达给每一位员工，以诚实、负责的态度向内部人员说明。此外，组织也可通过网络上的留言板来了解内部员工的想法以及对组织的建言，随时掌握内部人员的想法，采取必要的反应措施。

（三）组织内部沟通的效果

良好的对内沟通将有助于组织在危机处理的同时，确保内部员工士气的维持，进而成为组织在危机处理上的一股助力。因此，当内部员工感受到被组织尊重，并且能够随时获得充分的信息时，组织在危机处理上就能满足内部员工的期望，降低内部员工的不安与负面的情绪。所以,组织在处理危机的同时,也必须与内部员工进行积极的沟通。只有这样,组织才能从危机处理中获得内部员工的支持与合作。组织内部的沟通会产生如下几方面的效果:

1. 支持组织的立场

当内部员工充分感受到被组织重视时,将会有强烈的倾向认同并支持组织的立场。当员工对所属组织产生强烈的认同感,对组织的政策与行动也有了共识后,自然能凝聚成一股强大的力量。就好比家庭中的成员一样,假使每一位成员都能感受到家庭的温暖与重视,当家庭面临危难时,每一位成员都会竭尽所能地挺身而出捍卫家园。因此,除积极的沟通之外,重视组织内部成员的感受也是十分重要的。

2. 避免谣言的传播

当组织与内部员工充分沟通后,员工自然会倾向于对组织的认同,对于任何可能伤害组织的谣言及传闻都会尽力加以消弭,避免组织遭到无谓的伤害。组织在处理危机的同时,面对负面的消息是非常脆弱的,任何负面的消息都将可能成为组织在处理危机时的致命伤。

3. 信任组织高层的领导

组织内部员工士气的低落通常是由于他们对于组织领导层的不信任,有时是因为对决策的不满,或是不满领导层缺乏对内部员工沟通的诚意。因此,当组织面临危机时,维持内部员工的信心是必要的,只要让内部员工感受到来自组织领导层沟通的诚意,内部员工自然会倾向于认同组织高层的领导与相关的决策。

4. 有助于核心信息的传递

有了内部员工的支持,组织在处理危机的过程中,相关的信息便能自上而下顺利地传达给每一个人,内部员工也较容易采取与组织合作的态度来帮助组织执行对内与对外的沟通,有助于组织核心信息的传递。

5. 坚守工作岗位

当危机来临时,维持内部的稳定是十分重要的,这样组织才能"无后顾之忧",并全身心地处理危机。良好的内部沟通有助于稳定人心,只要对组织充满信心,即使是面对危机的冲击,为了组织的未来发展与自身的工作保障,内部员工仍会保持坚定的态度来完成自己的职责与组织的使命。

6. 抱持正面的态度

组织在处理危机的同时更需要内部的支持,一旦内部员工认同组织处理危机的态度,自然就会对组织抱持正面的态度,进而感染周围的人,使他们能有相同的感受。此外,内部员工也可以帮助组织做好外部利益关系者的沟通工作,并成为说服外部团体的最佳"利器"。

二、做好对外沟通

当确认组织确实有所过失而造成危机事件时,审慎地处理而不致酿成更大的危机是十分重要的。在大多数案例中,对于勇于承认过失且有诚意面对并解决问题的组织,通常都能获得社会大众的同情与谅解。反之,一味地逃避责任以及归咎过失于他人,同时又无法拿出证据来证明自己清白的组织,终将招致社会大众的愤怒及更大的指责。任何的组织都有可能犯下过错,当面临如此的情形时,认真面对,做好相应的工作,才能有助于恢复组织的形象。

第一,承认错误。"诚信为上",当发现危机事件乃缘于组织本身时,应在第一时间坦承错误,并研究补救的方案。

第二,诚恳地致歉。对于错误所造成的不良后果,组织应诚恳地向受害者及社会大众道歉,不可推诿过失,应以负责任的态度向外界说明,并积极与受害者沟通,请求受害者的谅解。

第三,表达遗憾。组织应通过媒体发表声明,表达对所犯错误的遗憾,并对内部所造成的问题进行检讨。

第四,展现解决问题的诚意。承认错误之后,组织要展现对解决问题的诚意,最重要的就是要立即提出相关的解决方案,对内部和外界说明组织会如何做好后续的弥补工作,并给社会大众一个明确的交代。

第五,承诺将防止类似事件的再度发生。除了痛定思痛之外,组织应尽快改正内部的过失,同时向外界保证组织对相关问题的重视,并承诺未来会尽可能地防止类似事件的发生。

第六,感谢支持者。危机发生后,组织应对内部和外界的反应作深切的体察,对于支持者的声援应公开表示感谢,并持续寻求各界的支持与谅解,这对组织声誉和形象的重建将有所助益。

本章小结

危机的破坏性、普遍性、连锁性等特点使得危机管理成为组织管理中不可或缺的一部分,危机公关越来越受到组织的重视。当前组织面临公关危机的情况主要有组织自身行为不当、突发事件、失实报道三种,了解三种情况各自引起危机的原因以及引发的具体危机的类型,能够有针对性地开展危机公关活动,预防、扭转或改变组织发展的不良状态。

危机管理是在一个肯定有风险的环境里把风险造成的危害降至最低的管理过程,主要包括危机预防、危机处理、危机处理步骤、危机传播的管理与控制以及组织形象的重塑五个方面。树立公关危机意识、建立公关危机的预警机制能够防患于未然,主动积极地排除日常管理中潜藏的引发危机的因素,保证组织正常运行。危机发生后,组织在处理过程中要遵循快速反应、承担责任、公众利益至上、真诚坦率和维护组织信誉的原则,迅速作出危机处理决策、对危机进行确认和评估、迅速隔离危机、转嫁和分散危机、加强与新闻媒介和公众的沟通等一系列应急反应,最后需要对危机进行总结。组织在处理危机的同时,要注意管理与控制危机的传播,制定媒体政策与程序,将媒体管理纳入危机管理计划中,并建立有效的信息传播系统。危机过后,组织的公关人员仍需努力重塑组织形象,加强对内和对外两方面的沟通,最终使组织转危为安。

案例分析

迟来的道歉

2013年央视"3·15晚会"上,苹果手机被曝出在中国市场实施不同于国外的售后政策,涉嫌歧视中国消费者。随后,央视、《人民日报》等众多主流媒体纷纷对苹果予以"炮轰",指责其"傲慢"。由于苹果公司迟迟没有正视问题,其危机公关也饱受诟病。苹果公司一度陷入"售后门"。

在没有开通企业微博的情况下,苹果公司通过@新浪科技发布名为《苹果回应央视3·15报道》的官方声明:"苹果公司致力于生产世界一流的产品,并为所在市场的消费者提供无与伦比的用户体验。这也是为什么我们在每一家苹果零售店的Genius Bar天才吧提供深受消费者喜爱的面对面支持。我们也与全国270多个城市的超过500个授权服务点密切合作。我们的团队一直努力超越消费者的期望,并高度重视每一位消费者的意见和建议。"

"3·15晚会"结束后,大批媒体记者一起来到苹果西单大悦城店。在现场,一些消费者看了电视节目后来讨说法。对于苹果手机如何执行整机交换政策,店内工作人员表示暂时还不能回答,会通知苹果公司公关人员予以解释。该店负责人王先生联系了苹果公司公关部门,称相关负责人将来到店内,但记者始终未见到。

这位王先生提供的媒体热线座机号码也无人接听。3月16日上午,多名记者来到苹果公司北京办公地点进行采访,虽然灯是亮着的,但始终没有人出现。

之后连续多天,央视《新闻联播》《焦点访谈》《经济半小时》等栏目不断曝光苹果公司的相关问题。

3月23日,苹果公司二度回应:中国消费者享有苹果最高标准的服务,"我们的政策完全符合本地法律法规,苹果在中国所提供的保修政策和在美国及世界各地大致相同"。

3月25日起,《人民日报》连续5天"炮轰"苹果。

3月29日,央视记者采访苹果公司总部未果,被拒视频在网上疯传。

4月1日晚间,苹果公司在其中文官网主页的醒目位置,发布了苹果公司CEO提姆·库克《致尊敬的中国消费者的一封信》。苹果公司表示,对过去两周里收到的在中国维修和保修政策的反馈意见进行了"深刻的反思",意识到对外沟通不足而导致外界认为苹果"态度傲慢,不在意或不重视消费者的反馈",并对此表示"诚挚的歉意"。同时,苹果公司提出四项改进措施,包括iPhone 4和iPhone 4S维修政策、在苹果公司官方网站上提供简洁清晰的维修和保修政策说明、加大力度监督和培训苹果公司授权服务提供商以及确保消费者能够便捷地联系苹果公司以反馈服务的相关问题。

对于此前被广泛质疑的保留后盖的维修方式,苹果公司称,对 iPhone 4 和 iPhone 4S 维修政策进行改进,自 2013 年 4 月起,苹果公司将 iPhone 4 和 iPhone 4S 服务升级为全部采用新部件的设备更换,并且自更换之日起重新计算 1 年保修期。

案例思考题:
1. 苹果公司在这次"售后门"事件中违反了公关危机处理的哪些原则?
2. 请利用所学的知识为苹果公司拟订一份公关危机处理计划。

第十章　企业公共关系

本章要点

1. 企业公共关系的概念及含义。
2. 企业公共关系的特点、作用与程序。
3. 企业内部公共关系及利益主体构成。
4. 企业内部公共关系的必要性、分类和基本原则。
5. 人性假设的理论和激励理论。
6. 企业内部公共关系的途径与方法。
7. 企业外部公共关系的类型。

引例 酒泉酒厂自我"曝光"

　　酒泉酒厂是一家有五十多年历史的老厂,以生产春生堂药酒和桂元大补酒在港澳和东南亚地区具有很高的知名度。1986年6月,由于没有把好质量关,致使当月生产出来的四千多瓶啤酒出现了严重的质量问题,其中的一千多瓶已经出售给消费者。当该厂发现这个问题以后,不是采取隐瞒事实真相的态度,而是主动通过新闻媒介,向社会公布这次质量事故,并采取紧急措施,将已出售的一千多瓶有质量问题的啤酒尽可能地回收,并决定将啤酒生产车间停产整顿。酒泉酒厂的"家丑"外扬以后,其啤酒的市场销售量曾一落千丈,企业利润也受到了很大影响。这对企业来说,本来是一件坏事。但是,不久,坏事变成了好事,经过整顿,啤酒生产车间的职工普遍树立了质量第一的意识,认识到啤酒生产的质量直接关系到千家万户的人身健康,关系到酒泉酒厂的形象和信誉,从而在车间内形成了一种人人注重产品质量的良好气氛,使酒泉酒厂的啤酒生产质量日益提高。时隔两个月,在全省啤酒随意抽样检测会上,该厂生产的啤酒全部指标达到了部颁标准。在1987年元宵节侨乡商品交易会上,该厂啤酒以其清凉透明、口味纯正、泡沫挂杯持久、久置不涩而重新赢得了广大消费者的青睐,许多客户争相订购该厂的产品。

　　企业公共关系,无论在国内还是国外的公共关系领域中,都是发展最快、影响最大的一个分支。企业公共关系作为一种新的经营理念和方法,伴随着它带来的经济效益和社会效益越来越大,越来越受到企业界的重视和广泛运用。因此,掌握并运用公共关系理论对于企业提高经济效益,提升企业的市场竞争力,尤其是改善企业的经营管理,显得尤为重要。

第一节 企业公共关系概述

一、企业公共关系的概念

企业公共关系,是指一个企业为了塑造和提升自身的良好形象,有意识地运用各种传播媒介,传递企业和产品的各种信息,与社会公众双向地协调关系、处理各种危机的公关活动。企业公共关系的目的可归纳为"内求团结,外求发展",即在企业内部建立不断增强企业凝聚力和向心力的人际关系和环境,在企业外部则通过促进产品销售,树立良好的信誉和形象,赢得社会公众的合作与支持,创造最佳的舆论环境,促进企业的生存与发展。从定义中,我们可以概括出企业公共关系的三层含义:

第一,公共关系是企业管理的一种职能。企业通过运用公共关系,达到其预期的目标。改革开放后,我国企业相继建立了新型的企业制度。面临着激励的市场竞争,企业除了要参与技术之争、核心技术之争和市场占有率争夺战外,还得花更多的时间、精力与资金用于企业形象的竞争。可以说,企业形象对企业的生存和发展壮大起着日益重要的作用。所以,不论是国有大中型企业还是一些民营企业,都会花费巨大的人力和资金去建设企业的公共关系。

第二,公共关系是企业有意识的活动。它是企业为了顺利地促进其产品销售,拓展经营业务,扩大市场占有率,通过一系列具有可操作性的商业行为方式去完成的公关活动。现在我国市场上的绝大多数产品都处于供过于求的状态,市场营销的效益直接关系到企业的生存和发展。无论是传统的市场营销促销策略组合4Ps(产品策略、价格策略、促销策略、渠道策略),还是后来发展的6Ps(产品策略、价格策略、促销策略、渠道策略、政治权力、公共关系),公共关系在市场营销中都有着重要的作用。企业通过公共关系,有选择地运用各种传播媒介,有意识地向社会公众传递企业和产品的相关信息,赢得消费者的信赖,改善企业在消费者心目中的形象,刺激大众的购买欲望。企业一方面通过促进消费者购买行为的完成,实现产品的销售;另一方面确保消费者对企业的信任和依赖,以此扩大企业的市场占有率。

第三,公共关系是企业和社会大众的一种双向交流的过程。这种双向交流表现为:一方面,企业要根据消费者的各种需求和偏好,生产适合市场需要的产品以满足他们的消费欲望;另一方面,企业要在原有的供给基础上,不断地研究新技术,开发新产品,拓展新功能,引导公众的消费方式和提高生活质量。企业与消费者的关系是一种特定的关系,企业是主体,与消费者关系的好坏主要依赖于企业处理双方利益关系的原则和方式以及企业对待消费者的态度。在企业公共关系中,特别主张企业认识社会公众的重要价值,提升在公众心目中的形象,建立与公众的良好关系。

二、企业公共关系的构成要素

通过企业公共关系的概念,我们可以看出组成企业公共关系的三个基本要素:企业、公众以及沟通和传播。其中,企业是主体,公众是客体,企业通过所选择的传播媒介,与公众沟通协调,从而达到企业预期的经营目标。

(一)企业公共关系的主体——企业

不同类型的主体,其运用的公共关系是不一样的,选择哪一种公关方式,要依据主体企业的产品类型、市场占有率以及顾客的消费偏好等综合因素,切不可盲目地模仿其他企业。

改革开放带来的经济飞速发展,结束了计划经济条件下的"短缺时代",随着商品经济的竞争和科学技术的迅猛发展,绝大多数产品都处于供过于求的状态,传统的那种单纯依赖低价倾销战术和产品的技术性能已经不能够满足消费者市场的需求了,因此市场营销对于企业显得尤为重要。从20世纪80年代美国市场营销学者杰克逊提出"关系营销"(relationship marketing)概念开始,许多企业都视企业公共关系为现代营销理论的一个最重要的部分。现代企业越来越视公共关系为市场营销最重要的武器,通过运用企业内、外部的公共关系活动,可以发挥企业无形资产的巨大市场号召力,帮助企业营造有利的市场营销环境,顺利地实现企业的经营目标。同时,作为主体的企业,也负有从竞争意识和危机感方面提高公共关系管理的水平和丰富公共关系的理论的重任,通过科学有效地与公众协调、沟通,充分调动公众的热情和力量,谋求企业与公众之间的双赢。

(二)企业公共关系的客体——公众

这里的"公众"指的是与公共关系主体——企业存在着相互联系和影响、相互作用的人或群体的总和。对企业来说,寻找和了解企业所面临的公众是整个企业公共关系中最重要的前提。公众的意见能够直接反映企业产品的质量和售后服务,公众的认可是反映企业市场占有率及企业品牌效应的晴雨表,企业必须根据公众的偏好、需求、购买欲望来决定自己所选择的行业和生产量等。作为一个企业,首先必须清楚所面临的公众。

一个企业所面临的公众,从外部来说,基本上有供销商、顾客、金融机构、工商税务部门、政府机关、运输公司、同行企业、海关等。外部公众直接制约着企业的生存和发展壮大,企业必须妥善处理各种纠纷,在公众心目中营造良好的形象,打造产品质量第一的同时,还必须提供优质的售后服务。从内部来说,一个企业所面临的公众有管理人员、技术人员、财务人员、后勤服务人员、销售人员、员工、经理层等。这是企业公共关系协调的重中之重,必须充分调动他们工作的积极性,明确企业的发展方向和目标,培养企业归属感,增强企业凝聚力,实现企业的战略目标和愿景。不同企业面临的公众是不一样的,主要取决于企业的性质。企业的存在与发展,必须以公众为前提,公众也必须以企业为前提而存在。没有脱离公众而存在的企业,也没有脱离企业的公众。

企业必须根据自己的目标和企业性质确定公众,同时还必须根据企业的具体情况和需要,灵活地对公众进行分类,根据企业所处的不同阶段采取不同的策略,尽可能地追踪公众的消费变化和需求,拉近与公众之间的距离,这样才能更深入地作相关分析,使企业公关工作更明了,使工作成果更加精确有效。

(三) 企业公共关系的传播媒介——沟通和传播

沟通和传播是企业与社会大众之间进行信息交流、沟通的纽带,也是公共关系人员最主要的工作。从本质上讲,沟通是随着社会化大生产发展、社会分工越来越精细,人们要求协作的必然要求。它包括多方面的内容,可以进行情感的沟通、信息的沟通以及社会分工的沟通。正是因为有了人与人、群体与群体间的沟通,才促使社会经济全面发展。传播是通过声音、文字、图像、符号、形象、语言等载体来完成人与人之间的各种信息传递,不仅是连接企业和公众之间的桥梁,实际上更是公共关系的实施过程。例如,新闻发布会、各种交流会等都可以视为企业与公众之间传播信息的双向交流过程。正是基于这种双向的信息交流,企业与公众之间才能够建立有效的信任沟通机制,才能在双方之间谋求友好合作机制,实现双赢。

企业公共关系中所讲的传播一般指的是自觉的传播活动,即基于公共关系所拟订的目标确定公共关系的内容,有意识、有计划地策划具体的公共关系活动,并对传播活动过程建立有效的控制机制。所以,企业与公众之间的利益对立与统一,只有通过科学的传播技巧和良好的沟通机制来实现。一般来说,企业公共关系经常运用大众传播工具,包括各种大众传播媒体,如报纸、杂志、广播、电影、电视和网络等,以及一切信息发布的场所和工具。例如,2001年3月7日,在各大报刊的广告中,瓦尔德内尔作为爱立信的形象代言人,充满感情地向公众诉说:"我爱北京,申奥成功!中国是我的第二故乡,衷心祝愿北京申办2008年奥运会成功。"同时,爱立信公司也阐述:爱立信相信,在移动互联网成熟的时代,北京将呈现给世界一个真正的科技奥运。[①] 爱立信是国人十分熟悉和信赖的国外大品牌,不仅是因为爱立信过硬的产品质量和售后服务,也因为其公关宣传活动,常年花费巨资用于公司的营销公关。在这个案例中,公共关系的主体是爱立信公司,客体包括市民、学生、工人等各类中国民众,传播中介是各大报刊,目标就是通过在支持北京申奥中大搞公关,塑造在中国的企业形象,赢得民众的认可,扩大市场占有率,实现最佳的经济效益和社会效益。

三、企业公共关系的特点

企业作为以追求利润最大化为目标的营利性组织,其公共关系除了具有公共关系的一般特征外,还具有自身的基本特点。

[①] 参见何春晖编著:《中外公关案例宝典》,浙江大学出版社2003年版,第155页。

(一) 以公众为对象

传统的营销观念把顾客当作征服的对象,这种理念很显然不利于企业与公众建立良好合作关系。"水能载舟,亦能覆舟",将企业比作舟,社会公众比作水,如果两者合作得顺利,则能够实现双赢;反之,企业必定不能成功。与公众建立良好公共关系,是一个企业公共关系活动的首要任务。公众就是企业生存的依据和基础,原因在于:建立良好的公众关系能够直接为企业带来经济效益和社会效益。企业若在同类产品极多的市场条件下竞争,就需要有自己的消费者群体,凭借优质的产品、周到的服务吸引消费者,然后通过各种合理的公共关系活动来谋求与公众之间建立起一种友好、互惠的合作关系,培养消费者对企业认可、信赖的情感。正如很多公司都以"顾客是上帝"为企业的信条一样,要充分重视公众对企业的重要作用。尤其是当前市场经济如此繁荣,市场处于买方市场,企业的当务之急不是能否生产出一定数量的产品满足市场,而是能否销售更多的产品。这就要求企业除了提供传统意义上价廉物美的商品,还要用更多的资金、技术去满足消费者的文化品位、审美心理和习惯等多方面不同层次的精神需求。所以,企业不仅要将消费者置于首要位置,与公众及时沟通,解除各种冲突和矛盾,还必须服务公众,维护公众的权益,通过公关活动,广结人缘,争取更多的公众支持,在市场竞争中占据优势地位。

(二) 以树立企业形象为目标

企业不断地通过各种公关活动与外界沟通,改善产品和服务的质量,就是为了提升企业在公众心目中的形象。企业形象这个"无形资产"可以为企业带来巨大的经济效益和社会效益,它比产品的价格更引人关注。在某些领域,企业形象甚至已经成为决定消费者购买倾向的主要因素。凭着对企业形象的认知,消费者可以选择购买不同品牌的产品。改革开放以来,一大批世界著名品牌涌入中国市场,包括了汽车、家电、数码产品、服装、食品等领域。这些外国品牌产品相比国内产品,价格都相当高昂,但如此之高的价格却丝毫没有影响市场的销售。相反,有经济能力的消费者往往会首先考虑国外大品牌产品,如索尼、松下、奔驰、宝马、IBM、HP、三星、LV等。在许多产品技术相当成熟的今天,为什么这么多国人还是宁可花重金购买?究其原因,还是缘于国人对这些外国大品牌的企业形象相当信赖,除了相信这些品牌过硬的技术质量,更认可它们的售后服务,肯定它们的企业文化和价值观。

(三) 以沟通和传播为主要手段

企业公共关系主要是利用沟通和传播等公关活动,完成在企业与公众之间的信息双向交流,以实现企业的目标。沟通和传播在企业公共关系中有三个作用:首先,沟通和传播是企业和公众双向信息交流的过程。通过沟通和传播,一方面使得顾客了解了企业的产品、服务等,另一方面让企业清楚了公众的要求、消费情况、市场情况。其次,沟通和传播又是协调双方利益的过程。企业是公共关系的主体,公众是客体,企业通过有效地沟通和传播,才能了解对方的利益要求。尤其是出现一些企业与顾客的冲突和矛盾时,通过适当的沟通可以帮助企业解决难题,得到公众的理解与支持。最后,沟通和传播是通过了解公众对企业的态度来调整企业行为的过程。过去,顾客基本上关心的是产品的价格和质量,所以很多企业生产价廉物美的产品,有些企业甚至为了在市场竞争中取胜,不惜打起了"价格战",以远低于竞争对手的价格赢得消费者。现在,随着收入水平的提高,人们的生活得到了很大程度的改善,消费者关心的不仅是产品的价格,还关注产品的售后服务、品质保证,年轻人更是注重产品的外观是否时尚、携带是否方便等。企业必须分析调查公众的需求,对公众的需求进行分类,准确把握公众的心理,生产出满足公众要求的产品,并依据公众态度自觉调整组织行为,实现公共关系活动的目标。

（四）以互惠互利为原则

企业在开展公共关系活动时,不仅要维护企业自身的利益,也要在平等互利的基础上维护公众的利益,这就是互惠互利原则。在企业公共关系中,互惠互利具体是指公众得利,企业受惠。虽然企业是以追求利润最大化为目标,但是企业要想与社会、经济环境相协调,实现共同发展,就必须考虑公众的利益,不断用实际行动增进公众利益。公众只有切实感受到了企业带来的具体利益,才会信任、支持企业,从而形成对企业有利的外部环境。因此,企业在开展公共关系活动时必须以互惠互利原则为指导,站在消费者的立场上,双方只有共同理解、互相协作,才能实现双赢的目的。

四、企业公共关系的作用

日趋激烈的市场竞争中,企业内部任何机构的设置和组织活动对于企业的生存和发展都有着不可替代的作用。企业公共关系之所以能够得到如此迅猛的发展和重视,除了因为它适于社会潮流发展之外,根本原因还在于它对于企业的生存和发展壮大有着特殊的意义。尽管不同的企业有各自不同的公关目标和工作特点,但企业公共关系活动在企业中的作用却是共同的,即无论其具体内容与形式如何,它都是为了帮助企业塑造良好的企业形象,对企业都有重要的价值。所以,只有在充分认识了企业公共关系的作用之后,才能在具体实施过程中根据企业制定的公关目标加以灵活运用,更好地开展公共关系活动。

（一）协调企业内外部的关系

作为企业,无论它的性质、目标是否相同,都会面临一个共同的问题,即企业内外部的关系协调问题。能否协调好企业内外部的关系问题,对企业至关重要。这是因为,一方面,协调好内部关系,增强内部的凝聚力和向心力,加强内部的团结,是实现企业目标的基础;另一方面,企业必须架起与外界沟通的桥梁,通过公共关系活动有效缓解各种矛盾和冲突,谋求与公众建立良好的合作关系,这是企业成功的外部条件。

首先,企业处理的内部关系包括企业与员工之间的关系、企业内部不同部门员工之间的关系以及经营管理层与企业股东之间的关系。企业必须通过运用合理的手段,营造一种和谐团结的工作氛围,增强员工的内部归属感,为达到企业目标而奋斗。日本有很多著名的家族制企业,如丰田、松下、索尼等,采用的基本是一种"家族主义"的信条,制定的各种福利薪酬使得员工自觉融入企业这个大家庭,视自己为整个集体的一员,自觉关心公司的前途和命运。此外,公关部门还必须配合企业其他部门做好协调和培训工作,引导企业各部门及员工重视企业整体的形象和声誉,及时解决矛盾和摩擦,通过公共关系培训,提高企业内部员工与外部公众沟通的能力,尽可能适应自己的公众对象。

其次,企业外部关系的对象非常广泛,包括顾客、政府机关、工商税务部门、银行、科研院校、媒体等。企业必须促进与外部对象的交流和合作,创造良好的外部环境。公关部门就是企业对外的正式发言人,必须善于倾听客户意见,全面快速地处理客户的投诉;同时,还应该通过劝服性的沟通或提供实惠性的社会服务,引导和加深公众对企业的了解,使其对企业产生兴趣和好感。例如,赞助社会文化、体育、科研等活动,获取社会舆论的好评;向社区提供优惠或免费的活动,提高企业知名度等。

(二) 塑造良好的企业形象

企业形象就是社会公众和社会舆论对一个企业总的印象、看法和评价。社会公众对一个企业的反应和印象,取决于他们对企业经营管理行为、产品、服务以及企业对社会公共利益重视与否的评价和认定。企业形象包括多个要素,如合适的价格、优质的产品、高效的服务、管理水平、员工素质等。

在激烈的市场竞争中,企业除了要注重产品过硬的质量,还必须提供优质高效的售后服务,提高企业的名誉和声望,塑造良好的企业形象。良好的企业形象,已被视为企业的"无形资产"。就以"可口可乐"为例,可口可乐公司通过长期卓越的公关及各种广告的大肆宣传,使得这个大红底色上的八个英文字母组成的"Coca-Coca"商标家喻户晓,巨额的公关活动费用打造的可口可乐"第一饮料"的地位坚不可摧。曾有人幽默地说,如果可口可乐公司遍及世界的工厂都在一夜之间被大火烧光,那么第二天的头条新闻便是:各国银行巨头争先恐后向其贷款。《美国周刊》曾载文写道:"在一个富足的社会里,人们已不大斤斤计较价格,产品的相似之处又多于不同之处。因此,商标和公司的形象变得比产品和价格更为重要。"[①]

对于现代企业来说,企业形象的好坏直接关系到企业的生死存亡。企业为了在激烈的市场竞争中占据优势,就必须注重企业形象的塑造。塑造良好的企业形象,一方面需要通过企业的自我期望形象调查,明确企业的公共关系目标;另一方面是通过企业的实际社会形象调查,比较分析现状与目标的差距,重新修正和制订企业公共关系的目标和方向。但是,由于公众的视角和评价的尺度不一,因而难免对企业形象的认知出现差异,甚至还有可能导致偏差或敌视。这就要求企业公共关系人员在努力树立企业良好的形象时,尽量客观地缩小企业自我期望形象与企业实际社会形象之间的差距,争取使企业形象尽可能地为社会公众所认识和接受,奠定坚实的外部环境基础。

---

① 转引自王方华、吕巍:《企业公共关系学》,上海科学技术出版社1993年版,第77页。

（三）收集信息，参与决策

对于企业来说，信息就是财富。信息是企业经营网络的纽带，是企业科学管理的依据，是企业经营决策的基础，是提高企业经济效益的保证。通俗地讲，企业的公共关系活动就是通过双向沟通，在企业与公众之间达成有效的信息交流，通过收集所得到的有关产品市场的全面、准确的信息，参与企业经营管理决策的全过程，为企业经营管理方针政策的制定和具体的经营管理提供依据。

企业搜集的外部信息内容繁多，其中企业公共关系活动中主要收集关于产品形象、企业形象等的外部信息。产品质量是由顾客使用后评价的，产品形象也是由顾客对同类产品相比较之后得出的印象。顾客对于产品的评价是多方面的，如产品的质量和价格，服务是否热情周到，设计是否合理，款式是否新颖等。许多成功的企业非常关注公众对产品质量、性能、服务的反应和评价。很多大企业都为顾客开通了免费的售后服务热线或咨询服务电话，通过这种方式收集到各种数量庞大、价值重要的信息。公司不仅可以根据顾客的需要改进产品功能，改善售后服务，还可以依据顾客提出的建议，研发新产品，开拓新市场。

一个企业的形象，主要是社会公众对企业的整体评价和印象。企业本身是一个综合体，包括公众对企业人员素质的评价（如销售人员和技术人员的交流能力等），公众对服务质量的评价（如服务态度、服务质量、责任感等），以及公众对企业组织机构的总体评价（如机构是否健全、人员是否精简、运转是否协调等）。

（四）建设企业文化

随着日本一些大家族企业"家文化"的成功，很多企业都把企业文化的建设当作企业的首要战略任务。企业文化已经成为企业的无形资产，潜力巨大，可以为企业带来巨大的经济效益，也是塑造企业形象的重要组成部分。企业文化，具体是指企业在运作和发展过程中形成的企业最高目标、共同价值观、企业精神和行为道德规范，以及包括与此相联系的传统习惯和规章制度等在内的有机整体。本质上，它是一种以人为本的企业管理模式，核心是尊重人、相信人和培养人的创造精神。

企业文化具体由三个层次组成：文化心理、行为规范和物质载体。无论是哪一层次，虽然它的作用不直接、明显，但长期来说对企业起着巨大的作用。优秀的企业文化不仅是企业形象的核心内容和基本支撑，而且是塑造企业形象的前提和必要基础。日本的企业非常注重企业文化的建设，"家文化"已经深深地把员工凝聚于企业这个大家庭，群策群力，让世界其他国家的企业认识到企业文化的重要地位，开始着手进行企业文化的建设，将企业文化的建设纳入企业经营管理的方针政策，增强员工的归属感和使命感，增进社会对企业的理解、支持和认可。

五、企业公共关系的程序

（一）确定企业公共关系的问题

企业应首先调查和掌握与其经营管理的方针政策和活动相关联以及受其影响的

各类社会公众的思想、观点、态度和行为,明了企业所面临的市场形势和所要处理的公共关系问题。

(二)制订企业公共关系的计划

分析企业通过调查分析所掌握的信息,科学地制定企业总的发展目标和各个阶段的具体的子目标,有步骤、系统地制订每个阶段公共关系目标的实施计划,它是引导企业实际经营活动的指南。

(三)实施企业公共关系的活动

企业公共关系问题的解决,直接依赖于这一步骤完成的效果。在这一环节上,企业主要根据已确定的公共关系计划,通过组织和开展各类传播活动,解决企业所面临的公共关系问题,进一步完成公共关系目标。

(四)评估企业公共关系活动的最终效果

这一步骤主要是分析和评估企业公共关系活动的最终结果,以使将来的公共关系活动在目标确定、计划制订、活动实施、效果评估方面更为高效和准确。

第二节 企业内部公共关系

日本著名的"松下"电器在中国已是家喻户晓,它的"松下精神"也早已被世界范围内的企业竞相模仿。"松下"的企业文化主要是将公司的价值观念和员工融为一体,赋予员工主人翁的使命感。"松下精神"指的是产业报国的精神、光明正大的精神、私亲一致的精神、力争向上的精神、礼节谦让的精神、顺应同化的精神、感谢报恩的精神。就是在这种价值观念的驱使下,不仅成就了"松下"这一家族企业的辉煌,也在一定程度上标志着整个日本经济的迅猛腾飞。

从企业内部公共关系的角度来审视,松下电器公司的成功,缘于其成功的内部公关,其所倡导的"松下精神"就是做好企业内部关系的一种方式,通过训练员工这种企业价值观念,增强员工的凝聚力,与企业共同发展。由此可见,搞好企业内部公共关系,其作用是巨大的。任何一家企业,不论其企业性质、经营目标是什么,都绝对不可忽略企业内部关系。企业应该高度重视这种内部的公共关系活动,通过有意识、有步骤地协调内部关系,发挥内部员工的潜力,使企业内部的人力、物力、财力都得到最优化、合理的配置,最终实现企业的整体利益。那么,企业内部关系包括哪些方面?为什么要开展企业内部公共关系活动?如何开展企业内部公共关系活动?要想回答以上这些问题,就必须先了解以下几方面的内容。

一、企业内部公共关系概述

(一)企业内部公共关系的概念

企业内部公共关系是企业的一种专门管理职能,是指企业为实现其既定战略目标和经营目标，基于与企业内部公众的各种利益关系而形成的一种客观的社会关系。正确理解内部公共关系，需要明确的是，它是一种管理职能，而绝非仅仅是一种非正式的公关。

内部公共关系是组织内部纵向和横向公共关系的总称。针对组织结构而言，纵向公共关系是组织机构上下级之间的关系；横向公共关系是组织机构同级职能部门、科室、班组之间和员工之间的关系。现代组织是一个相互联系、相互依存的开放系统，内部关系是否融洽、团结，目标是否一致，决定着组织能否充满生机，能否具有竞争优势和发展潜力。建立良好的内部公共关系，是组织开展各类对外公共关系活动的前提和基础。

（二）企业内部公共关系的利益主体构成

从企业内部公共关系的利益主体构成来看，主要包括员工和股东两大利益主体。因此，从总体上说，企业同内部公众之间的关系主要表现为员工关系和股东关系。

员工关系是指企业同内部所有员工之间的关系，上自最高领导层，下至最基层的一切员工。股东关系是指企业同企业所有股东之间的关系，包括个人股东和集体股东等一切股东的总和。

员工关系和股东关系存在着交会点，是指企业内部的一部分人既属员工又属股东，他们与企业构成了双重内部公共关系。将企业内部公共关系仅仅分为员工关系和股东关系，显然是一种很简单的划分模式，因为在企业内部存在着更为复杂和多样的利益细分，这也是由利益主体在企业中所处的地位决定的。

对于员工关系而言，由于他们的地位差异，形成了纵横交错的利益关系。股东关系也存在着不同的公共关系类型：董事会成员关系、股票持有者关系、集团股东关系以及金融机构和证券商关系等。严格地讲，股东关系超越内部公共关系，但由于其中的一部分属于内部成员关系，而且股东对企业极为关注，因此将他们纳入内部公共关系体系进行分析是极为必要的。

在员工关系中，企业经营者和企业的关系尤为引人注目，这不仅是因为他们是企业的决策者，而且他们承担着与一般员工不同的责任，有着特殊的利益要求。

（三）企业内部公共关系的必要性

1. 协调各方利益的"润滑剂"

由于各方当事人在企业中有着不同的利益要求，且这种要求在一定范围内又是存在着冲突的，要实现各方的利益均衡，仅从制度上予以约束和规范显然是难以奏效的，一旦某方利益没有得到满足，就可能给企业带来一定风险。内部公共关系对于规避这些风险的独特作用就在于，它使各利益主体能够从全局考虑，加强内部团结，维护整体利益，并最终保障各方的利益。

2. 形成独特的企业文化

企业文化是企业在长期的实践活动中所形成且为企业成员所普遍认可和遵循的具有本企业特色的价值观念、团体意识、工作作风、行为规范和思维方式的总和。在企业内部开展公共关系活动,会逐渐形成本企业独特的文化,一旦这种文化为大家所认同并以之规范自己的行为,那么它对于处理各方矛盾,促进企业的发展,帮助企业获取更多的发展机会都有着重要的意义。

3. 增强企业的凝聚力

虽然每个企业内部成员都是企业赖以生存的细胞和发展壮大的基础,但在一个竞争的社会环境中,企业的发展壮大绝不能依靠个人英雄主义,而应依靠有着强大战斗力的团队。面向企业成员开展公共关系活动,可以加强各方的沟通,打破各方的心理隔阂,增强企业内部的凝聚力。

(四)企业内部公共关系的分类

企业内部公共关系复杂多样、纵横交错:有自然状态和社会状态的关系,有个体之间、群体之间的各类关系,也有个体、群体与组织之间的诸多关系。概括而言,企业内部公共关系主要包括人际关系、权力关系、信息关系、竞争关系和利益关系。

1. 人际关系

人际关系是生活、工作交往过程中,因情感、志趣或公务协作而建立起来的个体之间的人文关系。它在组织内部表现为:领导者与被领导者的关系;员工与员工的关系;生产部员工与行政部员工的关系等。这是一种特殊的、隐蔽和自发形成的,以情感为纽带的关系。

根据对内部和谐、团结的影响程度,人际关系可以分为:融合的人际关系、中性的人际关系、排斥的人际关系。融合的人际关系是内部员工志趣相投、文化习性相近、目标利益统一、交往密切融洽的一种关系环境;中性的人际关系是内部员工无争议纠纷、交往平淡、利益责权分割明确的一种关系环境;排斥的人际关系是内部员工矛盾突出、缺乏配合、利益独立、信息闭塞、情感游离的一种关系环境。

内部公共关系的工作就是要根据物以类聚的人文特点,实现员工层次结构、情趣的合理搭配,营造团结、互助、荣辱与共的文化氛围,正确引导员工对关系的认识,增强关系矛盾的调和能力,促进人际关系的融洽。

2. 权力关系

权力是指由组织赋予,能直接影响他人行为的能力。一个组织的权力相对于群体而言,总是自上而下行使的。不同的组织结构会形成不同的权力关系。同时,不同领导风格形成的权力关系也有差异。

根据权力对员工的影响方式,权力关系可分为:专制式、民主式、分权式。专制式是一种集权制的行权方式,权力掌控在高层领导者手中,对员工的行为约束性强,上下级之间缺乏沟通,下级是在完全被动的条件下开展工作,管理体制呆板、低效;民主式是权力仍集中在高层领导者手中,但决策层注重同下级沟通,乐于征集员工意见,善于建立公平、积极、竞争的激励机制,使优秀员工能获得奖励和晋升的机会;分权式是按行政隶属关系实现层层负责的行权方式,主要特点是:决策权和经营权完全分离,管理体制灵活,各职能机构都具有较大的自主权,并且奖励分配形式多样,能充分调动团队的能动性、积极性。

内部公共关系的工作对权力关系影响的能力往往较弱,但可以积极向领导层建议采取一些有利于组织团结、提高组织效率的权力形式,以促进权力关系的和谐。

3. 信息关系

在知识经济时代,信息能开阔组织视野,吸收先进文化,融洽人文氛围。通过信息传递,能为员工搭建交流的平台,促进相互了解,丰富员工情感,增强组织凝聚力;同时,还能传达企业文化精神,宣传企业文化,并为企业经营决策提供依据。公关部门要善于采集、传播信息,加强内部公众情感沟通,紧密组织和员工关系,营造相互了解、彼此信任的关系环境。

4. 竞争关系

企业在市场中面临同行业的竞争,在组织内部同样存在着竞争。组织内部可以因为利益、攀比、晋升等竞争环境,形成个体之间、职能机构之间以及群体之间的竞争关系。健康、积极向上的内部竞争关系能够激发员工热情,提高员工创造力,增强员工斗志;消极、嫉妒、排斥、紧张的内部竞争关系则会影响员工团结,降低协作效率,制约企业的发展。企业要通过建立友爱、公平的竞争机制,引导健康的竞争心态,促进内部公共关系和谐、进取。

5. 利益关系

组织内部公众之间是一种平等互助、荣辱与共的协作关系,同时也是无数个利益相互交融的关系。组织的利益关系由纵向、横向两大利益关系构成。纵向利益关系通常指国家、集体、个人三个利益主体之间形成的关系格局。横向利益关系通常指组织内部的部门、群体、个体各层次之间形成的利益关系。

利益的平衡是实现公共关系和谐的基础,组织要注重维护整体利益,同时要兼顾个体利益。因此,企业应按期、按量纳税,同时要遵照"各尽所能、按劳分配"的原则,建立高效、公平、激励的利益分配机制,让所有的利益主体都能在企业的发展中获得收益。

(五) 企业内部公共关系的基本原则

搞好企业内部公共关系不是乱无章法的,它需遵循以下几个基本原则:

1. 艺术性原则

艺术性原则要求化解矛盾一定要注意手段的多样性,采取多样化的方式、方法和技巧,实现内部公共关系的协调。强调艺术,就在于它可能采取更为迂回灵活的方式,而不拘泥于某一固定模式。

2. 平等性原则

开展企业内部公共关系,一定要注意双方主体地位的平等性,沟通时一定要忽略双方在权力级别上的差异性,促成双方事实上的平等。

3. 时效性原则

企业内部的各种矛盾在一定范围内如得不到及时的解决,将可能会给企业带来灾难性的后果。企业的公关部门一定要抓住时机,及时了解各方需求,迅速化解矛盾。

4. 有效性原则

企业内部公共关系要取得良好的成效,方式、方法、技巧、场所等因素的选择就显得尤为重要。此外,各方的信息透明度要适度把握,从而引导问题得到有效的解决。

二、激励理论与企业内部公共关系

企业能够在多大程度上满足内部员工的个人需要,对企业整体的经营活动和销售业绩有着重要的作用,只有基本上满足了员工希望从企业那里得到的各种物质和精神的回报,才能最大限度地调动员工的积极性和创造性。这里,我们可以借鉴西方各种有关激励的理论,分析激励理论对企业内部公共关系的重要作用。

(一) 人性假设理论

1. "经济人"假设理论

"经济人"(rational-economic man)又称为"理性经济人"。这一假设理论认为,人的一切行为都是为最大限度地满足自己的利益,工作动机是获得经济报酬。

"经济人"假设理论的基本观点有:(1) 一般人十分懒惰,天生不爱工作,总是设法逃避工作;(2) 一般人缺乏责任心,不愿负责任,甘愿受人领导或指挥;(3) 人生来就是以自我为中心的,个人目标与组织目标相矛盾,因而必须用强制性的方法迫使其工作;(4) 多数人做工作是为了满足基本需要,只有金钱和地位才能激励他们工作;(5) 人习惯于守旧,反对变革,不求进取;(6) 人大致可以划分为两类,多数人都是符合上述设想的人,另一类是能够满足自己、鼓励自己并克服感情冲动的人,这些人适合担当管理的责任。

基于这种假设,管理人员把人和物等同,忽视人的多种需要,如社交、友情、受人尊重和自我实现的需要,只把金钱作为促使人们工作的唯一激励手段,把惩罚这种强制性手段作为管理重点,认为权力、规章制度和严密的监督控制才能保证组织目标的实现。该理论认为,工人只是一种"会说话的机器","胡萝卜加大棒"的管理政策效果最好。

2. "社会人"假设理论

这一理论是由管理学家、行为科学的奠基人美国哈佛大学乔治·埃尔顿·梅奥(George Elton Mayo)教授根据著名的霍桑实验的结果提出来的。

"社会人"假设的基本内容是:(1) 工人是"社会人"而非"经济人",人不仅仅是为金钱而工作,人还有社会需要,并且通过与同事的关系而获得认同感;(2) 组织中存在非正式组织,这些非正式组织对员工的影响力比管理者所给予的经济诱因及控制更大;(3) 员工的工作效率随着他们的工作态度和上司满足他们社会需要的程度而改变。

该理论认为,管理者不能只注意指挥、监督,而要重视员工之间的关系,培养和形成员工的归属感;不能只注意对个人的奖励,而要提倡集体奖励制度,也就是要在组织内部建立起员工与员工之间、领导者与员工之间的一种和谐的关系。

3. "自我实现的人"假设理论

"自我实现的人"是由美国著名的人本主义心理学家马斯洛(Maslow)提出的,是指人都需要发挥自己的能力,表现自己的才能,只有人的潜力充分发挥出来,人的才能充分展现出来,人才会感到最大程度的满足。换句话说,人除了社会需要之外,还有一种想充分运用自己的各种能力,发挥自身潜力的欲望。

4. "Y 理论"

"Y 理论"是由美国社会心理学家、管理学家道格拉斯·麦格雷戈(Douglas McGregor)在《企业中的人性层面》一文中首先提出的。麦格雷戈把建立在"经济人"假设基础上的传统理论称为"X 理论",并认为这种理论已经过时,因而提出了与之相反的"Y 理论"。

"Y 理论"的基本观点有:(1) 一般人都是勤奋的,要求工作和劳动是人的本能,如果环境条件有利,工作就如同游戏一样自然;(2) 控制和处罚不是实现组织目标的唯一手段,人们在执行任务时能够自我指导和自我控制;(3) 在适当的条件下,一般人不仅会接受某种责任,而且还会主动寻求承担责任;(4) 大多数人而不是少数人,在解决组织的困难问题时,都能发挥出高度的想象力、聪明才智和创造性;(5) 有自我满足和自我实现需要的人,往往以达到组织目标作为自己致力于实现目标的最大报酬;(6) 在现代社会条件下,一般人的智能潜力只得到了一部分的发挥。

根据这一理论,我们认为人是可以改变的,人的变化可以导致人的需要变化,需要的改变也会相应地改变人的动机。作为企业的公关人员和领导者,要随时关注每一个员工的具体情况,善于了解他们的需求变化,主动帮助他们制定一个科学的、积极地与企业经营目标联系在一起的具体纲领。

5. "Z 理论"

"Z 理论"由日裔美国学者威廉·大内(William Ouchi)在 1981 年出版的《Z 理论》一书中提出来的,研究的内容为人与企业、人与工作的关系。这一理论的提出是鉴于美国企业当时正面临着日本企业的严重挑战。

这一理论认为,企业内部的良好气氛可以为企业营造很有效的工作氛围,使得每一个成员精神饱满,热爱企业这个大集体。企业管理者就是要为企业和员工创造良好的气氛,使之能够转化为工作的动力,提高工作效率。"Z 理论"综合了"X 理论"和"Y 理论",充分肯定了员工参与管理的作用,认为员工参与管理是使集体意识转化为集体动力的最佳方法。它重视人的因素,强调员工参与管理的重要性,认为让员工参与管理,可以使他们感到自己受到领导重视与尊重,会激发一种自豪感和积极性。

6. "复杂人"假设与"超 Y 理论"(权变理论)

"复杂人"假设是 20 世纪 60 年代末至 70 年代初由埃德加·沙因(Edgar H. Schein)提出的。该假设理论认为,人是复杂的,不仅因人而异,而且每一个人在不同的年龄、地点、时期也会有不同的表现。不仅人的需要会随着各种条件变化而变化,人与人之间的关系也会不断地改变。

"超Y理论"是1970年由美国管理心理学家约翰·莫尔斯(J. J. Morse)和杰伊·洛希(J. W. Lorsch)根据"复杂人"假定提出的一种新的管理理论。它主要见于1970年《哈佛商业评论》杂志上发表的《超Y理论》一文和1974年出版的《组织及其他成员:权变法》一书中。该理论认为,没有什么一成不变的、普遍适用的最佳管理方式,必须根据组织内外环境自变量和管理思想及管理技术等因变量之间的函数关系,灵活地采取相应的管理措施,管理方式要适合于工作性质、成员素质等。"超Y理论"在对"X理论"和"Y理论"进行实验分析和比较后,提出一种既结合"X理论"和"Y理论",又不同于"X理论"和"Y理论",主张权宜应变的经营管理理论,实质上是要求将工作、组织、个人、环境等因素作最佳的配合。"超Y理论"也称为"权变理论"。

"超Y理论"的基本观点有:(1) 人们带着许多不同的需要和动机加入组织,但最主要的是实现其胜任感;(2) 由于人们的胜任感有不同的满足方法,所以对管理要求也不同,有人适用"X理论"管理方式,有人适用"Y理论"管理方式;(3) 组织结构、管理层次、职工培训、工作分配、工资报酬和控制水平等都要随着工作性质、工作目标及人员素质等因素而定,才能提高绩效;(4) 一个目标达成时,就会产生新的、更高的目标,然后进行新的组合,以提高工作效率。

(二) 激励理论

管理学认为,激励是指一种精神力量或状态,起加强、激发和推动作用,并且引导和指导行为指向目标。就激励的本质而言,表示某种动机所产生的原因,即发生某种行为的动机是如何产生的以及是在什么环境下产生的。根据激励的机理,公关人员和管理人员需要在人的行为中注入一种导向目标,并通过目标的导向刺激人们产生有利于达成组织目标的动机和行为,才能成功地使员工们为实现组织目标而奋斗。

1. 双因素理论

双因素理论又称"激励保健理论",由美国心理学家弗雷德里克·赫茨伯格(Fredrick Herzberg)提出。该理论认为,引起人们工作动机的因素主要有两个:一是保健因素,二是激励因素。

20世纪50年代后期,赫茨伯格和他的同事对一些企业员工在工作中的满意和不满意因素进行了调查。调查结果表明,人们觉得不满意的因素都与工作环境有关,而觉得满意的因素通常是由工作本身产生的。他把能够防止员工不满的因素称为"保健因素",如组织的政策和管理、监督、工作条件、人际关系、薪金、地位、职业安定以及个人生活所需等。他认为,这些因素如果得到满足就没有不满,得不到则产生不满。同时,他认为,这些因素的改善也只能防止员工的不满、怠工和对抗,不能使员工因为满意而起到激励作用。另外一种称作"激励因素",一般指成就、赏识、艰巨的工作和工作中的成长、责任感等,如果得到则感到满意,得不到满足则没有满意(但不是不满)。

赫茨伯格认为,只有激励因素才能调动员工的积极性。公关人员与管理人员在处理组织内部公共关系时,要善于运用这些激励因素来调动员工或公关对象的积极性。但是,也不能忽视保健因素对组织内部公共关系的重要作用。如果公关人员能够注意提供某些条件以满足保健性需要,也可能会保持员工们一定的士气。

2. 期望理论

期望理论是由美国著名心理学家和行为科学家维克托·弗鲁姆(Victor H. Vroom)于1964年在《工作与激励》一书中提出来的激励理论。其基本观点是:人们在预期自己的行动将会有助于达到某个目标的情况下,才会被激励起来做某些事情以达到目标。他认为,在任何时候,激励是一个人某一行动的期望价值和那个人认为将会达到其目标的概率之乘积,即:动力 = Σ 效价 × 期望值。在这里,动力是一个所受激励的程度,效价是一个人对某一成果的偏好程度,而期望值是某一特别行动会导致一个预期成果的概率。为了激励员工,主管人员应当一方面提高员工对某一成果的偏好程度,另一方面帮助员工实现其期望值。

3. 强化理论

强化理论是美国心理学家和行为科学家斯金纳(Burrhus Frederic Skinner)等人提出的一种理论,也叫"操作条件反射理论""行为修正理论"。它着重研究个体外在的行为表现,强调人的行为结果有利于个体时,这种行为就可能反复出现;反之,则会消退和终止。

强化理论将强化分为四种类型:(1)正强化。即对某种行为给予肯定和奖励,以促进这种行为的再现。我们常用的各种形式的表扬和奖励,就是正强化的激励方法。(2)负强化。即对某种行为给予否定,以促使这种行为逐渐消失,如批评、处分等。(3)自然消退。即取消正强化,对人们的某种行为不予理睬,以表示对该行为的轻视或否定。实验证明,一种行为长期得不到正强化,会逐渐消失。(4)惩罚。即以某种带有强制性、威胁性的结果,表示对某一不符合要求的行为的否定,从而消除这种行为重复发生的可能性。

以上这些激励理论各有特色,各有各的长处,从不同的研究视角可以得出不同的结论。管理人员和公关人员在处理组织内部公共关系时,应该博采众长,融会贯通,具体情况具体对待,对不同的对象实施不同的激励方法与技巧。

三、企业内部公共关系的途径与方法

既然企业内部公共关系对创造一个良好的企业氛围和实现企业经营目标有着巨大的重要作用,那么我们如何能够搞好企业内部的公共关系呢?在贯彻企业公共关系方针和实施公关活动时,我们应该注意些什么呢?这就需要企业公共关系人员正确地选择企业公共关系的途径与方法。

(一)协调社会、企业与员工的利益

在现代企业中,实行的是社会、企业、个人三者利益相结合的原则,企业目标的实现不仅能够帮助企业追求经济利润,而且能够满足员工的各种物质、精神追求,甚至还

能帮助部分员工实现自我价值。但是,在企业具体经营运转过程中,也不能避免这三者的关系不会出现一些矛盾冲突,尤其是企业与员工之间。因为员工的数量众多,具体利益和个人需要都不一样,所以企业经常会在满足了一部分员工的需要后,忽略甚至拒绝另一部分员工的利益,这样往往轻则破坏与员工之间的融洽关系,重则导致员工对企业不信任、失望乃至跳槽。所以,企业内部出现矛盾时,公关人员和管理人员应该积极引导员工增强集体意识,明确共同利益的意义,强化实现共同目标的观念,动员与鼓励员工积极奋斗,促进社会、企业、员工三者之间利益的协调。

(二) 协调领导者和员工的关系

在企业这个大家庭里,成员之间的关系都是相互影响的,企业的领导者对成员的影响力更大。所以,领导者的行为是形成集体意识的关键。在一个企业,独断专行、专横跋扈的领导者会使得人心涣散、四分五裂,企业成员间口是心非、阳奉阴违,当面一套、背地一套;而若领导者足够民主,可使企业内部众志成城、亲如一家、群策群力。所以,作为企业公共关系的工作人员,有责任协调好领导者和员工的关系,做好各方面的工作,把工作团体的成员团结起来,形成强烈的集体意识,从而提高企业群体的工作效率。

(三) 增强企业的群体凝聚力

所谓群体凝聚力,就是群体成员固守在群体之内的全部力量。这里的"力量",就个体成员对组织来说是"向心力",就群体对成员而言是"吸引力"。凝聚力高的组织,关系融洽,成员有较强的归属感,能积极维护群体的声誉和合法权益,有尊严感、自豪感、责任心。不同的领导方式和公共关系方式对群体的凝聚力有着不同的影响。领导与群众、民主与集中相结合的领导方式,能使群体有更高的凝聚力。此外,群体的同质性、外部压力、群体内部的奖励方式以及群体规模等都对凝聚力大小有着一定的影响。对群体成员而言,这种凝聚力既是一种吸引力又是一种外部的压力。这种凝聚力可使群体成员的行为进一步规范化。

增强群体凝聚力的一种重要途径就是加强企业的群体建设。群体建设的一个重要内容是培养集体风尚,也就是"厂风""店风"等,它是集体成员共同努力,经过较长时间而形成的,包括全体成员的工作作风和工作态度等一系列行为习惯之总和。此外,士气是个人对所属集体赞许的态度,它是增强群体内部团结的一个重要因素。所以,公关人员要促进企业内部以加强民主意识、增强员工的主人翁地位、维护员工的合法权益等一系列活动为内容的民主管理制度。

美国捷运航空公司以其独树一帜的经营方式而闻名遐迩。该公司自成立之日起,就没有壁垒森严的等级结构与制度。全公司三千多名全职和兼职雇员每一个人都是"经理",每一个人都担负一项以上的工作。在其他航空公司被称为"班机服务员"的人,在捷运航空公司则被称为"旅客服务经理";在其他航空公司被称为"驾驶员"的人,在捷运航空公司则被称为"飞行经理"。总之,在捷运航空公司,每一个人都是公司的主人、主管与经理,每一个人对公司的经营及形象都负有不可推卸的责任。在公司里,没有雇员,只有"当家人"和"股东"。捷运航空公司创始人兼公司董事长、总经理唐·伯尔(Don Burr)这样说:"我之所以要开办一家新的公司,唯一重要原因就在于我要努力想出一个更好的办法,促使人们齐心合力,共同工作,'人民捷运公司'的名称就是从这里来的,对人的重视和信任也是从这里来的。"

捷运航空公司这种别具一格的经营方式,是"主人翁精神"的集中体现。这种精神使该航空公司获得了巨大的竞争优势,这正是它能在强手如林的航空界保持长盛不衰的"秘诀"。

(四) 组织各种文体、娱乐活动,联系和培养先进的群体意识

文体活动既有利于促进员工的身心健康、陶冶员工的情操、丰富员工的生活,又可增强企业员工与领导、员工与员工之间的感情联系,协调人际关系。因此,企业的公共关系部门应配合工会部门和宣传部门,共同做好这一经常性的工作。美国 IBM 公司每年都要举行一次规模隆重的庆功会,对那些在一年中做出突出贡献的销售人员进行表彰。这种活动常常是在风光旖旎的地方,如百慕大或马霍卡岛进行。公司对 3% 的做出突出贡献的人所进行的表彰,被称作"金环庆典"。在庆典中,IBM 公司的最高层管理人员始终在场,并主持盛大、庄重的颁奖酒宴,然后放映由公司自己制作的表现那些做出突出贡献的销售人员工作情况、家庭生活乃至业余爱好的影片。在被邀请参加庆典的人中,不仅有股东代表、工人代表、社会名流,还有那些做出突出贡献的销售人员的家属和亲友。整个庆典活动被录制成电视片(或电影),然后被拿到 IBM 公司的每一个单位放映。

IBM 公司每一年度的"金环庆典"活动,一方面是为了表彰有功人员,另一方面也是同企业员工联络情感、增进友情的一种手段。在这种庆典活动中,公司的主管同那些常年忙碌而难得一见的销售人员聚在一起,彼此毫无拘束地谈天说地。这种交流无形之中加深了心灵的沟通,尤其是公司主管那些表示关心的语言,常常能使那些在第一线工作的销售人员"受宠若惊"。正是在这个过程中,销售人员更增强了对企业的"亲密感"和责任感。

为了联络情感、增进友情,除了举办类似 IBM 公司这样的庆典活动之外,还可以采用诸如组织全体员工开展文体活动,利用各种有意义的事件(如厂庆日、新产品投产和新设施的剪裁等)和有意义的节日(如元旦、春节、劳动节、国庆节以及职工的生日等),举办各种形式的工作聚餐会、周末舞会、文化沙龙、知识竞赛以及其他联谊活动。

(五) 在员工之间建立互相关心、爱护的氛围

员工之间的良好关系是维系企业内部关系的基础,他们之间相互关心、相互爱护是培养先进集体意识的纽带。群体组织必须建立在平等的关系上,以诚相待,互相尊重。企业的一切重大问题都应让集体成员知道,交集体讨论,让员工参与管理。企业之中,不能事无巨细都总是由少数人说了算,将少数人的意志强加于多数人,人为地割裂管理者与员工之间的关系。

第三节 企业外部公共关系

在企业经营管理的过程中,除了要处理内部关系外,还要处理更为复杂的外部关系。众多外部关系的处理有利于企业实现与外部公众的双向有效沟通,相互了解、相互协调,赢得消费者的认可和欢迎,为企业的生存和发展创造一个良好的外界环境。企业内部公共关系对企业效率的提高、目标的实现有着重要的作用。同样,企业外部公共关系的开展也关系到企业的存亡与兴衰。尤其是在现代社会化大生产中,市场处于买方市场,企业的生存与发展越来越依赖于外部环境的协调。企业在创造良好的内部公共关系的基础上,还必须积极通过各种公关营销手段去影响外部环境,适应环境,不断地改善自己与外界公众的关系,营造适合于企业发展的有利外部因素。因此,外部公共关系对于企业来说,同样应该重视和处理好。

一、市场营销与公共关系

"市场营销"(marketing)的概念源于美国,一是指市场营销学,二是指市场上的买卖活动。许多专家学者都对这一概念有着自己的理解和认识,如美国市场营销学家麦卡锡(E. Jerome McCarthy)认为:"微观的市场营销是一个组织为了实现其目标而进行的这些活动;通过预测顾客或委托人的需要,引导满足需求的货物和劳务从生产者流转到顾客或委托人。"美国市场营销协会 1985 年把市场营销定义为:(个人和组织)对企业和服务的构思、定价、促销和分销的计划和执行过程,以达到个人和组织目标的交换。

传统的营销活动是以麦卡锡提出的"4Ps 理论"为基础的。他于 1960 年在其《基础营销》一书中第一次将企业的营销要素归结为基本策略的组合,即著名的"4Ps 理论":产品(Product)、价格(Price)、渠道(Place)、促销(Promotion)。该理论当时得到了世界各国企业的广泛应用,成为人们思考营销问题的一个基本模式。但是,这种只关注产品的低技术性能和低价倾销战术已经不再能够满足消费者的更多需求了:一方面,随着产品、价格和促销等手段在企业间被相互模仿,在实际运用中很难起到出奇制胜的作用;另一方面,营销活动着重于企业内部,对营销过程中的外部不可控变量考虑较少,难以适应市场变化。

20 世纪 80 年代,菲利普·科特勒提出了"大市场营销"的概念,并提出了"6Ps 理论",即在传统的"4Ps 理论"的基础上,增加了政治力量(Public Power)和公共关系(Public Relations)。这里,科特勒认为,公共关系不仅是一种促销手段,更是一种整合各种社会关系的工作,为营销活动创造了良好的环境。在市场营销活动中运用公共关系,既能消除企业与消费者之间的矛盾和纠纷,赢得消费者的支持,又能完成企业与消费者之间的信息沟通和情感交流,帮助企业实现其既定的营销目标。

随着科学技术的发展和应用,市场上的大部分商品开始出现供过于求的局面,要想顺利地销售其生产的所有商品,每一个企业都必须花更多的财力、人力和时间在产品的营销环节上,借助于各种公关手段,策划各种公关活动,吸引更多的消费者。正是在这种情况下,美国市场营销学家杰克逊(B. B. Jackson)于20世纪80年代中期提出了"关系营销"的概念。可以说,关系营销是市场营销和公共关系活动相结合的产物,是识别、建立、维护和巩固企业与顾客及其他利益相关人关系的一种活动。这种营销工作的重心是围绕如何树立商品品牌形象问题而与消费者建立的沟通关系,就是要印刷各种宣传品、赞助各种公益活动、及时地发布新产品的信息、提供公共服务等,使消费者对商品品牌形象产生认同。所以,区别于其他营销活动的原则,公共关系营销的基本原则是"公众利益至上原则"。也就是说,不仅企业的营销要考虑到企业内部员工的利益,考虑到顾客的相关利益,更要考虑到社会其他公众的整体利益。

与其他营销活动不同的是,关系营销的核心是关系,通过建立企业与公众之间良好的互惠合作关系而从中实现各自的利益。关系营销的最本质特征就是沟通,希望通过沟通的方式协调与公众之间的切实利益,在消除与消费者的矛盾与冲突后,通过有效的沟通,与他们建立互相信任的长期合作关系,不但能留住老朋友,还能在激烈的市场竞争中满足新的消费群体的需要,开拓新市场。关系营销以顾客为中心,不仅重视顾客的需要,重视开发新产品、新功能,更希望在获得顾客的满意后,与他们建立彼此的归属感和忠诚度,实现一种关系和谐、双赢的氛围。面对众多的外部关系对象群体,关系营销并不是仅仅关注市场,而是关注每一个对象群体,它涉及的范围相当广阔,包括与企业活动相关的金融机关、政府部门、科研院校、顾客、原料供应商等。

具体来说,公共关系营销在任务、对象、方式、功能、效果等方面与传统的市场营销存在以下几方面的区别,见表10-1:

表10-1 传统营销与关系营销的区别

	传统营销	公共关系营销
任务	推销产品、技术、劳务等	塑造企业形象,优化营销环境
对象	顾客和潜在的消费者	整个社会公众与舆论
方式	公众通过接触产品了解企业	公众通过了解企业认识产品
功能	直接促销	间接促销
效果	近期的市场效益	长远的市场影响

资料来源:张践主编:《公共关系:从理论到实务》,人民出版社2003年版,第462页。

公共关系营销依据不同的标准可划分为不同的类型。我们通常所用的公共关系营销有以下几种类型:

1. 服务型公共关系营销

服务型公共关系营销,是指通过向公众提供各种实惠性服务来显示企业的信誉、爱心和热情。它的特点是:实惠性,能切实满足公众的需要,解决他们的困难;非营利性,就是在这种活动中企业往往不可以获利,但它能为企业带来良好声誉,让企业获得很好的口碑。其基本内容包括:对于顾客的消费教育和指导、与产品相关的销售服务和便民服务等。

2. 交际型公共关系营销

交际型公共关系营销,是指运用一系列的公共关系活动,建立、巩固与各种公众的联系,加强企业与公众的友好关系。它主要有两种形式:社团交际,这种方式是借助聚餐、座谈、茶话会等各种联谊活动,与各种公众建立、加强关系;个人交际,是企业公共关系人员或其他相关工作人员通过个别性的交往方式,如电话、直接拜访等,维系其与企业的关系。

3. 心理型公共关系营销

这是运用一系列心理方法,针对消费者心理和消费需要的营销活动。现在我们经常看到的反季销售产品的活动就是运用这种营销方式。商业企业主要利用人们主观上认为反季的产品会比较便宜的心理而采用的营销方式。它的主要目的在于,打破消费者固有的思维定式、心理定式,使公众产生异常的印象和感受,所以对产品尤其是价格就特别关注。

4. 宣传型公共关系营销

这是最具公共关系特色、效果最明显、影响最大的一种公共关系营销活动,主要是通过各种媒介来宣传、扩大企业和产品的良好形象,借助形象推销来促进营销活动。从内容角度来讲,它可以划分为实物宣传、行为宣传、礼仪宣传和声誉宣传等。从形式上看,它主要有以下几种方式:大众媒介宣传,包括电视、广播及各类报刊;人体媒介宣传,即依靠公共关系人员或其他人员的宣传;自控媒介宣传,包括最常见的板报宣传、企业自办的广播等。例如,四川的"泸州老窖"借助与中国广播音像出版社合办亚运歌曲传播活动扬名;美国碳化物公司通过制造"鸽子事件"宣传企业形象等。随着现代企业越来越注重企业形象,这一公共关系活动被运用得越来越频繁,有实力的大公司一般都会通过赞助、合作的方式实现这一目标。

二、企业外部公共关系的类型

企业外部公共关系,是指企业与企业外部公众的关系以及企业为协调与外部公众的关系所进行的公共关系工作。企业在经营过程中接触的公众除了内部公众外,其他的都可归为外部公众,相应的关系也就是企业与之建立的外部公共关系。我们可以将众多的外部关系概括为:顾客关系、社区关系、政府关系、新闻界关系、金融界关系、涉外公共关系等。

(一)企业与顾客的关系

在企业外部公共关系的六种类型中,每一种外部关系的处理对于搞好企业外部关系都至关重要,甚至直接关系到企业的存亡。对于大多数企业来说,直接面对的最基本关系还是与顾客的关系,良好的企业顾客关系应该说是企业生存与发展的外部条件。不管什么性质的企业,都应该树立一种"顾客至上"的理念,处处从消费者的立场出发,实实在在地替消费者考虑。

企业顾客关系,是指各种产品的生产者、供应者与购买者、消费者之间各种关系的总称。任何企业都是为满足特定的顾客需求服务的,顾客是企业遇到的数量最大的外部公众。这里的"顾客"是取广义上的范畴,既指市场上生活资料的购买者和消费者,还包括生产资料的购买者和用户以及精神产品的购买者。顾客是企业外部公众中比重最大的对象,即各种产品(含精神产品)的生产者、供应者与购买者、消费者之间的关系。"顾客是上帝"的营销理念,就突出了顾客对于企业的巨大作用,众多消费者的消费行为直接影响企业的生产经营状况。可以说,企业与顾客的关系是一种"唇齿相依"的亲密关系:一方面,顾客是企业提供产品、服务的对象,其购买行为直接关系到企业经营利润的实现;另一方面,顾客依赖企业提供的物品,没有企业生产的产品,顾客也无法正常地生活。可以说,企业顾客关系是建立企业经济利益的基础。

西尔斯公司是美国最大的一家百货公司,在企业顾客关系方面就做得极为成功。西尔斯公司开董事会时,董事长的位子总是空的,椅子的靠背上赫然写着"消费者",表明消费者是公司的真正老板。此外,在很多商场高悬"货物出门,概不退换"的牌子仍能继续经营的情况下,西尔斯公司别出心裁,打出"货物出门,负责到底,保证满意,否则退换"的宣传语。因此,西尔斯公司获得了顾客的信赖与好评,不但与老顾客之间建立了良好、稳定的关系,还因为这种"顾客是上帝"的人本经营理念,吸引了更多的顾客,一百多年来声誉卓越,长盛不衰。①

1. 企业顾客关系建立的目的

从根本上讲,企业顾客关系的建立是为了服从企业的战略目标,作为一个以营利为目标的经济组织,主要还是为了最大限度地实现其经济效益,以追逐自己的商业利润。但是,这种关系本身是为了满足顾客的需求,尽可能为顾客提供优质的服务,以获得顾客的支持与信任。具体地说,企业顾客关系建立的目的可以概括为以下几点:

第一,向顾客传播企业的具体信息。这主要包括企业具体的产品和服务、经营战略等相关信息。在激烈的市场竞争中,"时间就是生命",企业越早一步让消费者了解到企业的相关信息,就会争取到更多的消费者,通过与他们的沟通,就能更先一步地了解市场需求和新动态,这就为新产品、新功能的研发节省了更多的时间。当然,在向顾客传播企业具体信息的过程中,企业公共关系人员应严格审查相关信息的真实性,如有关产品的使用价值、质量保证、售后服务等,都应该如实地进行宣传,不得为了迷惑消费者而采用虚假或吹嘘的欺骗手段。

第二,为企业争取更多的消费者。消费者是企业直接面临的最重要的公众,消费者的需求和偏好可以直接决定企业的生产和规模。所以,企业如果想在激烈的市场竞争中不断发展壮大,就要争取到更多忠实的顾客,这是企业发展壮大的动力源泉。对企业来说,保持和维护与老顾客的关系很重要。这种老顾客可以看成企业一笔宝贵的

---

① 参见江明华编著:《企业公共关系实务》,北京大学出版社1997年版,第312页。

财富,凭借他们对产品的了解,可以提出很多有价值的建议和看法。因此,企业公共关系人员要善于从老顾客那儿获得各种有价值的信息,这样既能妥善处理他们对企业提出的要求,又能为企业集思广益。另一方面,企业要想扩大市场占有率,还必须不断地吸引更多的新顾客来壮大消费者队伍。只有更大的购买力才能驱使企业扩大经营规模,为企业带来更多的利润。在企业新顾客的开发中,可以充分利用老顾客的宣传推广作用。当一个企业确实赢得了众多顾客的口碑后,很多顾客会自发地向其亲朋好友推荐该企业的产品和服务,无形中为企业带来了巨大的经济效益和社会效益。

2. 企业与消费者沟通的方式

消费者是企业的外部公众中数量最多、最复杂的对象,在与这样的消费群体建立公共关系时,企业通常可以灵活地采用以下几种方式:

(1) 口头联系。这是最常用也最简单的一种方式,一般直接发生在产品的销售过程中。当然,现在很多企业会利用电话等现代通信工具向顾客介绍产品,完成一定的销售任务。在口头联系的过程中,企业要解决消费者提出的一些问题,如实地向他们介绍产品的用途及性能等真实信息。

(2) 广告和电视购物等大众传播媒介。现代大众传播媒介如此发达,在火车站、商场、地铁、餐厅随处可见其身影。所以,企业可以通过广告的方式向顾客介绍产品、服务,让顾客了解企业,尤其是在进行新产品的推广时,通过广告可以让他们了解新产品的性能,开创一种新的生活方式。

(3) 赞助一些公益或特殊活动。这主要看企业实力,实力雄厚的大企业可以赞助奥运会,如伊利乳业赞助2008年奥运会,借助这种赞助活动可以树立企业的形象,推广企业知名度;而实力相对薄弱的企业,可以在小范围内寻找合适的机会,抓住各种可为企业作宣传以塑造形象的机遇,策划各种公共关系活动。

(4) 组织顾客直接参观企业。可以让顾客参观企业的厂房、环境、车间、产品的生产流水线等,让消费者与企业直接零距离接触,加深对产品制造的认识,了解企业。

(5) 信函交往。企业可以组织公共关系人员定期或不定期地在一定的范围内选择合适的消费者与其进行通信往来,既能完成双向的信息交流,又可以让顾客感到自己受到企业的重视,从而激发其为企业出谋划策的积极性。

(6) 定期地出版有关企业产品信息的各种刊物。通过这种方式,可以让消费者定期地了解有关企业的详情、企业的新产品和新用途。如江苏的苏果超市社区店,会每周定期印刷大量的有关商品种类、价格的促销单送往居民家中,使顾客及时地了解日常生活用品的价格,尤其是超市限时处理的特价商品。这种印刷促销单的方式既为市民生活带来方便,也成功地达到了超市促销的目的。

(二) 企业与社区的关系

企业与社区的关系,是指企业与其所在地的其他组织以及当地居民之间的睦邻关系。任何一个企业都必须在特定的社区环境中存在,企业与社区建立了友好的关系,就可以赢得社区的支持,有助于建立良好的社区形象。企业与社区相互依存的关系主

要体现在:

1. 社区可以给企业提供一定的支持

首先,为企业输送充足的劳动力资源。在我国众多的企业中,劳动密集型企业居多,充足的劳动力对企业发展更为关键。特别是近年来在我国沿海经济发达地区经常出现的"民工荒",足以证明劳动力资源的可贵。企业在社区中如果有充足的劳动力来源,则更具竞争优势:节省招工成本,缩减招聘时间,方便交流与管理。

其次,为企业提供相关的后勤服务。一个企业从刚开始的厂房建设到生产经营,都离不开社区提供的资源,如供电、供水、交通等。没有这些条件和动力资源,企业根本就不可能生存。所以,如果企业能够从所在的社区获取相关配套的后勤服务,可以减轻企业的负担,提高企业的经营效率。

2. 企业可以为社区提供一定的支持

首先,为社区的公益活动提供人、财、物的支持。在现在的社区生活中,经常会举办一些针对本社区居民,尤其是那些社会弱势群体的公益活动,以体现出对社区的关爱并联络友情,如举办联欢会,为一些孤寡老人送关怀,举办各种友谊赛等。企业在资金充足的情况下,完全可以为社区提供相关活动人、财、物方面的支持,这样既能帮助社区中公益活动的顺利完成,又可以在社区中塑造一个良好的形象,在居民、社区干部中赢得较好的口碑,为企业奠定良好的社会关系基础。

其次,帮助维护社区的环境。现代工业的发达,同时也带来了很多污染,最常见的有噪音污染、环境污染、大气污染等,甚至某些化工类企业会严重地影响所在社区居民的身心健康。作为社区的主人,居民都不希望自己所在的社区环境受到任何污染。虽然居民这种对于生存环境最基本的要求,会使企业增加巨大的环保成本,但是从另一角度来看,企业花费重金来保护社区环境,关心居民的身心健康,无形中会赢得居民对企业的好感。如果企业还能本着可持续发展的原则,继续美化、改善社区的生存环境和人文环境,对赢得社区公众口碑更是有特殊的价值。

最后,维护社区的安定。社区稳定与否直接关系到社区居民的生活状态以及一个企业发展的外部环境。所以,企业应该重视这个外部大环境安定与否,将维护企业的安定视为己任。企业可以通过两个渠道维护社区的安定:一方面,从企业内部入手,规范企业内部作风,教育员工遵纪守法、团结友爱;另一方面,针对社区环境,企业可以直接为社区创造更多的就业机会,减少社区中的失业者,降低社区犯罪率。

(三) 企业与政府的关系

政府是国家权力机关的执行机构,无论什么类型的企业都必须服从政府机关的管理和指导。一个企业的经营活动和各项规定都必须在政府法令许可的范围之内。所以,企业应该重视与政府的关系,不仅要在政府的领导下进行正常的生产经营活动,而且还应该在企业内部建立专门研究政府政策法令的部门,及时地了解国家的政策,为企业决策提供可靠的依据。与政府建立良好的公共关系,实现有效的双向沟通,对于企业来说至关重要。

企业在维护与政府的关系时,必须做好以下几方面的工作:第一,服从政府相关部门的领导和管理,严格遵守各项法规法令,使企业的一切活动在政府许可的范围内进行。第二,要利用一切合适的机会,扩大企业在政府中的影响,以在需要的时候能够获得政府部门的帮助与支持。第三,企业与政府间应该实行有效的信息双向交流,并主动地为本地区的经济建设、本行业的发展向政府部门提供有价值的建议,获得政府的信任,促进与政府公共关系的建立与维护。

(四) 企业与新闻界的关系

企业与新闻界的关系,简而言之就是媒介关系。如今是大众传媒发达的信息时代,媒介关系是企业外部公众关系处理中最为敏感也最重要的一部分。这种媒介关系对企业非常特殊,一方面是因为它本身是任何一个企业的外部公众对象,另一方面是因为它又是企业在处理外部公关活动时常选用的一种渠道和方式。正是基于媒介关系的这种双重角色,在某些国外专家的营销策略中,往往把媒介关系看成企业最为重要和最为关键的一种关系。尤其是在现代信息大爆炸的时代,新闻界在我们日常生活中扮演着越来越重要的作用,很多人经常会根据媒体报道来确定他们的消费取向和行为。也就是说,新闻界对企业的看法和态度将会影响社会公众对企业的看法和态度。因此,良好的媒介关系给企业带来的效用是巨大的,企业应该努力加强与新闻界的关系,发挥它的特殊效用。

1. 企业与新闻界建立关系的基础

无论新闻界作为企业的哪一种角色,它都可以对企业的外部公共关系活动产生一定程度的影响。尤其是新闻界具有"放大镜"的特殊作用,更可以为企业带来直接的经济效益和社会效益。当然,如果企业没有与新闻界建立良好的公共关系,那么将会给企业带来无法估计的损失,甚至使企业臭名远扬。具体地说,企业与新闻界关系的建立是双方的利益需要。就新闻界来说,由于各方面客观条件的限制,导致新闻工作者不可能全面接触并报道所有的材料,这时就需要企业向他们及时地提供各种有价值的、受社会大众欢迎的素材,帮助新闻工作者高效、及时地完成工作任务。作为企业这一方,也需要新闻界的宣传和传播,使更多的人能了解企业,购买企业的产品。因此,企业公共关系人员和新闻界之间应该建立长期合作、友好的公共关系,互相帮助,共同发展。

2. 协调媒介关系应注意的原则

基于媒介关系的特殊性,在协调媒介关系时,企业除了遵循一般公共关系活动的原则之外,还应针对媒介关系的特殊性,遵循"四要""四不要"原则。

"四要"原则是指:一要以礼相待。热情对待新闻工作者,积极配合他们的工作。二要以诚相待。在向他们提供素材时,应本着实事求是的原则,如实提供,而不要夸大或者掩盖事实。三要平等相处。对所有的媒介应该平等对待,一视同仁,而不依据他们的名声、规模大小而差别对待。特别是对那些曾经报道过企业负面影响的媒体,更应该积极主动地配合他们工作,不能对他们产生偏见而不予以配合。四要正确对待。

当媒体报道了企业的工作失误和缺点后,企业应该立即调查详细情况和成立纠正小组,吸取教训,立即改正存在的错误。

"四不要"原则是指:一不要无理干涉新闻媒介的工作。新闻媒介是独立的,企业不应该干涉他们具体的工作,应该维护新闻工作者的客观性和独立性。二不要以"利"相交。企业不能拿任何物质上的好处来收买新闻工作者的报道,应该还原事实真相。三不要急功近利。四不要杂乱无章。

3. 处理企业与新闻界关系应注意的问题

首先,要了解各媒体的背景、特点,熟知他们的活动和风格。只有熟悉了媒体,企业才能根据需要在众多的媒体中选择适合自己的媒体,达到企业最初的宣传目的。

其次,公开事实真相,善待新闻媒体。企业向新闻媒体提供素材时,应该实事求是,如实地提供,容不得有丝毫的虚假。特别是当某些媒体报道企业的负面消息时,企业应该积极地成立调查组以调查事实;如果确实存在问题,企业应及时吸取教训,尽快改正。

再次,企业应该与新闻媒介保持长期联系。这种长期联系,既能增进双方互相了解,建立友好合作的关系,又可以在企业急需之时,利用新闻媒介帮助企业进行宣传,解决企业的一时之需。

最后,企业在向新闻工作者提供素材时,一定要以及时性为首要原则。因为新闻具有时效性,贵在"新",所以当企业有重大的活动或者召开记者招待会时,应在第一时间通知熟悉的媒体,以实现企业的宣传目的。

(五)企业与金融界的关系

金融在现代社会经济生活中发挥着越来越重要的功能和作用。一方面,金融机构可以在企业需要筹资时,通过贷款帮助企业;另一方面,金融机构本身也可以作为投资方参与企业的投资。所以,企业无论是出于哪种目的,都必须处理好与金融机构的关系。企业在发展壮大过程中和出现资金短缺时,能够获得金融机构的帮助,这对企业的生存和发展至关重要。与金融界保持良好的关系,树立良好的形象,尤其是获得良好的社会口碑和认同感,可以在很大程度上帮助企业在应急之时从金融机构处筹集到资金。

企业要建立与金融界良好的关系,必须做到以下几点:第一,必须严格遵守国家有关金融政策和法规,依法运营,否则将会受到制裁。第二,向金融机构介绍和宣传企业的概况,特别是在向其贷款筹资时,更应该详细说明资金的使用情况。第三,可以在做一些重要且数额巨大的项目投资时,主动邀请金融机构参与,参考其建议。第四,最好将本企业的货币业务往来固定于几个熟悉的稳定客户,这样将有助于金融机构了解企业的经营状况,从而获得金融机构的信任,有利于解决企业面临困难时的借贷需要。

(六)涉外公共关系

涉外公共关系,专指企业与国外特定公众之间的关系状态和针对这类特定公众开展的公共关系活动,是企业国际公共关系的一个重要部分,具有跨国的性质。自从实行改革开放的政策以来,许多跨国公司和外企如潮水般涌入中国,国际公关界也随即进入了中国市场。虽然涉外公共关系也是企业外部公共关系的一种,但同其他外部公共关系相比,它有很多特殊性,表现为:第一,不同国家的经济发展水平不一,特别是在发达国家与发展中国家及一些落后国家,这种差距表现得更为明显,所以这种涉外公共关系的处理会非常复杂。第二,不同国家的语言、文化、风俗、习惯、历史、宗教信仰等不同,每一个涉外企业自身的文化背景也不一样,这会增加涉外企业的公共关系活动的难度。

所以,企业一定要针对涉外公共关系的特殊性开展公共关系活动。一般来说,在涉外公共关系的处理中,企业应坚持以下几项最基本的原则:首先,独立自主的原则。这也是涉外公共关系遵循的最基本的原则。其次,政府指导的原则。即在制定一些方针、政策和组织活动时,要服从我国政府的相关规定。再次,针对性的原则。即针对外国公众、市场、特殊的风俗习惯等生产产品和组织活动,将企业的营销理念与当地的实际情况有机地结合起来。最后,互利互惠的原则。只有坚持这一原则,才能实现双方的长期合作与互利。

本章小结

企业公共关系,是指一个企业为了塑造和提升自身的良好形象,有意识地运用各种传播媒介,传递企业和产品的各种信息,与社会公众双向地协调关系、处理各种危机的公共关系活动。其中,企业是主体,公众是客体。企业通过所选择的传播媒介,与社会大众沟通协调,从而达到预期的经营目标。

企业公共关系的作用包括:协调企业内外部的关系;塑造良好的企业形象;收集信息,参与决策;建设企业文化。企业作为以追求利润最大化为目标的营利性组织,其公共关系除了具有公共关系的一般特征外,还具有自身的基本特点。企业公共关系的特点包括:以公众为对象;以树立企业形象为目标;以沟通和传播为主要手段;以互惠互利为原则。

企业能够在多大程度上满足内部员工的个人需要,对企业整体的经营活动和销售业绩有着重要的作用,只有基本上满足了员工希望从企业那里得到的各种物质和精神的回报,才能最大限度地调动员工的积极性和创造性。企业内部公共关系的理论依据有人性假设理论和激励理论。企业内部公共关系的途径与方法包括:协调社会、企业与员工的利益;协调领导者和员工的关系;增强企业的群体凝聚力;组织各种文体、娱乐活动,联系和培养先进的群体意识;在员工之间建立互相关心、爱护的氛围。

企业在建立创造良好的内部公共关系基础上,还必须积极通过各种公共关系营销手段去影响外部环境,适应环境,不断地改善自己与外界公众的关系,营造适合企业发展的外部有利因素。外部企业公共关系包括企业与顾客的关系、企业与社区的关系、企业与政府的关系、企业与新闻界的关系、企业与金融界的关系以及涉外公共关系。

案例分析

2013年,施华洛世奇(Swarovski)动作连连,"高端"和"多元化"频频从集团高管口中蹦出,而转型的起点选址中国。

施华洛世奇自2012年底开始在中国试水高端珠宝,2013年5月在巴塞尔国际钟表展期间隆重推出其最新腕表和一系列创意产品,此后数日便成功收购美国明尼阿波利斯的珠饰生产商Chamilia公司100%的股权,以此作为进入个性化配饰和高级珠宝领域的契机。

这一连串的动作似乎在暗示这个以高超的水晶切割工艺闻名仿水晶界的国际巨头正将触角伸向高端产品领域,而它的实现途径有两种:一是收购;二是自主开发新产品线。

考验集团实力的则是自主开发的新产品线,这就是2012年底施华洛世奇在中国首发的高端珠宝系列,试水已经半年,市场反应不错。但是,施华洛世奇一直都是低调潜行,非常慎重地布局中国市场。到2020年,施华洛世奇计划将目前的2300间门店提高至3000间。

施华洛世奇上海最大的门店位于徐汇区港汇恒隆广场一楼,也是目前上海拥有施华洛世奇高端珠宝产品的两家门店之一,另外一家在新世界。

走进港汇恒隆广场的施华洛世奇店,首先映入眼帘的是施华洛世奇的常规产品,左侧是在欧美颇受欢迎的仿水晶小动物摆件,右侧是项链、耳环、手镯等首饰配件,这些产品依然是施华洛世奇的主打产品。高端珠宝产品则在里侧的一个长方形区域内,约占整个店面的1/3,在玻璃柜中分别陈列着彩宝和钻石系列,墙面壁柜中陈列的首饰更加高端,有近8万元售价的项链。

"我们现在出的高级珠宝,是天然水晶、钻石、白金和黄金。与之前的施华洛世奇产品相比,材料更高级,是我们一个新的产品线,去年12月在中国首发。"施华洛世奇水晶精品部中国区资深公关主任Kenny这样告诉《理财周报》记者。

选择在中国首发试水,正显示出施华洛世奇对中国市场的重视,毕竟对于这个进入中国已有40多年历史的品牌来说,中国市场已经成为其不可或缺的重要组成部分。施华洛世奇品牌方也曾表示,中国作为施华洛世奇全球业务发展的重要市场,占据着领导性的战略地位。

"因为首先中国的经济发展很好,大家对天然素材的珠宝的需求比较高,所以总部认为可以先在中国做实验,如果中国做得好的话,接下来可能会向全球其他地区推广,最重要的还是对中国的市场信任。"Kenny这样解释在中国首发的原因。

施华洛世奇试水中国首先选择的是开设店中店,Kenny这样向记者介绍店中店:"店中店是在一个大的店中划出一个独立的区域重新装修的,所以整个区域的装修风格和产品展示风格跟时尚饰品的装修风格是不一样的,因为它的定位、价位、设计和素材跟其他时尚饰品是非常不一样的。"

2012年12月,施华洛世奇开始在中国的广州、北京和上海各开设2家店中店推广高端珠宝。如果时间退回到2012年,也许施华洛世奇推出高端珠宝对其品牌来说另有意义。

2012年,施华洛世奇遭遇了不少产品危机,在其对外宣传中,给消费者的印象是"水晶"的代名词。但是,实际上,施华洛世奇并非珍贵的天然水晶制品,而只是人工制品,依靠高超的工艺而闻名,算不上奢侈品,在欧洲的高品位家庭或场所是不会摆放的。

但是,在施华洛世奇的宣传中,一直刻意回避这一点,造成消费者将"施华洛世奇"等同于"水晶",其中就遭到一位顾客的投诉,因为他购买的一个价值上千的施华洛世奇项链经验证竟然是玻璃制品。随后,有媒体曝出施华洛世奇的成本不过百元。一时间,施华洛世奇陷入"欺骗消费者"的尴尬境地,工商部门介入调查。

另外,根据珠宝首饰行业协会发布的信息显示,从2012年开始,中国珠宝首饰业进入了5年不遇的萧条期。其中,首饰行业的窘境尤胜珠宝行业,因为翡翠、钻石的原料石尚有保值、升值的空间,而首饰行业的原材料都是不值钱的仿真宝石,恐怕难以"过冬"。

从价位上看,施华洛世奇的高端珠宝也与之前的仿水晶饰品拉开了一大段距离。之前的价位大多在一两千元左右,而现在常规款的高端珠宝价位多在5000元到5万元之间。施华洛世奇目前最贵的高端珠宝高达33万元,为全钻石镶嵌。

价位的提升源于原材料的"货真价实",此次推出的高端珠宝系列多采用彩色珠宝,如芙蓉石、托帕石、天然水晶、钻石等。"这个周边镶有钻石,链子是18K的,而且是分两个价钱的,链子和坠子是不同的。"施华洛世奇的销售人员指着一个项链向《理财周报》记者介绍道。

对于梵克雅宝、卡地亚等高级珠宝,Kenny认为价格太高,而且很多在日常生活中没法佩戴。"我们的高级珠宝是质量与设计并重,同时让我们的顾客可以日常佩戴的高级珠宝。我们的材质更加主打彩宝,而不是钻石,可能是托帕石、芙蓉石,有彩色宝石的部分。这些都是天然的宝石,整个材料跟其他的都不一样,在设计上会更加精致。"Kenny解释道。

定位于"日常可佩戴的高级珠宝"的施华洛世奇在中国市场试水的反映还不错,于是2013年加大了扩张的脚步。目前,施华洛世奇高端珠宝在中国市场的店中店有8家,独立店有3家。

"截止到今年年初,大家反响都很好,所以我们上半年继续在成都和西安都开了店中店。我们5月份还在北京国贸开了独立的高级珠宝门店。上海这边其实在南京西路的恒隆也开设了独立门店,处于试营业阶段,还没开始宣传。"Kenny表示,香港也开设了高级珠宝独立店。

对于高级珠宝的推广,施华洛世奇颇为低调。Kenny坦言"总部都没有给我们任何的广告预算或者是其他的一些预算",因为这只是新产品线的试营业。我们至多只是跟时尚杂志的编辑沟通过施华洛世奇推出了高级珠宝系列,如果有拍片需求,可以借,但目前没有任何广告的投入,明年会有。

对于下半年的扩张计划,Kenny表示在中国市场不会新开设高级珠宝店面,总部认为经过大半年的试营业,整个效果还不错。目前,听说日本和韩国的高级珠宝店正在讨论中,具体什么时候开不确定,但已经有这个意向向其他国家拓展了。

"照目前的趋势看的话,高级珠宝在中国仍处在一个上升趋势,应该会继续发展下去。"Kenny信心满满地告诉《理财周报》记者。

原本定位于生产普通仿水晶工艺品的施华洛世奇,这次涉足高端珠宝,意欲重新将施华洛世奇定位为高端奢侈品,实际上背后交织着家族权力的争斗。

尽管起家于奥地利的施华洛世奇已经有百余年的历史,但至今它仍是一个家族企业。截至2010年,施华洛世奇家族的成员已超过150人,其中有28人在公司内从事高级管理工作,并由6人构成公司的最高决策和管理层。

从2002年开始,施华洛世奇已经全面完成了第四、第五代成员之间的权力交接。公开资料显示,目前施华洛世奇的行政管理工作集中在3位第五代家族成员的身上:Cohen,北美分公司负责人;Nadja,国际交流部负责人;Markus,品牌管理负责人。

但是,由于他们所受的教育和接受的文化不同,导致相互之间的管理理念相去甚远,尤其是在施华洛世奇未来发展定位上分歧严重:Nadja主张将施华洛世奇定位为高档的奢侈品;而Cohen认为施华洛世奇的大部分收入都来自普通工艺品,应在这个方向上重新定位。Cohen的观点也代表了施华洛世奇家族老一辈的观点。

但是,固执倔强的Nadja不顾家人反对,为了重新定位施华洛世奇并提高其品牌形象,于1998年在纽约开设了第一家施华洛世奇创意服务中心,作为水晶产品的展览厅,并聘请时尚顾问来指导瓦腾斯那些水晶切割工匠们。初次试水,Nadja就尝到了品牌升级的甜头,当年施华洛世奇的北美销售额从140万美元剧增到1300万美元。随后,施华洛世奇创意服务中心先后在伦敦、迪拜、巴黎、米兰、新德里和圣保罗开设。2009年,施华洛世奇更是涉足腕表领域,进一步提升品牌形象。

2012年,施华洛世奇销售收入达17亿欧元,加上一些B2B业务,集团总收入为23亿欧元,其中珠宝收入占比75%,手表系列占比约5%—7%。据Kenny介绍,施华洛世奇的商业合作部门正准备在上海来福士广场开设多品牌零售店Cadenzza,该零售店"集合不同的设计师用施华洛世奇仿水晶设计的饰品",2013年计划在北京、上海开设3家店面。

案例思考题:

请根据本章所学内容分析:施华洛世奇如何运作公共关系,从而获得了转型的成功?

第十一章　政府公共关系

本章要点

1. 政府公共关系的含义和特点。
2. 政府公共关系的意义。
3. 政府公共关系的目标。
4. 政府形象公关的概念及特征。
5. 政府形象管理的内容。
6. 政府危机公关的原则与程序。
7. 政府公共关系的障碍。
8. 政府公共关系运作的原则与要点。

引例

　　2007年5月30日下午2点多,贵阳市延安西路段至紫林庵路段发生了将近3个小时的大堵车,而这个时间段贵阳市极少发生堵车现象。堵车是因为有盲人在盲道上被政府牌照汽车撞倒,处理此事的派出所民警处理不当,殴打盲人,所以讨要说法的盲人们堵住了这条主干道。当地残联向记者确认了网友说法的基本事实。

　　据现场盲人描述,大约14点左右,一辆挂政府牌照的小车在客车站门口盲道上撞倒几位盲人,然后几位盲人遭延安西路派出所人员暴打,后被带走,小车亦离开。盲人家属及附近的盲人在短时间内汇集到客车站门口,将延安西路阻断,造成贵阳市区大堵车。在现场的盲人、家属及路人表示,此举仅仅是希望能够讨回一个公道。从现场盲人的口中获悉,受害盲人被小车撞了以后,要讨个公道,却被附近派出所的人暴打并关起来。盲人家属到场要求释放,被拒绝,甚至连见面也不被允许。当地的盲人虽然没有正式的组织,但都是有联系的,他们很快就聚集起来。由于盲人是在客车站门口被撞倒的,而延安西路派出所就位于客车站内一栋楼里,所以盲人都围堵在客车站门口。派出所的人没有再出现,现场只剩下交警,但对此事束手无策,只能站在盲人身后不远处。后来,又有群众自发加入到盲人的队伍中。

　　被批评的延安西路派出所拒绝接受采访。事件发生地点所属的贵阳市交警支队一大队工作人员在电话里向记者肯定确有堵车事件,并翻查了当时的交通记录,显示了30日下午2时40分在延安西路段发生大堵车,而且当时交警支队的领导都到了现场调解事件,贵阳市残联和维稳办也同去了。贵阳市残联办公室的负责人接受记者电话采访时说确有此事,当时残联一位领导到场参与调解。不过,因为"领导在开会",不能接受采访。贵阳市客车站一位负责人表示知道堵车的事,起因是派出所处理不当。他说,堵车是从车站门口的东侧开始的,一直延伸至紫林庵路段,事件持续到下午5点多才结束。①

改革开放以来,在经济市场化、政治民主化、社会利益和价值观念多元化等多方面快速发展的大背景下,有效开展政府公共关系,对于协调社会矛盾,维护政治和社会秩序稳定;促进信息的双向交流,提高政府的政策制定和推行能力;密切政府与民众的关系,塑造良好的政府形象,发展民主政治,加强廉政建设等,都具有重大作用并将产生深远影响。

第一节 政府公共关系的含义、特点与意义

一、政府公共关系的含义

(一) 政府的概念界定

在政府公共关系中,主体是政府,所以我们必须先弄明白政府的概念。政府概念的界定,通常有广义和狭义两种。广义上讲,政府是指一个国家从中央到地方行使立法、司法、行政权的所有机关;狭义上的政府,指的是除了立法、司法部门以外的行政权力机关。在本章所探讨的政府公共关系中,我们将政府作狭义的理解。

简单地讲,政府是一个国家权力的执行机关,是社会公共权威的执行系统,对外代表国家处理外交关系,对内有社会管理和政治统治的职能。根据政府所具有的功能与属性,以及所面临的社会公众,我们可以把政府的特点归纳为以下四点:

第一,政府本质上是一个公益组织,以人民的利益为最高利益,它是国家权力机关的执行机关,必须代表和执行人民的意志,为公众服务而存在。

第二,政府直接具体地参与各种社会事务的管理,包罗万象,通过对社会政治、经济、文化等事务的管理,干预和协调整个国家范围内的社会生活秩序,因此形成了一个全面而严密的系统网络,分布于整个国家、每一个领域,纵横交错。

第三,政府区别于其他社会组织的显著特征就是,政府是一个非竞争性的组织,对于权力、资源、信息等都有一定程度的垄断权,这是任何其他社会组织都无法超越的优势。此外,政府可以制定政策、颁布法令并合法地使用暴力。

第四,其他社会组织开展公共关系无不是为了提升知名度和美誉度,树立良好的公众形象,而政府却希望通过公共关系,在公众心目中树立一种廉洁、务实、创新、高效

---

① 资料来源:《南方都市报》2007年6月1日A32版。

的政府形象,从而争取公众的认可和支持,得到公众的拥护。

(二) 政府公共关系的含义

政府公共关系,就是政府运用各种信息传播手段,与社会公众之间进行及时、充分的信息交流与沟通,争取社会公众对政府的信任、理解与支持,从而在社会公众中树立起良好政府形象的活动过程。

通过该定义,我们可以看出,政府是公共关系主体,是公共关系活动的发起者和组织者。社会公众是政府公共关系的客体。相比于其他公共关系,政府公共关系的公众对象是非常广泛的,可以说是整个社会大众。传播手段则是政府运用的各种信息传播工具和沟通技巧,正是通过这些传播手段帮助政府实现了与公众的沟通和了解。最后,政府公共关系的目标是获得社会公众对政府的信任、理解与支持,塑造政府良好的信誉和形象。具体来说,我们可以从以下四个方面理解政府公共关系:

第一,以政府组织和人员为主体。无论是政府还是其他社会组织公共关系活动的开展,最后都是由具体的人员去落实的。离开具体的公共关系人员,政府和其他社会组织也仅仅是一个抽象的公共关系主体。这里,政府公共关系人员是指在政府公共关系部门或机构中专门从事公共关系工作的各类人员。他们是政府实际公共关系活动的策划者和操作者,也是所有公共关系活动的执行者,其结构是否合理、配置是否科学、是否具有较高的职业素质等都直接关系到政府公共关系活动的结果。所以,选择合适、优秀的政府公共关系人员是政府开展公共关系活动的前提。

第二,以全体社会成员为对象。像其他社会组织一样,政府公共关系的对象也有外部公众和内部公众之分。对内,政府必须保持团结,这样才能增强政府组织的凝聚力;对外,政府必须处理好外部公众关系,保持发展,获得社会公众的支持与认可。政府与其他社会组织的一个重要区别就在于它的公众对象异常多,这也是政府公共关系的一个难点。政府应将公众进行分类,有的放矢,尽最大的可能满足大众的需求,服务大众。政府公共关系同样遵循着"内求团结,外求发展"的管理艺术,只有同时满足了内、外部公众的需求,才能为政府的运作创造良好有序的内、外部环境。

第三,以现代传播工具和必要的沟通技巧为传播手段。政府和社会公众须借助一些公共关系手段和沟通渠道,以实现信息的双向交流。通过信息的双向交流,既能将政府的信息向广大的社会公众传达,让公众知道政府的更多信息,打造一个透明的政府,又能在公众之间收集更多的信息,了解公众对政府的意见和看法,为政府相关政策的制定提供可靠的依据;既能为政府顺利实施各项规章法令奠定基础,又能得到公众的拥护。所以,政府公共关系中传播渠道是否畅通,直接影响着公共关系活动的效果。

第四,以追求良好的社会效益为目标。政府本质上是一个公益组织,它是为社会大众服务的机构。政府的宗旨是为全体民众服务,与企业追逐经济利益的目标有着本质的不同。所以,政府公共关系活动的开展应该严格遵守这一原则。无论是在哪一个环节上,政府都应该为公众的利益考虑,要实实在在地为公众谋福利,真正做人民的公仆,用切实的行动赢得公众的好评,打造一个"亲民、爱民、为民"的政府,拉近与民众的距离,得到他们的拥护。

为了更深刻地理解政府公共关系,我们有必要把它与企业公共关系进行比较。尽管两者都是根据公共关系的基本原理开展工作,都是希望通过运用公共关系的传播手段和有效的沟通方式实现一定的目标,但由于性质、功能不同,所以还是在很多方面存在着差异。

首先,两者的主体、客体都不一样。在企业公共关系中,企业及其负责公共关系活动业务的部门是主体,与企业的生产经营活动相关的内、外部公众是客体;而在政府公共关系中,政府和具体承担政府公共关系活动的部门是主体,所有的社会公众是客体。

其次,两者的目标不一样。企业公共关系是为了帮助实现企业特定的目标而服务的,即为企业带来最大的经济效益和社会效益,追逐经济利润最大化。在具体公共关系活动的开展中,企业公共关系人员围绕着企业的产品和服务策划各种公共关系活动,这样做是为了达到更好的宣传效果,树立良好的形象,从而提高市场知名度,顺利地实现销售。

政府公共关系的目的不是实现经济利润最大化,而是要维护民众的根本利益。从这个意义上说,政府利益与民众利益在根本上是一致的,政府在实现自身利益的同时,也从另一个方面实现了社会上绝大多数人的利益。特别是在社会主义国家,人民是国家的主人,政府始终代表着人民的利益,以最广大人民的利益为自己工作的出发点。

二、政府公共关系的特点

政府公共关系除了具有一般社会组织公共关系的基本特点外,还具有其特殊的方面。这里,我们可以从政府公共关系的构成因素、公共目标、任务等方面把握这种公共关系活动的特殊性。

(一) 主体的特殊性、权威性、唯一性

政府公共关系的特殊主体就是各级地方组织,它是国家权力的执行机关,既可以颁布法令,制定各项规章制度,又可以强制管辖范围内的人民群众执行它的决定,这是其他任何性质的社会组织所无法比拟的。这种特殊性要求政府公务人员有更高的自觉性,能运用科学的传播工具和沟通技巧,完成与公众之间的信息双向沟通,而不是我国过去计划经济时代那种政府单向垂直的指挥态势,只有政府的绝对指挥。这样,既不利于民主的发挥,也不利于政府的经济社会管理,只会让政府滋生一种凌驾于其他社会组织之上的优越感,导致官僚主义、命令主义。

政府的权威性表现为:政府的权力是国家和法律赋予的,这种至高无上的绝对权威不容随意挑战;同时,在具体的运转中,政府在一定程度上垄断着各种资源,包括各种权力、信息等,而任何社会组织都不具备这种先天性的权威。

政府的唯一性在于,一般在同一个国家或地区,不可能有几个政府同时存在,即只有一个合法的政府。这种合法的唯一性使政府凌驾于其他社会组织之上,在处理公共关系时具有其他社会组织所不具有的优势。

政府的特殊性、权威性、唯一性,也使它很轻易产生不良的主观主义、命令主义、官僚主义。所以,政府公共关系的开展,应该实行政务公开化和管理民主化,增加政府工作的透明度,接受来自广大民众的有效监督,为开展政府公共关系活动营造一种积极的氛围。

（二）客体的复杂性和特殊性

政府公共关系的对象是全体社会公众,与其他社会组织的公众对象比较起来,显得更加复杂多样,包括社会的各阶层、各党派、各民族、各种社会组织、各种利益团体等,而不是某一领域的特殊公众。具体而言,从形态看,既包括全体社会公众个体,又包括其他组织公众;从地域看,既包括国内公众,又包括国外公众;从公众性质看,各自的利益追求是公众对政府态度和提出意见的出发点,尤其是那些关系到公众切身利益的问题,如无论是在发达国家还是发展中国家,人们都异常关注教育和医疗体制的改革等。

因此,面对如此众多、成分复杂的公众,政府应该时刻关注社会各阶层公众的态度及变化趋势,尽量满足他们的需求,忽略其中任何一部分公众,都会导致对政府的责难和批评,导致政府公共关系的失衡。特别是党和政府制定的有关政策和法规,会使不同利益群体产生不同的态度和意见。在各种复杂的公众面前,政府应该更注重采用灵活的公共关系方式、科学人性的沟通技巧,以达成自己的目标。

（三）目标的公益性和非营利性

任何一个社会组织的存在,都是为了实现其特定的目标。我们熟悉的企业,无论是什么性质、什么行业的企业,它最终的目标只有一个,就是最大限度地实现经济利润。如同其他社会组织一样,政府公共关系活动也有自己追求的目标,不是为了实现自身的经济利益,而是追求社会发展的整体利益,为了让社会能够更和谐地发展,为了让国家各部门能够协调运转。政府作为一个特殊的、最大的公益组织,以最广大人民的根本利益为追求,为人民服务。它注重社会效益的提高,所有公共关系活动的开展都紧紧围绕这个目标。其他一些社会组织或许也有注重社会公益性的,但它们往往只是通过社会公益性活动来实现自己的最终目标。更进一步讲,政府公共关系活动的公益性在程度和范围上是其他任何社会组织所无法比拟的。政府公共关系活动的基本着眼点就是追求符合人民群众的长远利益和根本利益,维护的是大多数人的利益,而不是照顾少数人的利益。

政府公共关系活动的直接目标是提升在公众心目中的形象。但是,不同于其他社会组织,政府塑造良好的形象是为了更好地为公众提供服务,更有效地发挥政府对内对外的职能。因此,政府必须开展公共关系活动,以博得人们的支持,提高政府的美誉度,树立一种创新、务实、廉洁、高效、民主的政府形象。此外,这种政府形象也正是公众心目中所期望的,良好形象的建设会得到公众的积极支持和参与,并帮助维护和保卫政府的良好形象。政府公共关系人员可以利用公众的力量共同构建一个良好的政府形象。

(四) 传播手段的优越性

现代公共关系在具体的运作过程中,借助一定形式的传播手段,向公众传达相关的组织信息。因此,一定的传播手段和沟通方式是必备的公共关系活动工具。当然,政府公共关系活动也必须运用公共关系传播工具和科学的沟通方式。但是,与其他社会组织不同的是,政府本身就掌握着大量的各种类型的传播媒介,不仅拥有自己的报纸、杂志等印刷媒介,还拥有电台、电视台等现代传播手段。特别是随着现代信息技术的普及运用,很多政府都建有自己的互联网络,不断将信息技术用于政府的管理,构建新型的电子化政府。

政府在传播手段和传播渠道方面所具有的独特优势主要体现在四个方面:第一,政府直接掌握并拥有各种传播媒介,政府只需将要传播的信息在各个媒介反复传播,就可以牵引舆论导向,营造有利的舆论环境。第二,政府的传播渠道比较严密。政府拥有庞大、严密的传播系统,使得信息在范围大小、纵向横向、对内对外各方面,都能及时、准确地传达信息。第三,政府在收集大众信息方面占据绝对优势,各种传播媒体可以将利用采访、公众的投诉收集到的信息传达给政府,作为政府制定各项政策的依据。对于公众的投诉,政府应进行调查,如果确实是政府的工作失误,应赶快纠正偏差。第四,一些国家实行书报检查、新闻审查制度,媒体信息都要先经过政府相关部门的审查。这样,政府在调控信息方面完全占据主动权,可以有选择地传播那些对塑造政府形象有利的信息。

(五) 现代政府以实现管理的民主化和加强工作透明度为重要内容

现代政府具有对外交往的职能,发展同其他国家的国际关系,进行维护国家主权的外交活动,对内则在政治上进行政治统治,在经济上制定经济发展战略规划,在社会生活上管理整个文化和教育事业等。无论是政府的哪一项职能,政府颁布的任何一项规章法令都对大至整个国家,小至每个民众的生活产生影响。因此,加强政府工作透明度和管理的民主化应作为现代政府建设的一个题中之义。政府在制定各种制度和规章时,应充分发挥民主的机制,切实做到民众的参政、议政,集思广益,提高大家关心国家政治生活的热情,达到"人民政府人民建"的社会氛围。

(六) 政府环境的全局性

任何一个社会组织都必须存在于一定的社会大环境的土壤中,现代公共关系的运用就是让这些组织更好地适应环境,只有这样组织才能发展和壮大。在一个国家,政府的地位和功能决定了政府环境的全局性和广泛性。这种全局和复杂的环境既为政府公共关系带来了机遇,也提出了新的挑战。一方面,政府公共关系存在于国内和国际大环境。国内的环境包括自然环境、政治环境、经济环境、社会环境、历史环境等诸多环境,每一种环境的处理都对政府提出了新的挑战。特别是现在知识经济高速发展,各种非政府组织、民间团体增多,政府所面临的环境因素更为复杂,这对任何一个政府的执政能力和公共关系水平都是一种严峻的考验。另一方面,正是因为政府的决策对整个国家的政治、经济、文化、社会等方面都能产生重大的影响,甚至关系到一个国家的稳定与发展,所以广大民众都会积极地参与政府的建设与监督,为建设一个创新、务实、廉洁、高效、民主的政府而努力。一个负责任的政府,应该以为人民服务为己任,视自己为人民的公仆,从全局的视角出发,做好与公众的公共关系,既适应环境,也对周围的各种环境,发挥积极的作用。

(七) 公共关系活动资源的公共性

从属性上讲,政府公共关系中所运用的资源,很多都是属于公共资源,即公共物品或者准公共物品。政府直接掌握着很多传播媒体的资源,包括报社、杂志社、电视台、电台等,这些公共资源不属于任何私人或者社会组织,而是为国家所有。但是,政府作为国家权力的执行机关,有权让这些公共物品或者准公共物品为其开展公共关系活动的服务。另外,很多政府都有智囊团,集聚了社会上优秀的人才,也为政府活动服务。这些优秀的人才包括机关事业单位的领导、知名高校的教授乃至院士、某一领域的专家,政府在进行公共关系活动的策划、执行、效果评估等环节都可以根据活动的需要邀请安排,甚至还可以跨越国界,邀请国外的优秀专家和人才。这些资源的运用,对政府公共关系活动效率的提高和目标的实现有着重要的作用,甚至有时至关重要,但却丝毫不改变政府公共关系活动的性质。

三、开展政府公共关系的意义

现代公共关系一经政府自觉地运用,特别是把公共关系和政府的其他职能(如组织职能、行政职能)有效地融合在一起,便对政府工作的效率和政府形象的维护发挥着重要的作用。也就是说,政府公共关系的运用和管理对政府的活动有着特殊的意义。

(一) 为政府的重大决策收集信息、提供意见

由于现代政府面临的国内和国际环境日益复杂,经济全球化、政治多元化为政府执政能力和事务管理都提出了更新、更严峻的挑战。特别是近些年来伴随着知识经济的迅速发展与信息"大爆炸",政府在涉及政治、经济、文化、社会生活等方面的决策活动时,犹如在处理复杂的系统工程。仅仅依靠政府机关的个别领导和办事人员的能力、知识和经验,往往力不从心。因此,政府必须调动社会的力量来提供咨询和服务,收集有利于政府决策的各种信息,通过这种全面且准确的信息,让有关领导能够了解民意,认清形势,为政府的决策提供依据。值得注意的是,政府公共关系人员无论是通过大众传播媒介还是开展专门的民意调查,都应特别注意社会大众对政府形象和声誉的负面评价,并及时地传达给领导,这是使政府决策符合大众利益的有效途径。也只有这样,政府的公共关系活动才能得到社会大众的支持。

我国政府机构中的信访办、情报中心的主要职能就是专为政府部门决策收集信息、分析形势、监测环境。这些机构的设立,为决策者在重要方针政策的制定上发挥着不可替代的作用,堪称领导的"耳朵"和"眼睛"。所以,我们在建设一个现代性、服务

性政府的时候,应该重视这些机构的作用,培养和选拔优秀的公共关系管理人才,提高政府公共关系活动的效率。

(二) 帮助协调、沟通政府内外部的各种关系

政府必须协调沟通好内外部的各种关系,解决各种问题,以实现无障碍的双向沟通。政府内部的关系包括:政府内部的人际关系,如领导者之间、领导者与一般公职人员之间以及一般公职人员之间的关系;政府内部各部门之间的关系。对于这些内部关系的处理,政府公共关系人员必须具体问题具体分析,建立内部有效沟通的渠道,要善于及时发现存在的各种问题,并找到科学的方法去解决。在政府内部,应营造一种领导关心下属,一般公务人员之间融洽相处、团结向上的氛围,各部门能够协调一致、相互配合、积极合作,消除各部门相互推诿、只管本部门的利益、办事拖拉等消极现象。总而言之,政府公共关系人员身负重职,必须建立畅通有效的沟通机制,善于运用各种沟通技巧,使每位公职人员树立起高效率、高素质的形象,内部每个部门都能够达到相互支持、团结合作的气氛。

政府外部各种公共关系的维护关系到政府制定的方针政策能否顺利执行,关系到政府能否得到民众的支持与评价,甚至关系到政府在如此复杂的环境下的生存和发展。政府外部关系的复杂化、利益的多样化,要求政府重视公共关系活动的作用,通过公共关系的沟通作用,完成信息的双向沟通:既能让公众更了解政府,增加政府的透明度,又能让政府掌握外界公众的要求、意见,使政府制定的方针、政策与外界组织、公众的要求相符合。

政府公共关系人员与有关领导在开展内外部公共关系沟通活动时,应该对沟通的时机、地点、氛围、形式都有所研究和选择,对不同的公众对象应区别对待,因人而异。譬如,政府组织的领导人就某项决策征求内部员工的意见和要求,也许采用茶话会的形式比采用在会议室正式开会的形式效果好一些;对待海外公众,除必要的公务形式外,一般采用会见的形式要比接见的形式气氛更为融洽。①

(三) 促进社会的民主化建设

政府公共关系活动的开展可以让公众更了解政府,更清楚政府的工作动态,在一些重大方针、政策的制定过程中可以争取公众的参与,能从社会的各个阶层、各个利益团体角度出发,最大限度地照顾到大众的利益。具体地说,政府公共关系可以利用大众传媒与民众沟通,使各级政府在决策和行使权力、行政管理的过程中,掌握民情,充分考虑民意,以最广大人民的根本利益为工作的基本出发点,推动整个社会的民主化进程。

另外,适当地运用公共关系也可以在政府机关内部开创一种民主、活跃的工作氛围。通过运用公共关系的沟通渠道和技巧,在领导与一般公职人员之间铺路搭桥,让领导经常深入到下属中间倾听他们的看法和意见,了解和掌握员工的言论信息,吸收

---

① 参见褚云茂:《公共关系与现代政府》,上海大学出版社2002年版,第132页。

优秀员工的建议,为决策集思广益。

(四) 引导公众舆论,宣传与监督政府

现代政府重视公众舆论的作用,不仅仅是因为公众舆论代表着公众对政府的评价或认可,更为重要的是,政府通过引导公众舆论可以发挥舆论监督作用。在许多实行新闻审查制度的国家,大众传播媒体的新闻报道都要经过政府的筛选。对政府来说,通过控制众多种类的现代传播媒介,可以有效地实现政府引导、控制舆论的目标;同时,也可以宣传政府的各项方针政策、法规法令,发挥民众对政府的监督功能。

例如,20世纪初,美国政府为了打击垄断利益集团操纵市场、控制国家经济的不正当行为以及官商勾结等腐败行为,调动新闻媒介的力量,掀起了专门针对垄断财团的"揭丑运动",通过引导、制造社会舆论,形成了强大的舆论环境,为政府政策的实施铺平了道路。①

(五) 加强政府与公众的联系,培养公众意识

政府公共关系是政府与公众的桥梁,通过它可以实现信息的双向交流,既满足了公众的需求,让政府为公众谋福利,又可以让政府得到公众的支持和理解,获得更好的生存与发展空间。一方面,政府可以利用大众传播媒介的宣传,发挥舆论引导作用。通过大众传播媒体收集到的相关信息,政府可以更好地了解民意、掌握民意,这样才能在具体的管理中尊重公众意愿,维护公众利益。此外,公众也可以在畅通的信息交流过程中及时地了解政府的决策,反馈他们的意见。另一方面,政府通过公共关系活动,运用各种传播媒体反复宣传各项政策、措施,这样有助于提高公众的政策水平和法律意识,增强公众的责任感和主人翁意识,激发公众参与国家事务管理的热情。总之,无论是政府具体公共关系活动的展开,还是各种大众传播媒介的宣传,都可以让公众更了解政府,提高公众的社会参与能力,促进政府与公众的联系。

总之,政府公共关系是一门塑造政府形象的艺术,政府机关的领导者和公共关系人员只有自觉地运用公共关系来完成与公众的信息双向交流,协调与公众的关系,才可能提高社会效益,赢得公众的肯定与支持。特别是在我国市场经济体制尚不健全,政府公共关系管理水平还不高的情况下,更需要政府公共关系人员为使政府公共关系的功能得以更好地发挥而付出更多的努力。

第二节 政府公共关系的目标

伴随我国改革开放的不断深入,政府公共关系作为塑造政府形象的艺术和沟通公众与政府之间的桥梁,正广泛地深入到政府工作的各个领域,成为政府工作重要的一部分。现代公共关系已经被各国政府自觉地采用,并且各国都自觉地把政府的组织管

---

① 参见徐美恒、李明华主编:《公共关系管理学》,中国人民公安大学出版社2002年版,第398页。

理、行政管理和公共关系融合在一起,从而顺利开展各项政府工作。在经济全球化、政治多元化的国际背景下,每一个政府所面临的内外部环境十分复杂。伴随现代公共关系受到企业、社会组织的广泛重视和运用,政府也尤其重视公共关系的研究,以实现政府管理的诸多目标,如塑造良好的政府形象,让公众更深入地了解政府活动,以维护公众的知情权,争取公众的信任和支持等。

一、塑造良好的政府形象

政府作为一个特殊的组织,自身具有许多其他社会组织无法比拟的优势,但它还是必须适应日益复杂的环境,积极争取公众的支持。失去公众的支持,一个政府将无法生存。所以,政府同样需要塑造良好的形象,获得大众的认可和支持,增强全社会的凝聚力,使政府预定的目标可以顺利地实现。概括起来,良好的政府形象,有利于维护政府的声誉和提高知名度,吸引更多的公众参政、议政,加强对政府的监督,拓展政府的生存空间。更进一步地说,政府在公众心目中的良好形象可以说也是政府的一笔无形资产,因为它代表着公众对政府办事效率、经济管理水平等方面的总体评价,是政府部门的总体表现在公众心目中的反映。

另外,我们还可以通过比较公众心目中政府的形象与政府自身形象的定位,为政府的活动提供指南。首先,政府应客观、合理、准确地定位自身的形象,通过公共关系人员收集社会各类公众对政府形象定位的信息,进行客观的整理和分析,然后形成一个比较正确的定位。一般来说,政府不像其他社会组织那样面临着竞争激烈的市场,政府部门的定位只要符合社会需要,就基本能得到公众的支持。其次,在经过各种公共关系活动的努力后,一旦知道公众对政府形象的定位后,特别是在公众心目中政府的形象与政府自身形象的定位存在差距后,政府应该仔细地分析造成这种偏差的原因,政府公共关系人员要及时地提出补救的意见和修正的措施,防止政府的形象受到损坏。

要想对外塑造一个良好的政府形象,就必须团结政府内部公众的力量。无论是领导者还是一般的公务人员,都应该齐心协力,为实现这个共同的目标而努力。只有让他们切实意识到政府形象的重要性,才能使他们在具体工作中注意维护政府形象,才能在公众面前呈现出政府的良好形象。所以,政府公共关系部门要向政府内部的每一个人宣传政府自身定位的理想形象,然后动员他们用实际行动去实现,并且要告诉他们一些科学的沟通方式和技巧,帮助他们解决实际工作中遇到的各种问题。

二、提高政府行政效率

政府的公共关系活动主要就是在政府与社会公众之间实现信息的双向交流,同时通过运用一些沟通技巧和途径,协调各方的利益。从信息角度来说,政府行政管理是一个庞大的信息系统,各种行政活动实质上都是一种获得、加工、传递和利用信息的过程。系统内部各要素以及系统与外界环境之间的信息流通渠道是否通畅,决定了这一系统运转效率的高低。政府行政职能的实现在一定程度上都依赖于行政信息的开发和利用。从决策角度来说,行政机关所获得的信息越多、准确度越高、时效性越强,行政决策就越科学。从沟通角度来说,各部门、各单位相互之间传递的信息越迅速、及时和全面,越容易相互理解、相互协调。因此,政府行政管理成功的关键就在于政府机构是否建立了一套现代化和专业化的行政管理信息系统。公共关系实质上就是一种信息采集与传播工作,通过信息传播手段沟通组织系统内部及其与其他系统要素的关系,为公共关系主体创造一个良好的内外环境。① 所以,有效地开展政府公共关系活动,是提高政府机关行政管理高效化、科学化的客观要求。

公众心目中的良好政府形象可以概括为:"廉洁、公正、高效、创新、务实",所以政府公共关系人员在平常工作和与社会公众的接触中,应该多留心公众自觉或不自觉地对政府机关办事效率作出的评价或看法。同时,对这些意见进行综合分析,并反映到政府的决策层,也是提高政府办事效率、完善政府工作职能的有效途径之一。

三、维护内外公众的知情权,增进政府与公众的情感交流

政府公共关系活动的一个最基本的目标就是,通过政府开展公共关系活动,让社会公众了解政府的工作和动态,维护公众的知情权;另外,也可以更好地发挥公众对政府工作的监督,维护公众的合法权益。政府有义务向公众传达政府机关的活动信息,如政府首长的公开访问行程、立法机关的开会日期、重大政务工作的准备情况或推动进展等。因为政府的目标就是为人民服务,政府所有的活动都是用纳税人的税金来进行的,所以有义务向人民报告。除若干专业事务由代议的立法机关予以监督外,政府也会通过传媒向大众报告政府的活动。② 特别是在我国这样一个社会主义国家,人民是国家的主人,政府开展公共关系工作,实质就是体现人民当家做主的原则,保证人民民主权利的实现。所以,我们一方面要增加政府管理的透明度,及时让公众获知各项决策及政策制定过程等行政信息,切实保证群众的知情权;另一方面要深入群众、深入基层,听取群众意见,开展协调对话。

四、积极动员人民参政议政,获得人民的认可和信任

现代大众传播媒介和渠道很多,政府在公共关系活动的过程中可以根据任务、对象来选择,使公共关系活动直接成为推动政府与公众之间对话的桥梁,让公众积极了解、参与政府的工作和活动,提高民意在政府管理运作中的分量。这样,不仅可以动员公众参与政府事务,配合遵守任何政令的实施,还可以推动政府政策的宣传,使政策顺利实施。可以说,任何政策的实施都要获得公众的支持,才能在实质上合法。在程序上合法却引起广大公众强烈反对的某项政策,实质上也是不合法的,依旧会引起国内公众乃至国际公众的不满与谴责。最明显的案例就是美国时任总统小布什在2003年

---

① 参见王兴顺:《政府公共关系概述》,载《辽宁行政学院学报》2001年第4期。
② 参见姚惠忠:《公共关系理论与实务》,北京大学出版社2004年版,第323页。

下令进军伊拉克之前,不断在各种公开场合宣传"攻打伊拉克就是向恐怖主义宣战",以期获得公众的支持。大量的政策宣传使小布什获得了五成以上的民意支持率,有效地化解了来自国会的反对,实现了攻打伊拉克的计划。①

五、树立政府的国际形象

世界各国都很重视对外宣传,目的是树立自己良好的国际形象,从而得到国际社会的理解和支持。一般来说,对外宣传的力量与国家实力成正比。发达国家因其经济和军事力量的强盛,其政治和文化的影响也相应扩大;而发展中国家由于实力的差距,其影响相对较小。

总之,任何政府政令的实施都离不开公众的积极配合与支持。通常,为了顺利地推行各项政令,政府必须开展公共关系活动进行宣传,从而保证公众知情,获取公众的理解与支持。

第三节 政府公共关系的内容

基于对政府公共关系的特殊性和必要性所进行的分析,我们认为政府公共关系的主要内容有:一方面,树立政府形象,赢得公众信任与支持;另一方面,在发生重大危机事件时,化解危机,带领公众渡过难关。可以简单地说,一个是政府形象公共关系,另一个是政府危机公共关系。

一、政府形象公共关系

塑造良好的政府形象是政府公共关系的核心。政府公共关系的立足点就是通过运用各种传播途径和沟通渠道,建立政府与公众友好的关系,从而塑造良好的政府形象。可以说,政府公共关系是实现政府与公众之间良好关系的桥梁。因此,一国政府通常非常重视自己的形象塑造,从而提高政府的威信、号召力。

(一) 政府形象的概念及特征

1. 政府形象的概念

政府形象是指公众对政府综合认识后形成印象的总和,即政府以其方针、政策、目标管理、建筑物、领导人以及公务人员等要素作用于公众思想感情而产生的一种总体印象和评价。"政府形象"是一个综合性的概念,从公众的角度而言,是公众对政府价值标准、战略目标、是否廉洁、政策是否民主科学、高效与否、领导者素质、公务员行为规范程度乃至政府建筑物等诸因素印象的总和;从政府的角度而言,则包括政府行为和对政府行为的解释。因此,政府形象既是公众的主观评价,又是政府客观表现的

---

① 参见朱力、任正臣、张海波编著:《公共关系新论:理论与实务》,南京大学出版社2006年版,第283页。

反映。[①]

2. 政府形象的特征

（1）主观性。这种主观性是由政府主体的行为作用于公众，公众对政府的行为综合认知的一种综合印象，是公众对政府行为的感受与反映。这种主观性往往会带来两种结果：一方面，可能导致公众的综合印象与政府自身形象的不一致；另一方面，不同的公众会对政府形象有不同的认识和评价，这是由公众的社会地位、思想、文化知识结构、价值观、客观需求等因素决定的。同一个政府行为，可能有些人反对，另一些人则说好，所谓"仁者见仁，智者见智"。所以，要塑造良好的政府形象，政府公共关系人员在做出行政行为前一定要进行充分的调查研究，通过双向沟通，充分了解民意，增加政府工作的透明度，增加政府活动前的告知行为，让广大公众及时地了解政府活动并积极参与讨论。

（2）客观性。公众心目中的政府形象来源于政府行为的各种要素综合作用，是组成政府形象的人、事、物、文化等诸多客观因素的反映。一个良好的政府形象的树立，必须通过政府在实践中努力工作，为公众谋福利，真正地为公众做一些实事。只有当政府的行为和活动得到公众的认可时，才能获得公众良好的评价。公务员的行政行为是公众感知政府形象最直接的方式，所以作为公务员应该强化"为人民服务"的意识，廉洁自律，凡事依据法定事由，遵循法定程序，以身作则。我国出台的《行政处罚法》等规范行政行为的相关法律，为树立良好的行政组织形象提供了制度上和法律上的保障。

（3）系统性。政府形象是公众对政府多种要素认识之后的综合反映。可以说，政府形象就像一个系统的工程，其中的每一个要素都会影响它，如政府领导人的素质会影响到政府的决策。我们经常会听到"上有政策，下有对策"，如果公务员自己违反了有关政策，又怎么能说服公众按照相关政策的要求去执行？我们不能把政府形象系统中的任何一个要素独立操作，必须把它视为一个系统的工程，不仅关注其中每一个要素的动态变化，更要将它们有机地整合起来。同时，每一位政府工作人员都应该时刻注意自己的言行，严于律己，充分意识到自己的言行会严重影响政府的整体形象。

（二）政府形象的要素构成

根据对政府形象概念和特征的分析，我们可以看出，政府形象是由多种形象要素组成的一个有机的、系统的整体。基于政府组织机构的庞大和人员的众多，我们可以将政府形象分解成以下三个基本要素：

1. 政府的组织成员

政府的组织成员要素即政府领导人的形象和公务员的形象。政府领导人是政府各项决策的决策者和制定者，在国际交往中甚至还代表了国家的形象。政府领导人不仅直接参与政府的日常管理，还影响着政府形象的塑造。苏联领导人赫鲁晓夫在联合

[①] 参见朱力、任正臣、张海波编著：《公共关系新论：理论与实务》，南京大学出版社2006年版，第284页。

国大会上,脱下脚上的皮鞋敲击讲台,这种在庄严的最讲究礼节的外交场合目空一切、不尊重他国公众的形象,使人们隐隐约约见到了苏联大国沙文主义的形象。① 因此,作为政府决策者,如果能成功地塑造个人形象和人格魅力,则会比较容易建立威信和具备号召力,有利于政府形象的建立。除了政府领导人的形象建设外,公务员的形象也是格外重要的。因为政府工作人员直接与社会公众接触,政府制定的方针政策的推广和落实也都是由他们在群众中贯彻和执行的,所以他们的言行举止、素质好坏直接代表了政府形象的优劣。正是基于政府领导人形象和公务员形象建设的重要性,所以现在世界各国都重视廉政建设。新加坡就是举世公认的成功地将公务员腐败抑制在最低限度的国家之一,近年来一直位于亚洲地区廉洁政府排行榜的第一、二位。新加坡的一个成功举措是实施高薪养廉政策,确保公务员抵制诱惑,成功地让政府机构中的大小官员对贪污贿赂有比较一致的认识:"我的工作很好,收入较高,生活很好,我不敢贪,不想贪,也没有必要贪。"

2. 政府目标

一般来说,任何一个积极的政府都是代表人民的利益,以为人民服务为目标,这是任何一个政府上台、任何一个领导人任职时都必须宣布的一个重要内容。所以,现在每一个政府领导人上任时,都会宣称本届政府始终代表人民的利益,并提出具体的目标和行动方案,以期在公众心目中留下良好的印象。很明显,公众对政府形象的判定要以政府的实际行动为准,听其言,观其行。

3. 政府的公信力

政府的公信力是指政府在公众心目中的可信度。人们常说"言必信,行必果。",看待一个政府的公信力也需要考量它是否言行一致。政府言行一致,带来的结果就是政府的公信度高,获得人民的信任度和支持度高;如果政府言行不一,那么这样的政府也根本不会长久被公众支持和拥护,正所谓"水能载舟,亦能覆舟"。一个强有力的政府离不开政府的公信力建设,这是它存在的基础和根本。

基于政府形象的重要性,世界各国政府都重视塑造一个高效、廉洁、务实、创新的政府形象,将塑造良好的政府形象作为政府行政建设的重要内容。企业为了塑造自己的形象,特意将企业的经营理念、经营行为、视觉形象、听觉形象以及一切可感受的形象实行统一化、标准化、规范化的科学管理,即企业形象识别系统(Corporate Identity System,CIS)。CIS 已经被成功地运用了几十年,其所积累的丰富理论和实践经验对政府的形象设计同样具有借鉴意义。

(三) 政府形象管理的内容

所谓政府形象管理,是在政府总体形象设计的基础上,通过对政府的工作质量、政策形象、公务员形象、环境形象、传媒形象等构成要素实施全面系统的管理,提高政府内在素质和外在表现,从而提高政府美誉度的现代管理活动和过程的总和。政府形象

---

① 参见褚云茂:《公共关系与现代政府》,上海大学出版社 2002 年版,第 142 页。

系统管理的实施,有利于提高政府的美誉度,增强政府的威信,塑造良好的政府形象。

一般来说,政府形象管理的内容主要包括:

1. 政府总体形象设计

政府总体形象设计是指政府决策者在掌握关于行政组织形象评估信息的基础上,根据公众的期望和政府工作的战略目标,为政府设计长期的、综合的形象。它是立足于科学调查,具体确定行政组织形象定位、行政组织形象标识以及行政组织形象目标等。

2. 政府传媒形象管理

政府传媒形象管理主要是指作为政府的代表或发言人在大众传播媒介上的形象。我国领导人应该针对政府传媒形象管理,重视"屏幕形象"的塑造,拉近与普通公众的距离。

3. 政府环境形象管理

政府环境形象管理不仅包括政府的外貌形象化管理,还涉及政府的整体管理水平和精神面貌,如政府的工作环境、设备的现代化等方面。在这个环节上,政府不仅要让公众感受到政府外形上的精心设计,更重要的是向外界展示出政府文化、政府形象、整体管理水平等。

4. 政府工作全面质量管理

政府工作全面质量管理主要是指政府为社会提供的"公共产品"的质量。它可以综合地反映出政府的能力、效率和价值观。政府工作质量贯穿于所有政府工作之中,具体由四部分构成:一是制订明确的质量方针、目标及计划;二是落实严格的质量责任制;三是设立严格的专职质量管理机构;四是建立高效灵敏的信息反馈系统。

5. 政府公务员形象的管理

由于公务员数量庞大,直接接触和面对公众,所以他们的言行举止直接影响政府形象的塑造,是政府形象活的载体。因此,公务员的形象管理对建设良好的政府形象有着极其重要的意义。公务员形象建设应注意:一是加强培训。培训是公务员形象管理的基础和根本,是保证优化、精干、廉洁、稳定的公务员队伍的重要举措之一。二是落实行为规范。把公务员行为规范真正落实是公务员形象管理的条件和保证。三是加强勤政廉政建设。应建设勤政廉政的政府,改善行政组织形象。[①]

6. 政府政策形象管理

政府政策形象管理是行政组织形象管理的关键。政府政策的制定、贯彻执行的好坏直接影响着政府形象,因为公众是通过政府的政策认识政府,并从政策的贯彻执行中判断政府的优劣。

(四) 改善政府形象的公共关系方式

改善政府形象的公共关系方式主要有两种:一是塑形传播,即塑造政府形象;二是

---

① 参见詹文都主编:《政府公共关系》,华南理工大学出版社2004年版,第206页。

矫形传播,即矫正政府形象。

1. 塑形传播

塑形传播强调的是政府形象从无到有、从小到大、从无名到知名和美名,它解决的是政府形象的认知度和美誉度问题。所以,它除了注重日积月累地为政府形象添砖加瓦、锦上添花外,还要善于借助和利用一些重大事件,快速提升政府形象。塑形传播又可以细分为以下三种方式:

(1)开创型(设计型)传播。开创型政府形象传播,指的是一个新政府在开始运转的初始阶段的形象传播,它展现的是新政府在奠基和创业时初显身手和生机勃勃的姿态,关键是富有创造性和新颖性的形象设计和塑造,诸如新的施政纲领的制定和实施,以及对重大社会问题的快速处理和解决,同时借助传播媒介广泛宣传,旨在尽快使政府活动打开局面,使更多的社会公众了解和认知政府。

(2)强化型传播。强化型政府形象传播,是指政府已有一定的信誉积累,赢得了一定的社会认同和支持,具有相对融洽的社会公众关系,为进一步扩大政府的信誉、强化已有的公众关系状态而进行的形象传播。强化型传播旨在扩大、加深和巩固政府在公众心目中的正面形象,它是通过政府不断提高和改善自己的管理水平和服务质量来实现的。

(3)提升型传播。提升型政府形象传播,一方面包含"强化型"传播,另一方面包含通过重大事件所进行的、旨在快速提升美誉度和扩展认知度的政府形象传播。所借助的重大事件,既包括正面事件,又包括负面事件。正面事件如充分展示国家实力的载人飞船上天、国庆庆典活动、重大国际会议(如奥运会、世博会等)。借助负面事件,是指政府及时将消极事件积极处理、负面事件正面处理,旨在变被动为主动,化危机为转机,化腐朽为神奇的积极行为。例如,政府果断惩治腐败、对突发性危机事件力挽狂澜等,可以消解、避免、排除国家和人民遭受的重大损失。

2. 矫形传播

矫形传播是指政府为纠正、修补和挽回自己过失行为所进行的形象传播。它强调的是政府形象由差到好的矫正或重塑过程,是一个修正自己行为的过程,也是一个修复、改善政府公共关系状态的过程。它解决的是政府形象的美誉度问题。一般来说,它更多的是政府形象已经遭遇伤害和有了污损的"非常态"下的一种"换面孔"活动,而且如不及时纠正和修补,政府形象乃至政府的命运将有进一步恶化的趋势。①

政府形象公共关系的本质是,通过政府的积极表现,塑造和提升政府在老百姓心目中的形象,最主要的还是要真正树立"为人民服务"的宗旨,这样才能赢得老百姓的信任和支持。

---

① 参见刘小燕:《优化政府形象传播,塑形传播和矫形传播》,http://news.xinhuanet.com/newmedia/2005-04/26/content_2879665.htm,2016年2月18日访问。

二、政府危机公共关系

自20世纪90年代以来,不管是发达国家还是发展中国家,几乎都面临着应对无法预料的威胁,即各种人为的灾难、恐怖主义袭击、重大自然灾害以及各种传染疾病的流行等危机。任何一种危机的爆发都是对政府执政能力的严峻考验,如何处理各种突发危机,是对一个国家政府综合执政能力高低的反映。美国总统小布什在"9·11"事件之前,由于国内经济下滑,失业率增加,民意支持率一路下降。"9·11"恐怖袭击事件发生以后,小布什政府反应迅速,在很短的时间内立即投入救灾工作,并多次发表电视讲话,谴责恐怖行径,鼓舞国民士气。小布什政府坚强和勇敢的形象通过一系列政府公关充分地表现出来,使美国公众迅速忘记了国内的社会问题,掉转"枪口",一致对外,小布什的民意支持率空前高涨。

（一）政府危机公共关系的概念

政府危机公共关系是指政府采用公共关系的方法和手段,针对突发性的危机事件的处理所开展的公共关系活动。其目的是通过政府对危机事件的预见能力和危机发生后的救治能力,及时、有效地处理危机,以减小损失,保护人民群众的生命和财产,恢复社会稳定和公众对政府的信任。维护人民生命财产安全是政府的天职,政府应时刻把人民的安危、社会的稳定放在首位,必须有危机意识和责任意识,居安思危。一方面,在危机爆发前,要制定出可能出现的各种危机预案和建立危机预警机制;另一方面,在危机爆发后,要及时迅速处理危机,化危险为机遇。政府危机公共关系所需要解决的危机通常包括:[1]

第一,政治性危机。它主要包括战争、革命、政变、武装冲突、腐败、政府重要政策的变迁、大规模恐怖主义活动、民族分裂主义活动、意识形态变革等。例如,2001年发生在美国的"9·11"恐怖袭击。

第二,经济性危机。它主要指宏观经济波动带来的危机,包括恶性通货膨胀或通货紧缩,国际汇率和利率的不确定性变动,股票市场的大幅度震荡,失业率居高不下或上升等。例如,1997年的亚洲金融危机、2008年由美国次贷危机所引发的全球金融危机等。

第三,社会性危机。它主要包括社会不安、骚乱、罢工、游行示威、价值认同危机。一般来说,社会性危机的不断或频繁爆发可能预示着政治性危机的出现。例如,印尼的反华人骚乱。

第四,生产性危机。它是最常见也是发生频率最高的一类危机,主要包括工作场所安全、产品安全、生产设施与生产过程安全等。随着经济全球化程度的提高以及各国经济交往日益频繁,生产性危机爆发的可能性和机会也在迅速增大。例如,2001年的广西南丹矿难事件。

---

[1] 参见朱力、任正臣、张海波编著:《公共关系新论:理论与实务》,南京大学出版社2006年版,第286页。

第五，自然性危机。它也是近年来频繁发生的危机类型，是指那些给人们的生命和财产造成严重损害的自然状况的突变，包括干旱、洪水、泥石流、地震、台风、海啸，以及其他自然灾害等。例如，2004 年的印度洋海啸、2005 年的卡特里娜飓风、2008 年的汶川大地震、2011 年的日本大地震所引发的海啸等。

第六，公共卫生危机。近年来，公共卫生危机越来越引起人们的重视，它主要指由于流行病的传染和核污染带来的风险，如疯牛病、核泄露、禽流感、流行性感冒、鼠疫等。2003 年发生在我国的"非典型性肺炎"便是典型的公共卫生危机。

(二) 政府危机公共关系的原则

随着时代的发展，危机公共关系已经普遍成为每一个政府所面临的新问题和新挑战。良好的政府形象是政府合法性统治的前提，同时也是政府危机公共关系的最高目标。如果政府危机公共关系处理不当，则会给政府带来不可估量的损失。因此，政府在应对各种危机时，需要坚持以下一些原则：

1. 政府形象与公共利益相结合原则

这应该是政府遵循的一条基本原则。政府是公共利益的代表者和维护者，在危机状态下，要实现维护自身形象和公共利益的平衡。

2. 速度原则

速度原则是指政府在遭遇危机后，应尽快采取适当的行动。通常，我们认为危机发生后的 24 小时内是危机处理的关键期，并且实践表明，24 小时后将呈现"失控"局面。所以，政府必须尽快采取行动，缩短时间、减小损失。

3. 透明度原则

危机发生后正是各种谣言泛滥的时候，政府必须及时组织新闻发布小组，通过正式合法的途径将信息公开，消除人们的疑虑和恐慌。如在 2008 年 5 月 12 日发生的汶川大地震中，我国政府在处理时，不隐瞒、不编造灾情，在第一时间向全国如实汇报灾情，受到国内外的一致好评。

4. 力度原则

公共危机的爆发本身就是对政府综合执政能力的严峻考验，所以政府在危机处理过程中，要表现出超越常态公关的力度来解决危机。

(三) 政府危机公共关系的程序

危机事件的破坏性和复杂性，对现代政府的综合执政能力带来了严峻的挑战。那么，我们该如何建立和完善危机管理机制，以有效地预防和处理各种可能发生的公共危机呢？从过程上看，政府危机管理包括危机预防、危机寻查和识别、危机克服和善后处理等几个阶段，所以我们也可以根据这几个阶段来建立和完善政府的危机管理机制。①

首先，建立危机预警机制。即采取各种预警措施，预防和监控危机状况的出现和

---

① 参见陈闽红：《论政府危机管理》，载《北京科技大学学报(社会科学版)》2003 年第 3 期。

发生。通过危机早期监测,政府可以将社会中可能出现的大量危机前兆及相关因素收集起来,及时提供给政府相关部门和决策者。

其次,建立和完善危机处理机制。一旦发生危机,对于政府来说,当务之急就是果断采取措施,迅速结束危机局势,恢复正常的社会秩序。在危机情境中,最重要的就是政府的决策,这种决策要求决策者必须具备统筹全局的宏观能力、勇于开拓的创新能力、及时迅速的果断能力、多谋善断的探讨能力、临危不乱的心理能力、科学的预见能力以及灵活的反应能力等。除此之外,还要求政府运用合理的决策模式。政府危机管理一般可以采用两种决策模式:危机事前决策,更多地在预警系统中进行;危机事中决策,主要在危机处理过程中进行。

最后,建立危机管理评价机制。这一点尤为重要,因为很多政府领导人都把主要精力集中在危机的预防和处理上,而忽略了危机的评价机制。危机评价机制可以帮助政府不断地在各种危机的预防和处理中总结经验,吸取教训,为今后的危机处理工作积累经验,使政府的危机管理更有成效。

在危机评价的过程中,一方面,政府应在危机处理方案和对策的指导下有序、有步骤地全面做好危机的善后处理工作。这里包括三方面内容:一是人身后果,主要是指做好危机中伤者的医疗救助工作和亡者家属的抚恤工作等;二是物质后果,即危机发生后的直接损失和间接损失涉及的物力和财力;三是心理后果,主要是指危机发生后对人们进行的心理安慰、辅导和教育,如我国汶川大地震发生后,来自国内外的很多科研院校和机构组成了心理辅导小组,对灾民进行引导和教育,从而消除人们的心理阴影和灾后的恐慌。另一方面,政府要对危机进行总结,全面评价危机管理工作,详细列出危机管理中出现的各种问题,交由相关部门提出整改措施并落实,这是整个危机管理的最后环节。

三、政府公共关系的障碍

尽管我国政府公共关系已经取得了巨大的成就,但同时也面临着很多困难和障碍。因此,要使我国政府公共关系取得进一步的发展,就必须先疏通这些障碍。那么,目前我国政府公共关系主要面临哪些障碍呢?

(一)富有中国特色的政府公共关系理论及实践尚未规范化、科学化

在我国,中国共产党代表各族人民的根本利益,各级政府官员是人民的公仆,党和政府始终以"全心全意为人民服务"作为宗旨,有着重视公共关系、宣传公共关系的历史传统。美国博雅公关公司总裁就曾赞扬中国共产党的第一代领袖们确实是精明的公共关系实践家。可以说,我国政府公共关系有优良的传统。但是,我们对富有中国特色的政府公共关系的认识还远远不够,既没有立足国情认真总结传统的"公共关系经验",又缺乏将现代"公共关系精神"进行真正中国化的探索,所以在实践中的盲目性、零散性、非科学性等问题极为明显。

(二) 政府官员的公共关系意识淡薄

政府行政人员作为政府公共关系的主体,对政府公共关系的认识至关重要。然而,实际上,许多政府官员没有认识到政府公共关系的重要性,更谈不上将其提升为一种价值观和管理哲学,而习惯于"政府权威"意识和"官本位"思想,用强制行政命令取代了政府公共关系与公众的沟通。这主要表现在:(1) 缺乏自觉利用传媒手段进行形象投资、形象管理、形象塑造的形象观念。许多政府工作人员受自身因素的限制,根本就没有形象意识,对现代传媒的重大作用也不甚了解,缺乏应有的传播技巧,在行动和决策中对自觉进行形象投资和形象塑造重视不够。(2) 缺乏为公众服务的意识。"门难进、脸难看、话难听、事难办"的现象时有发生,一些领导干部不愿脚踏实地地为群众办事,甚至有时将手中的权力当作群众办事时的"路障",进行"管、卡、压"等行为,严重败坏政府机关的形象。(3) 缺乏协调沟通的意识,表现为不善于调节、平衡和统一各种不同的关系、不同的利益、不同的要素,不懂得"兼顾""统筹""缓冲"和必要的"调和""折中"的意义和价值。①

(三) 公众冷漠

所谓公众冷漠,是指公众对政府的所作所为通常表现出漠不关心的状态。② 2004年,《行政许可法》颁布实施,政府大刀阔斧地进行改革。以北京市为例,砍掉了137项行政许可事项,对全市48个行政部门、11000多名行政人员全员考核,考核不通过者不得上岗;北京市人大也成立了执法检查组,对全市行政许可的落实情况进行明察暗访。然而,与政府的一腔热情形成鲜明对比的是公众的冷漠,在记者的随机采访中,几乎所有的被采访者都对变化表现出了冷漠和无知。

卡特里普认为,美国公民对政治天生就有一种冷漠和敌意。"公众冷漠是公众生活中不争的事实。符合全国大选投票条件的选民中投票的比例总是很低,在州或地方选举中投票的比例更低。即使在中等城市,候选人也常常仅以小幅度选票获胜。在1988年的总统选举中,只有50%的成年美国人投票,而在1990年的大选中,只有36%的人投票。"③应该说,美国式的民主通常以其看似自由民主的气氛引起了无数人的羡慕,但该民主也并非全民的民主。美国尚且如此,一些民主制度并不是很发达的国家的老百姓对于政治的冷漠是可想而知的。政府为了一个政策的制定和推行煞费苦心,公众却无动于衷,而政治离不开公众的参与,因此政府公共关系必须克服公众冷漠。

(四) 地方保护主义盛行,发展极不平衡

地方保护主义是我国政治生活的重要特征之一,不认识这一点就无法深入理解政

---

① 参见武敏中:《试论我国政府公共关系的现状及发展趋势》,载《山西大学学报(哲学社会科学版)》1997年第2期。
② 参见朱力、任正臣、张海波编著:《公共关系新论:理论与实务》,南京大学出版社2006年版,第288页。
③ 〔美〕格伦·布鲁姆、艾伦·森特、斯科特·卡特里普:《有效的公共关系》,明安香译,华夏出版社2002年版,第414页。

府行为,也无法深入理解政府公共关系。众所周知,政府权力部门化和部门权力利益化是当今各国政府都无法避免的现象,这也是地方保护主义盛行的一个重要原因。所以,地方保护主义也是政府公共关系的一个主要障碍。尤其在我国,许多地方政府对于政府公共关系的认识没有达到像中央政府那样的高度,一些部门急功近利,损坏了政府的形象,但却总能以各种借口开脱,逃避惩罚,以至于老百姓对于政府丧失了信任。另外,我国政府公共关系事业受许多不利因素的阻碍,发展极不平衡,特别是受经济方式、管理体制等因素的严重影响,造成了四方受制、左右掣肘的尴尬局面,政府公共关系发展处于深浅、快慢不一的境地。

(五)政府公共关系主体存在偏见

政府行政人员作为政府公共关系的主体,对政府公共关系的认识至关重要。然而,在现实中,政府行政人员通常无法克服偏见,将政府公共关系虚无化和庸俗化。这种主体偏见对于政府公共关系是有百害而无一利的。持虚无化观点的人认为,政府公共关系是无用的,也是不需要的,公共关系只是钻营之术,难登大雅之堂。持庸俗化观点的人认为,政府公共关系也就是"请客送礼""拉关系""走后门";搞好公共关系"凭的是脸蛋儿,耍的是嘴皮子,使的是手腕子";政府公共关系是"高档享受+时髦应酬"。这种偏见本身就败坏了政府形象。

第四节 政府公共关系的运作

一、政府公共关系运作的原则

运用现代公共关系的方法来塑造一个良好的政府形象已经成为当代各国政府的共识。公共关系的有效管理对于塑造一个创新、务实、廉洁、高效的政府形象至关重要,只有将公共关系的一些基本原则与有效的政府运作有机地结合起来,才能保证政府目标的实现;只有了解政府公共关系运作的基本原则,才能指导政府公共关系活动的顺利开展,保证政府公共关系活动的科学性和规范性,确保政府公共关系目标的实现,最终树立良好的政府形象。

政府公共关系运作的原则,是指指导整个政府公共关系活动的思想基础和行为准则,是对政府公共关系实践及其规律的理性概括。政府公共关系的基本原则主要有:真实公开原则、利益一致性原则、整体统一性原则和科学指导原则。

(一)真实公开原则

政府公共关系运作的真实公开原则,是指政府在开展公共关系活动中要实事求是地传递信息,通过同国内外公众之间的双向信息交流来建立并维护相互之间信任的关系,从而树立政府在内外公众中的良好形象和信誉。其实质也如同其他公共关系一样,都是一种信息传播活动,只不过这种双向信息传播活动是介于政府和公众之间完成的。鉴于政府机关的权威性及其重要职能,政府在公共关系活动的信息传播中必须遵循真实性的原则,一切以事实为依据,以公开为原则,向国内外的公众科学地传递信息,让公众能及时地了解政府的动态和工作内容,更为及时地监督政府的活动。

政府开展公共关系活动的过程中,真实公开原则涉及两个层次:内容要真实,过程要公开。内容的客观真实是公开性的基础,政府必须向公众发布真实的信息和材料,努力反映事实的客观情况和发展趋势,以帮助国内外公众通过政府传递的信息更好地认清事物的本质。否则,政府通过弄虚作假、欺瞒的方式向公众公开信息,一旦被公众获知事实的真相,则会给政府带来很大的负面效应。因此,政府必须在信息传递过程中,说真话、做实事,不弄虚作假。

过程公开要求政府向公众传播信息的具体方法、手段及整个操作过程对所有的内外公众一视同仁地公开,坚持公开性的原则,使内外公众都可以通过各种大众传播媒介渠道和工具尽可能多地获取政府各方面的信息,平等地享受公民的参政议政权利。例如,我国海关在2001年8月向世界郑重宣布:今后不再执行没有公开告示过的文件。而以内部文件的名义实行的内外有别的、没有公开性的、缺乏透明度的做法将退出政府对海关的管理。

(二) 利益一致原则

政府公共关系活动的开展就是为了协调政府与内外公众之间的各种关系,实现双方各自的目标,维护各自的利益。政府在开展公共关系活动的过程中,不能仅仅为了达成获得公众的支持与信任、塑造良好的政府形象等目标,还必须注重与公众利益的协调,既能满足公众的利益,又能完成政府的要求,即努力寻求两者的结合点。所以,利益一致性原则是指在政府开展的公共关系活动中,必须考虑主客体双方的根本利益关系,通过利益一致性的维护,使得政府公共关系活动既能满足政府自身主体的利益,又可以维护公众客体的利益,建立一种友好、互惠的融洽关系。利益一致性原则主要表现在宏观和微观两个层面。

从宏观层面讲,必须坚持政府与公众利益一致原则。政府在具体管理工作中,必须强调与人民利益的一致性。因为满足人民的利益才是政府工作的出发点和归宿,是政府管理的最终目的,只有充分地向公众展示政府注重与他们利益的一致性,才可能得到公众的拥护,树立良好的政府形象。当然,公众为了维护自己的合法权益和利益,同样也会通过运用各种渠道和大众传播媒介的工具来参政、议政,向政府相关部门提出各种宝贵的意见、建议,向政府反映各种事实情况,为政府提供来自各阶层、各种社会群体的信息和反馈。这不仅有利于政府科学、合理地制定出各种方针、政策,也有利于政府协调与公众的利益关系。

从微观层面讲,政府内部的各个职能部门或机构也必须遵从利益一致原则,不存在根本利益上的冲突和分歧。政府机构之间的利益一致性表现为:第一,任何一个政府都是由内部不同的职能部门组成的,尽管部门不同,工作和职责不一,但从本质上讲,它们的利益应该是一致的,这是由它们的政府共同属性来决定的。这些职能部门在工作时必须考虑到本部门的利益与公众利益甚至国家利益的一致性问题,不能仅从本部门的利益出发,而是要综合权衡各方面的利益得失。当各部门的利益相互冲突时,应该本着利益一致性原则加以协调,力争各部门一切工作都能够达到一致的目标。第二,虽然各级政府所担负的责任和管辖的地域都不一样,但是每一级政府都要以利益一致性原则为最高工作准则,相互协调和帮助,促成政府最终目标的实现。

(三) 整体统一原则

整体统一原则,是指政府公共关系机构及其人员在具体从事政府公共关系活动时,要从政府整体出发,使公共关系所涉及的各个方面相互配合和协调。政府是一个有机的整体,从结构上讲,它由不同的部门组成;从功能上讲,它包括不同的职能部门,公共关系部门只是它的一个组成部分。所以,无论从哪种意义上讲,政府公共关系活动的开展都必须以整体统一原则为前提,使各个职能部门都相互配合协作,有效发挥政府整体系统的功能。这具体包括以下两个方面:

第一,在政府公共关系活动的开展过程中,公共关系部门和其他职能部门都应是一个有机的整体,它们有着共同的公共关系活动目标,执行本政府机关的公共关系政策,担负共同维护政府机关形象的职责,自觉地以公众利益为最高利益,以服务为最高准则。当部门利益与政府整体利益发生冲突时,应以政府整体利益为重,在坚持目标与利益一致的前提下,相互促进,统一行动,形成一个全员、全部门共同公关的局面。

第二,从宏观上说,各级地方政府与中央政府也是一个整体,它们共同维护全国的政府形象。从纵向看,中央政府是领导者,各级地方政府都要自觉地服从它的正确领导,对其负责;从横向看,同级政府和各级政府机关的内部职能部门形成了一个有机的政府公共关系系统,促进政府无论是在开展公共关系活动中还是在塑造政府形象方面都具有整体性和统一性,避免了各个政府部门在公共关系活动中沟通不方便、互不通气甚至是互相拆台的现象。

(四) 科学指导原则

科学指导原则,是指政府在开展公共关系活动中,必须接受科学理论和方法的指导,研究政府公共关系运行的特殊规律,批判性地吸收一切有益的科学文化成果,从而提高公共关系活动的质量和效率。公共关系科学性和艺术性管理的原则主要体现在两个方面:一方面,开展公共关系活动时要尊重客观事实,按规律办事,尽可能地利用最新的科学技术成果;另一方面,要充分发挥公共关系人员的主观能动性,创新策划,精心组织,善于沟通地进行公共关系活动。坚持公共关系的科学性和艺术性,可以让政府与公众关系得到更好的协调。

公共关系活动的实质就是在主客体之间实现信息的双向交流,通过各种传播媒介工具和渠道完成有效的沟通,实现主客体各自的目标,成功地实现双赢。任何一个社会组织都存在于一定的宏观环境和微观环境之中,其对象之复杂、目标之多样、任务之艰巨、竞争之激烈都要求社会组织在试图通过运用公共关系来实现与内外部公众的信息交流时,特别注重方法的科学性和艺术性。所以,现代公共关系更为严格地要求社会组织在协调公众关系塑造组织形象时,采用赋予科学性和艺术性的方式,多采用协调、沟通、传播等柔性、非强制性的手段,多借助于现代科学管理理论来指导社会组织的公共关系活动。对于政府而言,遵循公共关系活动的科学性和艺术性就显得更为重要。从对象来说,政府的对象是全体公民,数量庞大,所面临的利益关系更为复杂,管理任务更加繁重,特别是近些年国际局势不稳,一些外国势力的干涉和恐怖活动的猖獗等,这就给我国政府管理工作带来空前巨大的挑战。所以,在这种情况下,政府运用科学和艺术的公共关系方法一方面有利于推进我国政治民主建设和政府权力的顺利转移,另一方面将会促进经济的健康发展和经济体制的改革。另外,随着近些年信息技术的迅猛发展,网络时代的到来,尤其是鉴于互联网络的平等参与性、时空上的无限性、网民数量的庞大性等特点,政府公共关系管理更需要运用科学技术,为我国数量庞大的公众参与政府管理的广度和深度提供各种强有力的手段和方式。

公共关系学作为一门独立的学科,在长期的实践中总结形成了一整套比较完整的公共关系理论体系。它的形成和发展与很多门学科相关,如传播学、广告学、社会学、心理学、市场营销学、管理学等。政府公共关系活动同样需要在这些学科先进的方法和科学的指导下完成,并且运用科学的调查统计方法,准确、及时地搜集公众的意见和建议,向政府决策者提供有实际价值的公众意向材料。

二、政府公共关系运作的要点

政府公共关系的具体目标一般会因各国不同的政体而不一样,但其基本目标一方面是为了通过塑造良好的政府形象来获取公众的支持与信任,建立政府与公众相互依靠的伙伴关系;另一方面是希望在发生重大危机事件时,化解危机,带领公众渡过难关。政府能否制定出合乎实际、深得民心的政策,能否与社会公众进行顺利、有效的沟通、协调,能否达成塑造一个良好的政府形象的目标,主要依赖于政府在政策制定前和政策执行中是否坚持了一些政府公共关系活动的要点。

(一)坚持科学而全面的民意调查

首先,要把真实情况反映出来,并对这些情况进行研究,提出具体方案;或者督促决策层尽快制定或修改某项为公众所需要的决策;或者加强公共关系活动,改变公众对某项政策的意见和看法。① 政府公共关系活动中开展的民意调查,主要是为了了解本地区的社情民情和随时出现的新问题、新情况,掌握并预见社会发展的趋势及可能性。其次,只有通过科学而全面的民意调查,才能够准确地掌握公众的需求以及所具备的客观条件,为政策的制定和出台提供依据。最后,通过对民意的调查和评价,对大量的统计数据的分析处理,可以判断政府在公众心目中到底是怎样的形象,公众是否支持和信任政府,以及政府工作应该注重哪些地方。这些都为政府改进工作、巩固成绩、克服缺点提供了基础,也为政府与公众之间的协调和沟通提供了客观的依据。

---

① 参见胡宁生主编:《政府公共关系教程》,中共中央党校出版社1994年版,第216页。

民意调查也是科学社会调查的一种形式,所以必须遵循科学调查的原则。第一,调查目的要明确,要确定调查的主题和范围。因为政府所要处理的事情很多,对象也很复杂,所以必须在调查前选择一个或若干个明确而具体的目的。当然,这里需要强调的是,一次调查的目的不能太多,否则就会顾此失彼。第二,调查的方法要科学。调查方法主要综合取决于调查对象的数量和性质以及调查目的,并结合各种调查方法的优缺点。政府在具体调查时可以同时运用几种方法,扬长避短,以保证调查目的的顺利实现。第三,调查要真实,如实反映事实,用事实说话。可以说,政府公共关系调查能否成功在很大程度上取决于公共关系调查是否真实客观。只有搞清了真实情况,才可以为政府相关部门和领导提供真实的数据和材料,才能如实地反映政府工作的质量和在公众心目中的形象,为政府的工作提供指南。

一般来说,政府公共关系活动的民意调查可以分为两种:概括调查,主要是为了了解政府的基本形态及运行情况;专题调查,主要是依据所调查的问题和性质而展开的调查。

(二)拓展沟通渠道,完善沟通机制

公共关系的传播就是在主客体双方之间以双方利益为基础,主体向客体传播信息,客体向主体反馈信息,通过双方反复的沟通,实现各自的利益。如果缺乏公共关系活动的有效沟通,就不能准确地了解公众需求,造成沟通障碍,这样也就很难在政府与公众之间建立起协调共赢的良好关系。所以,在开展政府公共关系活动过程中,应该建立与内外部公众高效的沟通机制,保证信息的双向流通,准确及时地传达双方的信息。只有拓展了沟通渠道,完成信息的高效流通,才可以使政府对内挖掘了全体成员最大的工作潜力,对外则完成了与社会公众之间的良好合作。

公共关系要处理的沟通往往有两种形式:一是内部沟通,是指政府内部领导和职员之间的信息交流。常用的方式主要有:自上而下的沟通;水平沟通;自下而上的沟通。二是外部沟通,是指社会组织与外部公众之间的沟通,如与各类企业、社会组织、机关事业单位、科研院校以及其他国家之间的交流和沟通。

政府在开展公共关系沟通时,必须遵循和坚持一些沟通的原则,主要有:

第一,真实诚信的原则。这应该是政府与内外部公众交流的基本准则。政府不同于营利企业或一般的社会组织,它涉及的对象异常广泛,利益处理更为复杂。所以,政府必须本着为公众服务的态度,以事实为准绳,一切向公众如实公开,才能与社会公众建立起友好信任的关系,才能取信于人。

第二,拓展沟通渠道,保证公众能及时向政府反映情况,确实做到双向沟通。有效信息的传播不光是主体借助传播媒介向客体单向传达信息,还在于客体能向主体反馈信息,使得主客体双方能不断地交流、协调、改进。这就要求政府不断地拓展沟通渠道,为社会公众向政府及时反映问题和提出建议疏通障碍。例如,现在我国很多地方政府都采用了信访接待这一特殊的渠道为公众服务,也有很多地方政府专门设立了信访接待室,由专门的工作人员负责接待,另外还有设立举报信箱、领导接待日等形式。

通过信访，政府可以直接和公众沟通，倾听社会大众最急切的呼声，及时了解到社会热点和动态，切实解决公众的疑问和困难，也直接帮助政府及时地纠正偏差。

第三，政府还必须慎重对待跨文化的沟通。随着我国积极走向世界大舞台，对外开放的深入，以及全球经济一体化的加强，与不同的国家、民族、种族背景下的公众交流对政府来说是一项严峻的挑战。政府必须考虑跨文化的差异，具体问题具体分析，区别性地对待内外公众不同的风俗习惯等。

（三）灵活运用政府公共关系广告的方法

在现代大众传播工具中，广告的宣传效果最为明显，无论是电视、电台、报纸、杂志还是公交车上、地铁上、高速公路旁，广告随处可见。公共关系广告也是一门科学，如果能够成功地在政府公共关系中运用广告，会达到事半功倍的效果。区别于一般性的商业广告，政府公共关系广告有其自身的特点：首先，非商业性，这应该是政府广告最明显的特征。企业广告现在基本上都是为了宣传产品的新功能，开发新产品，吸引消费者的注意力和兴趣，激发他们的购买欲望，最终实现企业的盈利。政府公共关系广告则不同，它一般是宣传政府在经济、科教文卫、公共服务等领域的新方针政策，树立良好的政府形象。其次，间接性，即政府公共关系广告主要是通过宣传让公众明白应该怎么样、不应该怎么样，让人们自觉地意识和规范自己的行为，而非依靠政府的权威和强制力控制公众的言行。最后，思想性，即政府公共关系广告必须与政府活动相关，要积极地反映政府的方针政策，切实做到政府与公众沟通的桥梁。

准确地运用政府公共关系广告，除了能起到广告宣传的作用外，还可以帮助政府与公众之间进行沟通。政府公共关系广告还可以宣传政府的政策、规定等文件，如在日常生活中我们经常看见政府使用电台、电视台、标语、报纸等大众传播媒介来宣传政府的政策等。通过这些公共关系广告，公众就可以直接了解政府的新规定、新政策，在拥护政府的同时，也积极配合政府做好工作，共同维护政府机构的正常运转和社会秩序的稳定。政府公共关系广告除了可以维护政府的权威外，还可以扩大政府在公众之中的影响力。例如，政府可以通过举办一些交易会、展览会，让人们看到国家综合实力的今昔对比，直接感受到政府的治理能力，增强对政府的信任与支持，扩大政府在公众中的影响力。此外，政府公共关系广告最为直接的一点是可以帮助政府改善形象，增进政府与群众之间的情感。政府虽然有其权威性，但是不能凡事都凭借它的强制力和社会权威性为之，而必须在公众心目中建立良好的社会形象，使公众自发地积极配合政府工作。政府在策划公共关系广告时，可以将对公众的关心和利益关系的维护渗透到广告中，使公众看到的不仅仅是政府的公共关系广告，而是通过这种广告也能很明显地感受到政府处处为人民谋福利，能真正地体会到社会主义国家真的是人民当家做主。

（四）加强廉政建设，树立良好政府形象

在政府机关的廉政建设中，发动广大人民群众共同参与监督，可以有效地防止政府机关蜕化变质，防止政府机关工作人员由社会公仆变成社会主人、由为民谋利变成

自利。其目的是提高政府机关的办事效率,更有效地发挥政府机关的职能和作用,转变工作作风,建立一个廉洁、高效、务实、创新的政府。所以,政府机关的廉政建设,是沟通公众与政府关系的基本条件。要想取得人民的拥护与信任,要想在公众心目中树立良好的政府形象,就必须加强执政党能力建设,加强政府机关的廉政建设,清除腐败现象,克服官僚主义作风。

政府的廉政建设在实际操作中有很多方法,不同地区的政府机关也有许多各自的办法和创新,但一般会采用以下方法:

第一,通过现代大众传播媒介,将政府的政策、规章等信息迅速向公众公开。特别是随着互联网的兴起,现在政府出台的很多条例都会先在网上公示,接受网民的意见和新的要求,然后进行调整修正。如在网络上被炒得沸沸扬扬的《物权法》和"新医改方案",当时很多网民都积极提出修改意见,为政府工作提出了很多有价值的建议。

第二,公开政府工作人员的相关情况,让更多的公众知情,有效发挥社会监督职能。一般做法是:首先,定期公布政府工作人员的政绩,将廉洁勤政作为干部提拔的一项重要标准。其次,公布政府工作人员特别是领导干部享有的经济待遇、福利标准。例如,为了使公务员的收入分配能做到科学合理、公平公正、规范有序,对全社会的收入分配改革起到引导和示范的作用,全国很多地方都实行了公开、公正、透明的"阳光工资"改革。"阳光工资"是相对于以前公务员工资收入不公开、不透明而言的,其目的是把各单位自行发放的各种津贴、补贴改为统一发放,从而将一些公务员的"隐性收入"公开化、透明化。这种改革是公务员薪酬制度改革的必然方向,是有效保障、规范公务员收入分配秩序的重要举措,在一定程度上对于遏制腐败与建立廉洁、高效、透明的政府起到了重要作用。最后,实行公开办事制度,直接将政府工作人员置于人民群众的监督之下。

第三,设立群众信访接待室、群众来信信访、领导一周接待日等。通过信访或者领导和群众直接面对面的交流,让政府工作人员和决策者能够直接倾听群众的意见和要求,认真分析群众反映的社会问题,严肃查处群众举报的违反党的方针、政策和触犯法律的行为和那些严重侵犯群众利益的现象,树立公正廉洁的政府形象。

本章小结

政府公共关系就是政府运用各种信息传播手段,与社会公众之间进行及时、充分的信息交流与沟通,争取社会公众对政府的信任、理解与支持,从而在社会公众中树立良好政府形象的活动过程。

政府公共关系具有主体的特殊性、权威性、唯一性,客体的复杂性和特殊性,目标的公益性和非营利性,传播手段的优越性,政府环境的全局性,公共关系活动资源的公共性等特点。

政府公共关系的目标有:塑造良好的政府形象,提高政府行政效率,维护内外公众的知情权,增进政府与公众的情感交流,积极动员人民参政议政,获得人民的认可和信任。

政府公共关系的主要内容：一是政府形象公共关系，二是政府危机公共关系。政府形象公共关系包括：政府总体形象设计、政府传媒形象管理、政府工作全面质量管理、政府公务员形象的管理、政府政策形象管理、政府危机管理。危机公共管理的阶段：首先，建立危机预警机制；其次，建立和完善危机处理机制；最后，建立危机管理评价机制。

政府公共关系运作的原则有：真实公开原则、利益一致原则、整体统一原则和科学指导原则。政府公共关系运作要点有：坚持科学而全面的民意调查；拓展沟通渠道，完善沟通机制；灵活运用政府公共关系广告的方法；加强廉政建设，树立良好政府形象。

案例分析

2014年4月11日，兰州市城区唯一的供水企业——兰州威立雅水务集团公司出厂水及自流沟水样被检测出苯含量严重超标。

针对兰州市自来水苯含量严重超标一事，兰州市政府2014年4月11日16时30分举行新闻发布会称，兰州市主城区自来水未受较大影响，但24小时内不建议市民饮用，政府将每两个小时向市民公布一次检查结果。

4月12日，新华社"中国网事"记者从兰州市委市政府、环保和相关区县等部门在西固区政府召开的电视电话会议上了解到，此次自来水苯超标的源头是中国石油天然气公司兰州石化分公司一条管道发生泄漏，污染了供水企业的自流沟所致。

兰州市环保局局长闫子江在会上说，受到苯污染的是兰州威立雅水务集团公司自流沟的4号线。他在会后接受采访时表示，从挖掘出的泥土中发现了原油，目前尚未挖到泄漏的管线，不过泄漏点已经确认，施工人员仍在进行挖掘作业。

然而，在随后的采访中，北京师范大学水科学研究院教授、国家环境应急专家组成员王金生给出了不同的答案。王金生表示，初步判断，兰州市自来水中的苯来源于兰州石化20世纪80年代发生泄漏事故后渗入地下的污染物。

针对回应前后不一致的情况，4月13日，兰州市"4·11"局部自来水苯指标超标事件应急处置领导小组向"中国网事"记者表示，初步判断，此次局部自来水苯指标超标应是周边油污造成的。根据目前调查排摸的情况，周边企业生产装置及环保设施运行正常。对本次事件，调查组正在作更深入的调查分析和研判。

兰州市"4·11"局部自来水苯指标超标事件应急处置领导小组事件调查组副组长郑志强表示，根据环保专家现场初步分析判断，周边地下含油污水是引起自流沟内水体苯超标的直接原因，下一步调查组将对从探坑中提取的含油废水进行化验，进一步从技术层面核实含油污水与自流沟内苯超标水体的关联性；同时，会对自流沟内的具体泄露点位进行实地勘查核实。

4月14日，兰州市政府新闻办通报称，经事件应急处置领导小组及专家研判，全市自来水已稳定达到国家标准。截至14日上午7点，兰州的城关、七里河、安宁、西固

4个区全部解除应急措施,全市自来水恢复正常供水。

4月22日下午,兰州市政府就自来水苯污染事件举行第六次新闻通报会。兰州威立雅水务集团公司董事长姚昕首次公开道歉,当被追问"如何对市民进行赔偿"的问题时,他回答说:"最近可能会考虑,但现在还没有具体研究。"

6月12日,兰州市政府新闻办召开新闻发布会,由兰州市"4·11"局部自来水苯指标超标事件应急处置领导小组事件调查组副组长陈建军全面通报了事件发生原因。经专家论证,调查组认定,兰州市"4·11"局部自来水苯指标超标事件为供水安全责任事件,兰州威立雅水务集团公司主体责任不落实是导致局部自来水苯超标的间接原因之一,并公开承认存在信息迟报、延报。造成此次事件的直接原因是,兰州威立雅水务集团公司4号、3号自流沟由于超期服役,沟体伸缩缝防渗材料出现裂痕和缝隙,兰州石化公司历史积存的地下含油污水渗入自流沟,对输水水体造成苯污染,致使局部自来水苯超标。共有20名相关责任人、9个责任单位被问责处理。

发布会上,兰州市还一并公布了"4·11"局部自来水苯指标超标事件的长远防范措施。兰州市将充分吸取"4·11"局部自来水苯指标超标事件的教训,以供水安全保障、环境安全保障为重点,及时排查供水卫生安全隐患,确保7月13日前全面完成原4号、3号自流沟球墨铸铁管管线敷设工程,全线实现管道输水,7月中旬完成自流沟所在区域地下水污染场地、兰州石化公司厂区的污染治理;同时,将苯等有机物非常规检测指标纳入日常检测,定期向社会公布检测结果。

案例思考题:

1. 兰州市人民政府在处理这次自来水污染事件的过程中行为是否得当?
2. 请利用危机公共关系的相关理论分析这一案例。

参 考 文 献

[1] 孙迎光、韩秀景:《组织形象塑造:现代公共关系的理论与实践》,上海三联书店2009年版。
[2] 居延安主著:《公共关系学》,复旦大学出版社2008年版。
[3] 谭昆智编著:《公关原理与案例剖析》,清华大学出版社2008年版。
[4] 陈先红:《公共关系学原理》,武汉大学出版社2007年版。
[5] 周安华、苗晋平编著:《公共关系——理论、实务与技巧》,中国人民大学出版社2007年版。
[6] 何修猛编著:《现代公共关系学》,复旦大学出版社2007年版。
[7] 李健荣、邱伟光等著:《现代公共关系》,人民出版社2007年版。
[8] 朱力、任正臣、张海波编著:《公共关系新论:理论与实务》,南京大学出版社2006年版。
[9] 陶应虎、顾晓燕主编:《公共关系原理与实务》,清华大学出版社2006年版。
[10] 邓月英主编:《新编公共关系简明教程》,复旦大学出版社2006年版。
[11] 阮可、朱臣、李成建主编:《公共关系理论与实务》,北京工业大学出版社2005年版。
[12] 刘彦、任丹婷主编:《公共关系学》,东北林业大学出版社2005年版。
[13] 〔美〕杰克·特劳特、史蒂夫·里夫金:《与众不同》,火华强译,华夏出版社2005年版。
[14] 周朝霞主编:《公共关系——理论与实务》,高等教育出版社2005年版。
[15] 姚惠忠:《公共关系理论与实务》,北京大学出版社2004年版。
[16] 李兴国编著:《公共关系学》,中国人民大学出版社2004年版。
[17] 许芳编著:《如何进行危机管理》,北京大学出版社2004年版。
[18] 詹文都主编:《政府公共关系》,华南理工大学出版社2004年版。
[19] 刘刚:《危机管理》,中国经济出版社2004年版。
[20] 周安华、苗晋平编著:《公共关系——理论、实务与技巧》,中国人民大学出版社2004年版。
[21] 薛澜:《危机管理——转型期中国面临的挑战》,清华大学出版社2003年版。
[22] 肖北婴、胡春香、杨帆主编:《现代公共关系学新编》,北京工业大学出版社2003年版。
[23] 熊源伟主编:《公共关系学》,安徽人民出版社2003年版。
[24] 李道魁编著:《现代公共关系学》,中国对外经济贸易出版社2003年版。
[25] 任生德、解冰、王智猛、邹蓝编著:《危机处理手册》,新世界出版社2003年版。
[26] 朱延智:《企业危机管理》,中国纺织出版社2003年版。
[27] 何春晖编著:《中外公关案例宝典》,浙江大学出版社2003年版。
[28] 高民杰、袁兴林编著:《企业危机预警》,中国经济出版社2003年版。
[29] 王兴富主编:《公共关系实务》,中国经济出版社2002年版。
[30] 何修猛编著:《现代公共关系学——理论与技巧》,复旦大学出版社2002年版。
[31] 张爱玲、黄东升编著:《现代企业策划》,中国经济出版社2002年版。
[32] 邱伟光:《现代公共关系学》,华东师范大学出版社2002年版。
[33] 栗玉香主编:《公共关系教程》,经济科学出版社2007年版。

[34] 张春景、魏劲松:《挽救败局:企业危机运营》,经济日报出版社2002年版。
[35] 朱德武编著:《危机管理——面对突发事件的抉择》,广东经济出版社2002年版。
[36] 褚云茂:《公共关系与现代政府》,上海大学出版社2002年版。
[37] 徐美恒、李明华主编:《公共关系管理学》,中国人民公安大学出版社2002年版。
[38] 杨家栋主编:《现代公共关系》,中国商业出版社2003年版。
[39] 肖辉主编:《实用公共关系学》,北京大学出版社2001年版。
[40] 廖为建主编:《公共关系学》,高等教育出版社2011年版。
[41] 郝树人等编著:《公共关系学》,东北财经大学出版社2011年版。
[42] 单振运主编:《新编公共关系学》,中国审计出版社、中国社会出版社2001年版。
[43] 〔美〕罗伯特·希斯:《危机管理》,王成、宋炳辉、金瑛译,中信出版社2001年版。
[44] 彭向刚主编:《公共关系学》,吉林大学出版社2000年版。
[45] 张岩松等编著:《公共关系案例精选精析》,经济管理出版社2003年版。
[46] 余明阳主编:《公共关系策划》,线装书局2000年版。
[47] 纪华强、杨金德:《公共关系的基本原理与实务》,厦门大学出版社1999年版。
[48] 郝树人主编:《公共关系学》,东北财经大学出版社1998年版。
[49] 〔美〕彼得·圣吉:《第五项修炼——学习型组织的艺术与实务》,郭进隆译,上海三联书店1998年版。
[50] 江明华编著:《企业公共关系实务》,北京大学出版社1997年版。
[51] 廖为建:《公共关系学简明教程》,中山大学出版社1989年版。
[52] 康庆强主编:《公共关系与组织形象塑造》,学苑出版社1996年版。
[53] 方世敏、洪建新主编:《公共关系实务》,华中理工大学出版社1996年版。
[54] 胡宁生主编:《政府公共关系教程》,中共中央党校出版社1994年版。
[55] 袁礼斌:《公共关系》,人民出版社1994年版。
[56] 〔英〕迈克尔·里杰斯特:《危机公关》,陈向阳等译,复旦大学出版社1995年版。
[57] 王伟:《新公共关系学》,青岛海洋大学出版社1994年版。
[58] 王方华、吕巍主编:《企业公共关系学》,上海科学技术出版社1993年版。
[59] 袁传荣、宋林飞主编:《公共关系新论——组织形象管理》,南京大学出版社1990年版。
[60] 孙延敏编著:《公共关系入门——理论与案例》,上海交通大学出版社2013年版。
[61] Webster's New Twentieth Century Dictionary, unabridged, 2nd ed., William Collins and World Publishing Co., Inc., 1976.
[62] 刘文光:《解读政府危机管理》,载《行政管理研究》2004年第3期。
[63] 郑华、王军波:《企业危机管理探讨》,载《经济管理》2003年第13期。
[64] 陈闽红:《论政府危机管理》,载《北京科技大学学报(社会科学版)》2003年第3期。
[65] 付百红:《全员PR管理是塑造职业学校形象的重要途径》,载《卫生职业教育》2002年第20期。
[66] 王兴顺:《政府公共关系概述》,载《辽宁行政学院学报》2001年第4期。
[67] 武敏中:《试论我国政府公共关系的现状及发展趋势》,载《山西大学学报(哲学社会科学版)》1997年第2期。
[68] 姜亦炜:《公共关系的起源与发展探究》,载《中共乐山市委党校学报》2009年第2期。
[69] 卢山冰:《公共关系理论发展百年综述》,载《西北大学学报(哲学社会科学版)》2003年第2期。